edition europa

Ronald Hirte, Fritz von Klinggräff

VON POLEN HER. EUROPA DENKEN

Gespräche über Europa auf Reisen in Polen

Mit Beiträgen von: Tine Rahel Völcker
Elżbieta Janicka und Wojciech Wilczyk

edition europa

Impressum

Ronald Hirte, Fritz von Klinggräff

VON POLEN HER. EUROPA DENKEN
Gespräche über Europa auf Reisen in Polen

ISBN: 978-3-7374-0225-5

info@verlag-weimar.de |www.verlag-weimar.de

Gefördert durch:

Polnisches Institut Berlin Filiale Leipzig
Friedrich Ebert Stiftung

Umschlagbild: Die Autoren, Kultur- und Wissenschaftspalast Warschau, Bahnhof Izbica, 2013
Umschlaggestaltung: Weimarer Verlagsgesellschaft
Layout und Satz: Karina Bertagnolli, Weimar
Lektorat: Marianne Eppelt, Silke Fischer, Weimar
Gesamtherstellung: CPI books GmbH, Leck - Germany

MIX
Papier aus verantwortungsvollen Quellen
FSC® C006701

ANHANG

GRUSSWORT

Seit Polens EU-Beitritt 2004 ist Europa weiter zusammengewachsen. Die Entfernung zwischen Deutschland und Polen ist geschrumpft. Zwar liegt noch immer die gleiche Anzahl an Kilometern zwischen Berlin und Warschau, zwischen Weimar und Zamość, zwischen Thüringen und Małopolska. Aber es ist so leicht geworden, aus Deutschland nach Polen zu reisen, dass man sich fast wundert, dass nicht längst alle bereits da waren. Dabei könnte man vor Ort so einfach mit den polnischen Nachbarn ins Gespräch kommen, um Stereotypen und Vorurteilen ein Ende zu bereiten.

Ronald Hirte, Mitarbeiter der Stiftung Gedenkstätten Buchenwald und Mittelbau-Dora, und Friedrich von Klinggräff, Vorstand des *Vereins Weimarer Dreieck* zur Förderung der deutsch-französisch-polnischen Zusammenarbeit, Journalist und langjähriger Pressesprecher der Stadt Weimar, haben sich auf diesen Weg gemacht. Sie haben versucht, *Von Polen her Europa* (zu) *denken*. Damit praktizieren sie eine Art von Perspektivwechsel, der allen Europäern gut zu Gesicht stünde. Als Ergebnis legen sie nun Interviews mit Menschen der zweiten polnischen Nachkriegsgeneration vor. Ihre Gesprächspartner vermitteln einen lebendigen Eindruck von Polen – mit seiner Geschichte, aber auch seiner Gegenwart.

Anlässlich des 70. Jahrestages des Warschauer Aufstands, des 75. Jahrestags des deutschen Überfalls auf Polen und des 25. Jahrestags der ersten freien Wahlen in Polen haben die Autoren sich aufgemacht, Polen neu kennenzulernen. Damit verbunden ist fast zwangsweise ein empathischer Blickwechsel: Wie denkt mein Nachbar? Warum denkt er anders als ich? Diese Form der Erweiterung des gutnachbarschaftlichen Horizonts ist äußerst empfehlenswert. Sie fördert Verständnis und Verständigung, sie ermöglicht einen europäischen Dialog, der mit Blick auf Geschichte, Gegenwart und Zukunft immer wieder neu vonnöten sein wird. Gute Nachbarschaft ist ein stetiger Lernprozess und Lernen ist bekanntlich wie Rudern gegen den Strom – wenn wir einmal damit aufhören, fallen wir zurück, trägt uns die Strömung in Regionen eitler Selbstzufriedenheit.

Was also haben die Autoren in Polen entdeckt? Sie haben Persönlichkeiten aus den unterschiedlichsten Bereichen getroffen: Diplomaten, Regisseure, Schriftsteller, Museumspraktiker, Historiker und Staatstheoretiker – Menschen, welche ihre Erfahrungen für die nächsten Generationen fruchtbar machen. Ihre bunte Mischung unterstreicht den essayistischen Zugriff der Interviewer, das ›Europa von Polen (her) denken‹ als polyphones und offenes Projekt zu begreifen, in dem jede Stimme – gleich ob wir mit ihr einverstanden sind oder nicht – ihr Gewicht und ihre Berechtigung hat. Viele

Gespräche beziehen sich beispielsweise auf das historische und gegenwärtige jüdische Leben in Polen und tragen so zur Debatte über Toleranz und Multikulturalität in Polen und in ganz Europa bei.

Dieser Band füllt eine Lücke auf dem deutschen Buchmarkt. Ich wünsche den vielen interessanten und bedeutenden Stimmen aus Polen zahlreiche deutsche Leser und danke allen Mitwirkenden für ihre vorbildliche Arbeit. In Gesprächen wie den hier versammelten liegt die Kraft, das friedliche Zusammenwachsen Europas durch Verständigung zu fördern.

Katarzyna Wielga-Skolimowska
Direktorin
Polnisches Institut Berlin

EINLEITUNG

Der vorliegende Band ist der zweite Baustein der Edition Europa in der Weimarer Verlagsgesellschaft, die um das leere Zentrum ›Weimarer Dreieck‹ entsteht – um die Frage nach einer gemeinsamen, europäischen Zukunft aus den Perspektiven Polens, Frankreichs und Deutschlands. Ende 2011 war dazu – gemeinsam mit Hannah Röttele – Band I erschienen: ›*Von Buchenwald(,) nach Europa. Gespräche über Europa mit ehemaligen Buchenwald-Häftlingen in Frankreich*‹. Schon damals aber führten die Lebens- und Erzählspuren unserer französischen Gesprächspartner – Aron Bulwa, Elie Buzyn oder Walter Spitzer – zwangsläufig ins Polen der 1920er bis 1940er Jahre.

Die Insistenz, ja manchmal Impertinenz, mit der wir hier, drei Jahre später, unsere polnischen Gesprächspartnerinnen und Gesprächspartner immer wieder auf Nebengleise ihrer biographischen Erzählungen bitten – die jüdische Geschichte Polens, sein Theater, Europas Museen, um nur drei solcher Abwege zu nennen – hat nicht zuletzt hier ihren Ursprung. Jedes der in diesem Band versammelten 23 Gespräche ist einem hermeneutischen Spannungsbogen unterworfen, in dem das vermeintlich Eigene sich an einem Allgemeinen entwickelte, das oft erst tastend zu seinen wechselnden Konturen fand: Europa. Gemeinsam mit drei Erfahrungsgenerationen, geboren zwischen 1921 und 1981, haben wir uns so auf die Spuren einer ungeschriebenen, europäischen Geschichte begeben, deren narrative Logik in jedem Gespräch neu zu entdecken bleibt. Eine Meistererzählung ›Europa‹ wird der Leser also auch in diesem zweiten Band vergeblich suchen. Die Erinnerungs-, Denk- und Erzählarbeit, die wir von unseren Gesprächspartnerinnen und Gesprächspartnern in einem Zeitraum von fast zwei Jahren als Geschenk empfingen und die wir hier versammelt weiterreichen, wird so zu einem offenen Versprechen, das sein Recht und seinen Anspruch auf Gerechtigkeit erst auf den Umwegen und Abwegen der Lektüre einfordert. Einmal mehr will sich Europa so in seinem vielleicht größten Versprechen realisieren: dem Buch.

In der Edition Europa stehen somit nicht normativ geprägte Europa-Vorstellungen im Fokus, sondern der Horizont, in dem Akteure aus drei Generationen Europa imaginieren und den Kontinent durch ihre Praktiken zu einem wahrnehmbaren Handlungsraum werden ließen und lassen. Europa also bleibt für uns vor allem als Denkfigur in einem unablässig changierenden Erfahrungsraum reizvoll. Es geht uns um Annäherungen an die immerwährende Baustelle Europa, die nur pluralistisch, heterogen und in sich widersprüchlich sein kann; es geht um produktive Auseinandersetzungen über potentielle gemeinsame Wertevorstellungen und über das, was Europa zukünftig sein könnte.

ZEITENWENDE 2014

Wir schreiben das Jahr 2014. Vom „metaphysischen Rückenwind" nach 1989 ist nichts mehr zu spüren, notiert Thomas Assheuer Anfang September lakonisch im Feuilleton der ›*ZEIT*‹: „Putin, dem George W. Bush vormachte, wie man die Axt ans Völkerrecht legt, hat die europäische Friedensphase beendet." Die in diesem Band versammelten Gespräche haben somit ihre historischen Daten, an denen sie sich orientieren lassen: vor oder nach der Krim-Besetzung – zum Beispiel. Für politische Kommentatoren wie Adam Krzemiński und Basil Kerski bedeutete dies umfangreiche Nacharbeiten an ihren Interviews – manche der Umformulierungen entlang der Historie zogen sich über Monate hin. Der Großteil unserer Gespräche, die wir vor und nach den Ereignissen ›Majdan‹ und ›Krim‹ führten, aber blieben unverändert und wechseln für die aufmerksamen Leserinnen und Leser heute höchstens hier und da ihre Wertigkeiten. Noch, so scheint es, haben die Ereignisse in Polens östlichem Nachbarland für das zeithistorische Erinnerungsgespräch zum Thema ›Europa in Polen‹ eher Fußnotencharakter.

Gleichwohl bleibt es sinnvoll, ja manchmal notwendig, die Zeitenwende, in der dieses Buch entstand, mitzulesen. Unsere erste größere Reise fand im August 2013 statt – Monate vor der neuen Spaltung Europas. Niemand außer der Ukraine hat diese geopolitische Situation seitdem wohl direkter vor Augen als die Menschen in Polen. Polen bildet im zehnten Jahr seiner EU-Mitgliedschaft nicht mehr nur einen gewichtigen Abschnitt der östlichen Schengen-Grenze, sondern nun auch offensichtlich die Frontlinie der NATO und der EU auf ihrem Weg gen Osten – direkt angrenzend an die ukrainische Demarkationszone zwischen einem selbsternannten ›Eurasien‹ und einem sich neu definierenden ›Europa‹. Für viele Polen – so unser Eindruck – kam diese Entwicklung kaum überraschend. Mentalitätsgeschichtlich ist das Bewusstsein, der Teil des Westens zu sein, der als erster geopfert wird, weiterhin tief verwurzelt. Die Stimmung im Land aber hat sich 2014 gleichwohl merklich verändert: Nur wenige Wochen nach dem Einmarsch Russlands in der Ukraine traf der polnische Sejm als Legislative eine Entscheidung, die unter den Vorzeichen der europäischen Finanzkrise in weite Ferne gerückt schien: die Grundsatzentscheidung für den Einzug in die Euro-Zone.

Sogar im konservativen Osten des Landes ist der Umschwung zu spüren, wo sich noch im August 2013 die traditionelle Gleichsetzung des Preußenkönigs Friedrich mit Zarin Katharina oder der so genannte Hitler-Stalin-Pakt im Putin-Merkel-Vergleich quasi logisch fortsetzte (siehe unser Gespräch in Zamość). Und auch wenn das Vertrauen in die europäischen Westmächte weiterhin eher gering bleibt, ist diese Orientierung mit dem deutlichen Bewusstsein einer Unumkehrbarkeit verbunden. Polen ist – nach zehn Jahren EU-Zugehörigkeit und 25 Jahre nach dem Mauerfall – in den Zeiten eines neuen ›offen verdeckten‹ europäischen Kriegs aus dem Ostblock in einen neuen Westblock übergewechselt.

GESCHICHTE DER POLNISCHEN JUDEN

Hermeneutisch nach ›Europa‹ zu fragen, das Gespräch und damit das individuelle Verstehen an seinen Anfang setzen, bedeutet historisch zu fragen. Europa erschöpft sich nicht im Offensichtlichen. Wo es hinführt, wenn wir Europa allein an Merkmalen festmachen, „die im europäischen Raum vorherrschen und fast überall ins Auge fallen und vorhanden sind", zeigt in erschreckender Konsequenz der Kulturhistoriker Krzysztof Pomian in seinem Aufsatz ›*Europäische Identität*‹, wenn er Europa in einem kühnen Ausschlussverfahren folgendermaßen definiert: „Deshalb wird bewusst abgesehen von der zwei Jahrtausende alten Präsenz der jüdischen Minderheit in Europa und dem Globalisierungsprozess der letzten vier Jahrzehnte, in dessen Konsequenz sich beträchtliche muslimische, chinesische, hinduistische und der Sikh-Religion angehörige Bevölkerungsgruppen in Europa niedergelassen haben." Vielleicht ist es bei so viel europäischer Verdrängungsenergie fast eine ›historische Notwendigkeit‹ zu nennen, dass uns in dem hier vorliegenden Buch gerade der in Polen geborene israelische Staatsbürger Michał Sobelman den breitesten Überblick über die polnische Kultur der Gegenwart zu geben weiß: Mit viel Zuneigung skizziert er ein Land, das sich in den letzten 25 Jahren an den eigenen Haaren aus einer ziemlich grauen Vergangenheit zog. Im gleichen Atemzug aber zeigt er, wie man sowohl das aschkenasische Judentum in Ost- und Mitteleuropa als auch die sephardischen, spanisch-jüdischen und portugiesisch-jüdischen Beziehungsgeschichten in diese Geschichte Europas selbstverständlich mit einbezieht.

Es wird berichtet, die Schriftstellerin Hanna Krall reagiere bei ihren Lesereisen durch Deutschland inzwischen kaum noch auf Fragen zum polnischen Antisemitismus – zusehends genervt von einer Ignoranz deutscher Frager, die eine seit Jahrzehnten in Polen laufende Debatte zu diesem Thema einfach nicht wahrnehmen wollen. Dieser Gefahr haben wir uns mit unseren unablässigen Fragen nach der polnisch-jüdischen Geschichte – im Jahr der Eröffnung des Warschauer Museums der Geschichte der polnischen Juden

– zweifellos ebenfalls ausgesetzt ... und dabei offene, differenzierte Antworten bekommen. Der Historiker Robert Traba, geboren 1958 in Węgorzewo, packte uns eine solche Antwort bereits in Berlin ins Handgepäck: „Polen sollte nicht vergessen, dass es nicht nur großes Opfer der Deutschen und der Sowjets war, sondern auch Täter: was es Anderen Schlimmes angetan hat. Die Juden-Jagden nach Auflösung der Ghettos zum Beispiel sollten ein Thema sein, ohne Wenn und Aber. Das brauchen wir. Wir müssen diese Geschichten über die Beteiligung an den Verbrechen für uns aufarbeiten. Es reicht nicht, sie immer mit ›Ja, aber‹ zu beenden. Es geht um Sätze mit Ausrufezeichen! Wir brauchen diese ständigen Verschiebungen. Ich denke, das ist ein Weg: Sich mit sich selbst auseinandersetzen. Alles aufdecken. Die kritische Aufarbeitung von Geschichte – auch das ist europäisch. Und zwar zuerst kritisch sich selbst gegenüber. Anderen gegenüber ist es immer ganz leicht."

Das „Herz Europas", so notierte einst der bekennende Europäer Milan Kundera – mehrfach zitiert durch einen unserer Kronzeugen im ›Buchenwald-Band‹, Jorge Semprún – liege wohl in Jerusalem. Eine schwierige Aussage – der Versuch, ihn kulturhistorisch einzuholen und still zu stellen, würde sein Kitschpotential eher noch erhöhen. Fruchtbar, so scheint uns jedoch, ist Kunderas Notat spätestens dann, wenn man es nicht auf ein viel beschworenes griechisch-antikes, habsburgisches und jüdisches Erbe reduziert, sondern als These, als ein Unabgegoltenes liest. Und als eine weitere Variante der Erinnerung an das Äußerste an Grausamkeit, über das sich das Europäische nur erschließt. Zu diesem Thema hat Joanna Zętar in Lublin schöne, einfache Worte gefunden.

Denn schließlich: Unsere Reise nach Europa beginnt und endet in Weimar. Wo in Deutschland aber wäre Krzysztof Pomians Perspektive auf die ›europäische Identität‹ schräger, kruder als eben hier? Auf dem Weimarer Hauptfriedhof findet sich ein Grabstein mit einem Davidstern, die Ruhestätte von Josef Cygler. Der polnische Jude, der im Februar 1945 mit einem Transport aus dem Konzentrationslager Groß-Rosen nach Buchenwald gekommen war, erlebte zwar die Befreiung Buchenwalds, starb jedoch am 1. August 1945 an den Folgen der Haft. Seine damals 22jährige Tochter Shoshanna, die das KZ Bergen-Belsen überlebt hatte, war Ende Juni 1945 nach Weimar gekommen, um ihren Vater zu pflegen. Vater und Tochter wohnten für kurze Zeit in der Rohlfsstraße, bevor Josef Cygler im Juli 1945 mit Leibschmerzen ins Städtische Krankenhaus eingeliefert wurde, wo er im Alter von 45 Jahren starb. Oder der Glockenturm über Weimar, wo Ende April 1945 am damaligen Bismarckturm eine Grabanlage entstand, die auch äußerlich als Friedhof erkennbar war. Ein Drittel der dort bis Juli 1945 beerdigten Toten waren ehemalige jüdische Häftlinge Buchenwalds. Unter den Toten sind außerdem Polen, Russen, Deutsche, Italiener, Belgier, Jugoslawen, Niederländer, Letten, Litauer und Franzosen. Ebenso wurden dort verstorbene polnische Zwangsarbeiter, die sich als ›Displaced Persons‹ im befreiten Lager Buchenwald befanden, beerdigt. Und Kleinkinder, wie die Polin Krystyna Staniszewska, geboren am 30. Mai 1945, gestorben am 28. Juni 1945, über deren Eltern wir nichts wissen.

GESCHICHTLICH DENKEN

In Łódź besuchten wir Andrzej Piotrowski. In den biographischen Forschungen, die er betreut, beobachtet der Soziologe, wie sich mit der innereuropäischen Reise- und Arbeitsfreizügigkeit langsam auch ein gemeinsamer „mental space“ zu entfalten scheint, in dem wir uns mit unseren Alltagsträumen und Wünschen aufeinander beziehen. Die Zukunft wird Auskunft darüber geben, wie weit es mit diesem gemeinsamen geistigen Raum ›Europa‹ her ist. Die europäische Vergangenheit aber reduziert sich unter dieser eigentlich sehr sympathischen Perspektive Andrzej Piotrowskis ausschließlich auf ein Ensemble von kollektiven Traumata und Stereotypen, die auf dem Weg in diesen neuen mentalen Raum zu überwinden sind.

Das vorliegende Buch hat im Gegensatz dazu eine explizit historische Ausrichtung. Es rekurriert mit Reinhart Koselleck auf narrative „Horizonte“: auf einen offenen Erinnerungshorizont, der sich in Begriffen des Semi-Bewussten, wie ›Trauma‹ oder ›Stereotyp‹, nicht hinreichend fassen lässt. Die Erzählperspektive unserer Gesprächspartner umfasst die Welt dreier Generationen. Dabei verbindet sich gern schon mal das Ende der Habsburger Monarchie mit dem Erwartungshorizont eines künftigen Europas. Ob wir mit der 92jährigen Zahnärztin Danuta Brzosko-Mędryk aus Pułtusk, mit dem 65jährigen Schriftsteller Stefan Chwin in Gdańsk oder mit der 40jährigen Soziologin Ludwika Włodek in Warschau sprachen: Sie waren uns in ihren Erzählungen alle ›gleichweit vor Gott‹ und erscheinen uns in einem unendlichen Gespräch verstrickt, in dem sich verschiedene Erzähl- und Reflexionsgenres genauso miteinander verknüpfen wie Diskurse, die noch dann zueinander streben, wenn sie einander fremd und fast feindlich gegenüber stehen. Nur zu deutlich wurde dabei übrigens auch, dass sich dies- und jenseits der Oder und Neiße die „Erinnerungsschleusen" (Koselleck) an unterschiedlichen Stellen öffnen. Wer – beispielsweise – würde in Deutschland die Jahre 1944 und 1980 schon als Zeitenwende erinnern?!

Zugleich aber versuchten wir durch unsere Fragen zu verhindern, dass unsere Gesprächspartnerinnen und Gesprächspartner sich in dem Gerichtssaal ihrer Geschichten, in den sie uns führten, allzu schnell in einen der allemal bereitstehenden Stühle setzten. Es wurde zu einer Grunderfahrung unseres Fragens und Zuhörens, dass sie uns für die Anstrengung des Rollentausches, die wir ihnen hin und wieder abverlangten, eher dankbar waren. Auf einen ›Zeitzeugen‹ zumindest wollten wir bei dieser Reise nach Jerusalem niemanden reduzieren.

LÜCKEN I

Ein Buch, das aufs Gespräch setzt, schließt keine Lücken, es reißt sie auf. Das Gegenüber, das sich im Interview zu Wort meldet, lässt sich nicht einverleiben. Es verweigert sich dem großen Ganzen der Fragenden, die an einem Puzzle basteln – ›*Von Polen her. Europa denken*‹ – für das die erhofften Antworten in diesem jeweils ›letzten‹ Gespräch bitte noch das entscheidende Teilchen abgeben mögen. Das Du unseres Gegenübers, mit dem wir es zu tun haben, aber baut an seinem eigenen biographischen Gebäude. Jede Erzählung offenbart und öffnet so neue Fragen im vermeintlich geschlossenen Kosmos; jede Anschlussfrage ist der vergebliche Versuch, diese Lücke zu stopfen: Jede Frage eine Behauptung, jede Antwort ihre Verneinung. Diese Dialogik von Frage und Antwort – das offene Interview – eröffnet jenseits aller geschlossenen Dialektik, ja selbst noch jenseits einer Dialog-Ethik des gespannten Widerspruchs einen Raum des Kommenden. Dies ist das Glück, dem wir, die beiden Autoren, mit unseren Fragen nach der Historie ausgesetzt waren. Der Dank dafür gilt allen, die uns Rede und Antwort standen.

Aber natürlich gibt es auch ›echte‹, benennbarere Lücken. Dafür stehen die Namen möglicher weiterer Gesprächspartner. Zum Beispiel Sławomir Sierakowski, der Soziologe, Publizist, Kulturkritiker sowie Gründer und Kopf der Zeitschrift ›*Krytyka Polityczna*‹, der schweigend abtauchte, als ihm unsere Fragen vorlagen. Sagen wir, unsere Fragen waren nicht die seinen. Ebenso der Philosoph und Historiker Krzysztof Pomian, mit dem wir gerne über seinen Begriff der „europäischen Identität" diskutiert hätten. Die Fragen an ihn bleiben offen; vielleicht aber geben ja die Gespräche mit Paweł Ukielski, dem Leiter des Museums des Warschauer Aufstands oder mit dem Staatsphilosophen Marek Cichocki Andeutungen auf mögliche Antworten. Oder der polnisch-britische Soziologe und Philosoph Zygmunt Bauman, der

Ende der 1980er Jahre die Shoah nicht als Rückfall in die Barbarei wertete, sondern – vereinfachend zugespitzt – als ultimativen Versuch, die Ambivalenzen der Moderne zu zerschlagen statt zu lösen. Die Verabredung mit ihm kam zu keinem Ende. Möglicherweise hätte er uns – ähnlich wie dem Online-Magazin ›*Eutopia*‹ – „Europa" als „aktive Utopie" vorgeschlagen: „Vielleicht ist Europa eine Utopie. Aber es ist eine aktive Utopie, die sich darum bemüht, die ansonsten unverbundenen, in viele Richtungen weisenden Handlungen zusammenzuführen. Wie wirkungsmächtig diese Utopie schließlich wird, hängt von den Akteuren ab." Bauman lobt an Plan und Praxis der EU neue, unerprobte Handlungsarten, mit denen nicht versucht werde, Unterschiede zwischen einzelnen Menschen und Gruppen zu nivellieren und kommt dann auf das Thema der Migration als Diaspora zu sprechen: Die Migration nach Europa werde heute „unaufhörlich, systematisch, endemisch und zwangsläufig durch die Logik des Modernisierungsprozesses produziert". Dem diasporischen Charakter der Migration sei es geschuldet, dass Zuwanderer Gemeinschaften bilden, in denen die Menschen an ihren traditionellen Lebensweisen festhalten und keinen Grund sehen, diese zu ändern. Echte „Lösungen" seien hier nicht die Forderungen nach angepasster Integration, sondern nur „Horizontverschmelzungen" durch Perspektivwechsel. Für Bauman ist Diasporisierung damit nicht nur eine Frage von Migration zwischen Orten, sondern eine von Ansiedlung bei gleichzeitiger Nichtaufgabe von Identitätsvorstellungen – eine besondere Fähigkeit zur Anpassung als „Kunst, mit Unterschieden zu leben". Der Begriff ›Diaspora‹ wäre dann nicht mehr Synonym für Vertreibung und Leid, sondern als ein fruchtbarer Erfahrungsschatz zu verstehen. Ein solches Konzept orientiert auf die Diffusion zivilgesellschaftlicher Werte und Praktiken sowie letztendlich auf die Herausbildung von Kernen einer transnationalen, handlungssouveränen Zivilgesellschaft – Horizonte, wie sie auch in den Gesprächen mit der Soziologin Ludwika Włodek oder mit der Psychologin Paula Sawicka am Beispiel des Bundes aufscheinen. In Zeiten eines heftigen Euroskeptizismus scheinen Wirklichkeiten und Versprechen europäischer Freizügigkeit das wirksamste, identitätsstiftende Moment eines kommenden Europas zu sein: Migranten realisieren ein Europa der Kommenden. Und die Schengener Grenze wird noch mehr zu einer der undemokratischsten Einrichtungen Europas.

LÜCKEN II

Wie das Bauman-Beispiel zeigt, gibt es mit den fehlenden Gesprächspartnern auch offene inhaltliche Flanken in diesem Buch. Ein Gespräch mit Ver-

Die größte Jesus-Statue der Welt. In Świebodzin, an der Transitstrecke zwischen Berlin und Warschau, August 2013.

tretern des polnischen Katholizismus über Europa hätte dieser Interview-Sammlung gut zu Gesicht gestanden. Häufiger kommen hingegen seine Kritiker zu Wort; stellvertretend sei hier nur der Diplomat Adam Rotfeld zitiert: „Inzwischen aber haben wir bei der katholischen Kirche eine Wende hin zu einem extremen Konservatismus erlebt. Die Kirche in Polen sieht in der europäischen Moderne inzwischen vor allem eine Gefahr für sich selbst [...] und damit auch für die polnische Gesellschaft."

Ähnlich scharf ist die Kritik an der katholischen Kirche bei Elżbieta Janicka, die in ihrem viel beachteten Werk ›*Festung Warschau*‹ einer kontinuierlichen Aneignung und Überbauung jüdischer Vergangenheiten durch kirchliche und staatliche Geschichtspolitik auf der Spur ist. Ihre gemeinsame Arbeit mit dem renommierten ›neuen Dokumentaristen‹ Wojciech Wilczyk, ›*Inne Miasto*‹, haben wir als einen Gastbeitrag hier aufgenommen. In dieser fotokünstlerischen Arbeit zeigen Janicka und Wilczyk die zentrale Situation jenes Warschauer Bezirks, den der Holocaust-Forscher Jacek Leociak als „Post-Ghetto-Raum" bezeichnet: das Warschauer Stadtgebiet Muranów, das von den deutschen Okkupanten als Ghetto eingerichtet worden war und – fast völlig zerstört – nach der Befreiung zum sozialistischen Vorzeigebezirk wurde und bis heute weiter überbaut wird.

Bevor wir mit Elżbieta Janicka viele Stunden lang zu Fuß Warschau erkundeten, sprachen wir mit ihr über Wissenssoziologie und teilnehmende Beobachtung, über Konformismus-Kritik, über „philosemitische Gewalt", über ihren kritischen Blick auf das Museum der Geschichte der polnischen Juden als „eine diplomatische Vertretung von Polen in Polen", über die dreiteilige Periodisierung des Holocaust in der polnischen Forschung – Ghettoisierung, industrielle Vernichtung und Juden-Jagden – und über emotionale Intelligenz bezüglich Europas: „Eigentlich ist Europa ein phantastisches Projekt und zwar wegen der Vorstellung, dass Werte, die wir schätzen, nicht abstrakt bestehen, sondern dass sie real sind, sofern sie gelebt werden. Nach 2004 wurde ›Europa‹ für die Länder des Ostblocks zu einem Marshall-Plan, weil żes nicht nur mit Parolen und Regeln kam, sondern uns auch Mittel gibt, um es zu verwirklichen. Aber Europa nimmt sich selbst nicht ganz ernst: nicht in seiner Finanzpolitik und schon gar nicht in seinen gesellschaftlichen Visionen. Also muss man Europa europäisieren." Wie

Katholische Kirche in Bełżyce, August 2013.

kaum eine andere unserer Gesprächspartnerinnen setzt Elżbieta Janicka damit auf ein soziales europäisches Projekt. Auf Bildung.

BILDUNGSGESCHICHTEN I

Die Widerstandsgeschichten der Frauen in diesem Buch – Danuta Brzosko-Mędryk, Zofia Posmysz, Lucyna Tych – sind exemplarisch für solche europäischen Bildungsgeschichten. Gegen das ›*Neue Europa*‹ der Nationalsozialisten baute man in Polen ab 1939 auf Allgemeinbildung. Es waren nicht zuletzt die unzähligen kleinen Untergrundschulen todesmutiger Lehrerinnen und Lehrer, die diese Widerstandskraft stärkten. Dabei ging es zwar um polnische, aber nicht allein um national-polnische Bildung. Mit ihrem Abiturprogramm im Untergrund, das auf den Lehrplänen der Vorkriegszeit fußte, war das polnische Widerstandsprogramm gegen das deutsche Bildungsverbot nichts anderes als ›normales‹ europäisch-humanistisches Allgemeinwissen. Zu diesem Abiturwissen, das die polnischen Untergrundschulen unter deutscher Besetzung lehrten, gehörte übrigens auch das Fach Deutsch. Nicht, um die Sprache des Feindes zu lernen – dies war eher ein unbeabsichtigter, wenn auch nützlicher Nebeneffekt –, sondern weil Deutsch für eine Zofia Posmysz in Krakau einfach Bestandteil des alten Habsburger, sprich südpolnischen Bildungskanons war.

Und doch ist es wohl kein Zufall, dass viele dieser dichten Frauen-Erzählungen vom weiblichen Mut und von solidarischer Widerständigkeit immer wieder auf den nationalen Kontext abheben. Wer fragt, wie viel Mythos sich hier Bahn bricht, sollte auch wissen, wie viel Realitätsmächtigkeit in ihm verborgen war. Nur wenige der Erzählungen, schon gar nicht die männlichen, haften so in der polnischen Kulturgeschichte mit ihren katholischen Riten, Bräuchen und Liedern und sind zugleich so offen in den europäischen Bildungskanon verwoben wie Danuta Brzosko-Mędryks Erzählungen von ihren Inszenierungen des ›Radio Majdanek‹ und der ›Buchenwald-Konzerte‹. Europas Solidarität und Widerstand geht genauso wie die Erinnerung daran heute – nicht nur in Polen – den Weg durch das patriotische Gedächtnis (man lese das Gespräch mit Jacqueline Fleury im Band I): zum Tanz des ›*Kujawiak*‹, der gemeinsam gesungenen ›*Rota*‹ von Maria Konopnicka oder dem Katharinentag der Französinnen. Gedichte werden dabei zur Anrufung, Selbstbeschwörung, fast zum Zauber. Und auch das ist Europa: Die solidarische Selbstorganisation polnischer Pfadfinderinnen, die schnell und ohne falsche Skrupel Parallelstrukturen schufen, die sich dem System der Funktionshäftlinge in den Konzentrationslagern anschmiegten, um es aufzuweichen. Die kommunistischen Französinnen, berichtet Danuta Brzosko-Mędryk, beobachteten dies eher mit Abneigung.

BILDUNGSGESCHICHTEN II

So öffnen sich neue Themenfelder der historischen Forschung, die melancholisch nach Antworten suchen, weil die Fragen danach heute – fast – zu spät kommen. Desto wichtiger werden die Gespräche mit den Enkelinnen der Kriegsgeneration, die zugleich dichten und äußerst fragmentarischen Erinnerungen Katarzyna Wodarska-Ogidels, die uns die Erzählungen ihrer Großmutter weiterreichte. Gab es – insbesondere in den Frauen-Lagern – vielleicht noch ein europäisches Wissen jenseits der kommunikativen Vernunft von Lager-Komitees oder den Taktiken im Überlebenskampf, ein tradiertes Wissen, das das Leben im Lager erträglicher gestalten konnte? In Katarzyna Wodarska-Ogidels Erzählungen über die weisen Frauen in Ravensbrück scheinen Fragmente eines solchen Wissens auf, mentalitätsgeschichtliche Restbestände einer Volksweisheit, welche noch über die Tage der Befreiung hinaus Gültigkeit beanspruchten. Neben den Zeugenberichten ist es vor allem die erzählende Literatur, die diese Daten einer historischen Anthropologie, die sich in die Körper und Seelen der Menschen einschrieben, bewahrt und weitergibt. Das Archiv dieser Literatur reicht von Jerzy Kosińskis frühem Nachkriegsroman ›*Der bemalte Vogel*‹ bis zu den „Teetanten“ in Joanna Bators Roman ›*Wolkenfern*‹, die den weisen Frauen, von denen Katarzyna Wodarska-Ogidels Großmutter zu berichten wusste, ein Denkmal setzen. Je feiner die Differenzen in den Antworten auf unsere unablässige Frage nach Europa wurden, desto häufiger, so schien es uns, zeigten sich dabei die überwucherten „Nebengleise der Zeit“. Diesen in den Erinnerungen der Enkel auf der Spur zu bleiben, bleibt ein Desiderat, dem wir nicht immer genügten – auch wenn wir uns dabei hüten sollten, „ein Weilchen esoterisch zu werden wie Herr Bosco aus Milano und unsere Stimme zu einem eindringlichen Flüstern zu senken.“ (Bruno Schulz)

Apropos ›Nebengleise der Zeit‹: Nach der gezielten Zerstörung polnischer Kulturgüter durch die deutschen Besatzer war gerade der Wiederaufbau von Warschau ein Symbol polnischen Selbstbehauptungswillens. Der Architekt und Kunsthistoriker Jan Zachwatowicz, seit 1945 polnischer Generalkonservator und Leiter der Rekonstruktion der Warschauer Altstadt, stieß mit seinen Denkmalpflege-Projekten auf breite gesellschaftliche Zustimmung. Anders verhielt es sich bei der Marginalisierung der Erinnerung an die verlorenen polnischen Ostgebiete, der ›Kresy‹. Die wenig freiwillige Tabuisierung der eigenen kulturellen Traditionen im Rahmen der Sowjetisierung schärfte bei vielen aus Wilna oder Lemberg umgesiedelten Intellektuellen, die nach Vertreibung der Deutschen die neuen Eliten von Gdańsk, Wrocław oder Toruń bildeten, das Bewusstsein für das vorgefundene fremde kulturelle Erbe – Stefan Chwins ›Archäologie‹ liefert hier im Buch ein Beispiel. Die Demonstrationen in den 1970er- und 1980er Jahren sowie die Gründung der unabhängigen Gewerkschaft ›Solidarność‹ gingen eben auch deshalb von Gdańsk aus, weil dort lauter Menschen lebten, die den verordneten Gedächtnisschwund im Realsozialismus gründlich hassen gelernt hatten.

Einen anderen, faszinierenden Blick auf die Kommodifizierung kultureller Ressourcen eröffnete uns Barbara Kirshenblatt-Gimblett, als wir mit ihr inmitten des rekonstruierten Warschauer Zentrums saßen. Unserem etwas wohlfeilen Spott über so viel Heimatmusealität widersprach sie vehement und betonte, dass man im Falle der wiederaufgebauten Warschauer Altstadt Authentifizierung und Ökonomisierung als kulturelle Praktiken mit besonderer Eigenlogik begreifen müsse, um Nachbauten nicht vorschnell als ›fakes‹ zu bewerten.

POLITISCHE DEBATTEN

„Nein, das ist ein sehr westeuropäischer Blick, der durch Ihre Frage spricht, würde ich sagen." Wir haben diese Antwort nur einmal klar ausgesprochen gehört. Man ist höflich in Polen mit seinen Gästen. Und doch gab es ausreichend Raum für Missverständnisse und manchmal auch blankes Unverständnis. In seinem Zentrum: unsere Frage selbst – „Europa". „Für mich ist Europa ein Kulturgebiet, an dem ich auf Grund meiner nationalen, polnischen Kultur teil habe", sagt der Europäist Andrzej Piotrowski. In Zamość wird man deutlicher: „Europa ist, was gut ist für Polen." Die Skepsis gegenüber einem föderalen Europa, die den Bundesdeutschen als den größten Profiteuren der Europäisierung über die vergangenen sechzig Jahre fremd geworden ist, führte seit den späten 1990er Jahren zu zahlreichen Diskursen der Historiker aus Ost- oder Westeuropa. – Die endlosen Debatten um das künftige Haus der Europäischen Geschichte sind für diese nachholend, nationale Perspektive vieler ungarischer oder polnischer Historiker ein prägnantes Beispiel.

„Ich glaube, Deutschland ist überhaupt das einzige Land, wo ständig eine Debatte über das Verhältnis Deutschland - Europa geführt wird", bringt Adam Rotfeld diesen Dissens auf den Punkt. Suchen etwa allein die Deutschen heute ein neues europäisches Narrativ? Vielleicht ist das Begehren, die Identität als Deutsche und Deutscher möglichst in eine Identität als Europäerin und Europäer umzusetzen, angesichts der Realitäten nach 1945 tatsächlich größer als anderswo: „Aus dem Schicksal, Deutscher zu sein, wurde die Hoffnung, Europäer zu werden," formulierte der Künstler und Kunsttheoretiker Bazon Brock, 1936 in Słupsk geboren, diesen nachkriegsdeutschen Sonderweg. Woraus dann folge: „Europa ist also die Hoffnung aller derjenigen, die gelernt haben, dass es nicht genug ist, oder im Gegenteil geradezu belastend ist, sich aus einer bloß kulturellen, nationalen oder religiösen Herkunft zu definieren."

Wie tief aber wollten, sollten wir uns auf die nationalen, politischen Debatten in Polen einlassen, gar in sie einsteigen? Sollten wir den Diskurs über die politische Teilung des Landes, der uns immer wieder nahe gelegt wurde – durch Włodzimierz Borodziej, Adam Krzemiński oder Krzysztof Warlikowski in Warschau, durch Michał Wolny in Lublin – aufnehmen? Oder sollten wir uns ihm als Außenstehende eher verweigern? Sollen wir nach ihm fragen oder eher jene feinen Übergänge hervorheben, die uns zeigten: Rechts und Links ist in Polen nicht das Gleiche wie in Deutschland? Deutlich zumindest wurde: Anders als im politischen Mainstream Deutschlands bleibt die Frage nach Europa in Polen eine der Möglichkeiten, den eigenen politischen Positionen Konturen zu geben. Dies macht sich vor allem auf dem Gebiet der Kulturpolitik bemerkbar, wo spätestens seit dem Eintritt in die Europäische Union und der zeitgleichen Eröffnung des Museums des Warschauer Aufstands mit harten Bandagen um die Institutionalisierung geschichtspolitischer Narrative gefochten wird. Zwei Positionen stehen sich hier relativ unvermittelt gegenüber. Da ist einerseits die Vorstellung von einem starken föderalen Europa, die seit Februar 2014 in Polen deutlich an Attraktivität gewonnen hat. Damit verbunden die Forderung, Polen solle endlich aufhören, sich in einer Sonderrolle als Opfer Europas zu verstehen. Neue Kulturinstitutionen wie das im Herbst 2014 eröffnete Europäische ›Solidarność‹ Zentrum und das künftige Museum des Zweiten Weltkriegs wollen diese Idee von Polen als einer normalen europäischen Nation zur Staatsräson werden lassen ... und damit dem dominierenden Narrativ der polnischen Konservativen eine Alternative entgegensetzen.

Dieses konservative Geschichtsnarrativ hingegen, das die europäische Geschichte aus dem Fokus Polens ableitet, wird seit zehn Jahren mit großem Erfolg durch das Museum des Warschauer Aufstands zementiert. Europa, so der stellvertretende Direktor Paweł Ukielski in diesem Band, müsse von 1944 her gedacht werden: aus dem Widerstandsakt des polnischen Volkes gegen die deutschen und die anrückenden sowjetischen Besatzer – also aus dem Freiheitskampf eines Volkes gegen die Fremdherrschaft aus Ost und West. Wie gut diese Vorstellung auch dem derzeitigen deutschen Bundespräsidenten gefällt, zeigten die Fernsehbilder von den Gedenkfeierlichkeiten zum 75. Jahrestag des deutschen Überfalls auf Polen am 1. September 2014.

Doch schon Stefan Chwins Eltern stritten sich über diese nationale Widerstandserzählung von 1944 bis hin zur Entfremdung. Die Positionen Paweł Ukielskis und Andrzej Wirths markieren in unseren Gesprächen wahrscheinlich am radikalsten die Wellenberge dieses Streits über Jahrzehnte. Der Film ›*Eine Stadt in Ruinen*‹, den wir im Museum des Warschauer Aufstands sahen und der auch den Schluss der temporären, Ende Juli 2014 eröffneten Ausstellung über den Warschauer Aufstand auf dem Gelände der Berliner Topographie des Terrors bildete, verdeutlicht das physische Ende einer europäischen Metropole. Militärisch scheiterte der Aufstand und das Pathos, das mit der Erinnerung an den gemeinsamen Widerstand verbunden bleibt, mag in einer zusehends postheroischen Gesellschaft irritieren. Eine der offenen, vieldiskutierten Fragen aber ist, ob auch die polnische Exilregierung Mitverantwortung trug, als sie der im Untergrund agierenden Heimatarmee den Befehl zum Aufstand gab, weil man sich von den Deutschen selbst befreien und es nicht den Sowjets überlassen wollte. Doch das Motiv der Selbstbefreiung zeigt sich im Nachhinein als erfolgreich: Warschau wurde wieder aufgebaut, ist heute wieder eine europäische Metropole und geistiges Zentrum einer offenen Gesellschaft, in der man eben auch über Sinn und Unsinn eines Aufstands debattiert ... oder diesem Aufstand vom August 1944 – wie zuletzt Szczepan Twardoch in einer Warschauer Straßenszene in seinem Roman ›*Morphin*‹ – allein noch das Pathos der Vergeblichkeit verleiht: „So stehst du an einem Oktobermorgen (1939) in der Szucha und wartest auf deine ehemalige Geliebte. Ein Junge mit Tornister schlurft die Straße entlang [...] Der Junge wird fünf Jahre später im August umkommen, als er das Schicht-Haus erobern will, mit einer Einheit, die sich Kompania nennt, obwohl sie nur mit drei Pistolen und einigen Dutzend Granaten bewaffnet ist, er selbst wird weder Pistole noch Granate haben, wird hinter einer Mauer Schutz suchen, später werden sie ihn erschießen, und niemand wird sich an ihn erinnern, das war's mit seinem Kampf."

Nicht nur in Debatten wie dieser hat das konservative Polen auch in unserem Buch einen breiten Argumentationsraum gefunden: In den Ausführungen von Marek Cichocki oder Paweł Ukielski genauso wie in Untertönen bei Andrzej Urbański in Zamość oder bei Katarzyna Wodarska-Ogidel. Unsere eigenen Debatten entzündeten sich dabei vor allem an dem Gespräch mit Cichocki: Von woher denken wir diesen modernen Konservativen und ehemaligen Präsidentenberater, der in seinem Leben schon so manche Wendung gemacht hat? Ist er der moderate Vertreter einer konservativen polnischen Mehrheit von – na, sagen wir – 51 Prozent? Ist er Vertreter eines melancholischen Wertekonservatismus, der hoch reflektiert alte Werte wie Opferbereitschaft, Familie und das lateinische Erbe europäisch denkt? Oder ist er ein reaktionärer Fuchs in flottem Anzug, charmant, offen; einer, der seine Botschaften heute genauso gut in der ›*Jungen Freiheit*‹ wie in der ›FAZ‹ zu verkaufen wüsste – wenn man ihn denn ließe?

KONTINUITÄTEN. GESPENSTER

Beunruhigender als diese Diskussionen aber bleiben europaweit Anzeichen einer fortbestehenden Virulenz rechtsradikaler Europa-Ideen aus den 1920er und 1930er Jahren. Stefan Chwin wies uns sachte darauf hin. Man kann dem Forscherkollektiv am Zentrum für Zeithistorische Forschung in Potsdam nur dankbar sein, das diesen Blick für die Kontinuität reaktionärer, europäischer Machtdiskurse in wirtschaftsliberalen Strategien der Nachkriegszeit mit ihren Fragen akribisch offen legt: Waren antiliberale Europa-Konzeptionen und Effekte einer gewaltsamen Zwangs-Europäisierung, wie sie die nationalsozialistische Herrschaftspraxis zur „völkischen Neuordnung Europas" prägten, gar Vorbedingungen der europäischen Integration nach 1945? Kommt ein Europa in seiner heutigen wirtschaftspolitischen Verfasstheit nicht den Träumen verdächtig nahe, die 1942 im so genannten Reichssicherheitshauptamt geträumt wurden? Das nationalsozialistische Deutschland hatte sich spätestens seit 1940 pro-europäisch gebärdet, „Europa“ war zu einer „Leitvokabel“ (Ulrich Herbert) der Nazis geworden: „Während sich die westlichen Plutokratien vor ohnmächtiger Wut und verblendetem Haß in ihren Kriegszielveröffentlichungen überschlagen, bekennt sich das deutsche Volk durch den Mund seines Führers zu dem Ziel eines gesicherten, nationalen Lebens in einem nach völkischen Gesichtspunkten neugeordneten Europa und einer Welt, die alle Nationen nach ihrer Größe und ihren Leistungen an ihren Schätzen teilhaben lässt“, tönt es zum Beispiel in der Wochenendbeilage der Thüringer Gauzeitung ›*Sonntag in Thüringen*‹ vom 29. September 1940 zu Beginn des Titelberichts „Judenspuk – im Ghetto aufgefangen“ über die Machenschaften der Nazis im besetzten Łódź.

Es gilt, solche hantologischen Fragen eher auszuweiten. Dem Vertreiben der untoten Vergangenheit und dem vergeblichen Beschwören des Endes der Geschichte stellte Jacques Derrida seine Lehre der Heimsuchung entgegen. In ›*Marx' Gespenster*‹ heißt es: „Lernen, *mit* den Gespenstern zu leben, in der Unterhaltung, der Begleitung oder der gemeinsamen Wanderschaft, im umgangslosen Umgang mit den Gespenstern. Es würde heißen, anders zu leben und besser. Nicht besser, sondern gerechter. [...] Und dieses Mitsein mit den Gespenstern wäre auch – nicht nur, aber auch – eine *Politik* des Gedächtnisses, des Erbes und der Generationen.“ Das Gespenstische gerät so zu Derridas Metapher für die Asynchronizität der Generationen und zu einer Ethik der Verantwortlichkeit jenseits des Gegenwärtigen, die Vergangenes prinzipiell als unabgeschlossen begreift.

Phänomene des Gespenstischen in diesem Sinne treiben auch Tine Rahel Völcker um. Anlass für ihren Bericht über eine Reise nach Krakau hier im Buch war eine auf dem Krakauer Wawel zu Zeiten des so genannten Generalgouvernements spielende ›Orestie‹, welche die Dramatikerin für jenen Ort schrieb, der seit langem einen Schauplatz des Gespenstischen verkörpert: das Theater. In der Inszenierung durch Nora Schlocker drang eine Szene ganz besonders in Hirn und Herz des Publikums. Diese Szene über das Ghetto veranschaulichte, auf welche Weise die Nationalsozialisten eine Situation quasi ontologisierten, die sie zuvor durch Ghettoisierung selbst hergestellt hatten: das Andere, vermeintlich Jüdische.

THEATER. SZAJNISM

Mitte August 2013, vor unserer ersten größeren Reise nach Polen, trafen wir den Historiker Robert Traba, Direktor des Zentrums für Historische Forschung der Polnischen Akademie der Wissenschaften in Berlin und Leiter zahlreicher Forschungsprojekte zu den deutsch-polnischen Beziehungen wie das Publikationsprojekt ›*Polsko-niemieckie miejsca pamięci, Deutsch-polnische Erinnerungsorte*‹. Durch Traba gingen die wunderbaren, reisephilosophischen Texte von Jerzy Stempowski, eines der Mitglieder der Pariser ›*Kultura*‹, und damit die Idee des „entdeckenden Lesens der Kulturlandschaft" mit auf die Reise. Oder die These des polnischen Intellektuellen Jan Józef Lipski aus seinem Text ›*Zwei Vaterländer – Zwei Patriotismen*‹: „[...] dass wir Polen zum Teil Depositäre des deutschen Kulturerbes" seien. Traba zitiert Lipski gern – und widerspricht ihm leidenschaftlich differenziert: „Meine Generation ist nicht Bewahrer, sie steht in den ehemals deutschen Gebieten höchstens in der Nachfolge. Das heißt, dass ich einerseits bewusst zu pflegen habe, was nicht meines war. Dabei versuche ich andererseits, in dieses alte Erbe ebenso bewusst meine neue Geschichte einzuschreiben. Nur so kann das Ganze für mich und für kommende Generationen lebendig sein."

Unter Robert Trabas Handgepäck, das er uns auf die Reise mitgab, war auch ein Theaterstück; als erster wies er uns auf „eines der besten Theaterstücke, das ich je gesehen habe", hin: ›*(A)pollonia*‹ von Krzysztof Warlikowski. „Das Stück beginnt mit der Rückkehr Agamemnons aus dem Trojanischen Krieg und verhandelt generelle Fragen der europäischen Kultur: Was ist eigentlich ein Opfer? Was bedeutet Opfersein? Was heißt, sich opfern? Was ist der Sinn des Opfers für die Nachfahren der Opfer?" Und er bestätigte unsere Fragen nach der besonderen Rolle des Theaters in Polen: „In den kommunistischen Ländern war Geschichte im öffentlichen Raum nun einmal vor allem durch das Theater anwesend," resümiert Traba, „Geschichtswerkstätten der anderen Art sozusagen." Das zieht sich bis in die Gegenwart.

Das polnische Theater ließ uns seitdem nicht mehr los. Nach Traba stieß uns die Historikerin und Kuratorin Zofia Wóycicka erneut auf ›*(A)pollonia*‹. Beim gemeinsamen Abendessen mit ihr und dem Publizisten Łukasz Gałecki stritten wir am Tag nach unserer Ankunft in Warschau über polnische Erinnerungskulturen und über das Experiment am künftigen Brüsseler Haus der europäischen Geschichte, ›Geschichte europäisch zu erzählen‹.

Auch in den Gesprächen mit Danuta Brzosko-Mędryk, Lucyna Tych, Paula Sawicka, Arek Ziętek oder Kazimierz Albin kamen wir am polnischen Theater nicht vorbei. An Józef Szajna zum Beispiel. Katarzyna Madoń-Mitzner, Mit-Gründerin des KARTA Zentrums zur Vermittlung polnischer und ostmitteleuropäischer Zeitgeschichte, erzählte uns nach knapp zwei Stunden Gespräch eher nebenbei, wie sie bereits vor ihrer Arbeit bei dieser NGO durch Szajnas Theater auf ihre späteren Themen gestoßen sei: „Die ersten Erfahrungen mit Lager-Geschichte hatte ich in der Tat im Theater-

Kontext, über Józef Szajna, gemacht, der ja seine Lager-Erfahrungen in Form von Theaterstücken verarbeitete. Er war einer der wenigen Künstler, die diese Erfahrungen so direkt auf das eigene Schaffen übertrugen."

Also Józef Szajna. 1922 in Rzeszów geboren, gehörte er zu den überragenden Künstlern Polens der Nachkriegszeit. Als Widerstandskämpfer im Alter von neunzehn Jahren verhaftet, überlebte er die Konzentrationslager Auschwitz und Buchenwald. Nach seinem Studium an der Akademie der Schönen Künste in Kraków und ersten Jahren als Bühnenbildner, Regisseur und Intendant am Teatr Ludowy in Krakóws Nowa Huta sorgte er seit Ende der 1950er Jahre mit eigenwilligen Inszenierungen sowohl auf der Bühne als auch im Museum für Aufsehen. Das Environment ›*Reminiszenzen*‹, eine Auseinandersetzung mit der Ermordung von Krakauer Kunstprofessoren in Auschwitz, das 1970 auf der Biennale in Venedig gezeigt wurde, machte Szajna auch im Westen bekannt. 1982 legte er seine Professur an der Warschauer Kunstakademie sowie die Leitung des Centrum Sztuki Studio, des Kunstzentrums Studio im Warschauer Kulturpalast, aus Protest gegen die Ausrufung des Kriegsrechts nieder – seither arbeitete er frei. Józef Szajna war Vorsitzender des Verbands der Europäischen Kultur in Polen SEC und 2005 Stiftungsgründer für die Stiftung Europäisches Netzwerk Erinnerung und Solidarität.

Leider schafften wir es auf unseren Fahrten durch Polen nicht nach Rzeszów. Dort, im Wanda-Siemaszkowa-Theater, wo Szajna sein letztes Stück ›*Déballage*‹ (›*Auspacken*‹) aufführte, gibt es seit März 1997 eine Szajna-Galerie und ein Multimedia-Szajna-Festival. Darüber wollten wir mit Łukasz Szajna, seinem 1955 in Kraków geborenen Sohn, sprechen. Genauso wie über seine Erfahrungen als Graphiker, Künstler, Kurator und Kreativdirektor einer Werbe-Agentur in Ost- wie Westeuropa. Ein Gesprächstermin kam trotz mehrfacher Versuche nicht zustande, aber Łukasz Szajna beantwortete per E-Mail zwei von den Fragen, die wir ihm zur Vorbereitung des erhofften Gesprächs zugesandt hatten ... und damit zugleich die Frage, warum ein Interview für ihn letztlich nicht in Frage kam. Die eine Frage lautete: „In einem Gespräch im Jahre 2000 meinte Ihr Vater: ›Warum sollte man auch seine eigene Erfahrung nicht an die Kinder weitergeben? Jede Mutter,

Józef Szajna in der Gedenkstätte Buchenwald, April 2005.

jeder Vater tut das. Dazu dient Geschichte, und so ist unsere Kultur entstanden.‹ Welches sind die wichtigsten Dinge, die Ihnen Ihr Vater weitergegeben hat?“

Łukasz Szajnas Antwort: „Ihrer Bitte und Frage nachzukommen, welche Erinnerungen und Worte mein Vater mir im Zusammenhang mit seinen Erlebnissen und Erfahrungen in Auschwitz und Buchenwald hinterlassen hat, ist für mich sowohl schmerzhaft als auch schwierig. Ich könnte viel schreiben über Binsenweisheiten wie ›Nie wieder Krieg!‹, über die Notwendigkeit des Gedenkens und Erinnerns, über die zerstörerische Wirkung der Politik und Ideologie der ›Übermenschen‹ und über die Erinnerungskultur in der Kunst. Über das Thema ist schon alles und noch mehr geschrieben worden. Mein Vater hat sich zu diesem Thema bis zu seinem Tod geäußert; dazu existiert eine Vielzahl von Materialien und Dokumenten. Ich bin erwachsen, werde bald sechzig Jahre alt und will mich zu diesem Thema nicht in einer Art Botschaft für die Menschheit äußern. Wenn es Sie tatsächlich interessiert, was mein Vater mir als seinem Sohn und der engsten Familie hinterlassen hat, dann ist es vor allem der Alptraum seiner Erinnerungen, der sehr schwer auf uns allen lastet. Als 5jähriger Junge habe ich geträumt, dass ich im Ofen verbrenne, was bedeutet, dass mein Vater bis zu diesem Grad vom ›Auschwitz-Syndrom‹ gezeichnet war; was ihn dennoch nicht davon abhielt, all die schrecklichen Dinge einem kleinen Jungen zu erzählen, der ich damals war. Ohne Zweifel hatte das Einfluss auf mein zukünftiges Leben, auf das Leben meiner Mutter und das seiner engsten Verwandten. Als seinem Sohn ist mir das Verantwortungsgefühl geblieben, seiner Kunst zu erinnern, was für mich nicht nur eine Ehre, sondern auch oft eine schwere Last ist – umso mehr, wenn ich immer öfter sehe, wie wenig es die Menschen interessiert. Was noch? Völliges Misstrauen und Desinteresse an Politik; die Überzeugung, dass Geschichte sich gerne wiederholt, genau wie der Verteidigungsmechanismus, der darin besteht, sich nicht im Kreis zu drehen und das Thema nicht zu berühren, weil es ein Gefühl der Hoffnungslosigkeit hervorruft. Aber davor gibt es kein Entrinnen, was auch unsere Korrespondenz zeigt. Ich bin mir bewusst, dass das bittere Worte sind, aber das ist die einzige Antwort, zu der ich im Stande bin. Und schöne Erinnerungen? Ich war ein Jugendlicher, als deutsche Sammler die Arbeit ›*Reminiszenzen*‹ meines Vaters ankauften. Dieses Geld sowie die Entschädigung für die Zeit meines Vaters im Konzentrationslager reichten, um einen VW ›Garbus‹ zu kaufen,

In Oświęcim, September 2014.

der damals Luxus in Polen war. Mit diesem Auto sind wir in den Ferien nach Italien gefahren. Ich durfte ihn fahren, weil mein Vater keinen Führerschein hatte. Und das ist alles, zu dem ich in der Lage bin, Ihnen zu erzählen. Die täglichen familiären Dramen im Zusammenhang mit der Vergangenheit meines Vaters möchte ich für mich behalten." Ähnliche Erfahrungen der zweiten Generation, konkret der Kinder von Buchenwald-Überlebenden, lassen sich im vorliegenden Buch auch im Gespräch mit Agnieszka Lessmann erahnen.

ROADMOVIE

„Günstiges Europa", Oświęcim, September 2014.

Im Mietwagen, im Zug, in den Hotel-Lobbys und Frühstücksräumen zwischen Berlin, Warschau, Łódź, Radom, Zamość, Lublin, Gdańsk gerann die fließende Bewegung unserer unablässigen Ost-West-Ost-Transformationen zum Roadmovie. Der Osteuropa-Historiker Karl Schlögel, der Europa auf Schwarzmärkten, Flughäfen, Busbahnhöfen oder Raststätten suchte (und fand), vertritt die These, der europäische Alltag sei äußerst lebendig, dafür brauche es keine schalen Sinnstiftungen. Damit rückt er nahe an die soziologischen Perspektiven der Europäisten um Andrzej Piotrowski in Łódź oder Fritz Schütze in Magdeburg. Die europäische Integration, so Schlögel, finde am stärksten auf den Autobahnen unter den Lastwagen-Fahrern statt. Wir erinnerten uns an diese Bemerkung, als ein LKW-Fahrer auf unsere Frage nach dem besten Weg nach Radom wenig zielführend antwortete: „Ich Russland!" Vielleicht hätten wir ihm einfach nur hinterher fahren sollen.

Nach den Interviews, im Auto, begannen – erst vorsichtig, dann an Fahrt und Intensität zunehmend – die Streitgespräche zwischen dem Ost- und dem Westdeutschen, dem 44- und 55Jährigen, dem Historiker und dem Journalisten. Alles Verständnisdiskurse entlang des eigenen Lebenslaufs: Warum diese unablässigen Fragen nach einem polnischen Antisemitismus? In was mischen wir uns hier ein? Welche Fragen öffnen, welche verschließen Denkräume? Wie viel ethnologisches Fremdblicken wollen wir uns erlauben in unserer unablässigen Suche nach dem polnischen Europa zwischen

Lublin,
August 2013

›Mini Europa‹, ›Euro Moda‹, ›Euro Apteka‹, ›Eurobank‹ oder ›Tania Europa‹? Wie viel Glauben möchten wir Schmalspur-Oral-Historiker einzelnen Sätzen schenken, die uns Parolen gleich im Ohr klingeln? „Europa steht für alles, was billig ist!“ Wissen wir es nicht besser? An den Gleisen von Izbica, Saul Friedländers Ausführungen über die Struktur der Shoah im Kopf und auf dem neugebauten Standstreifen – Hurra! – das erste Pferde-Fuhrwerk. Mit wie viel altbackenen Polen-Bildern wollen wir uns eigentlich noch das Hirn verkleistern? Und was war das – bitte schön – im Teatr NN in Lublin?! Diese Führung durch das jüdische Archiv und überall die Präsenz seines charismatischen Chefs Tomasz Pietrasiewicz. Brauchen wir das wirklich noch: Diese hoch-emotionalisierten Crews? Wie lang trägt solch eine Motivierungsmaschinerie?

Lauter ›Buchenwald‹-Diskussionen mitten im tiefsten Südosten Polens. Und unauflösbar unser Konflikt über die ›anderen‹ Reisegeschichten Andrzej Stasiuks, die in ihrem stoischen Anti-Intellektualismus den einen anziehen, den anderen abschrecken: „Der Versuch, die perverse Fülle der Materie zu ordnen, die pornographische Schamlosigkeit der Geschichte, die hinter jeder Kurve, hinter jeder Erhebung faul auf dem Rücken liegt.“ Ja. Nein. Konflikte, die bei der Arbeit an unserem Frankreich-Buch noch keinen Raum fanden. Auf diesen Reisen durch Polen schon.

DER SOUND DER ÜBERSETZERIN

Vielen ist Dank dafür zu sagen, dass diese Konflikte und dieses Buch zustande kommen konnten. Schon hier aber, in der Vorrede auf das Folgende, muss die Arbeit unserer Übersetzerin, Iwona Domachowska, gewürdigt werden. Einem Großteil unserer Interviews verleiht sie den gemeinsamen Klang, einen individuellen Grundton, den Sie, die Leserinnen und Leser, zusehends heraushören werden. Auch für diesen besonderen Sound sei Iwona Dank gesagt. Wir sind ihm in unseren Fragen und Nachfragen vertrauensvoll gefolgt. Denn wir hatten in Warschau weit mehr als nur eine kluge Dolmetscherin an unserer Seite. Nicht nur, dass von ihr wichtige Empfehlungen für Gesprächspartner kamen, die so manche weitere produktive Bruchstelle in unserem Vexierspiegel auf das heutige europäische Polen öffneten. Auch bei den monatelangen Nacharbeiten und den Rückfragen an unsere Gesprächspartner blieb sie eine ständig präsente, mitdenkende Hilfe.

SOMMER 2013. WAR DA WAS?

Noch einmal: Zeiten(wenden). Erinnert sei zum Abschluss an ein paar weitere europäische Subtexte, die die Fragen und Antworten dieses Buches begleiteten, motivierten, unterwanderten. Wir führten unsere Gespräche in Zeiten, als es Europa angesichts der Eskalation in der Türkei die Sprache verschlagen hatte. Die türkische Zivilgesellschaft erlebte eine Sternstunde der Demokratie und verkörperte etwas von einem Europa, wie es sein sollte: solidarisch, pluralistisch, mutig, friedlich: ›Gezi‹ lebte europäische Gedanken, während man sich vergeblich mühte, den türkischen Premier von Meinungs- und Pressefreiheit zu überzeugen. Europas Ohnmacht offenbarte sich von neuem in der Syrien-Politik der EU; ähnlich auch in der fehlenden Kompetenz und Entscheidungskraft der EU, eine offensive Politik zur Nichtdiskriminierung der Roma zu etablieren.

Wir reisten in Zeiten, als im Zentrum Europas, in Griechenland, das Staatsfernsehen aus Kostengründen abgeschaltet und in Deutschland wieder mal der Eindruck vermittelt wurde, das Land, das vom Euro am meisten profitiert, müsse ständig für die anderen zahlen. Die Finanz-Politik Europas erschien nicht nur vielen Griechen immer unverständlicher, sondern erschütterte auch traditionelle Freundschaften: neuer europäischer Finanz-Kolonialismus anstatt freundschaftlicher Solidarität.

Wir stellten unsere Fragen in Polen unter dem Eindruck, dass sich EU-Verantwortliche zwar vor den Toten auf Lampedusa, nicht aber vor den Überlebenden verneigten und die 2004 eingerichtete Grenzschutz-Agentur ›Frontex‹ als Mittel und Produkt verfehlter EU-Flüchtlingspolitik erneut massiv in der Kritik stand. Vor dem Hintergrund einer großen Flüchtlingskatastrophe bei Lampedusa führte die EU ein neues System ›Eurosur‹ zur Überwachung ihrer Außengrenzen ein, um illegale Einwanderungen und Tätigkeiten krimineller Schlepper einzudämmen. Bereits im Juni 2013 hatte das Europäische Parlament eine Reform des Schengen-Abkommens gebilligt: Im Notfall dürfen die Unterzeichner-Staaten die nationalen Grenzen ab Ende 2014 für bis zu zwei Jahre schließen; neue Grenzkontrollen können eingeführt werden, falls die Länder des Schengen-Raums eine massive Ankunft von Flüchtlingen befürchten.

Im Deutschland des Bundestagswahlkampfs 2013 waren Fragen, wie europäische Krisen im Interesse der Europäerinnen und Europäer überwunden werden können, kein Thema. Von einer europäischen Reformperspektive keine Spur. Stattdessen artikulierte eine deutsche Regierungspartei aus Bayern eine Politik der Ressentiments gegen Bulgaren, Rumänen, gegen Ausländer schlechthin und die von der Politik angeheizte Debatte über die so genannte Armutszuwanderung offenbarte viel mehr über die Ängste in wohlständigen Ländern als über das wirkliche Ausmaß der Migration. Weshalb dann auch Europäer und Europäerinnen wie Christina von Braun soziale Gerechtigkeit als einzige Möglichkeit benannten, um Glaubwürdigkeit für das Projekt ›Europa‹ erreichen zu können.

Wir waren in Polen unterwegs, kurz nachdem der Friedensnobelpreisträger Lech Wałęsa eine neue Werte-Debatte in Europa angemahnt hatte, nachdem ihm im thüringischen Geisa – ehemals die westlichste Stadt des „sozialistischen Europas" im Sperrgebiet der innerdeutschen Grenze – der ›Point-Alpha-Preis‹ für seine Verdienste um die Einheit Deutschlands und Europas verliehen worden war. „Ohne Danzig kein Leipzig", so ein gängiger Blick auf die „Freiheitsgeschichte Europas": der August 1980 als Vorgeschichte des Oktober 1989. Zur gleichen Zeit lockte Andrzej Wajdas filmisches Porträt ›*Wałęsa. Mann der Hoffnung*‹ nach dem Drehbuch des Schriftstellers Janusz Głowacki Millionen Polen in die Kinos. Das Interview, das Wałęsa 1980 der italienischen Journalistin und Schriftstellerin Oriana Fallaci gab, bildet das Gerüst der Geschichte, die den Arbeiterhelden auch als Egomanen zeichnet. „Polen braucht diesen Film. Das Land ist so zerstritten. Dabei gibt es eine Geschichte, auf die alle Polen stolz sein können." (Wajda). Wir besuchten Polen, kurz nachdem – begleitet von politischen Protesten – Polens öffentlich-rechtliches Fernsehen TVP den ZDF-Dreiteiler ›*Unsere Mütter, unsere Väter*‹ ausgestrahlt und die rechtskonservative Oppositionspartei PiS, Recht und Gerechtigkeit, deswegen den Rücktritt von Fernsehchef Juliusz Braun gefordert hatte – es sei inakzeptabel, dass das polnische Fernsehen einen solchen deutschen „Propagandafilm" zeige. Bei unseren nächsten Reisen im Winter 2014 wurde dann anderes – wie uns schien – viel zu schlicht polarisiert: Die Schlagzeilen der wichtigsten Tageszeitungen in Polen lauteten „Putin droht mit Krieg“ oder „Wird Polen das nächste Opfer sein?“ und Polens Außenminister Radosław Sikorski betonte angesichts der „schwachen Haltung“ der EU gegenüber Russland, „dass auch in der Sicherheitspolitik die europäische Integration weitergehen muss“.

Genf, Oświęcim, Weimar, November 2014.

GESPRÄCHE

WARSCHAUS HERZOGIN DĄBRÓWKA VON BÖHMEN UND POLEN.

Danuta Brzosko-Mędryk wächst mit Habsburgs Herrlichkeit, Rabelais und der altgriechischen Bilderwelt auf. Ihr Abitur macht sie unter deutscher Besatzung im Untergrund und kommt dafür ins Gefängnis und später ins Konzentrationslager Majdanek.

Danuta Brzosko-Mędryk, geboren 1921 in Pułtusk, war zu Beginn des Zweiten Weltkriegs Schülerin des Królowa-Jadwiga-Lyzeums in Warschau. Sie wirkte im Pfadfinderbund und im Bund für den bewaffneten Kampf ZWZ mit. Im Juli 1940 wurde sie zum ersten Mal verhaftet und ins Pawiak-Gefängnis eingeliefert. Nach einigen Wochen entlassen, verhaftete man sie Mitte August 1942 erneut und verschleppte sie im Januar 1943 ins Konzentrationslager Majdanek. Als dieses Lager evakuiert wurde, brachte man sie in das KZ Ravensbrück und von dort in ein Außenlager Buchenwalds nach Leipzig. Nach ihrer Befreiung Ende April 1945 und einer eineinhalbjährigen Kur nahm sie in Łódź ein Studium der Zahnmedizin auf; bis 1976 arbeitete sie als Zahnärztin. 1965 begann Danuta Brzosko-Mędryk, der Kriegs- und Lager-Thematik gewidmete Bücher und mehrere Filmszenarien zu schreiben. Seit den 1970er Jahren war sie in der Friedensbewegung aktiv; 1989 erhielt sie den Aachener Friedenspreis. Danuta Brzosko-Mędryk ist Mitglied des polnischen Schriftstellerverbandes und wurde mehrfach für ihre Verdienste ausgezeichnet, unter anderem mit dem Kommandeurs-, dem Offiziers- und dem Kavalierskreuz des Ordens der Wiedergeburt Polens.

Denkmal der ›polnischen Kombattanten für die Verteidigung und Befreiung Frankreichs‹ (auf dem Warschauer Platz vor dem Eiffelturm)

[Vormittag des 16. August 2013. Sommerträge Ruhe mitten im Warschauer Zentrum. Die Stiftung Polnisch-Deutsche-Aussöhnung hat hier in der ulica Krucza, parallel zur Marszałkowska, ein kleines Büro; Danuta Brzosko-Mędryk ist schon da. Flipchart, Drucker, schwarze Schrankwand: Der Kaffee wird im Büro des Direktors gereicht. Ein neutraler, abgedunkelter Ort, an dem die schmale Frau offensichtlich Hausrecht genießt – für Gelegenheiten wie diese, auch wenn der Hausherr im Urlaub ist. Neben den Kopien der Staatsverträge zur Stiftungsgründung von 1992 macht sich das Abbild des bunten historischen Marktplatzes von Zamość hinter Frau Brzosko-Mędryk an der Wand breit. Sie bedauert in einem schönen, langsam fließenden Französisch: Nein, sie fühle sich nicht à l'aise. Die Sommerhitze. Die manikürten blassrosa Fingernägel zeichnen feine Figuren auf den Tisch, geben erste Hinweise in einer Sprache, die uns noch fremd ist: Der Beginn eines sechsstündigen Gesprächs über zwei Tage.]

Vielen Dank, Frau Brzosko-Mędryk, für die Bereitschaft, mit uns zu sprechen.

Ich kann bei solchen Anfragen nicht ›Nein‹ sagen. Obwohl ich noch immer nicht weiß, was meine Lebensgeschichte mit Ihrem Thema ›Europa‹ zu tun haben könnte. Ich weiß nicht einmal, was es bedeutet, wenn sich einem plötzlich die Grenzen öffnen, wie es 1989 drei ganzen Generationen passiert ist. Weil ich eine ehemalige KZ-Häftlingsfrau bin, konnte ich ja bereits zu kommunistischen Zeiten ins Ausland reisen. Ich hatte auch keine Probleme zu studieren. Ich war privilegiert. Es wäre mir vielleicht anders ergangen, wenn ich nach dem Krieg gesagt hätte, dass ich während des Krieges in der polnischen Heimatarmee war. Manches erzählte man lieber nicht. Ich erzählte den Behörden damals auch, dass mein Vater im Krieg verschollen sei. Auch das stimmte nur zum Teil, denn ich wusste, dass er in der französischen Résistance aktiv war. Nach dem Krieg wurde mein Vater als Mitglied der polnischen Widerstandsbewegung in Frankreich mit dem Verdienstkreuz der französischen Ehrenlegion ausgezeichnet. Was ich damals übrigens noch nicht wusste, war, dass er in Mittelbau-Dora in Nordhausen einsaß, während ich gleichzeitig nur hundert Kilometer entfernt in einem Buchenwald-Außenlager bei Leipzig war.

DAS POLNISCHE DENKMAL AM UFER DER SEINE IN PARIS

Wie hieß Ihr Vater?

Zygmunt Brzosko. Er war damals mit den gefälschten Papieren eines französischen Staatsbürgers im so genannten freien Teil des besetzten Frankreich unterwegs und leitete das Hauptquartier der polnischen Militärs innerhalb der südfranzösischen Widerstandsbewegung, zu der aber auch englische Fallschirmspringer gehörten.

So viel Europa schon gleich zu Beginn! Und Ihre Mutter?

Meine Mutter und mein Bruder waren zu dieser Zeit Zwangsarbeiter in einem deutschen Lager nahe der Schweizer Grenze. Ich war in Polen als 18–19Jährige, also quasi Waise. Mein Vater war vor dem Krieg in der Woiwodschaft Warschau Beamter mit politischen Funktionen gewesen und bereits 1939 mit seinem Amt ins Ausland evakuiert worden. Er kehrte bei Kriegsende nicht zurück, da er vermutete, verhaftet zu werden. Auch meine Mutter kam erst ein Jahr nach Kriegsende aus Deutschland nach Polen zurück. Nach der Befreiung arbeitete sie in Deutschland in der amerikanischen Besatzungszone für das Rote Kreuz und kümmerte sich um die polnischen Kinder, die nach Deutschland verschleppt worden waren. Meist hatte sie mit sehr kleinen Kindern zu tun. Ihre Aufgabe war, zu erkennen, ob die Kinder aus Polen kamen, indem sie horchte, ob sie zum Beispiel auf Polnisch beteten oder ›Mutti‹ auf Polnisch sagten.

Dabei ging es um Kinder, die im Kontext der so genannten Germanisierungspolitik verschleppt worden waren?

Ja, oder um polnische Kinder, die in Deutschland geboren worden waren. Aber als meine Mutter erfuhr, dass ich Buchenwald überlebt hatte und nach Polen zurückgekehrt war, beschloss sie, auch zurückzugehen. Unsere Wohnung war zwar nicht zerstört, aber von anderen besetzt. Ich ging nach Łódź zum Studieren und meine Mutter musste hier in Warschau arbeiten. Vor dem Krieg war sie nie für den Lebensunterhalt der Familie verantwortlich gewesen. Aber so erging es damals vielen polnischen Frauen in all den Familien, die nicht mehr vollständig waren.

Ihr Vater kam nicht mehr zurück?

Nein, sonst wäre er verhaftet worden. Er blieb in der Nähe von Metz. Wir korrespondierten heimlich über die Schweiz miteinander. Über eine schweizer Familie mit polnischen Wurzeln konnten wir uns schreiben. Aber nach den Auszeichnungen in Frankreich musste er zumindest nicht mehr seine Identität verbergen. Später, zu Zeiten Edward Giereks, konnte er nach Polen zurückkehren.

Mein Bruder war bei Kriegsende etwa siebzehn Jahre alt und träumte davon, Tänzer zu werden. Er ging nach Paris und studierte dort Klassischen Tanz. Später tanzte er beim Ballet Royale. Er hatte sich in Frankreich verliebt und blieb dort; die Presse verglich ihn sogar mal mit Chopin. Er machte Karriere mit dem, was ihm am wichtigsten war. Später eröffnete er eine Schule für Klassischen Tanz in Bern.

Sowohl meinen Vater als auch meinen Bruder sah ich deshalb erst siebzehn Jahre nach unserer Trennung zum ersten Mal wieder – in der Schweiz, dank der Einladung durch die erwähnte schweizer Familie. Gemeinsam mit meinem Bruder luden sie erst meine Mutter und dann mich in die Schweiz ein. Ich kannte meinen Bruder ja nur als kleines Kind. Und auch ich begegnete ihm nun plötzlich als eine reife Frau.

Meine Generation ist durch den Krieg ihrer schönsten Jahre beraubt worden: wenn man gerade reif, erwachsen wird. Die Zeit vor dem Abitur, die erste Liebe, die sich nicht erfüllen konnte, weil der Mann, den ich liebte, 1940 verhaftet wurde und in Mauthausen ums Leben kam. Ich bin ein Beispiel dafür, wie selbständig wir als Jugendliche direkt nach Beginn des Zweiten Weltkrieges plötzlich sein mussten. Bereits in den ersten Tagen der Besatzung mussten wir uns entscheiden, was uns wichtiger war: zu arbeiten, so wie die Nazis es wollten, oder uns weiterzubilden.

DER JARDIN DU LUXEMBOURG VON PUŁTUSK

Vielleicht können wir an dieser Stelle noch einmal zurück in Ihre Kindheit schauen. Wie sind Sie aufgewachsen? Wie wurden Sie zu dem Menschen, der Sie zu Kriegsbeginn mit 18 Jahren waren und sein mussten: Ein Mensch, der plötzlich allein im Leben stand und sich wie selbstverständlich gegen die Untermenschen-Ideologie der deutschen Besatzung und für seine Weiterbildung im polnischen Untergrund entschied. Welche anderen Nationen waren Ihnen als Kind nahe?

Ich hatte von klein auf eine Neigung zu Frankreich – wie viele Polen übrigens. Als Kind wollte ich immer das, was auf meinem Teller lag, schnell aufessen, um den Pariser Jardin du Luxembourg mit einem kleinen Jungen in Marine-Uniform darauf zu sehen. Er war mir so sehr ans Herz gewachsen, dass ich noch viele Jahre später, zum ersten Mal in Paris, nach diesem Ort gesucht habe.

Sie verbrachten Ihre Schulzeit zuerst in einer polnischen Kleinstadt und später in Warschau. Wie war dieses Leben in der Hauptstadt des damals gerade neu gegründeten Polens? Spielten zu diesem Zeitpunkt die Literatur oder das Theater schon eine Rolle für Sie: also die Kultur, die ja später in den Kriegsjahren so wichtig für Sie wurde?

In Warschau war ich Schülerin des Królowa-Jadwiga-Lyzeums, einer Mittelschule und dann eines humanistischen Gymnasiums – ein Teil des Gebäudes ist heute noch zu sehen, am Platz der drei Kreuze, Ecke Aleje Ujazdowskie in der Warschauer Innenstadt. In dieser Schule führten wir jedes Jahr Theaterstücke auf, die sich auf literarische Werke stützten; 1938 ein Stück mit dem Titel ›*Eine Frau in der Geschichte Polens*‹, das durch unsere Schule selbst initiiert worden war. Darin spielte ich die Herzogin Dąbrówka, die Herzogin von Polen und Böhmen Ende des 10. Jahrhunderts. Man muss dazu wissen, dass es selbst zu diesem Zeitpunkt noch keine polnische Literatur gab, aus der man Genaueres über den Großen Krieg, den Ersten Weltkrieg erfuhr. Also startete die Schule eine Ausschreibung für ein Stück unter dem Titel ›*Die Frau in den polnischen Legionen von Józef Piłsudski*‹, um diesen patriotischen Mangel zu beheben. Ich selbst schrieb hierzu eine Szene über eine Kontaktfrau, die Briefe schmuggelt. Ich erinnere mich genau an eine Passage darin: Soldaten sprechen über ihre Sehnsucht nach Freiheit und über Frauen; die Kontaktfrau kommt zu ihnen, bringt ihnen Post, hat aber einen wichtigen Brief verloren – welch großer Verlust! Ich träumte damals davon, diese Szene zu spielen und wurde auch tatsächlich für diese Rolle ausgewählt. Als ich dann das Plakat des Theaterstücks sah, war ich überrascht, meinen Namen zwischen all den großen Namen von Historikern oder Schriftstellern wie Juliusz Słowacki oder Adam Mickiewicz zu finden: Danuta Brzosko – zum einen als Autorin dieser Szene, zum anderen als Dąbrówka.

Ich muss zugeben, dass ich jetzt gerade zum ersten Mal eine Verbindung zwischen diesem großen Ereignis meiner Kindheit und meiner späteren Arbeit als Schriftstellerin sehe. Ich hatte diese Geschichte bisher immer eher im Zusammenhang mit meinem Zuhause erzählt. Es war vor dem Krieg nämlich ziemlich normal, im Kreis der Familie Theater zu spielen – zur Unterhaltung. Auch mein Bruder zeigte damals schon sein Talent für den Tanz. Und es war in der polnischen Provinz – also in Pułtusk, wo ich anfangs lebte – gewissermaßen in Mode, dass Persönlichkeiten des öffentlichen Lebens zugleich Laientheater spielten. Meine Tante machte das beispielsweise sehr gern. Sie war Lehrerin. Ich liebte sie sehr, vielleicht habe ich die Liebe zum Theater von ihr geerbt.

Wie lässt sich Ihre Familiengeschichte im Polen der Zwischenkriegszeit einordnen? Entstammen Sie einer besonders weltoffenen Familie?

Im Alter von 13 bis 16 Jahren lebte ich, wie gesagt, in Pułtusk, einer Stadt der Jugend und der Rentner ...

... einer Stadt wie Weimar ...

... Ja? Oh – ich liebe Weimar! Von Pułtusk aus war es natürlich nicht einfach, ins Ausland zu reisen, damals. Aber ich weiß, dass die Eltern meiner Freunde sehr wohl grenzüberschreitend in den Urlaub fuhren. Und das Französische war sehr verbreitet, vergleichbar mit dem Englischen heute. Es wurde in jeder Schule unterrichtet und an unserer Schule in Pułtusk gab es zudem noch Altgriechisch. Damals lebte noch meine Tante bei uns, die Schwester meiner Mutter. Sie war fünf Jahre älter als ich und besuchte ein Gymnasium mit klassischen Sprachen als Schwerpunkt, lernte Altgriechisch und Latein. Ich bewunderte sie als kleines Mädchen und es gefiel mir gut, wie sie sprach, deshalb begann ich, mich für Griechenland zu interessieren. Ich sammelte Zeitungsausschnitte und Zeichnungen, die ich oft aus Büchern ausschnitt. Meine kindlichen Vorlieben für Europa galten vor allem Griechenland und Frankreich.

Dieses große Ereignis! Danuta Brzosko-Mędryk bei einer Schultheater-Aufführung in Pułtusk, 1934/35

Ich erinnere mich gerade, dass ich sogar noch Fotos von verschiedenen Theateraufführungen in Pułtusk habe. Ich las dort verschiedene Gedichte vor oder tanzte Volkstänze in Trachten – wenn wir noch länger bei diesem Thema bleiben, werde ich mich noch für eine Künstlerin halten ...

... wahrscheinlich waren Sie es damals schon...

WEISSE MÜTZE MIT ROTEN KREUZEN

Gestern war der 71. Jahrestag meiner zweiten Verhaftung. In der Nacht vom 14. auf den 15. August 1942 kam ich ins berüchtigte Warschauer Pawiak-Gefängnis. Zum ersten Mal wurde ich im Juli 1940 verhaftet. Das hing übrigens auch mit meiner Freude an Bildung und Kunst zusammen. Ich erwähnte ja bereits, dass wir durch die Besetzung vor eine Alternative gestellt wurden: entweder zu arbeiten oder heimlich weiterzulernen. Das mit dem Lernen nämlich war ab Oktober 1939 keine einfache Sache mehr, weil die Schulen, Gymnasien und Hochschulen von den Deutschen sofort geschlossen wurden. Ich stand damals ein Jahr vor dem Abitur. So wie ich wurden viele Warschauer Kinder zu Halbwaisen, weil die Männer zur Armee eingezogen oder als Kriegsgefangene in den deutschen Lagern, den Oflags und Stalags, waren oder sich – wie mein Vater – irgendwo versteckten. Da sie nicht nach Hause zurückkehren konnten, mussten die Kinder aushelfen. Darüber hinaus wurde man auch als Jugendlicher sofort zur Zwangsarbeit verschleppt, wenn man über keinen Ausweis verfügte, der bestätigte, dass man arbeitete. Also lernten wir nur im Geheimen weiter fürs Abitur. Die einzigen Mittelschulen, auf die wir noch gehen durften, waren die Handwerksschulen, die uns für die Arbeit fit machen sollten. Also ging ich in eine Nähschule, lernte dort aber etwas völlig anderes.

Nämlich?

Direkt nachdem die Schulen geschlossen worden waren, taten sich unsere Lehrer im Untergrund zusammen und organisierten unterschiedliche Formen des illegalen Schulunterrichts. Sie riefen jeweils sechs, sieben Schüler zusammen und der Unterricht fand entweder in privaten Wohnungen statt oder eben in diesen handwerklichen Schulen – zur Tarnung. So begann für mich mein Abiturjahr.

Kann man das auch als eine Geste des Widerstands verstehen?

Zumindest ging es auch darum, das Polentum, die polnische Kultur zu verteidigen. Zum Beispiel trug ich im Winter 1939/40 eine weiße Mütze, aber ich hatte extra rote Kreuze aufgestickt – ein Ausdruck des Patriotismus. Oder aber wir durften keine Schulwappen mehr tragen – wir trugen sie trotzdem. Sie wurden uns von den Deutschen auch immer heftig abgerissen, wenn sie uns ertappten. Eigentlich war das von unserer Seite ein recht kindisches Verhalten: Denn vor dem Krieg mochten wir diese Wappen überhaupt nicht, wir hatten sie immer abgemacht; nach Kriegsbeginn – ganz im Gegenteil – wollten wir sie an unserer Kleidung tragen ... wenn auch nur unter der Jacke.

Ich kann mich noch an den Schock vom Herbst 1939 erinnern, als eine polnische Studentin zum Tode verurteilt und dann auch dafür hingerichtet wurde, dass sie eines der Plakate mit deutschen Bekanntmachungen, die damals überall in der Stadt aushingen, abgerissen hatte. Das war für uns eine Kontrast-Erfahrung zu der mit den Schulwappen. Mir wurde damals abrupt bewusst, wie unterschiedlich die Wirklichkeiten waren, in denen wir jetzt lebten: Die Erkenntnis, dass man unter bestimmten Umständen einfach so ums Leben kommen konnte. Erst vor wenigen Monaten habe ich zufällig erfahren, dass die Familie dieser jungen Studentin im selben Haus wie wir gelebt hat.

War dieser illegale Schulbesuch eine besondere Warschauer Form des Widerstands oder wurde so etwas landesweit praktiziert?

Das lief in ganz Polen so.

Diese Terror-Praxis der Besatzungsmacht, ihr Bildungsverbot, gab es später in den westeuropäischen Ländern nicht ...

Hier in Polen war es eine gängige Vorgehensweise. Es gab Lehrer, die sich in Warschau versteckten; andere, die aus der Stadt in kleinere Orte flohen, um dort die besagte Form von Untergrundschulen zu organisieren. Auch Universitäten wurden auf diese Weise organisiert. Man konnte dabei an Vorkriegsstrukturen anknüpfen, denn auch in den 1930er Jahren war es nichts Ungewöhnliches, sich als Schüler in Arbeitsgruppen zu treffen, zum Beispiel in naturwissenschaftlich orientierten Gruppen oder in Geschichtsgruppen. Ich besuchte eine solche Arbeitsgruppe zum Thema Literatur.

Was wurde gelesen, was wurde studiert? Der Krakauer Frühling, der kulturelle Aufbruch im Südpolen der Zwischenkriegszeit war ja nicht zuletzt ein Literatur-Frühling ...

An Schulen, wo vor dem Zweiten Weltkrieg Deutsch als Fremdsprache unterrichtet wurde, konnte man beispielsweise auch deutsche Literatur lesen. An meiner Schule hatten wir Englisch und Französisch. Wir lernten die französische Literatur kennen, sahen auch Theater-Aufführungen in dieser Sprache.

Gab es eine Lieblingsautorin oder einen Lieblingsautor?

François Rabelais, während des Krieges dann Roger Martin du Gard, François Mauriac. Aber auch die amerikanische und die englische Literatur war wichtig für mich. Vor dem Krieg war es für uns relativ normal, uns mit anderen Jugendlichen im Ausland Briefe zu schreiben. Ich war in Briefkontakt mit einem Jungen aus Poitiers, es gab auch Pläne, sich gegenseitig einzuladen, ich bekam damals meine erste Postkarte: mit dem Dom von Poitiers.

Haben Sie die Postkarte noch?

Nein. Unsere Wohnung wurde zwar nicht zerstört, aber viele Sachen wurden gestohlen. Wir verloren sehr viel. Aber ich habe aus dieser Zeit noch eine Eintrittskarte meines Vaters für ein Staatsdefilee, eine Art Genehmigung, die Tribüne betreten zu dürfen.

Sie müssen uns noch erklären, wie Ihre konspirativen Tätigkeiten überhaupt begannen.

Als Jugendliche wurden wir eher vorsichtig, Schritt für Schritt, in die Widerstandsaktivitäten einbezogen. Zum Beispiel mit kleinen Aufträgen: ›Danuta, kannst Du ein Schreiben von A nach B bringen?‹ Oder auch über die verschiedenen Möglichkeiten, die wir als Familie hatten. Wir lebten ja in einer großen Wohnung und meine Mutter konnte ein paar Offiziere in der Wohnung verstecken. Männer, die entweder aus Oflags, also Offizierslagern, geflohen waren oder auf falsche Ausweise warteten, um über Rumänien nach Frankreich zu gelangen. Also half ich solche Ausweise von Station zu Station zu schmuggeln. Meine Mutter war Mitglied einer der ersten militärischen Organisationen im besetzten Polen. Ich wusste damals gar nicht, was für eine Organisation das war. Auch mit meinem Vater sprach ich über keine Details. Als ich mit ihm über Politik sprechen wollte, meinte er, nach dem Abitur könnten wir darüber reden. Als ich nicht in die Kirche gehen wollte, meinte er, nach dem Abitur dürfe ich mir meine Religion aussuchen. Und genauso war es mit meiner ersten großen Liebe. Als wir uns verloben wollten sagte er bloß: ›Nach dem Abitur‹.

Irgendwann wurde ich von einer Freundin angesprochen, Mitglied des ›Związek Walki Zbrojnej‹ (ZWZ), des Verbandes für den bewaffneten Kampf, also der polnischen Untergrund-Armee zu werden. Verbunden war dies mit der Einladung, zwei weitere Freundinnen auszusuchen, die ebenfalls mitmachten. Zu dritt wurden wir aufgenommen. Wir wussten kaum etwas voneinander, was wir machten und wem wir welche Dokumente lieferten. Als wir später verhaftet wurden, stellte sich heraus, dass wir alle für unterschiedliche Zweige der Organisation gearbeitet hatten. Ich wurde zum ersten Mal am 16. Juli 1940 bei der Abiturprüfung verhaftet.

Wegen des Abiturs?

Ja. Normalerweise fanden Abiturprüfungen im Mai statt, aber da wir aus der Schule rausgeschmissen wurden, brauchten wir mehr Zeit, um den ganzen Stoff nachzuholen. Zunächst gab es eine Art Vorabiturprüfung, dann die richtige Prüfung mit uns sechs Mädchen als Schülerinnen und mit sechs Lehrern im Abiturausschuss. Wir trafen uns, die Prüfung begann und ich wurde als Erste aufgerufen, weil mein Nachname mit B beginnt. Das allererste, was man uns zuvor immer eingebläut hatte, war: ›Solltet Ihr je überrascht werden, sagt sofort, dass hier ein Schneiderkurs stattfindet!‹ Wir hatten auch irgendwelche Kuscheltiere dabei, Maskottchen, Glücksbringer für die Prüfung, alles war dafür vorbereitet. Die Kommission saß am Tisch. Als ich dran war, machte ich den ersten Teil der Prüfung in Geschichte, zu Napoleon, dann kam Latein. Ich war mit der Prüfung fast fertig und gerade

dabei, die letzte Grammatik-Frage zu beantworten, als es plötzlich Sturm klingelte. Die Hausfrau machte die Tür auf und schon waren die Deutschen da.

Waren das Gestapo-Leute?

Ja; aber damals wussten wir noch nicht, wer das war. Es kamen eine Frau mit Regenmantel, zwei Soldaten und ein Zivilist: ›Was macht ihr denn hier?‹ Eine Lehrerin antwortete spontan: ›Wir lesen hier etwas.‹ Das war natürlich falsch. Wir hätten sagen müssen, dass ein Schneiderkurs statt findet. Sie versuchte noch zu erklären, dass es eine Pause sei im Kurs, dass wir nur in der Pause lesen, aber wir hatten doch nicht genug vorbereitet, hatten keine Scheren, keine Schneider-Utensilien parat – es funktionierte also nicht. Es hieß: ›Hände hoch!‹ Die ganze Wohnung wurde durchsucht, alle wurden befragt; ich stand da so mit meinen hoch gestreckten Händen und die Lehrerinnen, die neben mir standen, drückten mir irgendwelche Schlüssel in die Hände. In der Wohnung gab es einen Ofen, der voll gepackt war mit Gläsern eingemachter Marmelade. Die Deutschen wunderten sich sofort über diese Gläser im Ofen, also holten sie alles raus. Dahinter waren eine Offiziersmütze und ein Uniformgürtel versteckt, als Andenken an den Vater meiner Freundinnen, in deren Wohnung wir damals waren. Die Mutter hatte vermutet, dass sie ihren Mann nicht mehr wieder sehen würde und deshalb diese Dinge behalten.

„Man jagte uns quer duch die Innenstadt bis zum Sitz der Gestapo in der Aleja Szucha.“

Aleja Szucha, „Sagt den Eltern Bescheid!“

Dann hieß es: ›Eine Reihe bilden!‹ Trotzdem gab es sogar einen Moment, in dem ich allein im Raum zurück blieb. Vielleicht hätte ich mich verstecken oder fliehen können. Aber irgendwie war es undenkbar, sich von der Gruppe zu lösen. Ich hatte mir vorgestellt, dass wir in irgendwelche grünen Lastkraftwagen eingeladen und ins Gefängnis gebracht würden. Stattdessen wurden wir einfach durch die Straße gejagt. Das sorgte natürlich für sehr viel Aufsehen auf der Straße. Wir liefen quer durch die Innenstadt, an der Technischen Universität vorbei bis zum Sitz der Gestapo in der Aleja

Szucha. Unterwegs sah ich einen Bekannten, einen jungen Juden, der in einer Konditorei arbeitete; er lief mit einem Tablett voller Süßigkeiten durch die Straßen. Ich rief ihm zu, dass er meiner Mutter Bescheid sagen solle. Ich hörte auch eine Lehrerin auf der Straße rufen: ›Sagt den Eltern Bescheid!‹ Und tatsächlich erfuhren die Eltern recht schnell, dass wir verhaftet worden waren. Übrigens, Ironie des Schicksals: Das Gebäude der Gestapo, in das wir geführt wurden, war das ehemalige Bildungsministerium Polens! Ich hatte noch einen Zeitungsausschnitt dabei, einen kurzen Artikel über die Schlacht bei Tannenberg, sowie irgendwelche Glücksbringertexte und versuchte einfach, diesen Artikel runter zu schlucken und zu zerkauen. Meine Freundinnen halfen mir dabei, damit diese Texte bei der nächsten Untersuchung nicht gefunden würden. Es ist richtig schwierig, einen Zeitungsartikel auf diese Art verschwinden zu lassen.

„Sie gratulierten mir zu meinem historischen Abitur im Pawiak-Gefängnis."

Schließlich wurden wir in das Gestapo-Gebäude geführt, direkt durch den Haupteingang. Wir bezeichneten die Zellen dort später als Straßenbahn-Zellen, weil wir in ihnen zu zweit wie in einer Straßenbahn saßen. Verhört wurde nur unsere Schulleiterin, die nach ein paar Stunden wieder zu uns kam und sagte: ›Mädchen, jetzt kommen wir ins Pawiak-Gefängnis.‹ Wir hörten sehr viel Geschrei, viel Weinen von anderen Menschen, sahen auch schwer Verletzte – für uns war das ein großer Schock. Wir wurden dann durch den Hintereingang heraus geführt, wo bereits die grünen Lastwagen auf uns warteten. Zuvor mussten wir uns aber noch mal mit nach oben gestreckten Händen an eine Mauer stellen, Gesicht zur Wand. Wir sahen nicht, was hinter uns passierte, sondern vernahmen nur das sehr charakteristische Geräusch von geöffneten Waffen. Eine der Frauen sagte laut ›Das war's!‹. Wir hatten wirklich schreckliche Angst in diesem Augenblick. Doch ein paar Sekunden später hörten wir lautes Gelächter und atmeten tief durch. Dann wurden wir in die LKWs geladen und ins Pawiak gebracht. In diesem berüchtigten Gefängnis aus der Zaren-Zeit brachte man uns alle in zwei Zellen unter. An das Geräusch des Gefängnistores kann ich mich noch sehr gut erinnern, diesen Klang werde ich nie vergessen.

DIE FARBENWELT IM ›*PAN TADEUSZ*‹

Ich erzähle deswegen so detailliert von diesen Gruppenverhaftungen, weil Sie wissen müssen, dass sie unsere ersten Erfahrungen mit dem Krieg waren. Was uns rettete, war die Tatsache, dass wir zusammen waren und dass wir jung waren, 17, 18 Jahre alt. Weil jung zu sein bedeutete, dass wir überhaupt keine Ahnung hatten, was auf uns zu kommen konnte. Wir hatten noch keine Vorstellung vom Grauen. Zwischen den beiden Zellen gab es eine Art Fenster, durch das wir Kontakt miteinander aufnehmen konnten. Eine der Lehrerinnen aus der anderen Zelle sagte durch dieses Fenster zu uns: ›Wir sollten jetzt mit dem Abitur fortfahren. Der Krieg kann noch Jahre dauern und es ist unklar, ob wir noch einmal die Möglichkeit dazu haben werden.‹ Anfangs lachten wir in unserer Naivität, stimmten dann aber diesem Vorschlag zu. Ich war als Erste dran, einfach, um meine unterbrochene Prüfung zu beenden. Es folgte die Prüfung in Polnisch; die letzte Latein-Frage, bei der wir unterbrochen worden waren, wurde ausgelassen.

Im Gefängnis gab es einen Hinterhof, zwischen der Männer-Abteilung, der Frauen-Abteilung und der so genannten Waschküche. Dort durften die Gefangenen spazieren gehen. Wir organisierten uns so, dass ich neben meiner Polnisch-Lehrerin lief und vor und hinter uns jeweils zwei andere Lehrerinnen liefen – so wurde ich befragt. ›Beschreiben Sie die Farbenwelt im ›*Pan Tadeusz*‹ von Adam Mickiewicz.‹ Und ich durfte erzählen. Dabei mussten wir als Gefangene die Hände hinten halten und wir durften eigentlich auch gar nicht sprechen, machten also den Mund kaum auf. Auf diese Art und Weise legten wir nacheinander die Prüfungen ab. Es gab zwei Wachttürme mit Wachmännern oben, die uns im Hof genau beobachteten. Außerdem gab es eine Aufseherin im Hof, eine Polin, die in das Ganze eingeweiht war und uns half. Für den Fall, dass wir bei unserer Aktion entdeckt werden würden, sollte sie einen Schlüssel fallen lassen. Das machte sie auch, wir hörten den Schlüssel und schwiegen. Der Spaziergang aber war sofort zu Ende – zur Bestrafung. Auch am folgenden Tag wurde er ausgesetzt, aber am dritten Tag durften wir wieder raus. An diesem Tag legte ich dann wirklich meine Abiturprüfung ab. Wir Schülerinnen hatten dagegen sogar protestiert, wir wollten nicht unter diesen Bedingungen unsere Prüfung machen, aber die Schulleiterin überzeugte uns. Als ich fertig war, gratulierte sie mir persönlich durch das Fenster von der einen Zelle in die andere zu meinem historischen Abitur im Pawiak-Gefängnis.

Wissen Sie, wie es dieser Schulleiterin später erging?

Sie hat den Krieg überlebt, zwei andere Lehrerinnen aber nicht, weil sie so heftig geschlagen worden sind. Das war, als sie zum zweiten Mal ins Gefängnis kamen. Eine nahm sich das Leben.

Meine Freundinnen konnten die Abiturprüfung nicht mehr vollständig ablegen, weil wir nach drei Wochen entlassen wurden. Es hieß damals, dass sogar an Hitler Briefe geschickt worden seien, selbst der Papst sei eingeschaltet worden, weil Schülerinnen verhaftet wurden. Das war ein großer

Skandal, soweit wir das mitbekamen. Man ließ uns also mit der dringenden Warnung frei, dass wir nun als verdächtige Personen auf der Gestapo-Liste stünden. Nach einer Pause begannen wir aber erneut mit unseren Aktionen. 1942 wurde ich dann ein zweites Mal wegen konspirativer Tätigkeit verhaftet und ins Pawiak-Gefängnis gebracht. Übrigens interessanterweise mit zwei weiteren Mädchen aus meinem Haus, ohne dass ich bis dahin etwas von ihnen wusste. Das zeigt, wie massiv der Widerstand als auch die Verhaftungswellen waren: Drei Personen aus einem Haus treffen sich zufällig zum selben Zeitpunkt im Pawiak-Gefängnis wieder.

„ICH MAG KEINE DEUTSCHEN“

Vielleicht ist die Geschichte Ihres Abiturs beispielhaft dafür, wie man auch unter Haftbedingungen teilweise souverän bleiben kann. Haben Sie später im Konzentrationslager ähnliche Erfahrungen machen können? Als Möglichkeiten zu überleben?

Als Pfadfinderinnen hatten wir schon früh gelernt, unter schwierigen Bedingungen zu leben und zu handeln. Aber Sie haben Recht: Im Gefängnis habe ich erfahren, dass man allein schon aus der Existenz und dem Zusammenwirken einer Gruppe Kraft schöpfen und überleben kann, ja, dass man so etwas als Einzelperson nicht hätte schaffen können. Weder im Pawiak-Gefängnis noch später im Konzentrationslager.

Das Zusammenwirken einer Gruppe: Pfadfinderin Danuta Brzosko-Mędryk, 1937

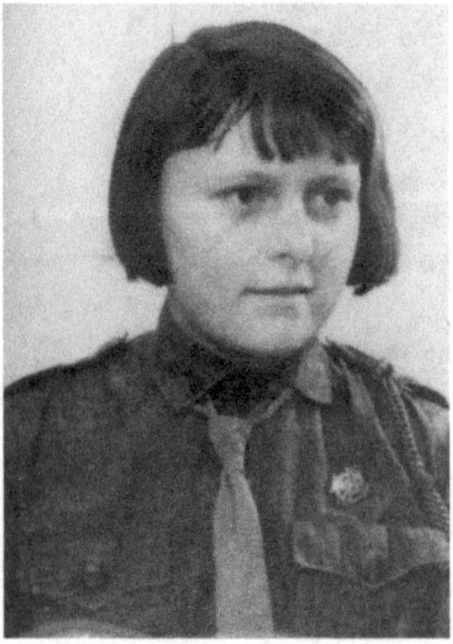

In unserem Buch über französische Buchenwald-Häftlinge gibt es dafür weitere Beispiele: den Bericht von Jacqueline Fleury, die in einer französischen Frauen-Gruppe überlebte und noch im KZ Widerstandsformen entwickelte; und dann die Berichte von Jorge Semprún, der aus seiner Buchenwald-Erfahrung heraus die Idee einer internationalen Solidarität unter extremsten Bedingungen entwickelte.

In Majdanek – oder auch danach, im Leipziger Buchenwald-Außenlager – bildeten wir eigentlich keine internationale Gruppe. Meine Erfahrung ist eher, dass man mehrere Jahre lang im Lager sein musste, um intensiveren Kontakt zu anderen Nationalitäten aufzunehmen. Anfangs waren wir in Majdanek ja sowieso nur Polinnen. Als wir dort ankamen, bildeten wir eine Gruppe von 311 Frauen. Am gleichen Tag kamen auch über tausend Männer an. Weitere Transporte aus anderen Gefängnissen, aus Radom, aus Kielce – jeweils um die zwei-, dreihundert Frauen – folgten wenige Stunden später. Insgesamt waren es etwa zweitausend Frauen, die an diesem Tag nach Majdanek gebracht wurden. Wir Frauen hatten insofern Glück, als dass das Lager auf uns eigentlich gar nicht vorbereitet war. Es war als ein Männerlager konzipiert. Seine Funktion war, russische Kriegsgefangene aufzunehmen; erst später wurde es in ein Vernichtungslager umgewandelt. Die Konsequenz war, dass wir uns selbst organisieren mussten. Selbst Aufseherinnen gab es kaum, alles wurde uns selbst überlassen.

Auch keine SS-Aufseherinnen?

Na ja, deutsche Hilfskräfte – ohne richtige Mitgliedschaft bei der SS. Bei der Essensverteilung organisierten wir uns beispielsweise sofort so, dass die Älteren vorn standen und die Jüngeren ihnen halfen. Es gab in Majdanek unter den Frauen auch keine Kriminellen. Diese Häftlingskategorie existierte hier gar nicht. Wir kamen alle aus mehr oder weniger spontan entstandenen Gruppen von politischen Aktivistinnen und hatten oft als ehemalige Pfadfinderinnen Erfahrung mit gesellschaftlichem Engagement. Also übernahmen wir selbst die nötigen Funktionen, die es auszufüllen galt, und handelten dabei solidarisch. Es gab keine Betten, es gab kein Wasser, keine Fußböden, keine Fensterscheiben – in Majdanek war alles sehr, sehr primitiv und wir mussten in den Baracken, in die wir anfangs gepfercht wurden, alles von Grund auf organisieren. Deshalb wurden die Polinnen später oft Blockälteste und Vorarbeiterinnen. Das war in Auschwitz-Birkenau ganz anders, wo das Frauenlager bereits vorbereitet war. Vergleichbar war die Ausgangslage eher mit der, die wir später im Außenlager von Buchenwald vorfanden: Auch hier kamen wir in leere Holzbaracken, es gab noch keine Funktionshäftlinge und wir boten uns an, die Aufgabe selbst zu übernehmen.

Apropos ›Glück‹: In Majdanek putzte ich zwei-, dreimal für einen SS-Mann namens Wolfgang Plaul im Offizierskasino. Der versprach mir im Falle, dass wir hier raus kämen, Arbeit in einer Fabrik - Zwangsarbeit zwar, aber raus aus dem KZ. Er bot mir Brot an, ich lehnte ab:

›Nein, ich möchte kein Brot.‹

Er: ›Wieso möchtest du kein Brot?‹

Ich: ›Ich will nicht. Ich habe keinen Hunger und werde hier auf polnischem Boden kein deutsches Brot essen.‹

Er: ›Du bist aber frech.‹

Ich: ›Ich mag keine Deutschen.‹

Er: ›Warum?‹

Ich: ›Weil die Deutschen her kommen und nur alles kaputt machen.‹

Ich ahnte nicht, dass später mein Leben von diesem Mann abhängen würde. Ich sagte noch zu ihm, dass ich nach dem Krieg dies alles beschreiben würde. Er antwortete spöttisch: ›Jetzt isst du kein deutsches Brot. Aber irgendwann kommst du mit nach Deutschland. Ich werde dich dorthin versetzen.‹

Später trafen wir uns tatsächlich in Deutschland wieder. Als wir Häftlingsfrauen 1944 von Majdanek ins Buchenwald-Außenlager Leipzig-Schönefeld verlegt wurden, konnten wir uns eben durch diesen alten Kontakt zum Kommandanten Plaul selbst organisieren: Die anderen Häftlinge schickten mich zu ihm, um mit ihm darüber zu verhandeln, obwohl ich kaum Deutsch konnte. Es war sehr ungewöhnlich, dass ein deutscher SS-Kommandant überhaupt bereit war, mit einem Häftling zu sprechen. Und so geschah es, dass die Frauen glücklicherweise auch in Buchenwald Funktionen übernehmen konnten, die solidarisches Handeln möglich machten.

Wenn Sie von Buchenwald sprechen, meinen Sie das Buchenwalder Außenlager im Rüstungsbetrieb der Hugo Schneider AG?

Ja, die HASAG bei Leipzig. Plaul war für alle durch die HASAG betriebenen Außenlager von Buchenwald zuständig. Das Lager gehörte erst zu Ravensbrück, dann zu Buchenwald.

ALS DIE FRANZÖSINNEN KAMEN, WAREN DIE FUNKTIONEN SCHON VERGEBEN

Sie waren nie im Hauptlager Buchenwald in Weimar?

Nein. Wir kamen von Ravensbrück direkt nach Leipzig. Und auch dort fanden wir wie in Majdanek ein leeres Lager im Aufbau vor. Es gab hier bald schon Missverständnisse zwischen uns und französischen Häftlingsfrauen, die etwas später eintrafen. Zum Beispiel dachten die Französinnen, dass unsere Uniformen extra für uns maßgeschneidert worden seien. Das stimmte nicht, aber wir wussten einfach, wie wir für uns sorgen konnten. Wir lernten zum Beispiel sehr schnell, die richtigen Wege zu finden, um Seife zu klauen. Als Funktionshäftlinge hatten wir natürlich mehr Möglichkeiten als andere, so etwas zu machen: Wir hatten bessere Chancen zu überleben. Die Französinnen brauchten wesentlich mehr Zeit, um sich überhaupt zu organisieren und den Schritt zu wagen, zu stehlen. Oder etwas anderes zu machen, was verboten war. In Majdanek wurde unsere Gruppe nach dem Pawiak-Gefängnis als ›Pawianki‹ bezeichnet, in Buchenwald nannte man uns dann ›die Majdanianki‹...

Ging es immer noch um diese dreihundert Menschen, die ursprünglich zusammen aus Warschau nach Majdanek deportiert worden waren?

Von Majdanek nach Ravensbrück kamen nur noch etwa einhundert Personen mit. Andere kamen nach Auschwitz.

Kann man davon sprechen, dass Sie Ihre Chancen geradezu in Konkur-

Überleben im Konzentrationslager Majdanek

renz zur französischen Gruppe gewahrt haben?
Nein. Als die Französinnen kamen, waren die Funktionen ja schon vergeben. Hinzu kam, dass einige Polinnen deutsch sprachen, das vereinfachte einiges. Von den Französinnen meldete sich keine, als gefragt wurde, wer deutsch spreche und eine Funktion übernehmen könne. In einem französischen Block wurde sogar eine polnische Jüdin zur Blockältesten gemacht; die Französinnen wussten nicht, dass sie Jüdin ist. Sie hatte auch ihre Tochter mit dabei, wollte dies aber nicht verraten. Es wurde erzählt, dass es ihre Schwester sei.

Wie war die Beziehung zu den Russinnen?
Sie waren in einem anderen Block. Wir fühlten uns übrigens wirklich zu Unrecht von den französischen Widerstandskämpferinnen kritisiert – zum Beispiel von der Résistance-Kämpferin Lise London, die wir in Ravensbrück trafen und die uns dafür kritisierte, dass wir Aufgaben als Funktionshäftlinge übernahmen. Wir versuchten damit ja, unsere Widerstandsaktivitäten im Lager weiterzuführen. Zum Beispiel halfen wir, als wir von bevorstehenden Selektionen jüdischer Frauen mit Kindern erfuhren, indem wir nachts Kleider für diese Kinder vorbereiteten, damit diese für die Transporte halbwegs ausgestattet waren. Wir versuchten auch, Kranken im Revier zu helfen. Als wir mitbekamen, dass Frauen, die nicht mehr arbeitsfähig waren, von Leipzig nach Ravensbrück zurückgebracht werden sollten, versuchten wir, diese aus dem Krankenrevier herauszubekommen, um sie zu retten. Wir eigneten uns Schlüssel an, um für die Kranken im Revier Zwiebeln aus dem Keller zu holen und sammelten Vitamine. Einige Französinnen verstanden zunehmend unsere Denk- und Handlungsweisen. Später, nach dem Krieg, schrieb eine der Französinnen meinem Vater, um sich bei mir für die Hilfe im Lager zu bedanken. Andere konnten sie bis zum Schluss nicht nachvollziehen.

Es gab zwischen uns also viel Unverständnis, viele Missverständnisse, viel Spannung.

Andererseits lernte ich im Lager – bei Andrée Virot – Französisch: Nach zwölf Stunden Arbeit kam ich zurück und hatte dann Unterricht bei ihr. Eine Comtesse unterrichtete mich im Englischen. Dies passierte nicht unbedingt aus Absicht – ich hatte vielleicht einfach die Gabe, Menschen zu finden und mit ihnen zu arbeiten, die klüger waren als ich. Ich machte also eher bei Aktivitäten mit, die von anderen initiiert wurden, als eigene Ideen zu entwickeln. Die politischen Spannungen bestimmten also nicht alles. Auch in Majdanek gab es bereits die ersten Kontakte zwischen uns, den Polinnen und den Französinnen. Zum Beispiel zu Peggy Solemé. Wir besorgten ihr wegen ihrer Rücken-Erkrankung mit einigem Aufwand und unter Einbeziehung eines SS-Manns ein besonderes Bett. Peggy Solemé überlebte Ravensbrück mit kaputter Wirbelsäule. Wir galten seitdem als Wundermacherinnen. Nach dem Krieg besuchten wir uns gegenseitig. Nein – schwierig waren eigentlich vor allem die Auseinandersetzungen zwischen Kommunistinnen wie Lise London und Nicht-Kommunistinnen. Bereits im Lager deutete sich dies an und später nach dem Krieg gingen diese Konflikte weiter. In der Gruppe der Polinnen aber gab es sehr wenige Kommunistinnen.

Frau Brzosko-Mędryk, wir bedanken uns sehr für dieses ausführliche Gespräch!

Es tut mir fürchterlich leid, dass ich heute fast nur von mir erzählt habe. Dabei ist es mir eigentlich immer viel wichtiger, von den anderen Frauen zu erzählen. Im Mittelpunkt unserer Aktivitäten stand hier sehr oft – nicht nur für mich – Matylda Woliniewska. Das aber ist die Geschichte vom ›Radio Majdanek‹ und von den Konzerten in Buchenwald.

AUF DEM BALKON VON KAZIMIERZ ALBIN.

Zu Füßen von Kazimierz Albin entstand die westdeutsche Ikone des europäischen Wandels durch Annäherung: Das Foto von Willy Brandts Kniefall am Warschauer Ghetto-Denkmal. Seinen Staatshandel mit Westeuropa betrieb Albin aus Ostberlin.

Im Blick die Ikonen des 20. Jahrhunderts: Kazimierz Albin

Kazimierz Albin, 1922 in Krakau geboren, wurde Anfang 1940 auf der Flucht zur polnischen Armee nach Frankreich von der slowakischen Polizei verhaftet und der Gestapo übergeben. Nach der Haft in unterschiedlichen Gefängnissen verschleppte man ihn im Juni 1940 in das Konzentrationslager Auschwitz, aus dem er im Februar 1943 floh. Unter falschem Namen versteckte er sich in Krakau und trat der Heimatarmee bei. Nach dem Krieg schloss er seine Ausbildung ab, studierte an der Technischen Universität Kraków und arbeitete als Ingenieur im Flugzeugbau, später als Metallexperte in der polnischen Handelsvertretung. 1989 veröffentlichte er unter dem Titel ›List Gończy‹ *(deutsch:* ›Steckbrieflich gesucht‹*) seine Erinnerungen an die Jahre 1939 bis 1945.*

[Vormittag des 11. Januar 2014. In Kazimierz Albins Wohnung im Warschauer Stadtteil Muranów. Der Blick geht durch die Vorhänge schräg auf den großen Platz mit dem Denkmal der Helden des Ghettos und dem neuen Museum der Geschichte der polnischen Juden. Ein trapezförmiger Platz, eingefasst von Straßen, die die Namen des im Mai 1943 im Alter von 23 Jahren gefallenen Widerstandskämpfers Mordechaj Anielewicz, des 1942 von der Gestapo erschossenen, kommunistischen Aktivisten und Leiters des jüdischen Widerstands im Warschauer Ghetto Józef Lewartowski sowie des polnisch-jüdischen Augenarztes und Initiators des Esperanto Ludwik Zamenhof tragen. Auf seiner Westseite wird der Platz von der alten ulica Karmelicka begrenzt, über die Marek Edelman seiner Gesprächspartnerin Paula Sawicka in ›*Die Liebe im Ghetto*‹ berichtet: „Durch diesen Abschnitt der Karmelicka führt der Weg zum Kleinen Ghetto. [...] Am Anfang der Karmelicka ist das Tor des Hauses mit der Nummer 6 nach innen versetzt. In dieser Einbuchtung sitzen Kinder und betteln. Sie sind bleich und abgemagert, rühren sich kaum, doch jedes von ihnen streckt einen Arm nach vorne. Neben ihnen liegt ein mit Papier zugedecktes Kind. Es ist bereits gestorben. [...] Über die Karmelicka führt auch der Weg zum Pawiak-Gefängnis und zum Frauengefängnis Serbia."]

BLICK AUS DEM FENSTER 2014

Herr Albin, Sie wohnen hier an einem der zentralen Plätze der Warschauer Gedenklandschaft. Fast direkt unter Ihnen befindet sich das Denkmal der Helden des Ghettos. Seit wann wohnen Sie hier?

Seit 1964.

Das heißt, Sie haben 1970 Willy Brandt bei seinem Kniefall beobachtet?

Ja, natürlich. Aber nicht aus dem Fenster. Ich war dabei, etwa zehn Meter entfernt von den Politikern.

Und Sie haben Jahrzehnte später erlebt, wie das Museum der Geschichte der polnischen Juden hier entstand. Was hat sich für Sie, als Anwohner dieser Straße, über die Jahrzehnte verändert?

Der Platz war vor dem Museumsbau relativ leer, eigentlich nur eine große Wiese beziehungsweise ein kleiner Park für die Anwohner hier. Ich habe mir das Museum gemeinsam mit Marian Turski, der einer seiner Initiatoren war, angeschaut. Vor allem den Übergang vom Museum zum Denkmal finde ich wunderbar gelungen. Wir befinden uns ja hier mitten im einstigen jüdischen Stadtteil. Das hat mit dem Museum nun einen Mittelpunkt gewonnen.

Den Helden des Warschauer Ghetto-Aufstands vom April/Mai 1943.

„Non omnis moriar." (Horaz/Edelman)

IM AUSCHWITZ-KOMITEE SEIT 1998

Sind Sie als Vizepräsident des Internationalen Auschwitz-Komitees viel in Europa unterwegs?

Ja, sehr viele Treffen finden in Berlin statt, aber auch in Jerusalem, in Yad Vashem, in Polen, in Oświęcim, in der Internationalen Jugendbegegnungsstätte dort oder gerade kürzlich wieder in Frankreich, in Paris anlässlich des Jahrestags des Endes des Zweiten Weltkriegs. Zu dieser Feierlichkeit war eine Gruppe polnischer Kombattanten von Staatspräsident François Hollande eingeladen. Namentlich. Auch der polnische Staatspräsident Bronisław Komorowski war dabei. Mich freute das sehr, weil ich 1940 auf dem Weg zu jenem Teil der polnischen Armee verhaftet wurde, der sich nach Frankreich durchgeschlagen hatte. Ich empfand es als eine Genugtuung, dass wir, die wir im Westen für die Freiheit Europas kämpfen wollten, noch einmal bewusst geehrt wurden.

Die Polen kämpften ja europaweit gegen die Nazis. Ich erinnere nur an die Anders-Armee unter der Leitung von General Władysław Anders, die selbst in Zeiten der Volksrepublik noch hohes Ansehen genoss. Es war eine echte europäische Armee, in der vor allem Polen, viele polnische Juden, aber auch Ukrainer und Weißrussen waren, die 1941 aus der sowjetischen Gefangenschaft freigelassen wurden und über den Iran in den Nahen Osten gelangten. Dort wurden sie dem britischen Nahost-Kommando unterstellt und später kämpften sie im Italien-Feldzug. Viele sind gefallen. Das so genannte 2. Polnische Korps hatte 1945 rund 75. 000 Soldaten! Viele von ihnen blieben im Westen im Exil.

Welche Erfahrungen machen Sie bei diesen Begegnungen im Rahmen des Auschwitz-Komitees? Welche Themen sind für Sie wichtig?

Willy Brandt-Platz, Annäherung erlaubt

Die Menschen interessieren sich vor allem für mich, weil ich Häftling in Auschwitz war. Meine Gesprächspartner fragen mich vor allem nach meinem Schicksal dort. Nicht zuletzt deswegen, weil ich nach der erfolgreichen Flucht aus Auschwitz in Krakau als Offizier in der Heimatarmee gekämpft habe. Andererseits ist es mir immer auch wichtig, von anderen Menschen zu erzählen, die in Auschwitz waren, zum Beispiel von Kurt Goldstein – dem Ehrenvorsitzenden des Auschwitz-Komitees. Als Jude war er 1942 über das Lager Drancy nach Auschwitz deportiert worden. Damals wurde das Konzentrationslager erweitert, die Deutschen suchten Arbeitskräfte und nur die Menschen, die körperlich benachteiligt oder alt waren, wurden sofort in die Gaskammern geschickt; die Gesunden und die Jüngeren mussten an der Erweiterung des Lagers arbeiten. Kurt Goldstein erzählte mir, dass er in eine Steinkohlengrube in Brzeszcze, in das Auschwitzer Außenlager Jawischowitz, entsendet wurde. Die Polen, die in diesem besonders schlimmen Außenlager arbeiteten, halfen den Häftlingen mit zusätzlichen Nahrungsrationen. Kurt Goldstein hat diese Hilfe seitens der polnischen Bergarbeiter bei verschiedenen offiziellen Anlässen immer wieder betont.

Das Museum der Geschichte der polnischen Juden, Warschau, August 2013

In Ihrem Buch berichten Sie unter anderen über Józef Szajna. Lernten Sie ihn im Konzentrationslager Auschwitz kennen?

Ich hatte bereits von ihm gehört und wusste, dass er, Schüler eines Gymnasiums in Rzeszów, Ende Juli 1941 aus Tarnów im Lager eingetroffen war. Sein Weg nach Auschwitz ähnelte dem meinen. Ich war aber als junger Häftling in einem anderen Block als er untergebracht; deswegen trafen wir uns nicht.

Können Sie sich noch an den Be-

such einer Aufführung von Szajna erinnern?

Ja, Anfang der 1980er Jahre, im Teatr Studio im Kulturpalast. Das Stück ›*Replik*‹ machte auf alle einen enormen Eindruck, vor allem auf uns, die ehemaligen Häftlinge. Es war uns absolut klar, dass man dieses Stück nicht allein auf die Lagererlebnisse Józef Szajnas reduzieren konnte. Hier dachte und formulierte ein Mensch, der nur einen Schritt vom eigenen Tode entfernt gewesen war, auf radikale Weise seinen Widerstand gegen die Brutalität der Welt.

Kazimierz Albin, Warschau, Januar 2014

AUSCHWITZ 1940 - 1943: SOWJETS IM LAGER

An dem Tag, als das so genannte Dritte Reich die Sowjetunion überfiel, am 22. Juni 1941, standen wir beim Morgenappell und nahmen eine Art Unruhe unter den deutschen SS-Männern wahr. Und dann breitete sich unter den Häftlingen schnell die Nachricht aus: ›Krieg gegen Russland.‹ Die Jüngeren unter uns waren sehr glücklich darüber, weil sie davon ausgingen, dass Russland gewinnt. Die älteren Häftlinge waren etwas zurückhaltender mit ihren Prognosen.

Tatsächlich war der deutsche ›Blitzkrieg‹ bis zu einem gewissen Zeitpunkt sogar erfolgreich; die Panzer-Armee stand in recht kurzer Zeit achtzig Kilometer vor Moskau. Und bald kamen auch schon die ersten Transporte mit den Offizieren, den Kommissaren aus der Sowjetunion in Auschwitz an: mehrere hundert Männer, die in einer Kiesgrube hinter der Häftlingsküche arbeiten mussten. Sie wurden von den SS-Männern und Kapos einfach erschossen, als sie nicht mehr arbeiten wollten oder konnten.

Haben Sie vor der Ermordung noch jemanden von den Sowjets kennen lernen können?

Nein, sie waren nur für kurze Zeit im Block 11, im Bunker, dann wurden sie auch schon ermordet. Einige Monate später aber kamen dann die großen Transporte mit den sowjetischen Kriegsgefangenen, für die ein eigenes Lager eingerichtet wurde. Sie waren extrem erschöpft und bekamen noch kleinere Essensrationen als wir. Zum Teil aßen sie Gras.

WARSCHAUER AUFSTAND 1944

Wie erfuhren Sie im August 1944 – bei der Heimatarmee in Krakau – vom Ausbruch des Warschauer Aufstands?

Darüber wurde damals viel in der deutschen Presse berichtet, die wir im Untergrund lasen. Außerdem empfingen wir die BBC-Nachrichten. Ich war damals nach meiner Flucht aus Auschwitz schon ein gutes Jahr Offizier bei der Heimatarmee im Distrikt Krakau. Und natürlich stellte sich die Frage, ob der Aufstand auch in Krakau ausbrechen könnte. Also hatten wir uns darauf vorbereitet, aber gemeinsam mit anderen Kameraden kamen wir zu dem Schluss, dass ein Aufstand Unsinn sei. Dass er zur kompletten Zerstörung der Stadt führen würde, dass wir mit Pistolen und Handgranaten gegen Maschinengewehre und Panzer antreten würden. Insgesamt erschien uns das nicht klug, ja sogar wie blanke Idiotie. Die gleiche Auffassung vertrete ich übrigens bis heute auch hinsichtlich des Warschauer Aufstands.

Wir sprachen gestern mit dem stellvertretenden Direktor des Museums des Warschauer Aufstands, Paweł Ukielski, der protestierte, als wir vom „symbolischen Aufstand" sprachen: „Nein nein, das war nicht nur ein symbolischer Aufstand"...

... mit 150. 000 Toten!

Welche Strategie verfolgten Sie in Krakau?

Uns ging es vor allem um die Entwaffnung deutscher Soldaten und Polizisten, um an Waffen zu kommen. Dabei ging es aber um unseren Überlebenskampf und das Überleben der Zivilbevölkerung ... und nicht um die Gefährdung einer ganzen Stadt.

Kazimierz Albin, Warschau, Januar 2014

BERLIN ENDE DER 1970ER JAHRE

Wie war Ihre Zeit in Berlin? Die Jahre zwischen 1975 und 1980?

Ich arbeitete bei der polnischen Handelsvertretung, im Bereich Metallexport, dem zu jener Zeit größten polnischen Staatsbetrieb für Export und Import von Maschinen. Wir hatten eine Lizenz von Fiat und konnten so auch Maschinen aus Italien importieren – für den ›Polski Fiat‹. Untergebracht waren wir in Ost-Berlin in einem Wohnblock für osteuropäische Auslandsvertreter in der Spandauer Straße – alle zusammen, damit man uns gut kontrollieren konnte. Wir besaßen aber einen Passierschein, um nach West-Berlin zu kommen und kamen damit ohne Probleme durch den Checkpoint Charlie. Das war wichtig, denn ich hatte damals Kontakt zu sehr vielen West-Firmen, den ich mir schon in den Jahren zuvor aufgebaut hatte.

Sie hatten also eine Art Botschaftsstatus?

Na ja, so einen halbdiplomatischen Pass. Der half uns auch gut, von Polen über den Grenzübergang bei Frankfurt an der Oder in die DDR zu kommen. Dieser Übergang war häufig regelrecht von Polen belagert, die in der DDR einkaufen wollten – es gab Schlangen von oft mehreren hundert Autos. Wir hatten das Privileg, direkt abgefertigt zu werden. Mich überraschten damals immer wieder die unglaublichen Absperrungen am Grenzübergang. Die DDR war so abgesperrt ...

Besuchten Sie damals auch die Gedenkstätte Buchenwald?

Ja. Auch Sachsenhausen. Da ich in Buchenwald Kameraden hatte, machte der Besuch dort einen stärkeren Eindruck auf mich als in anderen Gedenkstätten.

Wie erinnern Sie sich an ›Solidarność‹? Waren Sie dabei?

Als es zu den Streiks auf der Danziger Werft kam, war ich ja gerade in Berlin. Natürlich war ich auf der Seite der ›Solidarność‹. Ich hätte nach diesen fünf Jahren noch ein Jahr länger in Berlin bleiben können, aber von der Botschaft wurden alle wichtigen Stellen vetternwirtschaftlich besetzt und das hatte ich gründlich satt. Ich erinnere mich noch an eine Begegnung in der Botschaft anlässlich irgendeiner Feierlichkeit. Der Botschafter wollte auf das kommunistische Polen anstoßen, meine Frau und ich weigerten uns. Wir verließen die Botschaft und fuhren in ein Gasthaus außerhalb Berlins ...

Kazimierz Albin, 1939-1945: ›Steckbrieflich gesucht‹

Sie waren nie in der Partei?

Doch, denn obwohl ich ein abgeschlossenes Flugzeugbau-Studium hatte, fand ich keine Arbeit. Als ehemaliger Offizier der Heimatarmee stand ich immer in der zweiten Reihe. Ich wich dann in die Entwicklung von Segelflugzeugen in Bielsko-Biała aus, im Süden von Polen. Damals hatte Polen eine führende Rolle in der Segelflug-Produktion. In Bielsko sprach mich der wichtigste lokale Genosse an, ob ich nicht doch der Partei beitreten wolle. Also trat ich der Partei – aus finanziellen Gründen – bei. Und plötzlich öffnete sich für mich die ganze Welt; alles war auf einmal möglich, ich durfte sogar unseren Direktor vertreten, als er sich in China aufhielt. Ich blieb zwar derselbe Mensch mit den gleichen Ansichten; aber meine ganze berufliche Laufbahn entwickelte sich jetzt erst richtig. Denn von nun an durfte ich auch international agieren. So kam ich nach Berlin. Nach meiner Rückkehr wurde ich in Warschau vom Zentralkomitee angefragt, ob ich nicht Mitglied der zentralen Abteilung der Partei werden wolle. Ich ignorierte diese Anfrage erst einmal. Nach sechs Monaten wurde ich erneut angefragt und sagte dann ab: ›Streichen Sie mich bitte ganz von der

Liste der Parteimitglieder.‹

Ich hatte keine Lust mehr, obwohl es ideologisch die heißeste Zeit war. Mich nervte es aber zusehends, dass wir ständig Berichte schreiben mussten, die von den ZK-Mitgliedern dann als ihre eigenen Werke ausgegeben wurden. Dabei hatte ich für den polnischen Staat viel geleistet. Ich hatte ihm ja die Lizenz für verschiedene Maschinen und Anlagen besorgt, die wir importierten – das war seinerzeit ein großer Erfolg. Ich reiste sogar dienstlich nach Japan, wir hatten zum Beispiel Kontakte zu Mitsubishi.

Der Partei-Austritt hatte keine Folgen für Ihre weitere Karriere?

Ich wurde früh pensioniert und begann dann mit den Aktivitäten rund um Auschwitz. Zu Zeiten der Volksrepublik war ich nie in Auschwitz gewesen. Man sprach kaum darüber.

MITTELEUROPA, AM MEER.

Die Erzählungen Zofia Posmysz' siedeln zwischen Krakau und Auschwitz. Manchmal führen Sie dabei tief ins Habsburgerreich und mit ihrer ›Passagierin‹ *weit hinaus aufs offene Meer.*

Zofia Posmysz, Warschau, Januar 2014

Zofia Posmysz, 1923 in Krakau geboren, war bei Ausbruch des Zweiten Weltkriegs Schülerin einer Handelsschule. Zu Beginn des Kriegs begann sie, illegal organisierten Unterricht zu besuchen, wobei sie mit der Untergrundpresse in Berührung kam, die von Klassenkameraden vertrieben wurde. Aufgrund einer Denunziation wurde die ganze Gruppe 1942 von der Gestapo verhaftet. Zofia Posmysz wurde in das Konzentrationslager Auschwitz-Birkenau, später in das KZ Ravensbrück verschleppt. Nach ihrer Befreiung Anfang Mai 1945 studierte sie an der Universität Warschau und arbeitete als Kulturredakteurin beim polnischen Radio. Sie ist Autorin mehrerer literarischer Werke, ihr Hörspiel ›Die Passagierin aus Kabine 45‹ *machte sie in Polen berühmt.*

[Mittag des 12. Januar 2014. In der Wohnung in Warschaus Nowe Miasto. Gebäck und Tee mit Brandy. Frau Posmysz äußert ihre Sorge, „nichts Kluges über Europa" sagen zu können. Nach unserer knappen Vorstellung der Buch-Idee meint sie, dies sei wohl eher „ein philosophisches Thema" und erzählt uns von ihrer Lektüre des einflussreichen Essays ›*Die Tragödie Mitteleuropas*‹ von Milan Kundera, der im Jahr 1984 noch einmal das europäische Erbe der Habsburger feierte: Das Mitteleuropa der kleinen Staaten, das jüdisch-europäische Erbe. Und schon sind wir mitten in der Diskussion ...]

KRAKAU, MITTELEUROPA

Was hat Sie an diesem Mitteleuropa-Essay von Milan Kundera so berührt, dass Sie sich heute noch daran erinnern?

Kundera war seinerzeit ja schon im Pariser Exil, als er diesen großen Essay schrieb. Ich selbst aber hatte damals ständig Angst – aufgrund unserer geographischen Lage zwischen dem sowjetischen Imperium auf der einen Seite und Deutschland auf der anderen. Die Befürchtung, dass so etwas wie der Hitler-Stalin-Pakt über die Aufteilung Polens noch ein zweites Mal geknüpft werden könnte, war stark. Im kommunistischen Polen wurden solche Vorstellungen auch gern mittels halbgarer Nachrichten wach gehalten. Zugleich wusste ich zum Glück aber auch von der Aktion Sühnezeichen Friedensdienste und ihrer Arbeit. Es bedeutete für mich eine gewisse Beruhigung und ein großes Hoffnungspotential, dass es solche Organisationen gab. Ich habe heute noch Briefe von Elisabeth Erb vom Maximilian-Kolbe-Werk aus dieser Zeit. Solche Projekte sandten das Signal aus: Die Deutschen wollen uns nicht mehr in Gefahr bringen.

Nur ganz kurz: Waren Sie öfter in der BRD oder in der DDR?

Zunächst, als es noch viele kommunistische Auflagen und Sperren gab, war ich häufiger in der DDR unterwegs, ich lernte dort viele spannende Menschen kennen. Zum Beispiel den Germanisten Walter Nowojski, er hatte ein großes Buch über Victor Klemperer geschrieben. Er arbeitete damals als Literaturredakteur beim Rundfunk der DDR. Ich wurde dorthin eingeladen, als ich das Hörspiel ›*Die Passagierin*‹ geschrieben hatte, sie wollten dieses Hörspiel ausstrahlen. Das Werk wurde ins Deutsche übersetzt und ich nach Berlin eingeladen. Dort traf ich mehrere kluge, sympathische Leute: Peter Ball, der ›*Die Passagierin*‹ übersetzte; Hubert Schumann, auch ein Übersetzer polnischer Literatur ins Deutsche, er übersetzte meinen zweiten Roman ›*Ferien an der Adriaküste*‹ und Dieter Grollmitz, ebenfalls Übersetzer im Hörspiel-Bereich – alles sehr sympathische Leute und gar nicht vom Kommunismus angesteckt.

Ist die Mitteleuropa-Idee heute noch aktuell für Sie?

Mein Traum ist eine Art europäischer USA: die Vereinigten Staaten von Europa. Mir ist natürlich bewusst, dass es enorme Unterschiede gibt und diese Idee kaum umsetzbar ist. Die USA sind ja als ein Emigranten-Land entstanden. In Europa hingegen gibt es Nationen, die seit langem ihre Identität und ihre Besonderheiten entwickelt haben. Ich kann nur hoffen, dass sich diese Unterschiede eines Tages verlieren werden.

Milan Kunderas Essay rekurriert ja auf eine ähnliche Idee von Europa, nämlich – etwas idealisierend – auf das k.u.k.-Österreich vor dem Ersten Weltkrieg mit seiner Vielsprachigkeit und Multikulturalität. Sprachen Sie denn als Jugendliche im bis 1918 habsburgischen Krakau, also im wieder entstandenen Polen der 1920er Jahren auch Deutsch?

Ja. Wir sprachen natürlich Polnisch, aber ich hatte an der Schule die Wahl zwischen Französisch und Deutsch. Und da Deutsch in Krakau wegen seiner Habsburger Geschichte verbreiteter war, entschied ich mich für die deutsche Sprache als erste Fremdsprache. Mein Großvater, ein Landwirt, hatte immer betont, dass das Leben im Habsburger Reich gar nicht so schlimm gewesen sei. Meine Mutter erzählte mir zum Beispiel, dass sie in der Schule der Vielvölker-Monarchie damals sogar Polnisch und nicht Deutsch lernte. Selbst die polnische Hymne hätte sie ohne weiteres singen dürfen! Also:

Weshalb hätte ich da in Krakau nicht auch Deutsch lernen sollen? Es war keine ›verfeindete Sprache‹.

Wie hat sich Ihr Großvater selbst definiert?

Ich habe ihn nie gefragt, aber natürlich war er Pole. Und auch für mich war Deutsch ja nur ein Schulfach. Gesprochen habe ich es nicht sehr viel. Als die Deutschen nach Krakau kamen, wurden die Schulen geschlossen. Wir konnten dann nur noch an polnischen Untergrund-Schulen weiterlernen. Die Lehrer aus den westlichen Gebieten Polens, die nun dem so genannten Dritten Reich angeschlossen wurden, kamen nach Krakau. Mein Deutschlehrer war zum Beispiel ein Priester; das Deutsch, das ich damals lernte, war auch das, was ich später verwenden konnte.

Wir Jugendlichen mussten uns beim Arbeitsamt melden – entweder zu einer Lehre oder als Arbeitskräfte. Diejenigen, die sich weigerten, wurden zur Zwangsarbeit nach Deutschland verschleppt. Ich meldete mich also beim Arbeitsamt und mir wurde, da ich etwas Deutsch sprach, die Arbeit im Kasino einer landwirtschaftlichen Zentralverwaltung zugewiesen. Das war ein normales Behörden-Kasino, wahrscheinlich auf Ministerialebene; Krakau war ja die Hauptstadt des Generalgouvernements. Dort arbeitete ich.

Sie waren 16 Jahre alt, als dieses Generalgouvernement entstand. Haben Sie auch noch Erinnerungen an das Krakau vor der Besetzung, also an die einstige mitteleuropäische Metropole?

Ach ja, die Tradition des ›Zielony Balonik‹, des ›Grünen Luftballons‹, war noch gut zu spüren! Dieses berühmte polnische Künstlerkabarett, in dem der Zeitgeist des ›Jungen Polen‹ und seiner großartigen Dichter – Witkacy, also Stanisław Witkiewicz, oder Julian Przyboś – herrschte, war in meiner Jugend der Treffpunkt der Krakauer Bohème. Das Ganze hatte immer noch den Stil des europäischen Fin de siècle; selbst die einstige ›Lemberger Konditorei‹, in der der ›Grüne Luftballons‹ residierte, ähnelte ein bisschen dem ›Le Chat Noir‹ in Paris. Andererseits war Krakau auch eine sehr religiöse Stadt. Es war eben eine Zeit und eine Stadt, in der viel Widersprüchliches nebeneinander existieren konnte. Polen und seine alte Königsstadt Krakau waren ja gerade erst wieder neu entstanden.

Was lasen Sie in dieser Zeit?

Meistens Jack London. Besonders hat sich mir seine Erzählung ›*Der Gott seiner Väter*‹ eingeprägt. Sie handelt von einem amerikanischen Missionar, der nach Asien geht; die Einheimischen richten ihn aber hin. Ich verstand diese Geschichte als eine Art Kompass für meine Zukunft.

Waren Sie Pfadfinderin?

Natürlich! Und Heinrich Heine hat mir gefallen:

›Nach Frankreich zogen zwei Grenadiere,
sie waren in Russland gefangen.
Und als sie kamen ins deutsche Quartier,
sie ließen die Köpfe hangen:
Der Kaiser, der Kaiser gestorben!‹ (*deutsch*)

Das Gedicht handelt von Napoleon.

Ja, ich glaube, es geht um die alte Frage: Was ist mir wichtiger, meine eigene traurige Lebenssituation oder das Schicksal meines Vaterlandes – also in diesem Fall die Gefangennahme Napoleons ...

Die Inhalte waren mir damals nicht so wichtig. Mich interessierten die Kadenzen, die Sprachmelodie: ›Der Kaiser, der Kaiser gestorben!‹ (*deutsch*) ... Einfach schön!

Heine-Zitate, so haben wir manchmal bei unseren Gesprächen den Eindruck, gehören zum Kulturgut mindestens einer ganzen europäischen Generation – zumindest von Frankreich bis Polen. Nur die Deutschen waren davon ausgenommen – die hatten ihre Schiller-Balladen. Aber: Was machten Ihre Eltern?

Mein Vater war Bahnarbeiter, auch während der Kriegsjahre. Von ihm hörte ich auch zum ersten Mal von Auschwitz, weil er Richtung Katowice und Oświęcim fuhr. Er erzählte vom Gefängnis und von Menschen, die dort getötet werden: Das Schrecklichste sei, dass die Menschen nicht beerdigt werden, sondern verbrannt. ›Vater, das ist doch unmöglich‹, sagte ich, naiv wie ich war. ›Die Deutschen sind doch ein christliches Volk, sie müssen die Toten doch beerdigen.‹ Kurze Zeit später konnte ich mich selbst überzeugen, dass es möglich ist ... und sogar noch mehr: dass die Menschen direkt ins Gas geschickt wurden (*deutsch*). Man lernte sehr schnell damals.

Und Ihre Mutter?

Sie war Hausfrau.

Sind Sie als Familie viel gereist?

Natürlich! Mein Vater bekam als Eisenbahner ja Freifahrtscheine für uns alle. Wir bereisten also ganz Polen.

Was hat Ihnen am besten gefallen?

Vilnius. Außerdem Lemberg. In Danzig sah ich 1938 zum ersten Mal diese Männer in ihren ›anderen‹ Uniformen: Zu diesem Zeitpunkt war die NSDAP in dieser damals deutschen Stadt schon sehr präsent. Doch der patriotische Geist war in diesem jungen, neu auferstandenen Polen der 1930er Jahre so präsent, dass wir überzeugt waren, alles schaffen zu können: dass uns niemand angreifen werde und wir verschont bleiben. Auch in meiner Pfadfinder-Organisation hatten wir kein Gespür für die drohende Gefahr.

Wir strotzten vor Selbstbewusstsein und einer Art nationalen Übermut. Als ich die Wehrmacht in Krakau einmarschieren sah, brach für mich eine Welt zusammen.

AUSCHWITZ, DIE PASSAGIERIN

Um uns auf den Besuch bei Ihnen vorzubereiten, lasen wir auch Ihre Erzählung ›Christus von Auschwitz‹. *Bekannt wurden Sie aber natürlich vor allem durch Ihren Text* ›Die Passagierin‹, *der beschreibt, wie eine ehemalige Lagerinsassin und ihre KZ-Aufseherin nach dem Krieg auf einem Kreuzfahrtschiff zufällig wieder zusammentreffen.*

Die Idee dazu kam mir, als ich Anfang der 1960er Jahre zum ersten Mal in Paris war. Ich flog als Journalistin mit der polnischen Fluggesellschaft LOT nach Paris. Damals wurde diese Strecke Warschau-Paris gerade erst eröffnet. Es war ein Tagesausflug mit dem Flugzeug, wir kamen am Morgen an und der Kapitän sagte uns, wir hätten bis zum frühen Abend Zeit. Ich antwortete ihm etwas erschrocken: ›Aber ich habe doch kein Geld.‹ Er gab mir welches, steckte mich in einen Bus und sagte mir, ich solle mit demselben Bus zurückkommen – eine sehr polnische Art, zu handeln. Ich erreichte mit diesem Bus den Place de la Concorde und wurde dort fast verrückt wegen all der Busse und Touristen – vor allem den deutschen. Auf einmal höre ich eine deutsche Stimme: ›Erika, wo bist du? Wir fahren schon weg!‹ (*deutsch*) So scharf und laut. Ich erschrak fürchterlich – es klang genau wie die Stimme meiner Aufseherin Anneliese Franz im Lager. Ich konnte nicht mehr atmen und hatte Angst, mich umzudrehen und hinzuschauen. Aber sie war es nicht. Dennoch fragte ich mich, was passiert wäre, wenn sie es gewesen wäre. Hätte sie mir etwas angetan? Was hätte ich mit ihr gemacht? Hätte ich die Polizei gerufen und gesagt: ›Das ist eine ehemalige KZ-Aufseherin‹? Oder: ›Guten Tag, Frau Franz, wie fühlen Sie sich?‹ (*deutsch*) Ich kam nach Hause zurück und quälte mich damit; ich wusste nicht, was ich damit anfangen sollte. Ich erzählte meinem Mann die Geschichte und er meinte dann: ›Schreib das doch auf.‹ Und so schrieb ich ›*Die Passagierin*‹.

Es gibt ›Die Passagierin› *als Roman, Hörspiel, Film, Oper. Welches ist für Sie die schönste Umsetzung?*

Hm, jede ist anders. Am erfolgreichsten war die Oper. Aber auch der Film wurde weltweit gezeigt. Mit dem Hörspiel begann ich und meiner Meinung nach ist das Genre Hörspiel ein riesengroßes Feld für die Phantasie. Der

Empfänger kann die Worte mit dem bereichern, was er selbst sieht, und die Qualität des Wortes dabei ist enorm. Im kommunistischen Polen waren Hörspiele eine Art von Kunst. Es gab Rezensionen von Hörspielen in verschiedenen Zeitschriften, jetzt gibt es so etwas kaum noch. Damals schrieb ein bekannter Literaturkritiker eine gute Rezension über ›*Die Passagierin*‹, nach seinem Text meldete sich das Fernsehen bei mir, dann der Regisseur Andrzej Munk.

Was war neben dem konkreten Auslöser, also Ihrem Erlebnis in Paris, Ihre weitergehende Motivation, diese Geschichte in den frühen 1960er Jahren zu schreiben?

Nach dem Krieg hatte ich alle Prozesse gegen die SS-Männer und die SS-Aufseherinnen verfolgt und wartete damals mit großer innerer Anspannung darauf, dass nun auch ›meiner Vorgesetzten‹, also der KZ-Aufseherin Franz der Prozess gemacht würde. Vielleicht war das auch der Grund dafür, dass ich in Paris ›ihre Stimme hörte‹. Ich dachte, wenn es zu einem Prozess käme, könnte sie mich als Zeugin vorladen lassen – zu ihrer Verteidigung. Und ich fragte mich, was ich dann sagen würde. In dieser persönlichen Auseinandersetzung entstand mein Hörspiel ›*Die Passagierin aus Kabine 45*‹. Sozusagen auch als eine Entlastung oder als Beschäftigung mit dieser Frage.

Natürlich konnte ich meine Unsicherheit und Zweifel in dieser Zeit des Stalinismus nicht mehr nur aus meiner ganz persönlichen Perspektive formulieren, also aus der Perspektive einer Häftlingsfrau, die sich in ihre Aufseherin hinein versetzt. Ich musste die Situation umkehren, damit der Text überhaupt veröffentlicht werden konnte: Ich musste direkt die Aufseherin sprechen lassen.

Genauso argumentierte ich dann auch, als 1962/1963 das Drehbuch für den Film von Andrzej Munk vorbereitet wurde. Bei den Vorbesprechungen zur Verfilmung wurde mir vorgeworfen, dass ich in meinem Roman eine SS-Aufseherin verteidigen würde. Ich antwortete: ›Nein, das tue nicht ich. Das macht sie selbst. Sie verteidigt sich vor ihrem Ehemann.‹ Das war das Argument, weshalb der Film dann tatsächlich entstand; ansonsten hätte ich ihn nicht durchsetzen können.

Aber wahrhaftig hatte ich gegenüber dieser konkreten Person, also Anneliese Franz, persönlich keine greifbaren Vorwürfe. Sie kam im Juni 1943 ins Konzentrationslager Birkenau, gleichzeitig kam eine Gruppe von SS-Aufseherinnen aus Ravensbrück, um in Birkenau eine ähnliche Ordnung

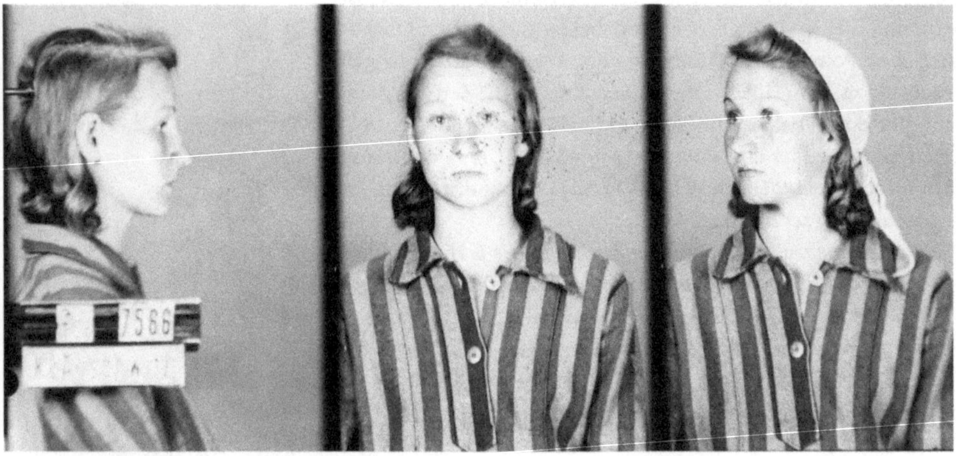

Zofia Posmysz 1942. Im Konzentrationslager Auschwitz

aufzubauen wie im ›Musterlager Ravensbrück‹. Ich arbeitete damals bereits in der Küche und sie war dort als SS-Aufseherin meine Vorgesetzte. Sie fragte eine Kapo, die auch Deutsche war, ob es unter uns Polinnen jemanden gäbe, die Deutsch verstehe. Die Kapo zeigte auf mich, weil sie sich daran erinnerte, dass ich manchmal meinen Kameradinnen Befehle übersetzte. So bot sie mir an – wie das auch im ›*Christus von Auschwitz*‹ beschrieben ist – Schreiberin zu werden: ›Sie werden meine Schreiberin‹. *(deutsch)* Sie siezte uns. Seit Juni 1943 bis zur Evakuierung des Lagers hat sie mich geschützt. Sie war zu mir anständig. (*deutsch*)

Sie hat mit Ihnen sogar über die Rampe, an der die sogenannten Selektionen durchgeführt wurden, gesprochen, wie man lesen kann?

Einmal kam sie morgens sehr blass zur Arbeit und ich fragte, ob sie krank sei. Sie antwortete: ›Nein, ich habe heute Nacht an der Rampe gearbeitet. Es war schrecklich.‹ Ich verstand das damals nicht. Kürzlich bekam ich übrigens einen Artikel zugeschickt, aus dem hervor geht, dass sie tatsächlich auch an der Rampe gearbeitet hat. Darüber haben wir aber nur einmal gesprochen.

Hatten Sie noch andere Gespräche persönlicher Art miteinander?

Sie interessierte sich für meine Briefe nach Hause. Wir durften einmal im Monat schreiben, aber nur auf Deutsch. Ich schrieb also im Büro, in dem wir gemeinsam arbeiteten, einen Brief an meine Eltern. Sie fragte: ›Was schreiben Sie da?‹ Sie las den Brief und wies mich auf zwei Fehler hin: ›Da. Und da.‹ *(deutsch)*

Nach dem Krieg entschieden Sie sich, über diese eine deutsche Frau zu schreiben. Hat sich Ihr Verhältnis zu den Deutschen, die Sie nur als Feinde oder Mörder erlebt hatten, durch das Verhältnis zu dieser Frau verändert?

Ich möchte nicht stigmatisieren. Ich denke, ich suchte auch bei den anderen SS-Frauen, die im Lager arbeiteten, nach menschlichen Zügen und fand welche. Die Tatsache, dass ich danach suchte, war vielleicht ausschlaggebend dafür, dass ich überlebte. Vielleicht spürten sie das auch. In irgendeiner Zeitschrift ist nach der Uraufführung von Mieczysław Weinbergs Opernfassung der ›*Passagierin*‹ der Verhaftungsbefehl von Anneliese Franz abgedruckt worden: Da stand, dass sie 1956 in Deutschland gestorben ist. Niemand hatte sie gesucht, niemand hatte nach ihr gefragt. Die meisten SS-Aufseherinnen lebten nach dem Krieg ganz normal in Deutschland weiter. In dem Artikel wurde außerdem erwähnt, dass sie zwei Kinder hatte. Das ist auch ein Thema für mich, eine Idee für einen Roman, den ich aber nicht mehr schreiben werde, dafür habe ich keine Zeit mehr in meinem Leben: Was wäre, wenn eines der Kinder oder Enkelkinder von Anneliese Franz nun in die Jugendbegegnungsstätte nach Oświęcim kommt – zu den Seminaren, die auch ich besuche ...

Wie kommt Ihre Geschichte über die Aufseherin Anneliese Franz bei den Schülern oder Studierenden dort in der Begegnungsstätte an, wenn Sie sie heute erzählen? Es ist ja noch immer eine hochgradig ungewöhnliche Erzählung...

Ich denke, in jedem Menschen gibt es einen Funken Menschlichkeit. Und so verstehen diese jungen Menschen in Oświęcim das auch. Sie hören mir mit großem Interesse und großem Verständnis zu. Aber sie stellen kaum Fragen. Vielleicht kennen sie ›*Die Passagierin*‹ auch nicht. Sie sprechen mit mir nur in meiner Funktion als Zeitzeugin und wenn sie mich nicht weiter fragen, dann erzähle ich auch nicht mehr. Eine Gruppe sah zuerst den Film und traf sich dann mit mir; da kamen natürlich Fragen zu dieser Geschichte.

ZOFIA POSMYSZ, ZEITZEUGIN

Wie erleben Sie die jungen Polen und Deutschen, mit denen Sie sprechen?

Das sind junge Menschen, die von keinem Schulprogramm gezwungen werden, dorthin zu fahren, sondern sie wollen einfach wissen, was Auschwitz war. Für mich ist das eine große Hoffnung. Diese Jugendlichen sind sehr interessiert an dieser Geschichte und zeigen sich so betroffen: Wenn sie es sind, die die Idee vom vereinigten Europa weiter tragen, so wird diese in Zukunft verwirklicht werden.

Sie binden Ihren Traum vom vereinigten Europa an die Jugendbegegnungsstätte der Gedenkstätte Auschwitz? Was kann das Wissen um Auschwitz für die künftigen Vereinigten Staaten von Europa leisten?

Die Schüler und Studierenden, die nach Auschwitz kommen, werden hoffentlich dieses Thema weiter tragen und es ermöglichen, solche Ideen von Europa in einer gemeinsamen Koexistenz zu verwirklichen. Die Jugendlichen besichtigen zunächst die Gedenkstätte, sehen noch den authentischen Ort des Konzentrationslagers, recherchieren später in Archiven, bekommen die verschiedenen Dokumente in die Hand und dann sprechen sie mit einem Zeitzeugen. Da sehe ich ein großes Potenzial für eine Entwicklung in die richtige Richtung.

Ihre Hoffnung besteht darin, so sagten Sie am Anfang unseres Gesprächs, dass sich nationale Unterschiede in einem vereinigten Europa verwischen. War Auschwitz für Sie im Gegensatz dazu der Ort, an dem den Menschen auf brutale Art und Weise der Stempel der Unterschiedlichkeit aufgedrückt wurde?

Damals hatten wir diesen Unterscheidungswahn direkt vor Augen: Im Schicksal der Juden, das in keinem Verhältnis zu dem Schicksal anderer Häftlingsgruppen stand. Die Juden hatten keine Chance.

In meinem persönlichen Fall war es kein großes ›Verbrechen‹, weshalb ich ins Konzentrationslager kam. Es war einfach ein Verstoß gegen die allgemeine Nazi-Ordnung, dass ich eine Untergrund-Schule besuchte. Im Lager arbeitete ich dann als Schreiberin. Das Essen für uns wurde im Hauptlager aufbewahrt und dort arbeiteten fünfzehn sowjetische Kriegsgefangene, mit denen wir nicht sprechen durften. Auch sie wurden einfach umgebracht. Die Unterschiede also spürten und erlebten wir von Anfang an.

Für uns war es natürlich auch schlimm, aber eben nicht so hoffnungslos. Mein Transport aus Krakau kam im Mai 1942 an, ich landete zuerst im Hauptlager. Für uns Frauen gab es zuerst nur in der Landwirtschaft Arbeit, eine enorm harte Arbeit. Die Möglichkeit, innerhalb des Lagergeländes zu arbeiten, tat sich erst ab August 1942 auf, als das erste Frauenlager in Birkenau gegründet wurde. Ich wurde in der Schälküche ›angestellt‹, um Kartoffeln zu schälen. Diese war überdacht, wir waren vor Regen geschützt, konnten sitzen und hatten manchmal die Möglichkeit, etwas mehr zu essen, weil die Köchinnen uns etwas brachten. Das war die Zeit, als die Polinnen allgemein in den Innenkommandos, also auch in Bereichen wie Unterkunft, Wäscherei, Schneiderei arbeiten durften – also eine große Chance für uns.

Später kam ich in das KZ Neustadt-Glewe. Dort arbeitete ich in einem Kommando, bei dem wir – im April 1945 – Pelzmäntel einpacken mussten. Unser Chef war ein SS-Unterscharführer, der vorher in Dachau gearbeitet hatte. Auf dem Weg vom Lager zum Arbeitsort befahl er uns zu singen. Da ich die Befehle oft übersetzte, sah er, dass ich Deutsch verstand und forderte mich auf, zu vermitteln, dass wir immer singen sollen, wenn wir durch die Stadt gehen. Ich antwortete: ›Wir kennen keine deutschen Lieder.‹ Dann sollten wir eben polnische Lieder singen. Also sangen wir: ›Ostsee, unsere Ostsee, dich sollen wir hier beschützen, entweder bleibst du bei uns oder wir landen auf deinem Grund.‹ Ihm gefiel es gut, denn es war ein Marsch. ›Morze ...‹ (*singt polnisch*) Das war eine große Genugtuung für uns. Auch solche Momente gab es.

Was geben Ihnen die jungen Menschen heute zurück, wenn Sie ihnen diese Geschichten erzählen? Was spiegeln sie Ihnen direkt wieder?

Es ist meine Überzeugung, meine Pflicht, mich mit ihnen zu treffen. Und ich merke immer wieder, dass sie sich wirklich und tiefgehend für dieses Thema interessieren. Wobei es natürlich Unterschiede gibt. Die polnischen Jugendlichen wissen oft schon aus den eigenen Familiengeschichten Bescheid; sie kommen mit Vorwissen und stellen nicht mehr so detaillierte Fragen. Es sind eher die deutschen Jugendlichen, die dieses tiefer gehende Interesse zeigen und Detailfragen stellen.

Die deutschen wissen weniger als die polnischen Jugendlichen?

Ja; oft ist kaum Wissen vorhanden. Manche Fragen, die mir gestellt werden, sind mir auch sehr peinlich, unangenehm, treten mir zu nahe. Aber ich beantworte sie trotzdem, einfach um die Jugendlichen aufzuklären. Zum Beispiel fragen sie mich, wie oft man Binden im Lager bekam. Dann antworte ich: ›Gar keine.‹ Dann sehe ich die erschrockenen Blicke. ›Wie war das Leben denn so möglich?!‹

Zofia Posmysz, Warschau, Januar 2014

Und ich merke: ›Da ist der Hund begraben!‹ (*deutsch*): Gerade die Mädchen können nicht wissen, wie dieses ›unmögliche‹ Leben im Detail ausgesehen hat. Vielleicht noch eine Geschichte dazu: Einmal arbeiteten wir in einem Wasser-Kommando, um Teiche für Fische vorzubereiten. Wir entfernten das Gras aus dem Wasser, legten es auf eine Trage und brachten es weg; eine von uns stieg aus dem Wasser ans Ufer und dabei sah ich Blut an ihren Beinen. Was hätten wir tun können? Da ließ sich nichts machen. Einer der SS-Männer, die uns überwachten, sah das und murmelte: ›So eine Schweinerei‹ (*deutsch*) – mit Mitgefühl in seiner Stimme. Auch das erzähle ich den Mädchen in der Jugendbegegnungsstätte: Auch die SS hatte oft keine Ahnung, dass es zu so etwas kommen kann.

Wofür können solche Geschichten brutaler, leidvoller Lager-Alltagserfahrungen im Austausch mit jungen Menschen nützen? Was können sie aus diesem besonderen Wissen um Auschwitz lernen?

Das weiß ich nicht. Das kann ich nicht sagen *(deutsch)*, was sie damit machen werden. Vielleicht wollen sie das sofort wieder vergessen. – Aber! *(sie zeigt ein Buch)*

Zofia Posmysz, Warschau, Januar 2014

... ›Café Auschwitz‹ ...

... Dirk Brauns hat es geschrieben. Ein junger deutscher Autor, er war Freiwilliger in der Gedenkstätte. In Deutschland wurde sein Buch bisher noch nicht herausgegeben. Aber ich habe dabei mitgeholfen, dass der Roman ins Polnische übersetzt und hier im Herbst 2013 veröffentlicht wurde.

Auch der Klappentext kommt von Ihnen! Was ist das für eine Geschichte?

Eine Art Collage aus Reportage, Dokumentation und privater Geschichten. Die Hauptgeschichte entwickelt sich im Rahmen einer Freundschaft zwischen einem jungen Deutschen, der hier in Warschau Deutsch unterrichtet, und einem ehemaligen KZ-Häftling.

DAS MEDAILLON

Vielleicht am Ende zurück zu Ihrer Erzählung ›Christus von Auschwitz‹. *Haben Sie das Medaillon noch, das Sie in diesem Text so genau beschreiben?*

Natürlich *(sie holt es hervor, liest die Aufschrift „Oświęcim 1943" vor und zeigt ein Foto von Tadeusz Paolone-Lisowski, der ihr das Medaillon im Konzentrationslager schenkte).*

Ich kenne kaum solch genaue Geschichten über Dinge wie die Ihre, über die Geschichte eines Gegenstands, eines Geschenks, hergestellt im Lager, bis hin zum Namen des Künstlers ...

... es gab eine Art Werkstatt für SS-Männer, die Häftlinge mussten hier für die Bewacher Kunst herstellen.

Werden Sie die Geschichte von Tadeusz Paolone-Lisowski noch aufschreiben?

Es gibt bereits eine Biographie über ihn – von jemandem aus seinem Heimatort.

Wie oft sind Sie noch in der Gedenkstätte Auschwitz?

Ein paar Mal im Jahr. Für mehr habe ich keine Kraft mehr. Ich nehme das Medaillon immer mit. Ich trage es nicht. Ich habe Angst, dass ich es sonst irgendwo verliere oder man es mir stiehlt. (*Küsst es und packt es wieder ein.*)

„HALLO, HALLO, HIER IST RADIO MAJDANEK."

Erzählungen von Matylda, Wanda, Antonina – und Danuta Brzosko-Mędryk

[Vormittag des 17. August 2013. Im Café Batida am Warschauer Plac Konstytucji, gastronomische Betriebsamkeit und irgendwann Tanz. Zwei versponnene Walzer- Paare als Kulisse. Wir drei – die Autoren und die Übersetzerin Iwona Domachowska – sind von Frau Brzosko-Mędryk zum Mittagessen eingeladen, um unser Gespräch vom Vortag fortzusetzen (Kapitel 1).]

Vielen Dank für die Einladung. Und vor allem vielen Dank für die Bereitschaft, nach dem anstrengenden Gespräch am gestrigen Vormittag einfach weiterzusprechen! Wir hatten wohl alle den Eindruck, mittendrin abgebrochen zu haben. Schön wäre es, wenn heute Ihre kulturellen Überlebensstrategien in Majdanek und im Leipziger Außenlager von Buchenwald im Zentrum des Gesprächs stehen könnten: Also das, womit wir gestern aufgehört haben. Das ›Radio Majdanek‹ und die Buchenwald-Konzerte: Wie müssen wir uns diese Aktivitäten Ihrer polnischen Frauen-Gruppe konkret vorstellen?

Das Café Batida am Plac Konstytucji

Gastgeberin Danuta Brzosko-Mędryk

Ich wundere mich gar nicht, dass Sie sich noch kein genaues Bild vom ›Radio Majdanek‹ machen können. Sie sind da nicht die Einzigen. Ich habe einmal an einer wissenschaftlichen Tagung über Untergrundkultur in den Konzentrationslagern teilgenommen. Matylda Woliniewska, mein großes Vorbild in Sachen ›Bildungsangebote in den Lagern‹, nahm auch an dieser Tagung teil und zeigte dort authentische Dokumente, die belegten, dass die Konzerte und Aufführungen im Lager wirklich stattgefunden hatten. Neben mir saß ein Professor, der trotz dieser Zeugnisse irgendwann lakonisch bemerkte: ›Ich kann das alles nicht glauben.‹ Später fragte ich den Direktor der Gedenkstätte Majdanek, wer denn dieser Herr gewesen sei. ›Ein Priester‹, war die Antwort: ›Ein Theologe.‹ Also: Wenn nicht einmal ein gutwilliger Priester uns Glauben schenken kann, wer sollte es dann können? Übrigens sind wir dabei immer bemüht, nicht von Kultur-, sondern eher von Bildungsveranstaltungen zu sprechen. Denn darum ging es: Noch Energien nach zwölf Stunden Arbeit am Tag und stundenlangem Appellstehen – und das über Monate – für so etwas wie Bildung zu entwickeln.

SIE TANZTE VOR LAUTER GLÜCK

Zu dieser Fragestellung – „Wie war das möglich?“ – haben Sie später einen längeren Text geschrieben. Er handelt vor allem von Ihrer Freundin Matylda.

Ja, das war eine Erzählung in den ›*Erinnerungen an kämpfende Frauen*‹. Mein Ziel war, eine kämpfende Frau ohne Waffen darzustellen. Erstaunlicherweise wurde ich in einem Wettbewerb prompt mit einem 1. Preis ausgezeichnet. Ich versah meine Heldinnen in dieser Erzählung mit Nummern.

Nummer Eins war Wanda, sie arbeitete für die polnische Aufklärung und wurde von der Gestapo mehrfach verhört und gefoltert. Ein Offizier aus einer polonisierten deutschen Adels-Familie hatte sie verraten. Er arbeitete für die Gestapo und verriet mehr als einhundert Menschen – ein relativ bekannter Fall: Ludwik Kalkstein. Wanda versuchte, sich in der Haft mit Gift das Leben zu nehmen, wurde aber von den Gestapo-Leuten daran gehindert, da sie sich von ihr konkrete Identitäten hinter den ihnen bekannten Decknamen erhofften. Übrigens informierte Kalkstein, der später auch für den sowjetischen Geheimdienst in Polen arbeitete, den polnischen Untergrund andererseits über den geplanten Überfall der Deutschen auf die Sowjetunion. Bloß glaubte ihm damals keiner.

Er war ein Doppelagent?

Mindestens. Nach den Verhören durch die Gestapo wurde Wanda nach Majdanek gebracht, wo sie der Kapo I, ein deutscher Krimineller, fragte, ob sie wisse, dass sie zu zwei Jahren Lagerhaft und anschließend zum Tod verurteilt sei. Wanda bejahte dies sehr ruhig, obwohl sie es bis dahin nicht gewusst hatte. Sie war eine ungemein starke Persönlichkeit. Von ihr lernte ich auch, als Krankenschwester zu arbeiten, obwohl ich dazu nicht ausgebildet war. Ich sagte des Öfteren zu ihr, dass die Gestapo sie für uns vor dem Freitod gerettet habe. Denn sie kümmerte sich vor allem um uns jüngere Frauen im Lager und vermittelte uns ihre Kenntnisse. Als Majdanek aufgelöst wurde, deportierte man uns zum Teil nach Deutschland, teilweise – besonders die Kranken und die Fachkräfte – nach Auschwitz. Die meisten Krankenschwestern gingen freiwillig mit den Kranken nach Auschwitz, obwohl sie alle wussten, dass Auschwitz wesentlich schlimmer als Ravensbrück war. In Auschwitz hätte auch Wandas Todesurteil vollstreckt werden sollen. Doch bevor es dazu kam, begann die Evakuierung des Vernichtungslagers. Es gibt in meiner Erzählung von ihr das Bild, wie sie in einem der Verwaltungsgebäude in Auschwitz steht und die ganzen Dokumente, die im Chaos der Evakuierung in Brand gesteckt wurden, sieht – und vor lauter Glück tanzt. Denn mit den Dokumenten verbrannte auch ihr Todesurteil. Mit dem Todesmarsch aus Auschwitz kam sie zuerst nach Ravensbrück, dann nach Neustadt-Glewe, in ein Ravensbrücker Außenlager. Unterwegs übernachteten sie in einer Scheune, in die plötzlich ein SS-Mann stürmte und nach Hilfe für kranke Häftlinge rief. Die Frauen gründeten sogleich eine Art Krankenhaus, wodurch viele gerettet werden konnten.

Wanda ging nach dem Krieg zurück nach Warschau und arbeitete hier als Krankenschwester. Sie hatte eine offene Wunde im Kopf, die nicht verheilte. Immer wieder lief eine Flüssigkeit aus ihrem Ohr. Trotzdem war sie eine tüchtige Krankenschwester; wir alle wären am liebsten von ihr gepflegt worden, um bei ihr zu sterben. Zu ihrer Beerdigung kam auch eine französische Jüdin, die als 12Jährige in Neustadt-Glewe inhaftiert war, wo ihr deutsche Ärzte beide Füße amputieren wollten; Wanda hatte sich für dieses Mädchen eingesetzt und es ohne Amputationen gerettet. Diese französische Jüdin fand irgendwann nach dem Krieg in der Presse eine Information über Wanda und kam nach Polen – Wanda war aber bereits nicht mehr ansprechbar. Ich traf diese Frau auf Wandas Beerdigung.

Wie hieß Wanda mit Nachnamen?

Ossowska, Wanda Ossowska. Es gibt eine Schule in Kunice, die ihren Namen trägt. Die Dritte in diesem Erzählungen-Band ist Antonina. Sie hatte eine Bäckerei und schickte zahlreiche, großzügige Hilfspakete nach Majdanek und in andere Oflags oder Stalags. Sie nannte nie ihren richtigen Namen, sondern schrieb immer als ›Tante Antonina‹. Viele wunderten sich über diese Tante, die uns immer wieder Pakete schickte. Nach dem Krieg traf ich sie in Lublin, lernte sie kennen und erzählte ihr von meinem Projekt, ein Buch über die Frauen zu schreiben, die sich damals engagiert hatten – so wurde sie zu meiner dritten Heldin.

Sie wurde nie verhaftet?

Nein. Eine ihrer Töchter wurde später von den Kommunisten verhaftet. Sie kam aber wieder frei.

Zurück zu Matylda und damit zur Frage der Kultur, besser gesagt zur Bildung.

Wie gesagt: Bei unserer Ankunft in Majdanek standen wir dort vor einem Nichts. Die Organisation unseres Tagesablaufs ging dennoch gut voran, weil wir ja hauptsächlich politische Gefangene waren – es gab kaum kriminelle Häftlinge. Aber nach einigen Tagen fielen uns bei einigen Mithäftlingen problematische Verhaltensweisen auf. Zum Beispiel nahm die eine der anderen eine Dose weg, um sie als Geschirr zu nutzen. Oder es kam zu Rangeleien. Oder die Älteren wurden nicht an die Kessel heran gelassen. Die gegenseitigen Beschimpfungen nahmen zu. All das hatte zuvor keine Rolle gespielt und Matylda Woliniewska hatte Angst, dass sich unser Zusammenleben in eine Art Dschungel verwandeln könnte. Das hing unter anderem damit zu-

sammen, dass zu unserer Gruppe auch Frauen gehörten, die nicht direkt aus dem Kontext des Widerstands kamen.

Sie hatten zum Beispiel einfach Essen gestohlen oder waren aus dem so genannten Warthegau oder über die künstlichen Grenzen im Norden in das Generalgouvernement gekommen: Einfache Frauen, die viel schimpften und uns das Schimpfen beibrachten. Matylda versammelte also ein paar Frauen, mit denen sie sowieso zusammen war, um sich – eine Kommunistin, eine Sozialistin, zwei Frauen von der polnischen Untergrundarmee – um diese Entwicklung zu stoppen.

Waren Sie auch dabei?

Nein. Ich war noch zu jung und unerfahren.

Hatten diese Frauen Funktionen im Lager?

Ja. Es war ja so, dass wir die Funktionshäftlinge danach aussuchten, was sie gut konnten. Also suchten wir zum Beispiel nach einer Frau, die deutsch sprach und dolmetschen konnte. Eine andere Frau, die Autorität ausstrahlte, wurde unsere Blockälteste: eine bekannte polnische Pfadfinderin. Sie übernahm mit dieser Funktion ja die ganze Verantwortung für unseren Block und unser Verhalten. Für unsere Fehler wurde sie teilweise verprügelt. Zum Beispiel bekam sie einmal 25 Stockschläge. Denn wir waren ja nicht gerade nachgiebig, sondern manchmal sogar richtiggehend aufsässig.

All das war nur möglich, weil es vor unserer Ankunft noch keine Funktionshäftlinge gab. Wir haben die ganze Organisation selbst aufgebaut. Dabei war es nicht immer leicht, Frauen zur Übernahme der Blockältesten-Funktion zu überreden. Es brauchte viel Organisationstalent und Strenge, so viele enorm unterschiedliche Frauen – beispielsweise aus den Ghettos – dazu zu bringen, sich ordentlich und schnell in Reihen aufzustellen oder deren Feldarbeiten zu organisieren. Natürlich waren auch nicht alle unsere Blockältesten Engel. Auch nicht unsere Hanna, die die 25 Stockhiebe übrigens bekam, weil wir noch Strumpfhosen trugen, als dies schon nicht mehr erlaubt war. Sie war eine dynamische Frau mit sehr tiefer Stimme. Ich selbst wurde auch einmal zur Kapohof-Kolonne delegiert, obwohl ich kein deutsch sprach. Aber ich lernte schnell, ordentlich zu schimpfen. Darum ging es ja: Die anderen zu beaufsichtigen und dabei herum zu schreien. Unter uns galten für diese Arbeiten zwei Prinzipien: ›Tue so, als ob Du arbeitest.‹ Und: ›Arbeite wie eine Schildkröte.‹

Dies war die Anfangszeit: Der Organisationsaufbau. Mit der Bildungsarbeit aber hatte das noch nichts zu tun?

Nein, darauf kamen wir erst, als dann die Stimmung umzuschlagen drohte. Matylda schlug daraufhin vor, Kommissionen aufzubauen, die verschiedene Arbeitsbereiche übernehmen sollten: zum Beispiel eine Ordnungskommission, eine Hilfskommission oder eine, die sich um die Kranken kümmerte. Anfangs wurden die Strukturen unserer Organisation geheim gehalten; später wurden aus diesen illegalen Kommissionen lageroffizielle Kommandos. Unter diesen Kommissionen gab es sogar eine Art Gericht, wobei hier letztlich nie ein Fall verhandelt wurde. Wir versuchten die Sache lieber durch Kommunikation zu regeln; also zum Beispiel übers ›Radio Majdanek‹. Wenn beispielsweise eine Frau der anderen Schuhe gestohlen hatte, hieß es nicht wie bei der Polizei: ›Wer hat die Schuhe geklaut?‹, sondern durch das Radio kam die Ansage: ›Wer hat Schuhe gefunden?‹ Man hoffte dann, dass sich jemand bei uns meldete; denn die Frauen wussten, dass wir ihre Namen nicht öffentlich machen würden. Dadurch gelang es uns, auch Häftlingsgruppen zu integrieren, die uns erst einmal fremd waren. Vor allem Matylda wurde von allen respektiert.

Irgendwann kam eine Gruppe von Prostituierten aus Warschau in ihren Block. Nun war Matylda eine leidenschaftliche Raucherin; wenn es keinen Tabak gab, rauchte sie oft auch Stroh. Eines Tages aber waren ihre Zigaretten alle. Eine Prostituierte bot ihr eine von ihren an. Matylda meinte: ›Steck Dir eine an, ich nehme einen Zug bei Dir.‹ Darauf die Antwort: ›Nein, ich bin eine Prostituierte. Du fängst an.‹ Wir respektierten diese Prostituierten schnell als eine Häftlingsgruppe, die sich gut einfügte und sehr hilfsbereit war. Sie fanden auch Schuhe wieder, die wegkamen und machten kein Aufheben darum. Oder sie kümmerten sich um die Kinder, die aus der Region Zamość ins Lager verschleppt worden waren. Im Gegenzug wurden sie von anderen Häftlingen auch nie gedemütigt.

Gab es in Majdanek Zwangsprostitution?

Nein, in Majdanek gab es kein Häftlingsbordell. Es gab mal einen Moment in meiner Haftzeit, da befürchtete ich, in eine solche Einrichtung verschleppt zu werden. Vielleicht kommen wir noch darauf zurück.

AVE MARIA

Aber lieber weiter mit Matylda Woliniewska und der Gründung von ›Radio Majdanek‹. Eigentlich fing es damit an, dass ich mit Freundinnen im Block auf der Pritsche in der dritten Etage saß und ganz belanglose Lieder sang. Matylda fragte, etwas spitz, ob das alles sei, was wir im Repertoire hätten. Wir bräuchten nämlich etwas, um unter den Älteren die Stimmung wieder zu heben.

Wie gesagt war Matylda bei allen Aktionen für mich der Mittelpunkt. Sie war älter und erfahrener als ich. Jemand schlug daraufhin Lesungen vor, jemand anderes politische Diskussionsrunden. Doch Matylda meinte einfach: ›Nein, wir machen ein Radio.‹ Es ging ihr dabei einfach darum, den Überlebenswillen zu stärken, indem man Kontakt mit der Wirklichkeit, mit der Vorkriegsrealität, aufrecht erhielt. Dies wurde zunehmend nötig, weil wir merkten, dass die Häftlinge anfingen, nur noch daran zu denken, wie sie selbst überleben könnten; die Aggressivität war enorm. Und dann fügte Matylda hinzu: ›Und Du, Danuta, wirst die Moderatorin.‹ Ich genierte mich ein wenig und fragte, was sie damit meine und wann es losgehen solle. ›Heute Abend!‹

Das war am 13. Februar 1943. Matylda hatte sich einfach an den ersten Tag im Konzentrationslager erinnert, an das leere Lager, die krasse Kälte und an uns, die in diese Baracke einzogen und versuchten, unseren Platz auf dem blanken Boden zu finden. Auch da war es natürlich zu Rangeleien und Chaos gekommen. Wir waren immerhin dreihundert Frauen in einer engen Baracke. Nach einiger Zeit des Lärms, des Schimpfens und Fluchens aber hatten wir auf einmal Gesang gehört, Schuberts ›*Ave Maria*‹. Eine bekannte Warschauer Sängerin, Malina Bielicka, hatte angefangen zu singen. Dieser Gesang war nach und nach durchgedrungen, der Lärm ebbte ab, und plötzlich herrschte in der ganzen Baracke Stille. Daran also erinnerte sich Matylda, als sie ihre Idee von ›Radio Majdanek‹ entwarf. Singen und Ruhe, so die Erfahrung, passten offenbar gut zusammen. Das wollte sie nutzen: in der Baracke, im ganzen Lager. Und wahrhaftig brachte sie Malina dazu, jeden Abend für alle zu singen; danach gingen wir schlafen.

Bevor Malina aber zum ersten Mal in unserem Radio Majdanek sang, war es meine Aufgabe, vor diesem Gesang etwas zu sagen. Ich sollte ankündigen, dass wir nun ›ein Radio‹ hätten. Ich saß also wieder im dritten Stock auf meiner Pritsche und war sehr aufgeregt. Ich wusste, Malina würde gleich singen und wurde von den Freundinnen geschupst, endlich die Ansage zu machen. Also sagte ich: ›Hallo, hallo, hier spricht Radio Majdanek.‹ Ich erinnere mich nicht mehr an meine weiteren Worte. Irgendwie sprach ich von diesem Lager und von der nächsten Abendsendung und hatte keine Ahnung, wie ich meinen ersten Beitrag beenden sollte. Zum Glück kam mir das Buch eines ungarischen Autors in den Sinn, das von einer Generalstochter im Ersten Weltkrieg handelte, die als Helferin bei einem Radiosender arbeitete. Auch sie hatte nicht gewusst, wie sie ihre erste Sendung beenden sollte und einfach nur gesagt: ›Nun lächelt, morgen wird es schon besser sein.‹ Also sagte auch ich genau das und beendete mit diesem Spruch seitdem jede Abendsendung. In der Morgensendung wurde zuerst einmal das Datum verkündet – wir hatten ja keinen Kalender im Lager; dann erinnerten wir an die Namenstage, dann folgten kleine Ansagen. Zum Beispiel, dass jemand seine Schuhe verloren hatte – die ja lebenswichtig waren – oder aber ein Dankeschön, wenn jemand ein Stück Zucker mit anderen geteilt hatte – so etwas verkündeten wir.

Es gab auch zwei Kisten, die bei Matylda standen. Eine war mit ›Ich suche‹, die andere mit ›Ich gebe‹ beschriftet. Jeder konnte da etwas rein packen und im Radio wurde dann verkündet, welche Suchanfragen oder welche neuen Geschenke es gab. Wir erinnerten die Frauen auch daran, dass man drei Worte nicht vergessen dürfe, nämlich das ›Bitte‹, das ›Entschuldige‹ und das ›Danke‹. Wenn man zum Beispiel kurz geflucht hatte, dann musste man sich sofort entschuldigen. Wir siezten uns auch immer gegenseitig. Vor allem die Älteren siezten wir oder duzten sie zumindest nicht von vornherein – als eine Form des Respekts. Auch Matylda wurde gesiezt und mit ›Pani‹ angesprochen. Ein einziges Mal wagte ich, einfach ›Matylda‹ zu ihr zu sagen, wofür mich meine Freundinnen dann sehr kritisierten. Es waren fast so etwas wie Sprachspiele, wenn die polnischen Frauen ›Panie, panie‹ zueinander sagten...

... Meine Damen! ...

Genau. Natürlich suchte ich auch nach Unterstützung für das Radio. Einmal engagierte ich eine andere Frau, eine Kommunistin, die sehr gut Tierlaute nachahmen konnte, damit sie das Krähen der Hähne imitierte, um uns morgens zu wecken. Denn normalerweise lautete der Weckdienst der Blockältesten eher ›Scheiße, raus aus den Betten, schneller, schneller!‹ Wir brauchten also etwas, was uns auf eine etwas freundlichere Weise zum Aufstehen motivierte. Es kam dennoch einmal vor, dass wir nicht rechtzeitig auf den Beinen waren. Seitdem hieß es dann immer als Ausrede: ›Wissen Sie, das Radio hat uns nicht geweckt.‹

Nur um uns noch einmal die Szenerie vor Augen zu führen: Sie saßen als Moderatorin oben auf der Pritsche und riefen laut in den Raum hinein?

Ja, ich saß immer da oben. Im Sommer machten wir auch die Fenster auf und andere kamen, um zuzuhören. Die Nachmittagssendung hatten wir nach einer Warschauer Vorkriegssendung ›Kaffeekränzchen am Mikrophon‹ genannt. Das war auch Matyldas Idee – einfach um eine Kontinuität zur Normalität herzustellen. Wir hatten ja zum Glück Zeit, uns das Programm für die Sendungen zu überlegen, denn als Hof-Kolonne hatten wir nicht so viel Arbeit wie die meisten anderen. Es gab nicht viel Müll im Hof und oft verrichteten wir irgendeine sinnlose Arbeit, wie zum Beispiel Steine hin und her zu tragen oder irgendwelche Gräben auszuheben. In unseren Sendungen wurden auch Gedichte aufgesagt, wir hatten drei Dichterinnen unter uns. Auch Lieder wurden gemeinsam gesungen. Wir sangen nicht nur

Staatliches Museum Majdanek, September 2010

das patriotische Repertoire, sondern auch andere, sogar kommunistische Lieder – das wurde auch alles akzeptiert; nicht zuletzt, weil wir in einer etwas abgelegenen Baracke im fünften Feld des Lagers untergebracht waren, weit entfernt vom Wachtturm. Davor lagen die vier Männer-Felder.

DIE LIEDER VON POLA BRAUN

Können Sie für sich zusammenfassen, was Ihnen dieses Radio im Frauenlager des KZ Majdanek bedeutete?

Zum 70. Jahrestag der Gründung von ›Radio Majdanek‹ wurde ich hier in Warschau von einem Radiosender zu einem Interview eingeladen, wo eine junge Journalistin mir eine ähnliche Frage stellte. Ich habe daraufhin Matylda zitiert: Wie wichtig es sei, vorsichtig mit Worten umzugehen, weil man sie auf so unterschiedliche Weise benutzen kann. Worte können böse, aber auch schön und gut sein. Matylda sagte einmal zu uns: ›Mädchen, Ihr wisst, Brot fehlt uns hier immer. Denn Brot an sich ist zwar teilbar, aber man kann es nicht unendlich teilen. Also können nicht alle etwas davon bekommen. Das Wort hingegen ist zwar nicht teilbar, aber man kann damit trotzdem alle gleichzeitig beschenken, ohne dass es seinen Sinn verliert. Diese Möglichkeit sollten wir nutzen.‹

Gab es auch lustige Sendungen?

Ja, durchaus. Unsere ›Kaffeekränzchen am Mikrophon‹ wurden zunehmend zu einer Satire-Sendung. Wir machten uns hier auch über die deutsche Besatzungsmacht lustig. Außerdem sendeten wir oft Nachrichten von der Front, zwar mit einiger Verzögerung, aber immer optimistisch. Wir sprachen auch über Mode. Ein Text gelangte sogar aus dem Lager heraus. Später fand ich ihn im Tagebuch meines Bruders wieder. Es war ein Text, der den Alltag im Lager betraf. Zum Schluss der Morgensendungen sagten wir immer: ›Vergesst nicht, wir sind hier in einem Konzentrationslager, hier werden Menschen geschlagen, hier werden Menschen gedemütigt, das ist unser Alltag.‹ Später, in anderen Lagern, wurde ich oft von anderen Häftlingsfrauen noch ›Radio‹ genannt – aber eigentlich moderierte ich diese Morgen- und Abendsendungen nicht allzu lange. Mir wurde es zu viel; eine andere Frau übernahm diese Aufgabe nach mir. Auch wurden wir natürlich immer wieder getrennt, weil auffiel, dass unser Zusammenhalt einfach sehr stark war. Und trotzdem: Sobald es in einer Baracke drei, vier Polinnen gab, die vorher zusammen im Pawiak-Gefängnis gewesen waren, wurden sofort wieder solche Abende mit Gesang und Gedichten organisiert. Der Kern dieser Pawiak-Häftlingsfrauen, die den Radiosender begründet hatten, kam dann später in das Buchenwald-Außenlager bei Leipzig und veranstaltete dort seine so genannten Konzerte.

Matylda war übrigens auch eine Zeit lang mit jüdischen Frauen aus Polen in einem Block – das war natürlich eine Gruppe, die jederzeit von Selektion und Tod bedroht war. Auch hier organisierten die Frauen ein Konzert, da gab es sogar ein Klavier. Pola Braun, eine bekannte Sängerin, die nach dem Aufstand im Warschauer Ghetto nach Majdanek kam, trug hier ihre Gedichte vor und sang angesichts des bevorstehenden Todes. Am 3. November 1943 wurde sie ermordet: Eine von mehr als 43.000 Personen, die bei der so genannten ›Aktion Erntefest‹ an nur einem einzigen Tag von den Deutschen im Distrikt Lublin erschossen wurden.

Sie haben dann aber aufgehört zu moderieren, sagten Sie?

Ja, mit der Moderation von ›Radio Majdanek‹ musste ich auch deshalb aufhören, weil die Aufseherin Berna Fahnenstiel mir über eine Übersetzerin mitteilen ließ, dass ich für ein anderes Kommando in einem Haus außerhalb des Lagers vorgesehen sei. Wir kannten dieses Gebäude, wir konnten es vom Lager aus sehen. Ein paar Monate zuvor hatte es geheißen, dass dort ein Lagerbordell gegründet werde und man dafür freiwillige Kandidatinnen suche. Es gab auch tatsächlich drei Frauen, die sich meldeten. Nach ein paar Tagen aber stellte sich heraus, dass niemand dieses Bordell besuchte. Kurzum: Das Ganze wurde bald wieder aufgelöst. Und Monate später war nun also plötzlich wieder von diesem Haus die Rede: Man werde zehn junge Frauen dafür bestimmen. Ich hatte also schreckliche Angst, als ich die Anweisung von dieser Berna bekam. Im ganzen Block beteten alle die Nacht durch für uns. Am nächsten Morgen wurden wir von unserer Baracke weggeführt, einige der Frauen schauten uns sogar argwöhnisch nach und ich spürte Kritik in ihren Augen: den leisen Vorwurf, dass es besser gewesen wäre, Selbstmord zu begehen, als so etwas mit sich machen zu lassen. Wir wurden vom damaligen Standortarzt im Lager, Franz von Bodmann, untersucht. Er war betrunken, ebenso wie eine der Aufseherinnen. Sie untersuchten uns nach Flecken, nach Hautausschlägen. Wir versuchten, eine Freundin von uns, deren Rücken von Läusen vollständig zerstochen war, zu decken. Das war völlig unsinnig, doch wir wollten sie nicht allein lassen. Ich hörte jemanden auf Polnisch sagen: ›Na ihr Huren, wie lange braucht ihr noch?‹ Wir waren völlig verängstigt und konnten uns kaum bewegen. Kurz darauf aber stellte sich heraus, dass nicht wir es waren, die als Huren angesprochen wurden, sondern eine andere Gruppe von Mädchen und Frauen, die nach uns herein gekommen war. Wir dagegen sollten nur für eine ganz andere Funktion vorbereitet werden: als Putzfrauen im Offizierslager. Letztlich gab es nie ein Bordell in Majdanek. In diesem neuen Putzkommando arbeitete ich dann von Ende April bis August 1943. Wir durften dabei das Offiziershaus selbst nicht betreten. Ich hielt mich aber oft in seiner Nähe auf, bekam so relativ viel mit und sammelte Informationen, weshalb ich später als Zeugin vor Gericht aussagen konnte.

Wann waren Sie eigentlich zum letzten Mal in Buchenwald, Frau Brzosko-Mędryk?

(auf deutsch) Oh, das war 2005. Kurz vorher war ich in der Schweiz, als Gerhard Schröder im Weimarer Theater sprach. Ich war gerade bei meinem Bruder in Bern, als ich im Radio meinen Namen hörte, weil Schröder ihn im Theater nannte.

Das war die große Gedenkfeier zum 60. Jahrestag der Befreiung der Lager.

Er sprach von den Menschen, die als Überlebende helfen, diese Geschichte für ein freiheitliches Nachkriegseuropa aufzuarbeiten: Elie Wiesel, Imre Kertész, Bruno Apitz und andere. Und aus Polen Danuta Brzosko-Mędryk und Józef Szajna. Mein Bruder war 2005 ziemlich krank, deshalb war ich zu diesem Zeitpunkt viel zwischen Nizza, Bern und Warschau unterwegs. Ich stand aber die ganze Zeit in Briefkontakt mit Professor Volkhard Knigge, dem Direktor der Gedenkstätte Buchenwald. Er schrieb mir, dass er jedes Mal, wenn er mit seinen Gästen am Gedenkstein für die Frauen des Konzentrationslagers Buchenwald steht, an mich denkt, weil ich diejenige gewesen sei, die die Idee hatte, dort einen Gedenkstein aufzustellen. Ich habe auch den Text für diese Tafel formuliert: ›Niemand nahm Abschied, niemand errichtete ein Kreuz oder einen Stein. Doch Ihr lebt, solange Menschen sich Eurer erinnern ...‹

Fast alle Schüler, die Buchenwald besuchen, fragen dort nach, was die eine Zeile in Latein bedeutet: ›Non omnis moriar‹ ...

In Polen ist es insofern verbreitet, weil wir alle, als Generation, in der Schule

Latein lernten.

Gerade fiel der Name Józef Szajnas. Sahen Sie jemals eines seiner Theaterstücke?

Ja, schon. Aber ich akzeptierte das nicht. Es war zu tragisch. Nichts für mich.

Sie sprachen eben von der Solidarität mit polnischen Jüdinnen. War dies auch bei Radio Majdanek ein Thema?

Als ich Moderatorin war, gab es noch keine Jüdinnen in Majdanek. Sie kamen erst Ende April, Anfang Mai 1943 ins Lager – in einer Zeit, in der das Morden zum Alltag wurde. Anfangs merkten wir dabei gar nicht, dass nur Jüdinnen selektiert wurden. Wir wurden ja genauso untersucht, denselben Verfahren unterzogen wie sie und wussten nicht, dass dies nur für die Frauen jüdischer Herkunft das Todesurteil bedeutete. Nach den Selektionen aber wurden wir in ein anderes Feld verlegt. Das fünfte Feld wurde zum jüdischen Revier und wir belegten das erste. Überall herrschte Todesangst.

„Ich werde nicht ganz sterben."

Die Hölle im Lager, das waren dann vor allem die Kinder-Selektionen. Selbst Matylda, die versuchte, die Jüdinnen zu trösten und die so etwas wie eine Predigt halten wollte, versagten die Worte. Wenn ich von der Selektion der Kinder erzähle, dann geht mir das so nahe, als wäre es erst gestern geschehen.

Inwiefern spielte das Männer-Lager im Radio eine Rolle?

Normalerweise bekamen wir über sogenannte Läufer Nachrichten von ihnen: Briefe, die sie zu uns ins Frauenlager schmuggelten, aber auch Arzneimittel. Ein Mittel, Kontakte zu ihnen aufzunehmen, war, eine Scheibe in einem bestimmten Gebäude zu zerschlagen; dann musste der entsprechende Häftlingshandwerker kommen. Das war zum Beispiel der Mann einer unserer Freundinnen; so konnten sich die beiden treffen. Auch in der Schreibstube arbeiteten Häftlingsfrauen, die wir kannten, eine deutsche und eine polnische Jüdin; sie warnten uns manchmal vor Transporten oder vor Selektionen, die kurz bevor standen. Dadurch konnten wir versuchen, Kinder zu retten. Einmal versuchte Matylda, ein Kind zu retten, indem sie es in einer Brotkiste versteckte. Sie stellte sich auf diese Kiste, als die SS-Männer kamen. Andere versuchten, die Kinder unter Barackenböden zu verstecken, wo sie oft von den Wachhunden gefunden wurden. Es gab auch eine junge Frau, Dwircha, vielleicht sechzehn, siebzehn Jahre alt. Sie war Krankenschwester und kümmerte sich sehr herzlich um ein jüdisches Kind, so als sei es das ihre. Eines Tages kam eine erneute Selektion – auch dieses Kind wurde gefunden. Es wurde ihr weggenommen, aber sie stieg mit dem Kind auf den LKW. Dort wurde sie geschlagen und polnische Häftlingsfrauen riefen ihr von draußen zu: ›Komm runter, Du weißt doch, was mit dem Kind passiert und wohin es gebracht wird.‹ Sie wollte trotzdem bei ihm bleiben. Eine Freundin holte sie mit Gewalt aus dem LKW.

ROTA UND KUJAWIAK

Hatten die Konzerte in Buchenwald eine ähnliche Funktion wie zuvor das ›Radio Majdanek‹: als Versuche, der mörderischen Logik der Konzentrationslager etwas entgegenzusetzen? Stellte die Musik hier vielleicht sogar eine weitergehende Verständnisebene dar als die sprachliche?

Ja und nein. ›Radio Majdanek‹ war kein Modell, das sich eins-zu-eins übertragen ließ. In jedem Konzentrationslager war die Situation eine andere. In Ravensbrück versuchten wir beispielsweise gemeinsam mit polnischen Intellektuellen eine Art Kulturzeitschrift auf die Beine zu stellen. In Buchenwald kamen wir erst im Juni 1944 an und die Situation wurde hier zunehmend chaotisch. Im August kamen die Französinnen dazu; dann kamen immer neue Transporte mit immer mehr Menschen. Wir lebten dort nicht mehr in Baracken, sondern in Blöcken. Es gab Häuser mit so etwas wie Trennwänden zwischen den einzelnen Räumen: Man konnte trotzdem alles hören, was in den anderen Räumen stattfand. Und es gab ein oberes Stockwerk. Hier waren wir untergebracht. Unter uns schliefen drei Schwestern, die Schwestern Schmidt. Am 1. November 1944, an Allerheiligen, fingen sie an zu beten und zu singen. Andere schlossen sich ihnen an und wir hörten, wie ein Raum nach dem anderen ebenfalls zu singen begann. Da erkannten wir, dass wir eine neue Form unseres Kulturprogramms auflegen mussten. Denn vielen Häftlingen ging es inzwischen wesentlich schlechter. Es kam zu Nervenzusammenbrüchen. Viele Frauen verloren jeden Mut, weil sie das Gefühl hatten, durch die Waffenproduktion dort im Leipziger Außenlager ihren eigenen Vätern oder Männern in den Rücken zu fallen. Sie hatten das Gefühl, Waffen herzustellen, die an der Front gegen die eigenen Angehörigen verwendet wurden. Das war besonders schwer zu verkraften.

... und im Hintergrund tanzten sie Walzer.

Und so wurden die Radiosendungen in Majdanek dann das Vorbild für unsere Konzerte in Buchenwald. Mehrere tausend Frauen beteiligten sich daran. Der nächste Anlass – nach dem gemeinsamen Gesang zu Allerheiligen – war der 11. November 1944: der Polnische Unabhängigkeitstag. Wiederum auf Initiative von Matylda bereiteten die Frauen eine Aufführung vor. Ein patriotischer Kanon, die ›*Rota*‹ von Maria Konopnicka, sollte vorgetragen werden: Das war seit der Unabhängigkeit ja auch die Hymne aller polnischen Pfadfinder. Wir sangen sehr laut und als wir daraufhin aus unserem Block vertrieben wurden, nahmen uns die Französinnen in ihrem auf, wo wir unser Fest am 12. November fortsetzten. Matylda betonte seitdem immer wieder die Gastfreundlichkeit der Französinnen. Sie selbst hatte viel Zeit zum Aushecken von derlei Veranstaltungen, weil sie in einer Schneiderei arbeiten musste: per Hand, ohne Maschinen. Dort wurden auch Kostüme für die Aufführungen geschneidert. Wobei man das Wort ›Konzert‹, mit dem wir unsere Abendveranstaltungen bezeichneten, natürlich nicht wortwörtlich verstehen darf: Wir hatten ja keine Instrumente; höchstens spielte mal eine von uns auf einem Kamm. Andere Häftlingsfrauen hatten sich einfach eine Tube gebaut, eine Art Megaphon.

Mit welchen Nationen kamen Sie dabei in Kontakt?
Mit Ungarinnen, ein paar Deutschen, Russinnen, aber mit den letzteren hielt sich die Freundschaft in Grenzen. Die Russinnen standen den französischen Kommunistinnen näher als uns. Sie arbeiteten hauptsächlich in der Küche. Es waren sehr tapfere Frauen: In Ravensbrück hatten einige von ihnen drei Tage im Strafappell stehen müssen, weil sie sich weigerten, in der Munitionsfabrik zu arbeiten. Sie verstanden sich als Kriegsgefangene und mieden den Kontakt zu uns. Selbst einige ältere Frauen unter uns, die viel nostalgische Nähe zur russischen Sprache empfanden, wurden von den Russinnen abgewiesen. Mädchen aus anderen nationalen Gruppen kamen gern zu uns, da wir als Funktionshäftlinge mehr Möglichkeiten hatten, etwas zu ›organisieren‹ und uns um sie zu kümmern. Die Russinnen dagegen hielten sich fern und nannten uns ›Polacken‹, was wir ihnen mit ähnlichen Worten heimzahlten. Sie beleidigten aber auch andere Frauen: Die Französinnen zum Beispiel traktierten sie mit Sprüchen wie ›Mesdames, das ist doch nicht Paris hier.‹

Schürten die Bewacher von der SS solche nationalen Konflikte bewusst?
Nein, zumindest kann ich mich daran nicht erinnern. In den Fabriken unterstützten uns die Vorarbeiter sogar, wir bekamen Äpfel, Brot oder Seife zugesteckt.

Aber ich wollte noch von unserem zweiten Konzert erzählen: Aus Dankbarkeit gegenüber den Französinnen, die uns am Abend des 11. Novembers 1944 in ihrem Block aufgenommen hatten, wollten wir ihnen sowie den

Griechinnen und den Italienerinnen in kleinen Vorträgen Polen näher bringen. Wir beschafften uns also einen Bogen Papier, auf den wir eine große historische Polenkarte zeichneten und dabei mit der Darstellung der drei Besatzungszeiten begannen, durch die Polen über zwei Jahrhunderte von der Landkarte Europas verschwunden war. Wir erzählten vom Siegeszug des polnischen Königs Johann III. Sobieski bei Wien, der Europa gegen die Türken verteidigte und die europäische Christenheit vor dem Islam rettete. Solche Themen hatten wir uns für unser französischsprachiges Publikum überlegt; für die Russinnen hingegen bereiteten wir einen Beitrag über die berühmte Schlacht von Warschau 1920 vor: ›Cud nad Wisłą, das Wunder an der Weichsel.‹ Damit wollten wir natürlich betonen, dass Polen Europa vor dem Kommunismus geschützt hat. Verständlicherweise wurde dieser Vortrag von den Russinnen nicht nur mit Enthusiasmus aufgenommen.

CHOPIN

Meistens aber wurden unsere Vorträge und Veranstaltungen nur ins Französische übersetzt. Ein Höhepunkt war das Fest zum Katharinentag der Französinnen: eine Art Modeschau. Wir nahmen da zum ersten Mal wieder wahr, wie schön wir waren. Wir hatten Make-up aufgetragen und uns frisiert, die Hüte waren mit verschiedenen Motiven verziert und sahen alle wunderschön aus. Hin und wieder tanzten wir auch den ›Kujawiak‹, einen langsamen polnischen Volkstanz. Bei einem Karnevalskonzert gab es natürlich viele satirische Beiträge. Und zu Ostern gab es sogar ein Konzert im Speiseraum, und Gebete – mit der Erlaubnis des Kommandanten! Er wusste, denke ich, nicht wirklich, was wir da machten; die Atmosphäre war also zum Glück etwas entspannter als sonst. Und zu Weihnachten nahmen die Aufseherinnen an unserer Veranstaltung teil.

Das alles erfanden wir aus dem Gedächtnis – wir hatten ja keine Büchertexte im Lager. Anschließend wurden Stifte und Papier organisiert. Das Papier tauschten wir gegen Brot ein und die Tinte wurde irgendwo für uns gestohlen. Wir schrieben alles per Hand auf – zum Beispiel beim Appell – und dann verteilten wir es unter uns. So entstanden Texte, die sich an dem orientierten, was wir vor der Lagerhaft gelernt hatten, aber auch Gedichte und Lieder, die auf die Lagerzeit Bezug nahmen. Zum Beispiel die Lieder von Pola Braun. Auch die Französinnen, die Jüdinnen und die Russinnen veranstalteten jeweils nach ihren Möglichkeiten Konzerte. Die Französinnen führten zum Beispiel Theateraufführungen nach Molière auf. Eine bekannte Tänzerin gab uns Tanzunterricht. Und wir trugen zu unseren Aufführungen immer die polnischen Volkstrachten aus den Altkleider-Beständen im

Lager. Wahrscheinlich stammten sie von anderen Häftlingen. Sie wurden im Keller gelagert und uns gelang es manchmal, welche von dort heraufzuholen. Wir haben sie dann zum Beispiel noch mit Silberfäden verziert, wenn wir Aluminiumfolie oder andere Metallüberreste in die Hände bekamen.

Und die Kosmetik, die Sie vorhin erwähnten?

Das war keine richtige Kosmetik, sondern irgendetwas anderes: zum Beispiel Papier, das abfärbte.

Aus Ravensbrück sind Erzählungen überliefert, dass sich Frauen mit Lippenstift – wo immer der auch her kam – die Wangen röteten, um gesunder zu wirken …

… Bei uns in Majdanek färbte man sich eher die Haare. Es gab eine ziemlich ätzende Flüssigkeit, die man auch als Desinfektions- und Bleichmittel verwendete. Die Haare wurden dadurch heller. Einmal bekam ich ein Geschenk von einem Jungen, der sich vor meiner Verhaftung in mich verliebt hatte. Er schickte mir Rosen ins Lager, sie wurden mir sogar gezeigt. Ich hatte nämlich meine Mutter gebeten, mir einen Pflegestift ins Lager zu schicken, weil ich raue Haut und raue Lippen hatte. Meine Mutter verstand mich aber falsch und dachte, ich bräuchte einen Lippenstift, weil ich anfangen würde, mich zu schminken. Der Verantwortliche in der Poststelle, Wagner, der etwas Polnisch sprach, erklärte mir: ›Das Verbandmaterial kannst du behalten. Den Lippenstift aber nicht. Und an den Blumen darfst du nur riechen.‹

Die Französinnen hingegen trugen durchaus richtiges Make-up, das haben wir selbst gesehen. Es gab also schon Möglichkeiten, an Kosmetika zu gelangen. Ich glaube, dieser Kontakt zur Außenwelt lief über die Zwangsarbeiter, die draußen arbeiteten. Zum Beispiel schickten wir auf diesem Weg Briefe an unsere Familien.

Als wir das Buchenwalder Außenlager in Leipzig verließen, wollten Matylda und andere Frauen zum Abschluss noch etwas Symbolisches in unserem Raum hinterlassen: Sie bauten einen Sarg aus schwarzem Metall mit dem Schriftzug ›Hitler kaputt‹. Daneben wurde eine Kerze entzündet. Matylda legte eine weiß-rote Fahne aus und wir legten unsere Requisiten, die polnischen Volkstrachten sowie die Texte und die große Karte mit dem unabhängigen Polen daneben.

Das war's! Und jetzt gehen Sie bitte in den Park an die frische Luft …

Oh ja; das war ein richtiges Ende. Vielleicht ein bisschen wie im Radio damals …

Sehen Sie: Ich habe in Majdanek doch etwas gelernt. Und gerade beginnt nun auch hier im Café die Musik. Ein gutes Timing! Ich würde gern noch allen in Buchenwald, die mich dort kennen, herzliche Grüße bestellen! Frau Stein, Herrn Dr. Stein und allen anderen!

Wir werden sie ihnen bestellen. Was meinen Sie, was sollten wir uns noch in Warschau anschauen?

Das Chopin-Museum; das ist sehr modern, sehr sehenswert. Oder aber den Łazienki-Park. Da gibt es heute Nachmittag sogar ein Chopin-Konzert. Oder die Krakowskie Przedmieście, eine der Hauptstraßen in der Innenstadt, in der Nähe des Uni-Campus, dort müssen Sie sich unbedingt auf eine der Bänke setzen: Sie haben eine Taste – wenn Sie drauf drücken, hören Sie Musik von Chopin. Also: Einfach Chopin!

Befreit: Danuta Brzosko-Mędryk (ganz rechts) mit anderen Frauen, in der Mitte ein kanadischer Soldat, Wurzen, Mai 1945

EINE FRAGE DER INNEREN WAHL.

Paula Sawicka wächst in der jungen Volksrepublik Polen auf und gründet als 14Jährige mit Adam Michnik ihren ersten Diskussions-Zirkel. Bei ›Solidarność‹ trifft sie auf Marek Edelman und weiß so einiges von den multikulturellen Europa-Ideen des Bundes zu berichten.

Paula Sawicka, geboren 1947, ist Psychologin, Dozentin und Übersetzerin aus dem Englischen. Sie engagierte sich in der demokratischen Opposition und wirkte nach 1988 an der Schaffung eines freien Polens mit. Seit 2004 ist sie Vorstandsvorsitzende der ›Gesellschaft Offene Republik‹.

Paula Sawicka, Museum der Geschichte der polnischen Juden. Warschau, März 2014

[Abend des 15. August 2013. Ankunft mit dem Berlin-Warszawa-Express auf dem zentralen Bahnhof Warschaus und – gemeinsam mit unserer Dolmetscherin Iwona Domachowska – von dort zu Fuß zu unserer ersten Gesprächspartnerin in Polen. Im Wohnzimmer der Familie Sawicka in Warschaus Stadtbezirk Śródmieście, der Stadtmitte. Die Wände hängen voller Bilder, darunter Fotos von Marek Edelman. Man möchte Paula Sawicka nicht zu nahe treten und tut es prompt mit der ersten, höflichen Frage in einem sehr deutschen Englisch: „Marek Edelman war ein Teil der Familie?" Ein erstauntes Lachen: „Na ja, der erweiterten Familie." Sie ist gerade zurück von einer Lesereise durch Deutschland – mit dem Buch ›*Die Liebe im Ghetto*‹. „Eigentlich hören wir hier die Stimme Marek Edelmans, von mir nur in Schriftfassung übertragen. Meine Stimme bleibt im Hintergrund. Weder meine Fragen tauchen auf, noch bin ich im Buch eine Gesprächsteilnehmerin. So wollte ich es."]

In unserem Gespräch würden wir Sie trotzdem gern zu Ihrer Person befragen und nicht als Stimme Marek Edelmans. Aber wie wäre es mit einer Lesung in Weimar?

Ja, Marek und ich haben auch Buchenwald besucht. Das war anlässlich einer Veranstaltung zum ehemaligen Jugoslawien. Wir trafen uns am Eingangstor zum ehemaligen Konzentrationslager und es gab lange Diskussionen, wie man das Problem des ehemaligen Jugoslawien lösen könnte. Auch ein französischer Philosoph war dabei.

War das Ihr einziger Buchenwald-Besuch?

Ja. Es war auch kein richtiger Kongress. Eher eine Solidaritätstagung mit den Verfolgten des ehemaligen Jugoslawien, draußen, bei fürchterlicher Kälte. Wir waren am 14. November 1993 von Berlin aus angereist und fuhren noch am gleichen Tag zurück.

DISPLACED IN EUROPE

Für unseren Vorgänger-Band Von ›Buchenwald(,) nach Europa‹ *führten wir Gespräche in Frankreich, mit Buchenwald-Überlebenden, nicht zuletzt mit emigrierten polnischen Juden, die heute in Frankreich leben. Nach der Befreiung aus den Lagern sind sie nicht zurück nach Polen, sondern nach Frankreich gegangen.*

Es gab natürlich auch welche, die zurück nach Polen kamen, um zu sehen, ob jemand aus ihrer Familie den Krieg überlebt hat. Mein Vater zum Beispiel. Er hatte während des Zweiten Weltkriegs im damaligen Palästina gekämpft. Auch der Bruder meiner Mutter kam aus Serbien nach Polen zurück.

Nach 1945?

Mein Onkel war – wie viele andere Aufständischen – nach dem Warschauer Aufstand festgenommen und in ein Konzentrationslager gebracht worden. Nach der Befreiung suchte er dann nach seiner Familie: Zum Beispiel in Belgien, wo er seine Schwester und seinen Vater fand. Gemeinsam sind sie dann nach Warschau zurückgekommen. Insofern gab es sehr verschiedene Schicksale. Mein Vater hat seine Verwandten in Warschau nicht wiedergefunden. Er blieb, weil er dabei meine Mutter traf.

Ihre Mutter ist die ganze Zeit in Warschau geblieben?

Meine Mutter ist 1939 in den Osten Polens geflohen und von dort aus weiter nach Minsk. Dort landete sie schnell im Ghetto, wo sie im Krankenhaus arbeitete. Später ist sie aus dem Ghetto geflohen und hat sich im Wald versteckt und hat dann in der kommunistischen Partisanen-Bewegung mitgearbeitet. Sie war Ärztin und insofern auch sehr ›nützlich‹. Denn Juden, die aus dem Ghetto flohen, waren ja nicht gerade beliebt bei der Bevölkerung. Auch in der Partisanen-Bewegung wurde sie nur respektiert, weil sie Ärztin war.

Gab es bei Ihren Eltern und deren Bekannten in dieser Zeit Visionen von einer neuen Gesellschaft?

Ja! Wie viele andere polnische Juden glaubten auch meine Eltern an ein neues Polen, an ein Polen ohne Verfolgung, Diskriminierung, ein Land mit Gleichheit; also all das, was sozusagen Bestandteil der damaligen Ideologie des Staates war. Daran glaubten meine Eltern und das wurde anfangs auch kräftig so propagiert.

War dies auch die Meinung von Marek Edelman, der doch aus der

Tradition des Allgemeinen jüdischen Arbeiterbundes kam?
Die Geschichte von Marek Edelman war eine andere. Wie Sie wissen, gehörten die Juden, die vor 1939 in Polen lebten, meistens der ärmsten Schicht an. Abgesehen von einer kleinen Gruppe von Juden, die Bankiers waren oder in den Fabriken arbeiteten, waren die Juden als Masse sehr arm. Wer sich ehrenamtlich engagieren wollte, konnte dies entweder im Bund oder in der kommunistischen Partei tun. Es hing oft von einem Zufall ab – von Freunden, von der Verwandtschaft –, in welcher politischen Strömung man landete. Der Bund war eine riesige Organisation. Anders als Marek Edelman aber war meine Mutter eben keine Bundistin, sondern gehörte zu einer kommunistischen Organisation. Sie musste schon als Jugendliche sehr selbständig sein, wurde früh erwachsen und fand deswegen auch sehr schnell den Weg in die Partei. Schon als Schülerin war sie wegen des Verteilens von Flugblättern im Gefängnis.

In den 1930er Jahren?
Ja. Sie ist 1917 geboren. Es waren also die frühen 1930er Jahre. Ich bereue es sehr, dass ich meine Mutter nie gefragt habe, warum sie gerade zu den Kommunisten und nicht zum Bund ging. Nach dem Krieg hatte sie wirklich die große Hoffnung, dass das, was sie aus der Propaganda wusste, nun auch Wirklichkeit werden würde. Gerechtigkeit, Gleichheit – gerade nach dem Krieg, so dachte sie, würde es nun nicht mehr die Unterteilung in die Guten und die Bösen geben. Ich selbst habe ein Buch über die Geschichte des Allgemeinen jüdischen Arbeiterbundes zwischen 1917 und 1939 übersetzt und da habe ich sehr viel über diese Organisation gelernt, die nicht nur eine Partei, sondern im Grunde eine ganze gesellschaftliche Bewegung war. Hier wurden alle sozialen Gruppen angesprochen und einbezogen: Die Kinder, die Frauen, es gab Schulen und Weiterbildungsangebote und Angebote für Menschen aus ganz unterschiedlichen Schichten, Anknüpfungspunkte für ihr eigenes Leben zu finden. Es gab Genossenschaften für verschiedene Berufsgruppen wie Schuster oder Schneider, es gab Kurorte für Tuberkulose-Kranke. Und natürlich gab es große Persönlichkeiten an der Spitze des Bundes, wie der Allgemeine jüdische Arbeiterbund ja kurz genannt wurde. Es gab kaum einen Bereich des gesellschaftlichen Lebens, in dem der Bund nicht präsent war. Und alles stützte sich auf die jüdische Sprache. Dazu gehörte auch das Gefühl: Hier, wo wir leben und geboren wurden, ist unsere Heimat.

Das Thema Diaspora spielte keine Rolle?
Nein, gar nicht. Im Gegenteil. Hier vor Ort die eigene Kultur in der eigenen Sprache zu entwickeln, das war das Ziel des Bundes. Nach dem Krieg hatte sich die Situation natürlich verändert. Marek Edelman zum Beispiel, der ak-

tives Mitglied des Bundes war, wusste genau, dass der Bund gescheitert war – nicht zuletzt deshalb, weil seine Mitglieder ums Leben gekommen waren. Diejenigen, die ausgewandert waren, waren meistens Zionisten, die gerade nicht diese Vorstellung des Bundes von einer polnischen Heimat vertraten.

Andererseits aber war Marek Edelman sehr wohl der Meinung, dass der Bund als Organisation oder als Idee gleichwohl gewonnen hatte – nämlich im Sinne der Idee eines gemeinsamen Europas. Diese Idee stützte sich gerade darauf, die eigene Sprache und die eigene Kultur im Austausch mit anderen Kulturen und Nationalitäten zu pflegen. Unter den zwanzig jüdischen Stadträten, die es vor dem Krieg in Warschau gab, kamen siebzehn vom Bund! Dies zeigt, wie stark der Bund sich in das gesellschaftliche Leben der Stadt eingebracht hatte. In anderen Städten war es ähnlich. Ursprünglich war der Bund ja in Russland gegründet worden, doch noch vor dem Krieg ist Stalin radikal gegen ihn vorgegangen. Die Bundisten in Polen aber wollten sich dem staatlichen Druck nicht beugen und Teil einer großen, internationalen Bewegung werden. Zugleich wollten sie auch nicht die innerparteiliche Demokratie aufgeben. Nach 1945 mussten dann alle Strömungen ihre Selbständigkeit aufgeben und sind zu einer kommunistischen Partei verschmolzen. Der Bund ging diesen Schritt nicht mit. Marek Edelman war sich über diese Entwicklung von Anfang an im Klaren. Er machte sich 1945 keine Illusionen darüber, dass der Allgemeine jüdische Arbeiterbund keine Chancen mehr hatte.

Der Allgemeine jüdische Arbeiterbund von Litauen, Polen und Russland, jiddisch Algemeyner Yidisher Arbeter Bund in Lite, Poyln und Rusland, kurz der Bund, gegründet 1897 in Vilnius, zielte darauf ab, alle jüdischen Arbeiter des zaristischen Russlands, zu dem Litauen, Weißrussland, die Ukraine und ein Großteil Polens gehörten, in einer sozialistischen Partei zu vereinigen. Die Bundisten hofften, innerhalb eines sozialistischen Russlands als eigene Nation mit gesetzlichen Minoritätsstatus anerkannt zu werden. Sie setzten auf den Gebrauch des Jiddischen als Nationalsprache und widersetzten sich dem Zionismus: Emigration nach Palästina sei eine Form des Eskapismus. Dennoch waren viele Bundisten ebenfalls Zionisten sowie Begründer sozialistischer Parteien in Palästina und später Israel. Der Bund agierte als politische Partei und als Gewerkschaft. Er gründete Selbstverteidigungsgruppen, um jüdische Gemeinden vor Progrom schützen zu können. 1905 führte der Bund in vielen jüdischen Städten die Revolutionsbewegung an. 1910 entstand die Jugendorganisation ›Tsukunft‹. Als Polen und Litauen 1918 unabhängig wurden, führten die Bundisten ihre Aktivitäten in diesen Ländern, besonders in den jüdischen Städten Ostpolens, fort. Sie hofften weiterhin auf eine Zukunft für Juden in Europa. Während des Zweiten Weltkrieges operierte der Bund im Untergrund, er hatte einen wesentlichen Anteil an der Organisation des Widerstands im Warschauer Ghetto. Die nationalsozialistische Verfolgungs- und Vernichtungspolitik zerstörte den Bund.

Meine Mutter hingegen, die auch sehr durch ihre Erfahrungen mit anderen Kommunistinnen im Gefängnis geprägt war, hatte gehofft, dass ein kommunistisches Polen in eben diesem solidarischen, kommunistischen Sinne entsteht. Sie konnte bis zum Ende ihres Lebens gar nicht richtig erklären, warum sie so an der Idee des Kommunismus hing. Sie war zweimal in der Sowjetunion. Einmal in Weißrussland in der Partisanen-Bewegung, danach noch einmal zum Ende des Kriegs in Moskau. Kurz vor dem Krieg war sie schon einmal verheiratet: Mit einem jungen, überzeugten Kommunisten, mit dem sie dann auch 1939 nach Ostpolen floh. Dort hat sie sogar die willkürlichen Deportationen polnischer Kommunisten – aber auch anderer Gruppen – durch die Sowjets erlebt. Die LKWs kamen in der Nacht und nahmen die Leute einfach mit – darunter ihren Mann. Sie kam vom Nachtdienst zurück und ihr Mann war nicht mehr da. 1945 und danach arbeitete meine Mutter dann in Moskau für den Verein polnischer Patrioten, in dem sie sich mit polnischen Häftlingen in den sowjetischen Gulags beschäftigte. Sie versuchte, die polnischen Kommunisten aus den Gulags zu holen. Lange habe ich nicht verstanden, warum sie das machte – sie hat einfach versucht, ihren Mann zu finden. Sie fand ihn aber nie.

Mir wurde die Geschichte meiner Familie erst sehr langsam bewusst. Lange Jahre ahnte ich von diesem ersten Mann im Leben meiner Mutter nichts. Erst durch ein Foto stieß ich darauf. Ich habe versucht herauszubekommen, warum sie nicht verstand, in was für einem System sie da agierte. Aber sie hat mir kaum antworten können.

Blieb Ihre Mutter dem System bis zu ihrem Lebensende treu?

Nein. 1967/68 war ein Wendepunkt in ihrem Leben. Sie hat nie wirklich Karriere gemacht. Dafür war sie einfach viel zu direkt und kompromisslos. Ich erinnere mich an eine Situation in einem Restaurant: Ein Mann kommt an unseren Tisch und sagt zu mir: ›Ist diese wunderbare Person Ihre Mutter?‹ Und er erzählt, wie sie ihn, den jungen Angestellten, als Direktorin vor den Geheimdiensten rettete, indem sie sich vor ihn gestellt hat. Oder eine andere Szene, als sie in den 1950er Jahren einen Vorgesetzten direkt zur Rede stellt, weil er trotz Stromknappheit drei Lampen und mehrere Telefone gleichzeitig im Betrieb hat. Die Antwort des Mannes war: ›Mir ist kalt.‹ Mit mir hat sie über ihre Probleme mit dem System wahrscheinlich deshalb kaum sprechen können, weil sie sich vor ihrem Kind nicht mit ihren Schwächen zeigen konnte. 1968 hatte sie beruflich kaum noch etwas zu verlieren. Sie schrieb als Journalistin über gesellschaftliche Probleme, ihre Texte wurden aber oft nicht mehr veröffentlicht, sodass sie mehr und mehr als Übersetzerin arbeitete.

Und wie verlief der Lebensweg Ihres Vaters? Und der Ihres Onkels, der nach dem Krieg aus Belgien zurück kam?

Mein Vater ist vor den Deutschen in den Osten, in die Sowjetunion geflohen. Dort kam er in den Gulag nach Sibirien, wurde aber wie viele andere durch die Anders-Armee befreit. Aus dieser ist er wiederum geflohen, weil da ein sehr starker Antisemitismus herrschte. Über Umwege kam er dann nach Palästina und wurde während des Zweiten Weltkriegs in die internationale jüdische Brigade unter australischem Kommando, sprich in die britische Armee, integriert. Er hat davon eine Decke mit dem australischen Wappen zurückbehalten. 1945 ging mein Vater über London nach Warschau, um seine Familie zu suchen.

Mein Onkel ist Anfang der 1920er Jahre aus wirtschaftlichen Gründen nach Belgien ausgewandert, nachdem er mit seiner Familie für zwei Jahre in Palästina war. Dies hatte aber eher gesundheitliche Gründe, weil meine Großmutter gehofft hatte, dort ihre Krankheit auszuheilen. Sie sind dann zurückgekehrt, weil meine Mutter großes Heimweh hatte. Außerdem war die Druckerei, die mein Großvater vor dem Zweiten Weltkrieg in Polen betrieb, pleite gegangen. Kurz danach ist meine Oma gestorben und damit begann das sehr selbständige Leben meiner Mutter.

Wenn möglich, würden wir gern noch einmal zurückkommen auf den Bund und seine Vision eines Europas der Kulturen. Können Sie – aus den Berichten Marek Edelmans – einschätzen, wie stark diese polnisch-jüdische Idee damals war und was sie bedeutete?

Beim Bund vor 1939 war diese Idee natürlich vor allem eine jüdische und zielte ganz konkret auf die Verbesserung des Lebens der Juden in der polnischen Gesellschaft. Zugleich war es aber eine sehr laizistische Bewegung, die den polnischen Sozialisten nahe stand. Marek Edelman wusste schon als junger Mann relativ gut über die Möglichkeiten dieser Bewegung und der verschiedenen Parallelbewegungen Bescheid. Seine Mutter hatte an der Wiener Revolution teilgenommen und es war klar, dass der Bund internationalistische Ambitionen hatte. Insofern war die Idee einer europäischen Gemeinschaft auch unter den Sozialisten sehr lebendig.

Es ging also weniger um eine kulturelle Identität?

Ich bin natürlich keine Zeitzeugin, sondern weiß dies alles auch nur aus zweiter Hand. Aber natürlich spielte die Pflege der eigenen Kultur und Sprache eine wichtige Rolle. Gleichzeitig aber ging es um gemeinsame soziale Ideale bei voller Toleranz und Anerkennung der Bedürfnisse anderer.

EINE JUGEND IN DER VOLKSREPUBLIK POLEN

Woran erinnern Sie sich aus der Anfangszeit der jungen Volksrepublik Polen?

1953 wurde ich als 6Jährige eingeschult. Wir lebten damals in der Warschauer Innenstadt. Aber ich kann mich nicht an die Trümmer erinnern – nur daran, dass ständig neue Gebäude entstanden. Ich erinnere mich sogar noch an den Bau des Kulturpalastes. Die Ruinen-Landschaft dieser Jahre prägte die Gesamtstimmung, auch wenn ich keine Einzelerinnerungen habe. Eher an das Neue: Ein neues Warenhaus, ein neues Gebäude mal hier, mal da, eine neue Schule. Als Kind empfand ich den allgemeinen Enthusiasmus, der wohl wirklich vorhanden war und der mich durch die Jahre begleitete. Die Menschen hatten sich den gesellschaftlichen Wiederaufbau vielleicht anders vorgestellt, aber der Neuaufbau dieser Stadt von Grund auf wurde schon von sehr vielen mitgetragen. Auf der anderen Seite lebten wir noch im Schatten des Kriegs. Alle erzählten vom Krieg. Das hat auch uns geprägt. Als wir einmal einen Brief mit Hakenkreuz fanden, war es sofort ein Gegenstand unserer Aggression als Kinder. Wenn jemand von uns in der Schule ein Hakenkreuz gezeichnet hätte, so wäre dies eine absolut unerhörte Tat gewesen – die Verkörperung des Bösen. Ein anderes Gefühl, das uns begleitete, war aber auch die Angst vor den Sicherheitsdiensten. Ich erinnere mich zum Beispiel, wie einmal eine Mitschülerin ›Ich gehe aufs Klo‹ sagte, was im Polnischen ähnlich wie die Abkürzung für den Staatssicherheitsdienst klingt: ›UB‹. Sofort waren alle Kinder verängstigt, obwohl das Mädchen gerade mal acht Jahre alt war. Ich greife diese Einzelthemen heraus, um eine Gesamtstimmung zu beschreiben.

Ja, sehr gern!

Also vielleicht ein weiteres Beispiel. 1956, ich war neun Jahre alt, passierte irgendwas auf der Straße, was ich nicht sehen durfte. Meine Mutter ließ mich nicht ans Fenster. Ich weiß bis heute nicht, was da los war. Aber es verstärkte meine Grundstimmung, dass ich von gewissen Nachrichten isoliert wurde. Warum das so war, weiß ich nicht, obwohl ich eigentlich dazu erzogen wurde, nachzufragen. Im Gymnasium, später, wurde das sehr deutlich. Wir waren eine Arbeitsgruppe von Jugendlichen, richtige Besserwisser.

Wir hatten uns schon nach der Grundschule bewusst separiert, indem wir auf ein anderes Gymnasium als der Rest der Klasse gingen: Weiter weg, vielleicht die letzte Schule in Warschau, wo noch Religion unterrichtet wurde. Unsere Mütter haben das zugelassen, obwohl wir weder getauft noch sonderlich religiös gestimmt waren. Der Grund war einfach, dass eine der Errungenschaften von 1956 die Erlaubnis des Religionsunterrichts war. Also wollten wir diese Freiheit nutzen. Nur war auch an dieser Schule der Religionsunterricht schon wieder abgeschafft, als wir eingeschult wurden. Es war eine evangelische Privatschule aus der Zeit vor dem Zweiten Weltkrieg. Sie war sehr klein und hatte den Krieg überstanden; kein einziger Lehrer war Mitglied der kommunistischen Partei. Eine große Ausnahme! Aber meine Generation hatte ja das Glück, dass die meisten unserer Lehrer noch vor dem Krieg ausgebildet worden waren.

Kultur- und Wissenschaftspalast, Warschau, August 2013

Der Direktor hatte seine Unabhängigkeit bewahrt, indem er alle seine Schüler in den Bund der sozialistischen Jugend, also der sozialistischen Partei, eintreten ließ. Interessant ist diese Geschichte auch, weil sie zeigt, wie unsere Eltern Wege suchten, um einige Werte zu bewahren. Unser Lehrer hatte große Ideale und meinte es sehr ernst damit. Ich erinnere mich an einen Vorfall, als ein Schüler einem anderen zuflüsterte: ›Sag doch dieser Jüdin nicht vor!‹ Wobei er ein ziemlich bösartiges Wort für ›Jüdin‹ benutzte. Der Lehrer, der dies über Umwege mitbekam, wollte auf jeden Fall den Schuldigen herausbekommen. Unbedingt! Am Ende meldete sich der Junge; für uns aber war dabei das Wichtigste, dass so etwas überhaupt zum Thema gemacht wurde und nicht einfach durchging.

War dies eine Form der Politisierung für Sie?

Bestimmt. Es bedeutete den Zwang zum Selberdenken. Und es gab uns die Freiheit, nie die sogenannten Wahrheiten einfach als Wahrheiten hinzunehmen.

Gab es in der Schule auch Lehrer mit Lager-Erfahrungen?

Darüber wurde nicht gesprochen. Schon gar nicht in dieser Schule.

Wann haben Sie davon zum ersten Mal erfahren? Haben Sie KZ-Gedenkstätten besucht?

Nicht in meiner Schulzeit. Aber ich war einmal, 1960, mit den Pfadfindern in einem Ferienlager bei Gdańsk. Da sind wir auch in die Gedenkstätte des KZ Stutthof gefahren. Nach diesem Besuch wollte ich nie wieder ein ehemaliges KZ besichtigen. Ich war aber später in den Gedenkstätten Auschwitz und Birkenau – mit Marek Edelman dann auch noch an anderen Orten. Aber ich bin nicht wirklich überzeugt, dass diese Museen die ihnen zugewiesene Rolle erfüllen. Bringen diese ganzen Stapel von Koffern und Brillen wirklich zum Ausdruck, um was es geht? Ich weiß, dass Sie in einer Gedenkstätte arbeiten. Aber meine Erfahrung als 13Jährige in Stutthof war, glaube ich, nicht die, die Sie hervorrufen möchten. Es geht ja darum, dass man diese Orte nicht nur sieht, sondern dass man auch von ihnen angesprochen wird. Ich kann nicht sagen, dass dies wirklich der Fall ist.

Zu Treblinka habe ich heute ein anderes Verhältnis. Diesen Ort verstehe ich als einen Gedenkort und Friedhof, den ich weiterhin besuche. Mir wird aber eigentlich jetzt erst klar, dass ich damals nicht unvorbereitet nach Stutthof kam. Ich hatte vorher viel dazu gelesen und durch meine Familie gehört. Meine Mutter hat mir auch von ihrer Zeit in Minsk und in der Partisanen-Bewegung sehr viel erzählt.

STUDIENZEITEN

Wie kam es zum Studium der Psychologie?

Wie interessant, dass Sie gerade jetzt nach der Psychologie fragen! Aber vorher noch einmal zurück zur Schulzeit. Die Wertevermittlung war nämlich nur das eine. Die andere Prägung bekam ich durch meine Mitschüler. Wir hatten oft ähnliche Elternhäuser mit Vätern und Müttern, die vor dem Krieg oft idealistische Kommunisten waren. Ich war zum Beispiel mit Adam Michnik, dem heutigen Chefredakteur der ›*Gazeta Wyborcza*‹, zusammen in einer Schule. Schon damals bekam ich mit, wie er wirkte. Mit vierzehn hatten wir einen ersten Diskussionsklub an der Warschauer Universität gegründet. Als Gymnasiasten bekamen wir an der Uni einen Raum; Professoren haben uns besucht, uns Vorträge gehalten – und natürlich wussten wir immer alles besser. Adam war schon damals viel klüger und belesener als wir. Er gab den Ton an und die Themen vor. Für mich wurde das zu einer Denkfolie, mit der ich die Welt kennen lernte. Adam hatte andererseits mit dem ganz gewöhnlichen Curriculum ziemlich viele Probleme. Irgendwann – nach einem Jahr – besuchte uns die sozialistische Jugendorganisation und wollte uns in ihre Obhut nehmen. Denn das ging natürlich so nicht mit dem freien Lernen. Ein Jahr später wurde der Diskussionszirkel aufgelöst, aber da waren wir auch schon fast an der Uni. Die Themen, über die wir sprachen, waren sehr unterschiedlich – eben auch psychologische. Und weil ich mich dabei am wohlsten fühlte, wählte ich dieses Studienfach.

Ging es dabei dann auch um Begriffe wie ›Trauma‹ oder ähnliche Themenkomplexe?

Nein. Damals kam ich gar nicht auf die Idee, dass man ältere Menschen nach etwas fragen könnte, was diese verheimlichen. Natürlich haben wir unseren Eltern gern zugehört. Aber nur, so weit sie selbst erzählen wollten. Uns kam nie die Frage in den Sinn, ob es da noch eine weitere Geschichte geben könnte. Wir hatten insgesamt einen ganz guten Kontakt zu der älteren Generation. Vielleicht verdankten wir dies auch dem Diskussionsklub, in dem wir schon früh lernten, mit Autoritäten zu diskutieren. Aber nach mehr zu fragen kam uns nie in den Sinn, obwohl wir uns durchaus für eine besondere Gruppe von jungen Leuten hielten. An der Uni sind wir in den Studenten-Wohnheimen wiederum auf Menschen getroffen, die aus ganz anderen Regionen des Landes kamen und die einen ganz anderen Zugang zur Literatur, zu Büchern hatten. An der Uni konnten wir das alles weiter nachverfolgen. Zum Beispiel kamen wir auch leicht an die deutsche Gegenwartsliteratur heran, die wir zum Teil untereinander austauschten.

Über die ›Kultura‹ *in Paris?*

Ja. Aber auch direkt über die Bibliotheken in Warschau, obwohl mir erst heute bewusst wird, wie eng die Kreise waren, die diesen Zugang hatten. Ich habe in der Psychologie lange danach suchen können, was mich eigentlich interessiert. Mein Weg ging von der mathematischen Psychologie über die Neurophysiologie zur Klinischen Psychologie.

Paula Sawicka, März 2013

Das war Mitte der 1960er, Anfang der 1970er Jahre?

Ich habe mein Studium 1969 beendet. Inzwischen gab es also die Studentenrevolte vom März 1968. Damals wurde auch unsere Universität aufgelöst. Man musste sich neu immatrikulieren und keiner wusste, was eigentlich die Kriterien waren. Mein Mann war damals sechs Monate im Gefängnis. Das war sicherlich ein traumatisches Ereignis für uns alle. Aber es entstanden auch neue Freundschaften in dieser Zeit. Im Anschluss arbeitete ich zwei Jahre lang mit Schizophrenen und ging dann als Dozentin an die Uni zurück. Dabei schauten wir aber die ganze Zeit Richtung Westen. Auch, um dort Partner und Unterstützung zu suchen. Eine unserer Parolen im März 1968 war ja ›Kein Brot ohne Freiheit!‹

Der Westen war Frankreich?

Nicht nur. Frankreich hatte die stärkste Zugkraft, aber auch Italien spielte eine Rolle. Der offene Brief von Jacek Kuroń und Karol Modzelewski an die eigene Parteispitze 1965, in dem sie die Umsetzung der kommunistischen Ideale und eine Partei mit menschlichem Antlitz forderten, hatte in Frankreich und in Italien einen starken Widerhall. Dabei war die Kommunistische Partei Frankreichs am längsten pro-sowjetisch eingestellt. Damals, in der März-Bewegung, war ja noch keine Rede davon, das System als solches in Frage zu stellen, geschweige denn es zu stürzen. Selbst bei ›Solidarność‹ war das anfangs kein Thema, auch wenn die Forderungen hier sehr viel weiter gingen. Deswegen sprachen wir 1968 auch eher die Linke in Westeuropa an, weil wir dachten, dass die neue Freiheit dort schon angekommen sei.

Hatten Sie direkte Kontakte?

Ich persönlich war zweimal in Frankreich, was in dieser Zeit für eine Studentin schon sehr viel war.

Jetzt sind wir in der Zeit angelangt, in der Sie Marek Edelman kennen lernten. Aber zuvor vielleicht noch: Hatten Sie damals auch Kontakte in die DDR?

Eine Freundin von mir hatte Kontakte nach Leipzig und meine Mutter hatte eine Bekannte in Berlin, bei der ich zweimal übernachtete; einmal auf dem Weg nach Dänemark, ein andermal auf dem Rückweg von Paris. Der Eindruck war eher desaströs: Der ganze Bahnsteig war voller Polizisten mit Wachhunden. Später kamen auch Leute aus der DDR hierher. Es war vor allem die Pariser ›*Kultura*‹, die diese Netzwerke knüpfte. Aber vielleicht bringe ich hier auch die 1980er und die 1970er Jahre durcheinander ...

Wenn man Sie so hört, dann gewinnt man den Eindruck, dass Europa für Sie ganz real als ein Kontinent existierte, auf dem Sie als Studentin oder als junge Psychologin unterwegs waren.

Ein bisschen war es auch so. Auch, weil ich viel las. Tatsache war ja, dass hier ziemlich viel gute Literatur veröffentlicht wurde. Eigentlich alles, was weltweit publiziert wurde. Wir haben sehr viel von dieser Literatur wahrgenommen.

Was genau haben Sie denn damals gelesen?

Den europäischen Literatur-Kanon sowieso. Aber auch die zeitgenössische Literatur. Musil, Sartre, Mann ...

Hat das Theater eine Rolle gespielt?

Ja. Nur im polnischen Kino kamen die neuen Filme erst ein paar Jahre später an. Aber immerhin gab es das zweiwöchige ›Festival der Festivals‹ mit Filmen, die im Jahr zuvor weltweit gezeigt und ausgezeichnet worden waren. Anfangs nur in einem Kino; man musste sich sehr bemühen, da reinzukommen. Das Programm lief vom Morgen bis zum späten Abend und wir waren entsprechend müde, weil wir alles mitbekommen wollten. Aber mit den Jahren verdünnte sich der Stoff langsam und die Zahl der kubanischen Filme nahm zu. Insofern war das dann auch nicht mehr so anstrengend.

Das Theater hingegen war phantastisch. Eigentlich war es die beste Zeit des polnischen Theaters überhaupt. Schon in der Grundschule schleppte uns unsere Lehrerin glücklicherweise als gesamte Klasse statt in Gedenkstätten lieber mit ins Theater. Wir besuchten die besten Theater Warschaus und die großen klassischen Inszenierungen.

Sahen Sie auch die Inszenierungen Józef Szajnas?

Ja, im Kulturpalast. Szajna spielte in der Theater-Szene eher eine Sonderrolle: Ein Theater, das sich an ein Publikum mit spezifischen Fragestellungen wandte.

Was meinen Sie damit?

Die Materie war besonders schwierig. Aber die Mission der Kultur besteht gerade darin, auch diejenigen einzubeziehen, die schwierige Themen neu bearbeiten.

Insgesamt also sieht man: Es war nicht so, dass wir hier völlig isoliert waren. Wir bekamen viel davon mit, was in der Kulturwelt geschah. Inklusive der Musik. Es war nicht immer einfach und es wurde sogar immer schwieriger für mich, in den Westen auszureisen. Aber wenn ich dann dort war, war es nicht so, dass ich quasi unter einem Schock des Neuen stand. Anderen Leuten mag dies so gegangen sein. Einen Kulturschock habe ich nie erlebt. Menschen in der Sowjetunion lernten damals Polnisch, um polnische Zeitschriften lesen zu können – einfach, weil sie gut waren.

ROLLEN

Vielleicht noch zwei Nachfragen: Worüber wurde denn – trotz aller Freiheit, die Sie genossen – nicht gesprochen? Warum, um diese Frage zu präzisieren, war heute so wenig die Rede von Ihrem Vater? Und: Welche Rolle spielte die jüdische Frage bis in die 1970er Jahre in Ihrer Familie und Umgebung?

Mein Vater ist 1972 gestorben. Ich habe es nicht geschafft, mit ihm ins Gespräch über sein Leben zu kommen. Das bereue ich sehr. Ich glaube aber auch, dass er es selbst nicht wollte. Ich erinnere mich an eine Situation, als uns ein Bekannter meiner Mutter besuchte. Mein Vater konnte ihn überhaupt nicht leiden und bat meine Mutter, ihn nicht mehr einzuladen; er sei ein Spitzel. Ich kann nicht ausschließen, dass mein Vater intuitiv Recht hatte. Damals sagte mein Vater etwas, wo ich hätte nachfragen müssen: ›Meine Strafe hat sechs Jahre gedauert. Sechs Jahre, die ich nicht im Gefängnis saß.

Aber irgendwann kommen sie und holen mich.‹ Ich konnte nie herausfinden, worum es ging. Er war immerhin aus dem Gulag in Sibirien geflohen und anders als meine Mutter war mein Vater nie in der kommunistischen Partei engagiert. Auch sie selbst haben darüber, glaube ich, nie miteinander gesprochen.

Und die jüdische Frage in der Volksrepublik?

Da bin ich keine kompetente Gesprächspartnerin. In meiner Familie wurde abgesehen von der jüdischen Küche die jüdische Kultur, Sprache oder Religion nicht wirklich gepflegt. Mein Vater war zwar polyglott in dem Sinne, dass er auch Jiddisch sprach, in Palästina Arabisch und Russisch im Gulag gelernt hatte ...

Sprach er Hebräisch?

Nein: Jiddisch. Hebräisch war die Sprache der alten Bücher, die im Staat Israel reanimiert und zur offiziellen und Alltagssprache der Israelis wurde; Jiddisch hingegen war die Sprache der Kultur. Diesbezüglich bin ich auch eine Vertreterin der Definition, wie Marek Edelman sie traf. Die Juden waren die Menschen, die in Europa lebten und auf diesem Kontinent Jiddisch sprachen. Die Kultur, die hier entstand, war eine europäisch-jüdische Kultur. Im Falle Israels handelt es sich um einen neuen Staat, um eine neue Sprache und auch um eine andere Kultur.

Ich aber wurde als Polin erzogen und so fühle ich mich auch. Und der jüdische Teil meiner Identität ist geprägt durch die Geschichte meiner Vorfahren, die aber im Ghetto oder im Konzentrationslager ums Leben kamen. Meine Familie ist sehr wahrscheinlich in Treblinka umgekommen. Die Bezüge zu meiner jüdischen Kultur sind, ähnlich wie bei unseren beiden Adoptivtöchtern, deswegen ganz andere ...

Inwiefern?

Wir können auf ganz verschiedenen Ebenen über Identitäten sprechen. Also zum Beispiel über familiäre Identität, über berufliche Identität, über nationale Identität. Jeweils erfüllen wir dabei ganz verschiedene Rollen. Wenn wir über unsere polnische oder jüdische Identität sprechen, dann ist das also nur ein Auszug aus unserem Gesamtgefüge von Identitäten. Trotzdem sollten wir sagen können, wer wir sind – auch in religiöser Hinsicht. Eine reife Persönlichkeit zu sein, heißt, dass wir uns bestimmen können sollten.

Hinzu kommt, dass das Leben immer wieder neue Aufgaben für uns bereit hält und wir damit auch immer wieder vor die Aufgabe gestellt sind, neue Identitäten zu formulieren, uns neu zu bestimmen. Früher habe ich mich nicht gefragt, was es bedeutet, Großmutter zu sein. Heute schon, seitdem ich Enkelkinder habe. Früher war ich eine junge Frau, heute bin ich keine junge Frau mehr. Das bedeutet einen Wandel in meiner Identität und ein Bewusstsein darüber. Ich glaube, dass jeder das Recht haben muss, zu sagen, was er oder sie selbst ist, und wir nicht das Recht zu irgendwelchen Zuschreibungen haben.

Wenn es um die nationale Identität geht, dann kann man gleichzeitig Pole und Europäer sein – das schließt sich nicht aus. Ein polnischer Dichter, Julian Tuwim, hat mal gesagt: ›Ich bin Pole, weil es mir gefällt.‹ Natürlich kann man sagen: Ich bin Pole, weil meine Eltern Polen sind. Oder: Ich bin Katholik, weil ich getauft wurde. Aber das ist alles sehr oberflächlich. Und diese Art der Begründung lässt sich nicht verteidigen, wenn man davon ausgeht, dass dieser Teil der Identität auch bedroht sein kann, wenn es also plötzlich heißt: Katholisch zu sein, ist gefährlich. Wenn man dann nicht selbst gut reflektiert hat, warum man Katholik ist, kann man es in einer solchen Situation auch nicht gut verteidigen. Dann muss man diese Religion vielleicht aufgeben. Am Beispiel der religiösen Identität ist es also besonders gut greifbar, wie diese Identität in einer Krise auch zerfallen kann, wenn man nicht darauf vorbereitet ist, sie zu begründen.

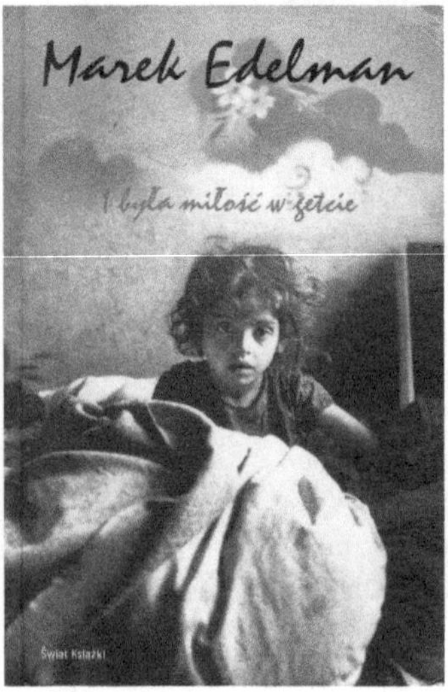

Marek Edelman/ Paula Sawicka: ›Die Liebe im Ghetto‹, Warschau, 2009

Wie würden Sie eine europäische Identität für sich begründen?

Identität ist immer eine Frage der inneren Wahl, der selbst begründeten Überzeugung; nichts, was von außen kommt – zum Beispiel durch eine Autorität. Wenn es um den Begriff ›Europa‹ geht oder um die Ideen, die mit Europa zusammenhängen, wäre dies in meinem Fall die Wahl einer territorialen Gemeinschaft und einer Gemeinschaft der Kulturen. Diese Gemeinschaft ist für mich produktiv, weil ich hier verschiedene Kulturen und unterschiedliche Kulturprodukte genießen kann.

Man ist kein Europäer, sondern man kann es werden oder es werden wollen?

Natürlich gibt es auch ein frageloses Europäisch-Sein. Für mich ist es vielleicht der gemeinsame Ort. Überall, wo ich in Europa bin, fühle ich mich zu Hause. Wenn ich hingegen nach Indien ginge, würde ich wahrscheinlich sofort merken, dass ich da an einem fremden Ort bin.

Inwiefern hat sich in Ihrem persönlichen Rollenverständnis etwas durch das Zusammentreffen mit Marek Edelman verändert?

Meinen Sie mich jetzt in meiner jüdischen, in meiner polnischen oder in einer anderen meiner Rollen?

.. weiß ich nicht ...

Ich kannte Marek Edelman dreißig Jahre lang. Man kann nicht dreißig Jahre lang zu jemandem, der eine so starke Persönlichkeit war und fast zur Familie gehörte, eine Beziehung pflegen, ohne dass dies Einfluss auf das eigene Leben und die eigene Person hätte. Auf der anderen Seite wäre diese enge Beziehung nicht möglich gewesen, wenn nicht auch ich eine bestimmte Person gewesen wäre. Wir haben uns gegenseitig beeinflusst.

Ich habe lange Jahre gedacht, dass nur ich daraus gelernt und Nutzen gezogen hätte. Bis ich irgendwann verstand, dass selbst diese Beziehung nicht einseitig war: Die Menschen stehen zueinander, weil sie einander etwas geben und etwas voneinander bekommen. Zum Beispiel lernte ich gut, Mareks Denken zu folgen. Er formulierte oft nur eine These und die Schlussfolgerung daraus; der gesamte Raum der Argumentation aber blieb leer, den musste man sich selbst dazu erfinden. In diesem Sinne nahm er oft Abkürzungen. Er beschrieb die Argumentationswege nicht vollständig. Ich habe gelernt, diese Leere zu füllen und dabei zu verstehen, wie sein besonderes Denken mit dem gesamten Gepäck funktionierte, das er als Lebenserfahrung bei sich trug.

Wenn ich sage, dass ich lange Jahre das Gefühl hatte, als einzige zu lernen, dann habe ich dies auch so gelebt: Ich war kaum rebellisch, habe nicht protestiert, sondern habe einfach nur zugehört und gelernt. Wir waren ja eine Wahlfamilie, das machte die Sache einfacher als beispielsweise zwischen Mutter und Tochter. Es gab keinen Zwang, so miteinander umzugehen und diesen Umgang miteinander zu finden. Ich lernte sehr gut zu verstehen, was uns Marek durch seine Erfahrung vermitteln wollte. Und ich lernte viel über mich selbst, obwohl ich schon 35 Jahre alt war, als ich Marek kennen lernte und eine fertige Persönlichkeit mit viel Lebenserfahrung war.

Meinten Sie es in dieser aktiven Weise, wenn Sie zu Beginn unseres Gesprächs sagten, Sie wollten mit ihrer Stimme bewusst im Hintergrund bleiben, als Sie mit ihm zusammen ›Die Liebe im Ghetto‹ *schrieben? Das ist eine stumme Stimme, aber eine Stimme ...*

Eben darin besteht dieses Buch.

Marek Edelman, 1919 geboren, schloss sich als Jugendlicher in Warschau der Jugendorganisation des Allgemeinen Jüdischen Arbeiterbunds, kurz Bund an. Edelman gehörte zu den Kommandanten des Warschauer Ghetto-Aufstands im April 1943. Am 10. Mai 1943 gelangte er mit den letzten überlebenden Kämpfern durch die Kanalisation in den nicht-jüdischen Teil Warschaus, wo er bei einer Polin untertauchen konnte. Im August 1944 kämpfte er wiederum mit einer Kampfgruppe des Bunds im Warschauer Aufstand. Als die Rote Armee in Warschau einmarschierte, begannen Edelmans Freunde aus dem Untergrund, ihre Ausreise nach Palästina zu organisieren. Er aber blieb, um seine jüdisch-sozialdemokratische Vision von einem sozialistischen Polen, in dem jede Nationalität kulturelle Autonomie erhalten würde, zu realisieren. Es seien nicht einfach nur die Deutschen gewesen, die diese Verbrechen während des Zweiten Weltkriegs begangen, sagte ihm bei einem Besuch in Paris der ehemalige französische Premierminister und Buchenwald-Häftling Léon Blum: Menschen hätten das getan. Nach dem Krieg studierte Marek Edelman Medizin und arbeitete bis zu seiner Pensionierung als Kardiologe in Łódź. Angebote, in den Westen zu gehen, schlug er aus, obwohl seine Frau Alina Margolis – die ihn als Widerstandskämpferin im Herbst 1944 aus dem völlig zerstörten Warschau gerettet hatte – wegen der antisemitischen Kampagnen 1968 in Polen nach Paris fuhr und auf sein Anraten hin mit den Kindern dort blieb. Er wollte Polen nicht verlassen, auch nicht, als er wegen seines Engagements im Untergrund für die ›Solidarność‹ inhaftiert wurde. Von 1989 bis 1993 war er Abgeordneter im Sejm. Edelman tauge nicht zum Helden, schrieb die polnische Schriftstellerin Hanna Krall, denn er habe nie „gesprochen, wie man zu sprechen hat" als Held. Im 2004 eröffneten Museum des Warschauer Aufstands findet sich auf einem kleinen Bildschirm ein Film, in dem Edelman über die kämpfenden Juden spricht. Erst kurz vor seinem Tod Anfang Oktober 2009 erzählte er seiner vertrauten Weggefährtin aus dem liberalen ›Solidarność‹-Milieu, Paula Sawicka, anrührende Geschichten aus dem Ghetto, in denen es nicht nur darum geht, wie er zum Mitbegründer der Jüdischen Kampforganisation Żydowska Organizacja Bojowa, kurz ŻOB wurde, sondern auch „um Freundschaft, Solidarität, Vertrauen, Liebe". Auf die Frage nach seinem Lieblingsbild benannte Marek Edelman der in Polen geborenen Journalistin Alice Bota ein Bild, das seine Schwiegertochter gemalt hatte: „Es zeigt eine verschneite Landschaft in Treblinka, Steine, kahle Bäume, nasse Erde. Mehr nicht."

„AUCH IN DIESER HINSICHT ÄHNELT POLEN ISRAEL."

Michał Sobelman ist Polens dialektischer Beobachter. Seit über zwanzig Jahren lebt der gebürtige Pole als Sprecher der israelischen Botschaft in Warschau und mischt sich in das Kulturleben ein.

Michał Sobelman, Mai 2008

Michał Sobelman, geboren 1953 in Sosnowiec, wanderte 1969 zusammen mit seinem Vater während der antisemitischen Ausschreitungen in Polen nach Israel aus. Seit Mitte der 1980er Jahre zog es ihn immer wieder nach Polen zurück, 1993 wurde er Sprecher der israelischen Botschaft in Warschau. Über die Jahre ist Sobelman zur Instanz für einen kontinuierlichen kulturellen Austausch zwischen Israel und Polen geworden. In Polen steht er für klare Worte und Gelassenheit im Umgang miteinander. Längst hört nicht nur die Presse auf diese ruhige Stimme, die auch als Vertreter eines Kollektivsingulars jederzeit den Mut hat, in der ersten Person zu sprechen: „Ich bin ein wenig überrascht, dass so ein Mann an einer polnischen Universität arbeiten darf", kommentierte er die Auslassungen des Holocaust-Leugners Dariusz Ratajczak. Und als im Sommer 2010 auf den Hauswänden Warschaus in roten, rohen Lettern der Ausruf „Ich vermisse dich, Jude" leuchtete, hieß es aus der israelischen Botschaft entspannt: „Für mich ist das weder als Ironie noch sonst wie als ein negativer Akt zu verstehen."

[Nachmittag des 21. August 2013. Im Warschauer Stadtteil Ochota, im Familiencafé ›Kolonia‹. Spielende und speisende Kinder überall, britische Charts im Hintergrund, dann Abba. Holzbungalow-Athmosphäre mit Gartenstühlen; der Park beginnt direkt nebenan. Michał Sobelman kommt auf ein paar Pierogi mit Heidelbeer-Füllung aus der Botschaft herüber.]

DAS TRAUMA

Herr Sobelman, vielleicht können Sie uns erst einmal erzählen, wie Ihre Lebensgeschichte von Polen nach Israel und wieder nach Polen verlief?

Ich bin ein Nachkriegskind. Aus meiner Familie väterlicherseits hat außer meinem Vater selbst niemand die Shoah überlebt; sie sind 1943 im KZ Auschwitz-Birkenau ermordet worden. Meine Mutter ist 1960 gestorben. Die Ereignisse von 1967 bis 1969, die meinen Vater und mich zwangen, nach Israel auszuwandern, bedeuteten für mich wie für viele andere jüdische Polen ein Trauma. Andere gingen nach Skandinavien. Das erste Jahr in Israel verbrachte ich in einem Kibbuz, wo ich Hebräisch lernte. Ich traf dort viele Altersgenossen aus Polen und anderen Ländern. Dann war ich sechs Jahre lang beim israelischen Militär und studierte anschließend Geschichte an der Universität in Jerusalem, wo ich später auch arbeitete. Ich habe eine Familie in Israel gegründet und nach und nach ließ das Trauma, das mit der Ausreise aus Polen zusammenhing, nach.

Um 1980 begann ich mich wegen der ›Solidarność‹-Bewegung wieder für Polen zu interessieren, sowohl wissenschaftlich als auch persönlich. Schon damals dachte ich darüber nach, nach Polen zurück zu gehen, aber es gab keine diplomatischen Beziehungen zwischen den beiden Staaten. Ich bemühte mich trotzdem weiter. 1987 bekam ich dann im Rahmen eines Forschungsprogramms der UNESCO ein Jahres-Stipendium an der Schlesischen Universität Katowice: Damit war ich der erste jüdische Stipendiat in Polen nach 1967!

Ein ganzes Jahr hielt ich dann aber doch nicht in Polen aus. Einerseits hatte ich immer noch das Gefühl, im Polen von vor 1969 zu sein, bloß wirtschaftlich schlimmer aufgestellt; andererseits konnte man Mitte 1987 natürlich schon viele demokratische Bewegungen beobachten, an denen ich mich in gewissem Sinne auch beteiligte. Trotzdem hatte ich nach sechs Monaten das Gefühl, dass meine Beziehung zu Polen damit zu Ende sei, dass meine ›Nostalgie‹ erfüllt war. Seitdem kam ich nur noch sehr sporadisch nach Polen. 1992 aber bekam ich gleich von zwei jüdischen Institutionen den Auftrag, für acht Monate nach Polen zu gehen: Die ›Jüdischen Agentur‹ wollte, dass ich Juden aus Polen von der Migration nach Israel überzeuge, beim ›Joint Distribution Committee‹ hingegen ging es darum, die Juden möglichst in Polen zu halten.

Ein Doppelagent!

Ja, gewissermaßen. Als dritter Partner kam noch die jüdische Gemeinschaft hier vor Ort hinzu. Es war wie im Irrenhaus. Zugleich traf ich auf einen enorm spannenden Kreis von Menschen: Auf der einen Seite die letzten alten polnischen Juden, die Probleme mit der ganzen Welt hatten und sich über alles beschwerten; auf der anderen Seite viele junge Leute aus Israel, die nach ihren jüdischen Wurzeln suchten und nach einer seit Jahrzehnten abgebrochenen polnischen Familien-Geschichte hierher kamen. Hinzu kam, dass das Judentum damals für viele junge Menschen in Polen zu einer gewissen ›Mode‹ wurde.

ANATEVKA

Hatte diese ›Mode‹ etwas mit Steven Spielbergs „Schindlers Liste“ *oder der Wiederentdeckung des Krakauer Viertels Kazimierz zu tun? Was meinen Sie mit ›Mode‹?*

Das Interesse an jüdischen Themen kam in Polen bereits Ende der 1980er Jahre auf. Das hing eher mit der Literatur zusammen, mit den Büchern von Isaac Singer zum Beispiel. Viele meiner polnischen Bekannten gehen außerdem davon aus, dass Norman Jewisons Verfilmung von ›*Anatevka*‹ – mit Chaim Topol in der Hauptrolle – zum verstärkten Interesse am Judentum beitrug. Es gab viele junge Menschen in Polen, die niemals einen Juden gesehen hatten und in einem sehr grauen, homogenen Land lebten. Plötzlich verstanden sie, dass Polen in der Vergangenheit ein ganz anderes Land gewesen war: ein buntes, faszinierendes Land. Isaac Singer hat sich wohl nirgendwo einer solchen Beliebtheit erfreut wie Ende der 1980er und Anfang der 1990er Jahre in Polen – auch nicht in Israel.

Aber er schrieb über ein verschwundenes Polen, über Ostpolen ...

Nicht nur. Zum Beispiel gibt es von ihm ein Buch über eine Straße in Warschau, wo er Tausende Juden darstellt, die dort lebten. Das ist genauso wie mit dem Stadtteil Kazimierz in Krakau, da sieht alles fast genauso aus wie einst – bloß gibt es diese merkwürdigen Menschen nicht mehr. Um 1990 aber gab es viele Bücher, Ausstellungen, viel Musik zu diesen Themen; insofern sprach ich von einer ›Mode‹. Aber im Grunde ist diese jetzt seit mehr als 25 Jahren aktuell.

Doch zurück zu meiner Situation: Polen war damals ein sehr interessantes Land und meine Arbeit war sehr komplex. Die beiden Institutionen, die mich nach Polen entsandt hatten, verlängerten die Verträge mit mir aber nicht. Und auch ich selbst hatte kein Interesse daran und bereitete mich auf die Rückkehr nach Israel vor. In dieser Situation schlug der neue Botschafter Israels in Polen mir 1993 vor, als Presse-Attaché in der Botschaft zu arbeiten. Ich sagte zu. Die diplomatischen Beziehungen zwischen Israel und Polen waren ja seit Ende der 1980er Jahre wieder etwas aufgenommen worden; im Februar 1990 wurden diese Beziehungen nach dem Besuch des israelischen Außenministers Mosche Arens in Warschau verstärkt. Im Mai 1991 besuchte Lech Wałęsa Israel; Chaim Herzog kam als israelischer Präsident ein Jahr später nach Polen. Seitdem wurden die Beziehungen zunehmend intensiviert.

In meinen ersten beiden Jahren in der Botschaft konnte ich gut beobachten, wie diese Beziehungen neuen Schwung bekamen. Dabei waren für mich vor allem die kulturellen Beziehungen am interessantesten. Das erste Buch, das aus dem Hebräischen ins Polnische übersetzt wurde, erschien 1993: Ein russischer Roman von Meir Shalev. Seitdem wurden Dutzende Bücher aus dem Hebräischen ins Polnische übersetzt und ich bedauere bis heute, dass dies nicht auch in die andere Richtung so geht. Damals begann ich in Polen zu verstehen, dass Polen ein Teil Europas ist und ich somit in Europa lebe. Und was das heißt.

Nach zwanzig Jahren ist jetzt natürlich vieles zur Routine geworden. Und auch das Außenministerium spielt nicht mehr die Rolle, die es mal spielte. Aber ich bin noch hier und habe für mich ein neues Polen entdeckt; ja, beinahe wäre hier sogar ein neues Volk auferstanden. Auf der anderen Seite ist Israel heute ein Land, dessen Politik keine realistischen Ziele mehr hat – wenn ich das so sagen darf.

OFFENE GRENZEN

Was hieß das, Anfang der 1990er Jahre, zu verstehen, dass Sie in Polen in Europa leben?

Die Grenzen waren offen; das spürte ich 1992 sofort – natürlich auch vor dem Hintergrund der Lage Israels. Israel ist eine Insel mit vielen verfeindeten Ländern drum herum. Immer muss man mit dem Flugzeug fliegen, wenn man weg möchte. In Polen fährt man mit dem Auto oder mit dem Fahrrad und ist ziemlich bald in der Slowakei, in Tschechien, in Deutschland. Ich sah mich also plötzlich in einer Situation, die ich persönlich auch noch nie kennen gelernt hatte – denn auch als Jugendlicher in Polen hatte ich mich ja nicht so frei bewegen können. Andere Israelis haben das übrigens ganz ähnlich für sich erfahren, auch meine damalige Frau. Und wir erlebten, was mit der polnischen Jugend passierte: Wie viele auf einmal begannen, Deutsch, Englisch, Französisch zu sprechen. Ein neues, intelligentes Volk entstand. Andererseits sind in den 1990er Jahren ja auch sehr komische Bewegungen entstanden: kommunistische, nationalistische, antisemitische. Das alles war äußerst interessant.

Nicht dass plötzlich alle Polen sofort Europäer wurden. Aber mittlerweile sind die europäischen Grenzen doch so verwischt, dass wir nicht mehr nachvollziehen können, wann das wirklich passiert ist. Vor zwei Tagen bin ich aus dem Gebirge zurückgekehrt, aus der südöstlichen Ecke Polens, wo ich vor etwa zehn Jahren zum letzten Mal war. Diese Ecke war damals eine sehr vernachlässigte Region mit sehr vielen armen Menschen. Heute sieht man dort auf Schritt und Tritt, dass auch diese Region ein Teil der EU ist. In jedem Dorf fahren Autos, die genauso modern sind wie die auf den Straßen Westeuropas.

Haben Sie noch mehr Beispiele?

Na, noch vor zehn Jahren war das Weintrinken etwas sehr Außergewöhnliches in Polen, heutzutage verzichten immer mehr Menschen auf Wodka. All das sieht man. Auch die katholische Kirche hat eine Revolution erlebt, auch wenn man diese intern eher als negativ empfindet. Ich erinnere mich noch an die Kirche als Bollwerk der Opposition, als einen Zufluchtsort für

Menschen, die dort frei denken konnten. Heute ist sie eher ein Bollwerk des Konservatismus, wo man fast nur auf primitive, dumme Leute stößt. Meiner Meinung nach sinkt auch deswegen die Zahl der Gläubigen schneller als noch vor zehn Jahren. Andererseits nehmen Tendenzen der Säkularisierung und der europäischen Zivilisierung zu – der Feminismus zum Beispiel.

Ist das ein hauptstädtisches Phänomen? Wer sind die Agierenden?

Es gibt viele Akteurinnen, Persönlichkeiten wie Manuela Gretkowska, Agnieszka Graff, Kazimiera Szczuka oder die 2010 beim Flugzeugabsturz bei Smolensk ums Leben gekommene Abgeordnete Izabela Jaruga-Nowacka. Kazimiera Szczuka kenne ich persönlich. Ich lernte sie vor etwa 25 Jahren kennen, 1987 oder 1988, da war sie über ein Jahr lang in Israel und forschte über Frauen im Judentum, über die Stellung der Frauen in der jüdischen Religion – die ja keine positive ist. Dennoch war das Verständnis für die Bedürfnisse der Frauen im israelischen Feminismus viel fortgeschrittener als im damaligen Polen. Aber seit den ›Manifas‹, den Frauen-Demonstrationen zum Internationalen Frauentag – seit etwa 2000 – ist Feminismus in Polen ein wichtiges politisches Thema, das alle Parteien behandeln, auch die Regierung.

KULTUR DER TOLERANZ

Betrachten Sie den Feminismus als einen europäischen Wert?

Ja; vielleicht lässt sich dies aus meiner israelischen Erfahrung erklären: Israel wurde von Juden aus der ganzen Welt aufgebaut. Deutsche Juden hatten zum Beispiel einen großen Einfluss auf die Gestaltung des Staates. Auch die polnischen Juden bauten die politischen Strukturen mit auf. Ebenso die Sephardim aus Ländern Afrikas und Asiens. Wenn man heutzutage nach Israel kommt, kann man diesen Zwiespalt wahrnehmen. Auf der einen Seite sind wir ein sehr zivilisiertes, offenes und fortschrittliches Land, auf der anderen sehr zurückgeblieben. Israel liegt geographisch gesehen in Vorderasien, aber für jeden Israeli mit Abitur ist Israel ein europäisches Land. Europäische Werte haben eine sehr große Bedeutung. Es gibt auch viele Sepharden in Israel, die sehr offensiv europäische Werte vertreten. In diesem Sinne wird Israel immer mehr zu einem Land, das sich öffnet – ähnlich wie Polen.

Gibt es dabei auch eine Erweiterung der europäischen Werte durch die sephardischen Juden?

Unbedingt! In den 1970er Jahren galt die Kultur der europäischen Juden als die Kultur schlechthin: Beethoven, Bach, Mozart. Der Staat unterstützte das. Was die Sepharden mitbrachten, die Musik der Maghreb-Staaten zum Beispiel oder die Musik aus Thessaloniki, galt als Folklore; erst Ende der 1970er

Jahre setzte sich die Meinung durch, dass auch dies Teil der Hochkultur ist. Wenn wir uns heute die hebräische Prosa anschauen, dann dominieren zwar die Schriftsteller mit aschkenasischen Wurzeln, wie Amos Oz, Aharon Appelfeld, Etgar Keret, Meir Shalev; auf der anderen Seite aber spielen auch die sephardischen Schriftsteller wie Avraham Chasson eine immer größere Rolle – sowohl in Israel als auch im Ausland. Aber aschkenasische Juden haben nach wie vor eine führende Position in der israelischen Literatur – leider.

Leider?

Meiner Meinung nach ja. Yehuda Poliker ist ein klassisches Beispiel im Bereich der Musik, der Rockmusik. Seine Eltern kommen aus Griechenland, aus Saloniki, sie haben Auschwitz überlebt. Er tritt in Israel bereits seit über dreißig Jahren auf. Seine Musik ist eine unglaubliche Verbindung aus der ursprünglich griechischen Musik, der jüdischen Musik aus den Schtetlech und der europäischen Musik – eben israelische Kultur. Ähnlich kann man über die israelische Küche sprechen, die als solche nicht existiert, weil Juden das Beste aus der italienischen, griechischen, libanesischen, arabischen und polnischen Küche übernommen und weiter verbessert haben – so entstand die ›israelische Küche‹.

Die Kultur der Toleranz hat in Israel dadurch enorm zugenommen. Noch vor zwanzig Jahren war eine Ehe zwischen einem Jungen aus Polen und einem Mädchen aus dem Irak ein Skandal, ein Tabubruch; heute gehört so etwas schon zum Alltag. In Polen ist es hingegen noch ein Problem, wenn Kinder Juden heiraten, geschweige denn Muslime.

Gleichzeitig sehen Sie aber auch in Polen einen ähnlichen Prozess, wenn ich vielleicht noch einmal ihr Feminismus-Beispiel aufnehmen darf. Welche Rolle spielt die Kultur, die Hochkultur, also Film, Literatur etc. in diesem ›Zivilisierungsprozess‹*? Ist ein Schriftsteller wie Andrzej Stasiuk nicht gerade jemand, der die verloren gehende Kultur, konkret die alte galizische Region – auch mit ihren Vernachlässigungen und Exzessen – noch verherrlicht und zu bewahren versucht?*

Nicht wirklich. Stasiuk ist ein klassisches Beispiel für viele andere Schriftsteller, die in Polen zuvor ganz ähnlich geschrieben haben und sich literarisch am Rande der Gesellschaft bewegt haben: Marek Hłasko oder Leszek Kołakowski als Beispiel. Stasiuk hat ja auch über den Warschauer Stadtteil Praga geschrieben, über die Warschauer Hooligans mit ihrer Vorliebe für Wodka. Stasiuk erweitert so gesehen diesen Rand der Gesellschaft gerade, statt dass er ihn folklorisiert. Er zeigt ihn als einen Teil des Zivilisierungsprozesses. Ich kenne Leute, die Dukla besuchen – oder auch andere Orte in dieser Region –, weil sie den Spuren des Buchs ›*Die Welt hinter Dukla*‹ folgen wollen. Dabei lernen sie die ländliche Kultur dort kennen, die Sitten und

Bräuche, die dort gelten – phantastisch! Oder denken Sie an Schriftstellerinnen wie Olga Tokarczuk oder an Joanna Bator mit ihrer dichten Beschreibung von Niederschlesien. Was Polen so unglaublich interessant macht, ist gerade die Tatsache, dass diese Schriftsteller an den sozialen Rändern wirken – Dorota Masłowska wäre ein anderes Beispiel – und an der Erweiterung der Kultur teilhaben.

„Wenn es um mein Interesse an Julian Tuwim geht, so mag ich am meisten die früheren, sentimentalen Gedichte von…

Michał Sobelman
Od 1993 roku rzecznik prasowy ambasady Izraela w Polsce, historyk, publicysta, scenarzysta filmów dokumentalnych, tłumacz literatury hebrajskiej. Współautor samouczka języka hebrajskiego. W latach 2008-2009 redaktor naczelny miesięcznika „Słowo Żydowskie."
W 1969 roku wyemigrował do Izraela, gdzie ukończył historię i slawistykę na Uniwersytecie Hebrajskim w Jerozolimie. W latach 1981-1992 był pracownikiem naukowym tej uczelni oraz współpracownikiem Instytutu Yad Vashem.
Jeśli chodzi o zainteresowanie Julianem Tuwimem, to najbardziej lubię, wspominam i zaglądam do wcześniejszych sentymentalnych wierszy, np. z tomiku *Siódma jesień*.
Bardzo cenię też *Kwiaty polskie* oraz — z zupełnie innych względów — esej *My Żydzi polscy*.

… ihm, an die ich mich gerne erinnere und die ich gern durchlese, zum Beispiel die Beichte aus dem Band ›Der siebte Herbst‹. Ich schätze auch ›Die polnischen Blumen‹ sehr und - aus ganz anderen Gründen - den Essay ›Wir polnischen Juden‹.“

Jedwabne

Gerade Filme und Theater-Inszenierungen scheinen in Polen ja oft in grundlegenden gesellschaftlichen Debatten zu münden. Wie bewerten Sie die nach wie vor aktuellen Debatten um Władysław Pasikowskis Film ›Pokłosie‹ (›Nachlese‹) *innerhalb dieses Transformationsprozesses? Bedeutet er auch historische Selbstaufklärung?*

Auch in dieser Hinsicht ähnelt Polen Israel. Es gibt zwei Standardsprüche in Polen und in Israel, die im Grunde genommen sehr Ähnliches meinen. Polen sagen: ›Alles, was böse ist, sind nicht wir.‹ Und Menschen in Israel sagen: ›Die ganze Welt ist gegen uns.‹ In der Breitenkultur Polens sind Bolesław I., also Polens erster König, oder Józef Poniatowski, der Held der Schlacht gegen die Russen im Juni 1792, deshalb heilige Figuren. Was aber in Jedwabne passierte, so heißt es, das könne unmöglich von Polen gemacht worden sein. Viele Polen also können oder wollen einfach nicht glauben, dass die Polen an den Pogromen an den Juden im Juli 1941 maßgeblich beteiligt waren.

Ich hingegen denke, dass die Polen stolz darauf sein sollten, dass Filme wie *›Pokłosie‹*, der dieses Massaker aufarbeitet, mit polnischen Steuergeldern entstehen. Ich weiß aber, dass nur eine Minderheit hier in Polen so wie ich denkt. Ich bin – auch als Pole – zugleich stolz darauf, vom Misserfolg eines anderen Films erzählen zu können: Er heißt *›Familie Kowalski‹* und ist im polnischen Fernsehen entstanden, als die PiS-Regierung der Kaczyński-Zwillinge an der Macht war, die nationalkonservative Partei ›Recht und Gerechtigkeit‹. Sein Regisseur war Maciej Pawlicki. Der Film wurde seinerzeit von der Regierung richtiggehend promotet: als etwas, was man sich unbedingt ansehen müsse. Er sprach von nichts anderem als von Polen, die Juden gerettet haben. Ich freue mich, dass es nicht mal eine Diskussion um diesen Film gab!

Władysław Pasikowskis ›Nachlese‹: „Polen kann stolz auf diesen Film sein"

Was aber Władysław Pasikowski in *›Pokłosie‹* gemacht hat und Tadeusz Słobodzianek in seinem Theaterstück *›Unsere Klasse‹* oder der Historiker Jan Tomasz Gross in seinen Büchern, zeugt von lebendigen polnischen Diskussionen über die Vergangenheit. Sie helfen, in Polen mit offenen Augen in die Zukunft zu blicken. Und es zeugt vom Pluralismus in Polen, dass man auch solche Meinungen fördert. Ich weiß, dass die Menschen, die *›Pokłosie‹* gemacht haben – der Produzent Dariusz Jabłoński, der Hauptdarsteller Maciej Stuhr, sein Regisseur – Probleme bekommen haben und körperlich angegriffen wurden. Aber es gibt ja auch jede Menge Polen, die sich diesen Film im Kino angeschaut haben oder ihn auf DVD kaufen. Die Äußerung von Jarosław Kaczyński, dass er an diesem Film kein Interesse hätte und ihn sich nicht anschauen würde, zeugt für mich da einfach nur von unglaublicher seelischer Armut. Aber auch von Angst.

FRIEDHÖFE, GEDENKSTÄTTEN, BILDUNGSEINRICHTUNGEN

Kommen wir noch zu einem weiteren wichtigen Kulturphänomen in Polen: die Gedenkstätten-Landschaft auf diesem „Friedhof" *der deutschen Verbrechen zwischen 1939 und 1945. Sie selbst haben ja als junger Wissenschaftler in der Gedenkstätte Yad Vashem in Jerusalem gearbeitet. Welche Rolle spielen Gedenkstätten, Friedhöfe, Bildungseinrichtungen wie Auschwitz, Majdanek oder Treblinka? Und: Wie schätzen Sie das neue Museum der Geschichte der polnischen Juden ein, das sich nun ebenfalls*

als Bildungseinrichtung in Warschau verorten will?
Yad Vashem spielt ja eine ungeheuer große Rolle in Israel. Hier wird einfach die jüngste Geschichte der Juden gezeigt. Ich würde aber sagen, in Polen gibt es immer mehr ähnliche Einrichtungen. Für mich ist das spannendste Museum dieser Art die ehemalige Schindler-Fabrik in Krakau; das Museum versteht sich ja auch als eine Bildungseinrichtung. Ich kann mich noch gut erinnern, als es am Ort des ehemaligen Vernichtungslagers Bełżec – in Bełżec bei Lublin – noch nichts gab; nun ist dort ein sehr modernes, gutes Museum entstanden. In Sobibór, dem dritten Vernichtungslager neben Treblinka und Bełżec, das 1942 im Rahmen der ›Aktion Reinhardt‹ im deutschen Generalgouvernement errichtet worden war, gibt es hingegen nach wie vor kein Museum; es gibt nichts! Ganz anders das aufwändige Museum des Warschauer Aufstands, das natürlich auch eine wichtige Rolle spielt: Es zeigt das schöne, das noble Polen.

Vor diesem Hintergrund steht vor der vollständigen Inbetriebnahme des Museums der Geschichte der polnischen Juden in Warschau, das teileröffnet ist und immer noch keinen Direktor hat, bislang ein großes Fragezeichen. Es wird auf eine sehr emotionale Art diskutiert, auch weil es sehr viel Geld gekostet hat. Das Gebäude ist auf jeden Fall etwas ganz Einmaliges und Besonderes, aber wir wissen noch nicht, womit es gefüllt wird.

Museum und Gedenkstätte in Bełżec, September 2010

Wovor ich Angst bei diesem Museum habe, ist, dass es zu einer Konfrontation zwischen den beiden Narrativen, dem polnischen und dem jüdischen, kommt. Ich befürchte, dass auf polnischer Seite vor allem der Wunsch besteht, Polen hier als ein Land zu zeigen, wo die Juden friedlich lebten und ihr Asyl fanden. Und die jüdische Seite wird in dem Museum sicherlich zeigen wollen, dass die Geschichte der Juden in Polen auch eine Geschichte von Verfolgungen und Antisemitismus ist.

Ich kenne Historiker, die den Ausstellungsabschnitt über die Shoah konzipiert haben. Dazu gehören Barbara Engelking oder Jacek Leociak vom Zentrum zur Erforschung des Holocaust an der Polnischen Akademie der Wissenschaften, die heutzutage die führenden Shoah-Wissenschaftler in Polen sind. Das ist gut. Ich habe aber keine Zweifel, dass die Ausstellung gerade deswegen von polnischen Historikern kritisiert werden wird, die für das Institut für Nationales Gedenken IPN arbeiten. Letztendlich wird die alte

Frage lauten: Wie haben sich die Polen zur Shoah verhalten? Haben Polen Juden verraten, haben Polen Juden gerettet oder waren sie einfach Mitläufer, die das Ganze gleichgültig beobachteten? Aber damit sind wir eigentlich bei der Kernfrage zu den Jahrhunderte alten jüdisch-polnischen Beziehungen: Waren Juden ein integraler Teil der polnischen Geschichte oder lebten sie hier als Parallelgesellschaft neben den Polen?

Welchen Gedenkort favorisieren Sie in Polen und warum?

Es gibt mehrere solche Orte: Den jüdischen Friedhof in Warschau, weil er auf besondere Weise von der Geschichte der polnischen Juden erzählt. Die Altstadt von Krakau, weil sie das Schöne in der polnischen Geschichte erzählt. Und Oberschlesien, weil da all die komplexen Prozesse der polnischen Geschichte sehr greifbar sind: nicht zuletzt die russischen und die preußischen Einflüsse auf die Region.

Gedenkstätte in Sobibór, September 2010

DEN KONTRAST SPÜREN DIE MENSCHEN

Sie haben an der Hebrew-University in Jerusalem studiert?

Ja.

Dort lehrte ja auch der aus Warschau stammende Zeithistoriker Israel Gutman, Überlebender mehrerer Konzentrationslager und zeitlebens Vermittler des Wissens um die Shoah ...

... Er war mein Doktorvater.

Soweit wir wissen, setzte Ihr Doktorvater ganz besonders auf eine Kultur des gegenseitigen Zuhörens. Ein Zitat von Israel Gutman lautet: „Ihr müsst eine Form des Gedankenaustauschs entwickeln, die Israelis, Polen und Deutsche zusammen bringt. Sie sollten sich so lange ihre Geschichten und Vorurteile erzählen dürfen, bis sich die Zuhörer endlich nicht mehr verteidigen, sondern anfangen, sich dafür zu interessieren, wie ihr Gegenüber zu diesen Vorurteilen gekommen ist.“

An diesem Modell sollten wir arbeiten. Wenn zum Beispiel polnische Lehrer im Unterricht über die Geschichte des Zweiten Weltkriegs sprechen, dann sollten sie noch häufiger die Tatsache erwähnen, dass es auch Juden gab, die von Polen an Deutsche verraten wurden. Und die israelischen Lehrer wiederum sollten in ihrem Unterricht häufiger die Frage der ›Gerechten unter den Völkern‹ ansprechen, also etwas über diejenigen Polen sagen, die Juden retteten – und wie schwierig dies war.

Um zu zeigen, dass es auch anders hätte laufen können?

Ich weiß nicht. Viele Juden haben ein Problem mit Polen und machen ihnen Vorwürfe, dass zu wenig Juden während des Zweiten Weltkriegs in Polen gerettet wurden. Ich glaube, diese Vorwürfe sind berechtigt. Auf der anderen Seite sind diese Zeiten längst vorbei und wir können nichts daran ändern. Deshalb besteht unsere Rolle darin, die Vergangenheit so objektiv wie möglich zu betrachten und daraus Beispiele und Schlussfolgerungen für die Zukunft zu ziehen. Das reicht als Lektion.

DIE SIAMESISCHEN ZWILLINGE.

Unablässig ist Adam Krzemiński, ›homme de lettres‹ der deutsch-polnischen Beziehungen, zwischen Warschau und Berlin unterwegs. Noch einmal beschreibt er die Preußen und Polen auf ihrem langen Weg zur vierten Gründung Europas im 21. Jahrhundert. Jetzt.

Geboren 1945 in Radecznica, studierte Adam Krzemiński in Warschau und Leipzig Germanistik. Als Journalist seit über vierzig Jahren zwischen Polen und Deutschland unterwegs, kommentiert er die Politik und Gesellschaft Polens in den führenden Tages- und Wochenzeitungen Deutschlands. Seit 1973 schreibt er für das Warschauer Wochen-Magazin ›Polityka› *und gilt in Polen seit langem als einer der herausragenden Kenner Deutschlands und Europas.*

[Wagen wir einen Superlativ. Wohl kein anderer Publizist hat die deutsch-polnische Verständigung in den letzten Jahrzehnten so intensiv vorangetrieben wie Adam Krzemiński. Keiner so leidenschaftlich. Keiner so optimistisch und pointiert. Politisch – und mit Nachdruck vom historischen Standpunkt aus.

Abend des 8. März 2014. Der Zug aus Berlin trifft auf die Minute genau in Warschau ein. Aber was heißt das schon noch: „Auf die Minute"? Mitgerissen von der Geschichte ist das Zusammentreffen mit Adam Krzemiński an diesem Tag – im Rahmen unserer dritten Reise nach Polen – nicht das erste. Zwei Treffen, zwei Gespräche: am 21. August 2013 und jetzt, ein gutes halbes Jahr später, das zweite. Vor ›dem Majdan‹ und der Krim-Krise. Und danach. Aber wann gibt es das schon und wer würde es setzen wollen: solch ein ›Danach‹? Sieht man diesem Doppel-Interview seinen Spannungsbogen an? Seine Aktualität, die auch die Historie mit in ihren Sog zieht?

Es ist nicht einfach, Adam Krzemiński in Warschau abzupassen. Bei strömendem Regen in seinem Stammcafé am Plac Konstytucji ist er im August 2013 gerade zurück aus Berlin, wo ihn die ›*ZEIT*‹ zum Streitgespräch über den Ersten Weltkrieg mit dem australischen Historiker Christopher Clark aufs Podium bat. Nun, im März 2014, erwarten wir Adam Krzemiński am Warschauer Hauptbahnhof. Doch die Perspektive ist eine neue. Vor den Fassaden der Warschauer Altstadt wird er dem chinesischen Staatsfernsehen noch am gleichen Tag vor laufender Kamera Deutschlands Umgang mit der Ukraine-Krise erklären. Wohlgemerkt: Deutschlands, nicht Polens. Adam Krzemiński gibt der Welt etwas zu verstehen: weltweit und gerade in diesen Wochen und Monaten der Rückkehr eines neuen, kalten Kriegs nach Europa. Doch auch unsere Fragen an Adam Krzemiński haben sich über die Jahreswende 2013/14 verändert; auch für uns hat die Außenpolitik ein Primat über die polnisch-europäische Innenschau gewonnen. Und die Perspektiven haben sich gen Osten verschoben.

Herausgekommen ist ein kleiner, aber signifikanter historischer Bildsprung in unserem Blick auf Polen in Europa: auf eine vielfach gebrochene europäische Mentalitätsgeschichte und ein historisches Selbstverständnis Polens im Wandel. Im Zeitenbruch von 2013/14 verdoppelte sich im Gespräch mit Adam Krzemiński der Rückblick auf die Geschichte und zeigte sich mehr denn je als Frage-Horizont nach der Zukunft des Kontinents.]

Herr Krzemiński, Sie haben in der ›ZEIT‹ *mit dem australischen Historiker Christopher Clark über* ›Die Schlafwandler‹ *diskutiert. Eine merkwürdige Konstellation, schließlich war Polen am Ausbruch des Ersten Weltkriegs nicht beteiligt. Waren Sie sich einig?*

Es war eine schöne Geste von den Kollegen der ›*ZEIT*‹, dass sie ausgerechnet einen Polen zu einer Diskussion über den Kriegsausbruch 1914 dazu geholt haben. Das war gar nicht naheliegend. Auch wenn Polen natürlich einer der größten Nutznießer des Ersten Weltkriegs war. Mit Clark haben wir allerdings nicht nur über den Ersten Weltkrieg und die Schuldfrage diskutiert, sondern im Grunde über die letzten 200 Jahre seit dem Wiener Kongress, und da spielte der ›polnische Aspekt‹ der europäischen Geschichte sehr wohl eine bedeutende Rolle. Die Kontroverse drehte sich um die Frage: War der Erste Weltkrieg ein fataler Zufall in der europäischen Geschichte oder die Konsequenz eines politischen Konstrukts, das mit Napoleon und ›Wien‹ seinen Ausgang nahm und seine Auswirkungen bis 1945 hatte?

Wissen Sie, Christopher Clark hat ja ein ausgesprochen positives Bild von Preußen und von Friedrich II., was auch legitim ist. Er benutzt Preußen als einen Hebel für seine Kritik an der britischen imperialen Tradition. Ich habe eine ostmitteleuropäische Perspektive. Die Liquidierung der polnisch-litauischen ›Rzeczpospolita‹ im 18. Jahrhundert, die Friedrich II. zentral zu verantworten hatte, schuf ja in diesem gesamten Raum eine Sprengkammer für das 19. Jahrhundert. Die Teilungen Polens 1772, 1793, 1795 sowie die Auflösung des Heiligen Römischen Reiches 1806 durch Napoleon schufen die ungelöste polnische und deutsche Frage im Zentrum Europas. Im Mittelmeer-Raum kamen die italienische und die griechische und schließlich die Balkan-Frage hinzu. Sie alle wurden im 19. Jahrhundert mit Gewalt angegangen. Auch wenn Polen als Staat nicht existierte, es war eine schwärende Wunde Europas. Und bei jeder Krise kam auch die polnische Frage wieder auf den Tisch: Ob es der Völker-Frühling von 1848 war oder der Krim-Krieg, das Thema Polen spielte dabei immer eine Rolle.

Genau dies habe ich auch im Gespräch mit Clark wieder hervorgehoben:

Es ging mir nicht darum, den Ersten Weltkrieg zu ›polonisieren‹, denn sein Zünder lag auf dem Balkan und nicht an der Weichsel. Mein Widerspruch galt der in Deutschland gängigen Vorstellung, 1914 sei ein heiles Europa in eine ›Urkatastrophe‹ gestürzt worden. Die ›Belle Époque‹ der Jahrhundertwende – die blühenden Großstädte Wien, Paris, London und meinetwegen auch Berlin: Das ist keineswegs die ganze Wahrheit über die innere Struktur des Kontinents, der weitgehend aus Sprengkammern bestand. Der Wiener Kongress 1815 errichtete eine recht brüchige Konstruktion Europas. Befreiungs- und Vereinigungskriege, Revolutionen und Aufstände waren die Folge, dazu kamen mit der Industrialisierung soziale und imperiale Verwerfungen.

Europa 1914 als eine Bringschuld des 19. Jahrhunderts?

Wenn man unbedingt will. Am Ende geht es heute doch darum, inwiefern es im 20. Jahrhundert infolge von zwei Welt- und einem kalten Krieg zu einem Paradigmenwechsel in der europäischen Geschichte kam. Ich befürchte, diese Fragen werden nicht so schnell beantwortet. Aber die deutsch-polnische Beziehungskiste ist Drehort dieser Wende. Polen entstand 1918 neu und musste sich gegen die Revisionsbestrebungen seiner mächtigen Nachbarn behaupten. Nach dem Versailler Vertrag in Deutschland oft als ›Saisonstaat‹ missachtet, wurde es tatsächlich infolge des Hitler-Stalin-Paktes im September 1939 überfallen und erneut aufgeteilt. Zugleich aber blieb Polen – anders als im 19. Jahrhundert – von den Westalliierten als Staat anerkannt. 1945 westverschoben und der sowjetischen Einflusszone zugeschlagen, wurde es als politische Entität neu etabliert, während Deutschland besetzt und ab 1949 in zwei Staaten aufgeteilt wurde. Heinrich August Winkler betont in seinem ›*Langen Weg nach Westen*‹, dass die deutsche und die polnische Frage im 19. und 20. Jahrhundert organisch miteinander verbunden waren. Zuerst als Interessensgegensatz: Preußen lähmte im 18. Jahrhundert die ›Rzeczpospolita‹ und profitierte von ihrer Schwäche, der Griff Hitlers nach der Weltmacht erfolgte über die Zerschlagung Polens. Und umgekehrt, die Rückkehr Polens auf die politische Karte Europas war nur nach den deutschen Niederlagen 1918 und 1945 möglich. Ein Entweder-Oder und unüberwindbarer Interessensgegensatz: Entweder deutsche Einheit oder Freiheit für Polen, tertium non datur. Mit der neuen deutschen Ostpolitik der SPD in den 1960er Jahren kommt es zum historischen Paradigmenwechsel. Die Anerkennung der Oder-Neiße-Grenze wird in Westdeutschland zunehmend als entscheidender Schritt zur Überwindung der deutschen Spaltung wahrgenommen. Und in Volkspolen wiederum wird die Normalisierung der Beziehungen mit der Bundesrepublik als eine Chance zur Erweiterung der eigenen Freiräume gegenüber der UdSSR entdeckt. In den 1980er Jahren vertieft sich dies bei den

Adam Krzemińskis Daumenkino

Strategen der ›Solidarność‹ zu der Einsicht, dass nicht die Teilung – also Schwächung – Deutschlands im polnischen Interesse liege, sondern umgekehrt, seine demokratische und westlich verankerte Vereinigung. Das war der Kernsatz der ›deutsch-polnischen Interessensgemeinschaft‹ des Jahres 1989/90, einer ›kopernikanischen Wende‹ im europäischen Gefüge. Auf diesem langen Weg Deutschlands und Polens nach Westen hat man ja beinahe verdrängt, dass die beiden Länder im ganzen 20. Jahrhundert gleichsam siamesische Zwillinge waren: Die beiden nationalen Geschichten waren existenziell voneinander abhängig.

Wenn man von Interessensgemeinschaft spricht, dann vermeint man dennoch sein eigenes Interesse gegen jemand anderen verteidigen zu müssen.
Nein! Sein eigenes mit dem des anderen abzuklären, aber auch alte Klischees und Geschichten durch das gemeinsame Interesse zu filtern!

Wäre ja schön!
(Lacht) Müsste es zumindest sein!

POLEN UND RUSSLAND

Es ist also keine Interessensgemeinschaft gegen ein imperiales Russland?
Das ist mir zu einfach. Zuerst geht es um die EU, um ihre innere Verfassung, ihre Effizienz und ihren Bestand. Sie ist der Quantensprung der europäischen Geschichte. Russland ist de facto der ›kranke Mann‹, übt keine Ausstrahlung auf die entlaufenen Nachbarn aus. Putins ›Eurasische Union‹ ist eine neo-imperiale Konstruktion ohne eigene zivilisatorische Dynamik, ein autoritärer Sandkasten, dem bestenfalls Rohstoffe und die Armee zugrunde liegen.

Das alte russische Imperium der Romanows bildete sich einen mystischen Auftrag ein – das ›dritte Rom‹ zu sein, also nach dem Fall Konstantinopels im 15. Jahrhundert für alle orthodoxen Christen und im 19. Jahrhundert für alle Slawen zu sprechen. Das sowjetische Imperium Stalins bildete sich wiederum ein, für alle Kommunisten im Namen der marxistischen Verheißungslehre sprechen zu können. Putin bildet sich „nur" ein, für alle Russen sprechen zu dürfen, wobei selbst bei den russischen Chauvinisten unklar ist, wie sie ›die russische Nation‹ verstehen, als eine ethnische, eine Kultur-, eine Religions- oder als reine ›Machtgemeinschaft‹ – und eben die hat das heutige Russland nicht. Ich will nicht mit Helmut Schmidt sagen, es sei ›Obervolta mit Atomraketen‹, aber eine Supermacht und ein strahlendes Imperium ist es nicht ... Die ostmitteleuropäische Revolution 1989 und die orange Revolution 2004 in der Ukraine haben gezeigt, dass Moskau kein zivilisatorischer Magnet für die Nachbarn ist.

Auf unserer Recherche-Reise durch Polen haben wir gebetsmühlenartig zu hören bekommen: Die Hinwendung zu Europa bedeute vor allem auch eine Abgrenzung zu Russland. Sie sehen das nicht so?

Das ist doch plump gedacht! Abgrenzung vom russischen Staatsprinzip, das ja: Von dieser ganzen ›gelenkten Demokratie‹, von der gegängelten Presse, von der Ablehnung der international geltenden Rechtsnormen, von der Verdächtigung der NGOs als „Vaterlandsverräter", von der Korruption und Oligarchen-Wirtschaft, von der ständigen Selbstbefriedigung mit dem ›Großen Vaterländischen Krieg‹, von der unersättlichen Geltungssucht und dem ständigen Pochen auf den Status eines Imperiums, von der elementaren Empathie-Unfähigkeit gegenüber den kleineren Nachbarn, wollen Sie noch mehr? Aber sonst müssen wir – die EU und ihre Mitgliedländer – uns mit diesem riesigen Nachbarn im Osten vertragen. Nur nicht auf Kosten derjenigen, die dazwischen liegen.

Also eher antirussisches Denken in Polen?

Wer sucht, der findet. Doch man kann in diesem Land wirklich nicht von einem „endemischen Antirussismus" sprechen. Polen und Russen haben eine völlig unterschiedliche geistige Prägung. Dort eine imperial-orthodoxe, hier eine katholisch-republikanische. Der polnischen politischen Mentalität liegt eine lange aufständische Tradition bis hin zur ›Solidarność‹ zugrunde, der russischen eine autoritäre Selbstherrschaft des Zaren und der Partei. Vergessen Sie nicht, dass hierzulande seit 1956 jeder Parteichef infolge von Massenprotesten zurücktreten musste, in Russland dagegen keiner. Und dennoch haben Sie in Polen eine recht stabile innere Verfassung, während dieses riesige Russland nicht richtig Fuß fasst.

Natürlich gibt es in beiden Ländern auch gewisse Affinitäten für einander. Sie sind nicht stark, aber es gibt sie. In Russland gab es vor einigen Jahren eine Fernseh-Serie über eine in beiden Ländern äußerst populäre polnische Sängerin, die einen russischen, aber auch deutschen Hintergrund hatte, Anna German. Mit gleichem Erfolg lief diese Serie hier in Polen. Genauso war es doch mit der Musik in den 1970er, 1980er Jahren. Ein Wolf Biermann als Protestsänger sagte den Polen nichts, nicht einmal den polnischen Germanisten. Sein Faible für den „wahren Kommunismus" der Spanien-Kämpfer, sein ›*So oder so, die Erde wird rot*‹ ließ junge Polen kalt. Dagegen waren die russischen Protestsänger Wladimir Wyssozki oder Bulat Okudschawa

bei uns Kultfiguren, auch der ›Solidarność‹. Dasselbe galt für den Film. Volker Schlöndorff war eher die Ausnahme. Erst jetzt kommt der deutsche Film in Mode ...

...›Unsere Mütter, unsere Väter‹?

Sie werden staunen: Empört hat man sich über die polnische Passage, die schludrig recherchiert die klassischen Vorurteile bediente. Der Dreiteiler als Ganzes bekam nach der Ausstrahlung im polnischen Fernsehen eine recht gute Bewertung. Aber ich meinte eher Filme wie ›*Good Bye, Lenin!*‹ oder ›*Das Leben der Anderen*‹, ganz zu schweigen von Klassikern wie Schlöndorffs ›*Blechtrommel*‹. Das waren vielleicht keine Kultfilme, sie wurden aber gelobt und gern gesehen. Genauso wie die großen russischen Filme. Nein – bei aller Aversion gegenüber der russischen Staatsphilosophie und den Umgangsformen der neureichen „neuen Russen" gibt es hier, bei meiner Generation, die noch russisch versteht, durchaus eine Antenne für die russische Alltagskultur. In der jungen Generation gibt es dagegen so etwas wie eine kalte Gleichgültigkeit gegenüber den Russen.

Und umgekehrt – in den 1960er Jahren waren Volkspolen und die polnische Sprache für einen großen Teil der sowjetischen Intelligenz-Schicht attraktiv, als eine Art Fenster zum Westen. Jetzt brauchen sie dieses Fenster nicht mehr, weil sie selbst reisen dürfen. Und für die jüngeren Russen ist Polen eine ›terra incognita‹. Man übersieht es einerseits, um es zugleich zum Popanz Amerikas zu stilisieren, der in der Ukraine wühlt, um dieses „Kleinrussland" dem Westen zuzuschlagen. Das war die Deutung der russischen Nationalisten 2004, als Aleksander Kwaśniewski während der ›Revolution in Orange‹ 2004 in Kiew nach den gefälschten Wahlen zwischen den verfeindeten Parteien vermittelte. Er bestand allerdings darauf, dies weniger als polnischer Staatspräsident, denn als Präsident eines EU-Staates zu tun – deswegen holte er noch den litauischen Staatspräsidenten hinzu und sicherte sich die Unterstützung sowohl des französischen Staatschefs Jacques Chirac als auch des deutschen Bundeskanzlers und Putin-Freundes Gerhard Schröder. Dennoch stilisierten russische Nationalisten diese Vermittlung zur Neuauflage der polnischen Bedrohung Moskaus im 17. Jahrhundert. Kurz darauf ersetzte Putin den alten Nationalfeiertag anlässlich der Oktober-Revolution 1917 durch den wenige Tage späteren Jahrestag der Vertreibung der Polen 1612 aus dem Kreml. Der Sieg über die Polen vor 400 Jahren sollte somit die gescheiterte Weltrevolution Lenins und Stalins ersetzen.

In Polen ist es umgekehrt. Hier wird der Sieg über die Rote Armee 1920 gefeiert, man gedenkt des Massenmordes an polnischen Offizieren in Katyn und der Untätigkeit Stalins während des Warschauer Aufstands 1944 und warnt vor dem imperialen ›Phantomschmerz‹ in Russland. Über die Ursachen der Flugzeug-Katastrophe von Smolensk 2010, bei der der polnische Staatspräsident Lech Kaczyński auf dem Flug zu Gedenkfeierlichkeiten in Katyn mit seiner gesamten Begleitung ums Leben kam, wird gestritten, ob sie ein Unfall aufgrund von Schludereien auf beiden Seiten oder doch ein Attentat der Russen und ihrer Handlanger in Polen war. Diese Emotionalisierung der polnisch-russischen Beziehungen kann einem manchmal wirklich auf den Keks gehen.

RECHTE GESCHICHTSNEUROSEN

Wir kommen auf unserer Rundreise gerade zurück aus Zamość, also aus Südostpolen, wo wir mit dem Leiter des dortigen Stadtmuseums gesprochen haben. Für ihn gibt es heute wieder die alte antipolnische Achse zwischen Deutschland und Russland. Wir saßen mit ihm unter einem riesigen Gemälde, auf dem sich Katharina und Friedrich, die beiden ›Großen‹, die Hände reichen, zu ihren Füßen das geschundene Polen; genauso sieht er heute eine Achse Merkel-Schröder-Putin.

Ach lassen Sie das, das ist doch einfach Denkfaulheit oder ein geschichtsphilosophischer Pawlowscher Reflex.

Wie stark ist diese Geisteshaltung in Polen?

Was heißt, wie stark? Die Rechte machte sie zu einer ihrer Faustregeln, die Meinungsumfragen aber bestätigen diese Angst nicht. Das Misstrauen gegenüber Putins Russland ist mit guten Gründen sichtbar; das Vertrauen gegenüber den Deutschen ist hingegen – auch sichtbar – gestiegen. Sogar in der nationalkonservativen Szene selbst kann ich Ihnen ein genau entgegengesetztes Irrlichtern zeigen. 2013 gab es in Polen einen Bestseller, ›*Wahnsinn 44*‹ von Piotr Zychowicz. Der Warschauer Aufstand, so die These dieses Buches, sei nicht nur eine politische Dummheit gewesen, sondern eigentlich eine pro-sowjetische Verschwörung der Londoner Exilregierung und des polnischen Untergrunds. Derselbe Autor, Mitte dreißig, veröffentlichte davor das genauso reißerisch geschriebene Buch ›*Ribbentrop-Beck-Pakt*‹, in dem er sich empört, dass Polen 1939 NICHT zusammen mit Hitler gegen Stalin vorgegangen sei. Seiner Meinung nach hätte Józef Beck, der polnische Außenminister, im Frühjahr 1939 das Angebot Hitlers annehmen sollen, Danzig ans Reich anzuschließen, eine exterritoriale Autobahn zwischen dem Kernreich und Ostpreußen über den „polnischen Korridor" zu bauen,

und dann in Hitlers Tross – wie Ungarn, Bulgarien, Rumänien, die Slowakei – gegen die UdSSR vorzugehen. Diese Sehnsüchte nach alternativen Geschichtsabläufen kann man gehässig für Wirklichkeitsflucht und Geschichtsneurose halten. Aber man kann dieser Selbstbefriedigung durch imaginäre Szenarien, die Polen angeblich vor einer Katastrophe im September 1939 hätten retten können, auch autotherapeutische Elemente abgewinnen.

Lohnt es überhaupt, sich damit auseinander zu setzen?

Ja. Denn es ist keineswegs nur eine polnische Neurose. Niall Ferguson korrigiert in seiner ›*Virtual History*‹ die britische Entscheidung 1914, auf der Seite der ›Entente‹ zu kämpfen, überlässt den Kontinent der ›Kaiser's European Union‹ und rettet das britische Imperium. In Deutschland grübelt der eine oder andere darüber nach, dass der Erste und sogar der Zweite Weltkrieg hätte gewonnen werden können, wenn nur dieses oder jenes ... Selbst Sebastian Haffner meinte, wenn Hitler 1940 plötzlich gestorben wäre, hätte er ein Etikett des größten Kanzlers aller Zeiten bekommen, auch wenn seine Nachfolger sein ›Reich‹ vergeigt hätten. Selbstmitleid und Flucht in die Phantasmagorie sind keine polnische Spezialität. Man muss sie nüchtern untersuchen. Die polnische Rechte ist in einer Zwickmühle. Einerseits heroisiert sie die – de facto – selbstmitleidige Linie im polnischen Selbstverständnis. Dafür stand die Vergangenheitspolitik der Brüder Kaczyński im Wahlkampf 2005, in dem Polen als ›das größte Opfer aller Zeiten‹ dargestellt wurde. Andererseits gerieren sich die Rechten als pragmatische Realpolitiker, die nur dem nationalen Egoismus verpflichtet sind. Beides passt aber schlecht zusammen. Denn wenn ich nur meinem Egoismus verpflichtet bin, dann darf es derjenige, der stärker als ich ist, genauso sein. Ich sollte also besser vorbildlicher Partner einer starken Koalition sein und diese sogar zum Selbstzweck erheben, damit sie nicht zerfällt und mir um die Ohren fliegt. Im nationalen Interesse müsste Polen deshalb ein radikaler Verfechter supranationaler Verflechtungen sein und seinen nationalen Egoismus dem gesamteuropäischen Interesse unterordnen. Doch diese ›contradictio in adiecto‹ ist den Nationalkonservativen suspekt. Dieselben Autoren, die schreiben, dass Polen 1939 besser im Hitler-Tross gefahren wäre als mit britischen Papiergarantien und dem realen Hitler-Stalin-Pakt im Nacken, empören sich über die gute Chemie in der EU zwischen Donald Tusk und

Angela Merkel. Das ist doch absurd. Genauso wie das Phantasieren über die Pfründe einer Kollaboration mit Hitler. Ihre Argumentation ist einfach: Ungarn, Rumänien, Bulgarien, die Slowakei waren 1941 Hitlers HiWis und schnitten am Ende besser ab als Polen, das von Anfang bis zum Schluss auf der Seite der Alliierten stand. Ich verstehe, dass man die Fehler der Vergangenheit analysiert. Man sollte dabei aber nicht in eine ›political phantasy‹ abheben.

DIE VIERTE GRÜNDUNG EUROPAS

In Ihrem Büchlein „Testfall für Europa" *interessieren Sie andere Fragen.* Das war kurz nach der Doppelherrschaft der Brüder Kaczyński als Staats- und Ministerpräsidenten, also 2008. Ich schrieb es im Hinblick auf den 70. Jahrestag des deutschen Überfalls auf Polen 1939. Donald Tusk begann damals gerade, die Fehler der Nationalkonservativen auszubügeln.

Jetzt sind wir in einer ganz anderen Lage. Wir haben eine Krise der Euro-Zone, und weil Polen nicht drin ist, sind wir auch bei allen Entscheidungsprozessen draußen. Daran ändert die Tatsache wenig, dass die wichtige und mutige Rede des polnischen Außenministers aus dem Jahre 2011, in der er von der deutschen Politik mehr Engagement zugunsten der EU forderte, ein wenig in der Luft hing, weil Polen selbst nicht vorexerzieren kann, was mehr Engagement praktisch bedeuten sollte. Dennoch halte ich diese Krise der Euro-Zone für den vierten Gründungsakt der Europäischen Union. Gerade für die junge Generation ist sie wohl mehr als ein Prüfstein, sie wird für sie – davon bin ich überzeugt – ein neuer Grundstein Europas. Selbst für die heutigen Geschichtsverdreher wird Europa attraktiv werden, wenn diese Krise bewältigt ist.

Die Krise als europäischer Gründungsakt: Wie stellen wir uns das vor? Beginnen wir bei dem ersten Gründungsakt: Für die Kriegsgeneration und für die Nachgeborenen war das Jahr 1945, der Sieg über Hitler-Deutschland und die Eroberung Ostmitteleuropas durch Stalin, der erste Gründungsakt der (west)europäischen Einigung. Der zweite war die deutsch-französische Versöhnung 1963, die dann zum Modell für die deutsch-polnische und beispielsweise auch die polnisch-ukrainische wurde. Der dritte Gründungsakt war die ostmitteleuropäische Revolution des Jahres 1989.

Die Gründungsväter der EU waren Konrad Adenauer, Charles de Gaulle, Alcide De Gasperi, aber auch – nicht zu vergessen – Winston Churchill. Dann kam die Generation Richard von Weizsäckers, Willy Brandts, Helmut Schmidts, Giscard d'Estaings, Olof Palmes, Tadeusz Mazowieckis, und schließlich meine – Daniel Cohn-Bendit, Adam Michnik, Václav Havel…

Zwischen der Kriegsgeneration und uns, den um 1945 Geborenen, gab es in Sachen Europa keinen Generationsbruch. Wir wussten, von wem wir uns abzusetzen hatten; wir kannten aber auch die Autoritäten in dieser Kriegsgeneration, an denen wir uns orientierten. Und wir wussten, dass das europäische Projekt die richtige Schlussfolgerung aus dieser schrecklichen Erfahrung der beiden Weltkriege war. Für die junge Generation der heute 30 bis 40Jährigen ist das inzwischen schwer nachvollziehbar! Sie nehmen Europa wie eine Selbstverständlichkeit hin, sehen aber keinen Grund, sich dafür gegen die Rattenfänger in den eigenen Reihen einzusetzen. Die EU lässt sie kalt, sie sind mental vielleicht sogar bereit, das alles aufs Spiel zu setzen.

EIN INNERPOLNISCHER BÜRGERKRIEG

Insofern ist die Stimmungslage vergleichbar mit der von 1913/14. Es läuft hoffentlich nicht auf einen Krieg hinaus – vielleicht aber auf eine Demontage der EU. Wo ist dann Ihr vierter Gründungsakt?

Er liegt in der Bewältigung der Euro-Krise. Sobald sie vorbei ist, wird auch die junge Generation sagen können, diese EU ist auch unser Ding und nicht nur das unserer Opas … Aber zu Ihrem Vergleich der Stimmungen von heute mit der von 1914: Es gibt tatsächlich einige Analogien. Es gibt heute junge Politiker in Deutschland, in Polen, in Frankreich, die mit dem Zerfall der EU kokettieren. Vor kurzem habe ich in Berlin auf der Friedrichstraße eine junge Frau mit Flugblättern gesehen: ›Es gibt ein Leben nach dem Euro.‹ Ihr ›Raus aus dem Euro!‹ bedeutet ja: Zurück zu meinem nationalen Egoismus. Marine Le Pens ›Front National‹ bringt das in ihrer Parole auf den Punkt: Lasst uns Frankreich erobern und die EU zerschlagen! Der offen gepredigte nationale Egoismus wird da als angebliche Faustregel jeglicher Politik gepriesen. Der gravierende Unterschied zu 1914 ist allerdings, dass es in dieser Generation keine Sehnsucht nach Erneuerung durch Stahlgewitter gibt. Aber die Gefahr einer Abwendung von Europa gibt es schon.

Was stellen Sie dem entgegen? Wirtschaft? Geopolitik? Große geschichtsphilosophische Erzählungen?

Die Berliner und die Warschauer Perspektiven sind hier unterschiedlich. Deutschland ist 25 Jahre nach der Vereinigung kein innerlich gespaltenes

Land, das sieht man auch an der Stabilität der Bundeskanzlerin und der landesweiten Bereitschaft zur Großen Koalition. Polen dagegen befindet sich in einem ›kalten innerpolnischen Bürgerkrieg‹. Er wird durch die Nationalkonservativen geschürt, die – anders als in Deutschland – eben nicht koalitionsfähig sind und einen unüberwindbaren Graben zwischen den ›wahren Polen‹ und den Linksliberalen und Liberalkonservativen ausheben. Dieser artifizielle Graben bestimmt heute viele Bereiche des gesellschaftlichen Lebens – angefangen bei den Frauen-Rechten und bis zur Deutung der Revolution des Jahres 1989. Denn diese deuten die Nationalkonservativen nicht als einen Sieg, sondern als eine Niederlage. Die Begründung: Ihr lag keine rigorose Abrechnung mit den Eliten des ›Ancien Régime‹ zugrunde, sondern ein Techtelmechtel mit ihnen; woraufhin es dann zu einer wirtschaftlichen Selbstbereicherung der Postkommunisten auf Kosten des Volkes kam und zu bodenloser Korruption.

Das ist aber ein haltloser Mythos. Polen hat keine Oligarchen. Die bisherigen – medial ausgeschlachteten – Korruptionsaffären belegen vielmehr, dass die Antikorruptionsmaßnahmen greifen. Man kann der Staatsbürokratie Schwerfälligkeit vorwerfen, aber transparent ist sie schon. Es war vor allem die Katastrophe der Staatspräsidenten-Maschine 2010, die die innere Spaltung des Landes vertieft hat. Seitdem steht das ›Volk von Smolensk‹ – also diejenigen, die an ein Attentat bei dem Flugzeug-Absturz glauben – der Mehrheit der Polen gegenüber, die das Ergebnis der polnischen Untersuchungskommission überzeugt, wonach es ein Unfall gewesen ist: Dieser wurde sowohl von den polnischen Piloten, die trotz des Nebels einen Landeversuch vornahmen, verursacht, als auch von den russischen Fluglotsen, die wegen der politischen Brisanz des Fluges kein Landeverbot wegen Nebel zu erteilen wagten. Das Kräfteverhältnis zwischen diesen ›beiden Polen‹ ist aber so, dass die Rechte bisher alle Wahlen – Parlaments-, Präsidentschafts-, Kommunal- und Europawahlen – seit 2007 verloren hat. Sie hat eine stabile Wählerbasis von rund 25 Prozent, kommt nicht darüber hinaus, färbt aber unterschwellig auf die Liberalkonservativen ab, die glauben, dass sie in ideologischen Fragen Rücksichten auf die Rechten nehmen müssen. Zumal die Sozialdemokraten und sonstigen Linken ebenfalls ein Insel-Dasein führen.

Viele Kommentatoren betrachten daher Donald Tusk und Jarosław Kaczyński, den Oppositionsführer, gleichsam als Kettenkugeln, deren Rivalität die polnische Politik bestimmt und einschränkt. Auch in der Europa-Politik. Gerade weil es keine gemeinsame Deutung des Jahres 1989 gibt, sind auch die Europa-Vorstellungen der beiden Lager diametral unterschiedlich. Wenn Tusk polnische Erfolge in der EU betont, setzt ihm Kaczyński das Bild eines ›deutschen Europa‹ entgegen. Dieser Krampf ist nicht folgenlos.

Das Regierungslager meidet eine innenpolitische Europa-Offensive, selbst wenn Außenminister Radosław Sikorski oder Staatspräsident Bronisław Komorowski einmal mehr Mut in der Europa-Politik fordern, indem sie auf die politische Bedeutung einer Übernahme des Euros durch Polen hinweisen. Es gibt zurzeit nicht genug Energie, Europa weiter zu denken. In die grundsätzliche Europa-Debatte, die in Deutschland mit Streitschriften von Jürgen Habermas, Ulrich Beck, Daniel Cohn-Bendit, Robert Menasse, Martin Schulz und Wolfgang Streeck angelaufen ist, bringt sich Polen nicht ein, obwohl diese Bücher inzwischen auf Polnisch vorliegen.

POLEN IN MITTELEUROPA

Immerhin bringt es sich nicht so wie Viktor Orbáns Ungarn ein.
Das wäre ein Minimalprogramm. Polen ist nicht Ungarn. Jarosław Kaczyński ist kein Orbán. Selbst wenn er ankündigt, im Jahr 2015 aus Warschau Budapest machen zu wollen – also wie Orbán nach einer Oppositionszeit zurückzukehren. Nein, Polen ist nicht Ungarn, zumal es im 20. Jahrhundert eine völlig andere Geschichte durchgemacht hat. Lassen Sie sie uns kurz skizzieren: Als Ungarn 1867 zum Mitträger der k.u.k.-Monarchie wurde, war Polen als eine Entität nicht existent. Ungarn war nach 1918 einer der größten Verlierer des Ersten Weltkrieges, während Polen der größte Gewinner war. Ungarn erlebte 1919 eine hausgemachte bolschewistische Revolution von Béla Kun, während Polen 1920 die Rote Armee bei Warschau zurückschlug. Man kann zwar das autoritäre Regime Marschall Piłsudskis nach 1926 mit dem von Admiral Horthy in Ungarn vergleichen, doch die politische und psychologische Einbettung der beiden Länder in Zwischenkriegs-Europa war diametral unterschiedlich. 1939 stand Polen von Anfang an auf der Seite der Anti-Hitler-Koalition, während Ungarn 1941 ein Verbündeter Hitlers war. 1944 brach in Warschau ein Aufstand aus – militärisch gegen die Deutschen, politisch gegen Stalin. In derselben Zeit übernahmen nach einem Staatsstreich ungarische Pfeilkreuzler die Regierung: Im Frühjahr verteidigte die ungarische Armee Budapest zusammen mit der deutschen Wehrmacht gegen die Rote Armee, was ungarische Stalinisten nach ihrer Machtübernahme zum rigorosen Durchgreifen animierte.

In Polen währte die rücksichtslose Stalinisierung relativ kurz – von 1948 bis 1953. 1956 gab es sowohl in Ungarn als auch in Polen Aufstände – im Juni in Posen, im Oktober in Budapest. Während die Polen allerdings nach der Katastrophe des Warschauer Aufstandes 1944 Umsicht walten ließen und Władysław Gomułka Nikita Chruschtschow Freiräume für Polen abtrotzte, gab es in Ungarn keine vergleichbaren Bremsen. Der ungarische Aufstand wurde blutig niedergeschossen. Unter János Kádár, der 33 Jahre lang regierte, genossen die Ungarn die Vorteile des ›Gulaschkommunismus‹, der zwar wirtschaftlich funktionierte, aber keine politischen Gegenkräfte entwickelte. In Volkspolen war es genau umgekehrt. Die Wirtschaft lahmte, dafür aber entstand eine starke Bewegung von unten, die noch jeden Parteichef stürzte und schließlich eine riesige Gegenmacht – die ›Solidarność‹ – schuf.

Kurzum: Die Ungarn hatten vor 1989 keine Einübung in die Demokratie, während in Polen die Kommunisten seit 1956 ständig mit einer Gegenmacht – der Kirche, den streikenden Arbeitern, den intellektuellen ›NGO‹ – leben mussten. Das Fazit ist: Die in Ungarn starken autoritären Anwandlungen haben zwar ihre polnische Entsprechung, sind aber hier viel schwächer und werden von der letztendlich funktionierenden Demokratie und Wirtschaft konterkariert. Man kann sicher auch in Polen – wie in Ungarn, Rumänien oder Tschechien – ›autistische‹ Nationalisten finden, die unfähig sind, das Land als Teil der bestehenden EU zu denken und in phantastischen Szenarien schwelgen. Doch zumindest die grundsätzliche Frage, ob Polen in den nächsten Jahren eine strategische Entscheidung für oder gegen den Euro treffen muss, ist auch ihnen klar. Sie verteufeln den Euro, so wie sie 2004 den EU-Beitritt verteufelten. Zugleich aber möchten sie eine größere Geltung Polens in der EU sehen. Und da müssen sie über ihren Schatten springen.

EUROPAS HAUSAUFGABEN

Also rein in den Euro?

2014 gibt es keine Mehrheit dafür im Lande. Insofern wird die ganze Angelegenheit scheinbar auf den Sankt-Nimmerleins-Tag verschoben. Der ist aber absehbar: Nach den Parlamentswahlen 2015 kommt das Thema wieder auf – natürlich unter der Voraussetzung, dass die Euro-Zone die Schulden-Krise bewältigt und Polen seine Hausaufgaben macht.

Was also könnten die Deutschen, die Franzosen einbringen, um von außen her zu helfen, diese politische Neutralisierung der Europa-Freunde in Polen aufzulösen?

Sie müssen die Schulden-Krise und die Spaltung der Euro-Zone bewältigen. Und gemeinsame Politiken vorantreiben: die Außen-, Sicherheits-, Energie-

sowie Ostpolitik gegenüber Russland, Georgien, der Ukraine, Weißrussland. Die EU braucht eine Art neuer Montan-Union der 1950er Jahre für das 21. Jahrhundert – einen vergleichbaren Schub an Energie, Mut und Weitsicht wie damals. Damals allerdings lag Westeuropa am Boden und musste sich aufraffen, heute ist es innerlich gelähmt durch den Wohlstand und verunsichert in seinem Selbstwertgefühl. Durch Einwanderung, soziale Verwerfungen, Ost-Erweiterung und globale Verschiebung der Machtverhältnisse.

Aber Sie haben nach Frankreich und Deutschland gefragt: Die Franzosen können jetzt nicht viel bewegen. Sie scheinen in einer noch größeren Klemme als die Polen zu sein. De Gaulle hat sie zwar nach 1945 zu einer Als-Ob-Großmacht aufgeblasen, doch die Scharte des Desasters von 1940 ist machtpolitisch nicht ausgewetzt worden. Trotz der atomaren ›Force de frappe‹ und des ständigen Sitzes im UN-Sicherheitsrat ist Frankreich keine globale Großmacht, aber auch immer wieder unfähig, die EU seinen nationalen Interessen voranzustellen. De Gaulles ›Politik des leeren Stuhls‹ war der Anfang. In Nicolas Sarkozys außenpolitischen Extratouren – etwa während der Georgien-Krise 2008 – konnte man die andere Seite dieser Medaille sehen. Alleingänge und die Wahrung der Position Frankreichs erschienen da wichtiger als europäische Teamarbeit. Putin nutzte das, um die EU auseinander zu dividieren und Sarkozy machte mit.

Ähnlich ging auch Gerhard Schröder 2005 mit der Ostsee-Gaspipeline vor. Die Warnungen der Ostmitteleuropäer, dass Russland Gas und Öl als Waffe gegen das ›nahe Ausland‹ einsetzt, wollte er nicht gelten lassen. Zum Glück liefern die Deutschen keine hochwertigen Waffen nach Russland, während Frankreich es tut. Ausgerechnet während der Georgien-Krise unterzeichnete Paris die Lieferung von zwei hochmodernen Hubschrauberträgern. Sie sind mit Landungsbooten ausgestattet und können somit die Invasion abtrünniger Schwarzmeer-Republiken erleichtern. Angesichts der neo-imperialen Anwandlungen in Russland zeigte Paris damit äußersten Zynismus.

Manchmal sieht es danach aus, als ob Frankreich – anders als Deutschland – den Prozess der Selbst-Europäisierung nicht ganz vollzogen hat. Fast alle europäischen Länder waren irgendwann einmal, wenn nicht Großmächte, dann zumindest machtvolle Staaten. Polen zum Beispiel im 17. Jahrhundert. Und alle sind irgendwann einmal von diesem hohen Ross heruntergefallen: Polen durch die Teilungen im 18. Jahrhundert; Deutschland durch zwei fundamentale Niederlagen in den beiden Weltkriegen. Der französische Kollaps von 1940 scheint hingegen zu keiner relevanten Bewusstseinsveränderung in Frankreich geführt zu haben. Denn man kann solche Einschnitte nur überwinden, indem man sich sagt: ›Okay, irgendwie war diese politische, moralische, militärische Niederlage auch selbstverschuldet. Also müssen wir uns ändern, uns europäisieren, unsere nationalen Interessen den europäischen unterordnen.‹ Viele europäische Länder sind diesen Weg gegangen. Statt immer wieder den ›Griff nach der (wie auch immer gestalteten) Weltgeltung‹ zu versuchen und eine Omnipotenz zu mimen, gilt es, gesamteuropäisch zu denken. Nach 1945 war es plausibel, heute ist es nicht mehr sexy. In jedem Land werden Jahrestage eigener historischer Siege inszeniert – in Deutschland die Völkerschlacht 1813, in Polen Grunwald 1410 oder das ›Wunder an der Weichsel‹ 1920. Diese Events sind nicht so martialisch und bombastisch wie im wilhelminischen Deutschland, sie werden sogar manchmal ›europäisiert‹, dennoch wiederholen sie nationale Erzählungen: in Polen die vom polnischen Schild Europas gegen die Bedrohung aus dem Osten; in Deutschland die von den ›Befreiungskriegen‹ gegen die ›Tyrannei‹ Napoleons. Dabei war sein ›Code Civil‹ liberaler und aufgeklärter als die späteren ›Karlsbader Beschlüsse‹ der Heiligen Allianz. Er war eben kein Hitler.

VON EUROPA ERZÄHLEN

Können Sie sich ein modernes Narrativ von Europa vorstellen?

Auf jeden Fall! Die Erzählung einer über 2500 Jahre währenden europäischen Geschichte ist möglich. Norman Davies hat sie in seinem glänzenden Essay ›*Europe. A History*‹ geschrieben. Wir fragmentieren leider diese Geschichte in völlig künstliche, nationale Erzählungen, obwohl die modernen Nationalstaaten nicht älter als 300 Jahre sind. Ihr Kult entstand im 19. Jahrhundert im Zuge der Säkularisierung. Bis heute sind wir die Gezeichneten dieser Geschichtsschreibung. Aber in Deutschland läuft zumindest eine Europa-Debatte.

Eine Debatte? Ich weiß nicht. Auf dem politischen Feld gibt es eigentlich nur die Debatte, ob Deutschland sich im Namen seiner „Verantwortung" jetzt entscheiden muss, europäisch-hegemonial zu agieren.

Das ist doch nur ein rhetorischer Nebenschauplatz. Europa verliert von Jahrzehnt zu Jahrzehnt mehr an Bedeutung. Von welcher Hegemonie reden wir denn, wenn selbst dieses starke Deutschland in fünfzig Jahren keine Chance mehr hat, global zu bestehen, sofern es nicht in ein funktionierendes Europa eingebettet ist?! Das gilt für uns alle. Und dann kommen die nationalen Freaks aus aller Herren Länder und schlagen Schlachten des 19. Jahrhunderts, während wir eigentlich die gemeinsame Ökologie, die gemeinsamen Energiefragen, die Verteidigungsgemeinschaft angehen müssten.

Wenn man in Polen noch immer sehr positiv auf die Frage nach Europa antwortet: Welches Europa haben die Polen dann im Hinterkopf?

2004 gab es eine repräsentative Umfrage: ›Welches Europa wollt ihr?‹ Die Antwort war wie überall widersprüchlich: Auf der einen Seite wollte eine klare Mehrheit der Befragten eine Direktwahl des europäischen Präsidenten sowie eine gemeinsame Euro-Armee, eine gemeinsame Sicherheits-, Außen- und Energiepolitik. Zugleich aber sollten die ›nationalen Belange stärker zur Geltung gebracht werden‹. Eine Quadratur des Kreises also. Heute ist die Ernüchterung größer, aber die Umfragen sind weiterhin eindeutig proeuropäisch. Man nimmt zwar wahr, dass Europa schwerfällig ist; sieht aber auch, dass dieses Land in den letzten zehn Jahren, seit dem EU-Beitritt, völlig neu gebaut wird ...

Wer heute gen Galizien fährt, der fährt über nagelneue Schnellstraßen in Richtung Osten.

Ja, kürzlich habe ich mit Gunter Hofmann von der ›*ZEIT*‹ ähnliche Eindrücke nach unserer kurzen Reise durch Ostpolen gesammelt. Man sieht kaum noch herunter gekommene Häuser; die alten sind renoviert und sehr viel wurde neu gebaut. Die Straßen sind gut. Vor jedem Haus steht ein passables Auto. Man sieht, dass die Gelder in die strukturschwachen Regionen gingen.

Das ist in Deutschland genauso.

Auch zu Deutschland sind die polnischen Meinungsumfragen positiv. Trotz des Knatsches um Erika Steinbach und das Zentrum gegen Vertreibungen, der längst vergessen ist. Auf die Fragen ›Mit wem möchtest du Tür an Tür wohnen?‹ und ›Wen möchtest du als Schwiegersohn haben?‹ seid ihr Deutschen jeweils schon im grünen Bereich. Merkwürdigerweise stehen die Japaner ganz oben. Die Juden sind auch im Steigen begriffen.

Der Antisemitismus ist im Fallen begriffen?

Wo gäbe es den nicht? Immer wieder neue Debatten über den Antisemitismus in Polen, die hierzulande spätestens seit den 1980er Jahren geführt werden, haben bei einem großen Teil der polnischen Gesellschaft die Sensibilität für das jüdische Schicksal deutlich geschärft. Sie werden sicher auf antisemitische Äußerungen stoßen. Sie werden zum Beispiel auf Graffiti stoßen – den Davidstern am Galgen: Diese gelten oft einem Fußballklub in Łódź, also dem ›polnischen Manchester‹, das Ende des 19. Jahrhunderts mit jüdischem, russischem, deutschem und polnischem Kapital entstand. Andrzej Wajda hat es im ›*Gelobten Land*‹ verfilmt. Der ŁKS war vor dem Krieg ein jüdischer Fußballklub und so wird er auch von gegnerischen Hooligans bezeichnet. Ich will Sie nicht beschwichtigen: Der Missbrauch der jüdischen Symbole ist verdammenswert, zumal es einen antisemitischen Nährboden gibt. Doch die Meinungsumfragen zeigen, dass die öffentlichen Debatten doch zu einer Läuterung verhelfen. Die politische Rechte vermeidet zumindest antisemitische Auftritte. Sie stilisiert Homosexuelle und Liberale zur Bedrohung, nicht aber Juden, nicht vordergründig jedenfalls ...

In Lublin haben wir mit einem klassischen Aktivisten aus der Antifa gesprochen: Er bringt Vegetarier mit Antirassisten zusammen und Hausbesetzer mit Ökos et cetera – ein junger Internationalist alter Prägung, vernetzt ohne Ende. Der malte uns das Bild einer grundsätzlich rassistisch orientierten polnischen Gesellschaft, in der 60.000 Menschen auf die Straße gehen, angefangen – ich zitiere – bei der „Krückstock-Oma" bis hin zu organisierten Kameradschaften. Und davor, um sein Bild zu Ende zu beschreiben, sitzen 1.500 Antifaschisten und versuchen, den Aufmarsch zu blockieren. Das ist Polen.

Das ist doch ein Unsinn. Polen sind vierzig Millionen Menschen und nicht die 60.000 oder 1.500. Das ist zwar ein mediengerechtes Bild – ein Antifaschist gegen vierzig Faschisten –, aber weder die Qualifizierung noch die Quantifizierung stimmt. Ich wohne hundert Meter von der sogenannten Blockade entfernt und habe mir das genau angeschaut. Die Blockade galt einem genehmigten Aufmarsch von Nationalkonservativen. Die Organisatoren knüpfen zwar an rechte Gruppierungen der Zwischenkriegszeit an, die eindeutig antisemitisch und faschistoid waren, sind aber penibel darauf bedacht, solche Parolen zu vermeiden.

Wollen Sie es klein reden?

Nein. Ich sehe nur die richtigen Proportionen. Bis jetzt hat diese Rechte keine Chance gehabt, ins Parlament zu kommen. Die Gefahr, die ich sehe, sind weniger diese 60.000. Sie sind weitgehend mit Bussen aus dem ganzen Land herangekarrt worden. Mir macht mehr die Tatsache Sorge, dass die Liberalkonservativen – und das ist in Polen der Mainstream – keine frontale, gedankliche Auseinandersetzung mit den Nationalkonservativen suchen. Es kann eine Strategie sein, keine zusätzliche Öffentlichkeit zu geben, es kann aber – ich will nicht sagen ›Feigheit vor dem Feind‹ – auch Bequemlichkeit sein. Ob es das eine oder andere ist, werden wir 2015 bei der Parlamentswahl erfahren. Auf jeden Fall sind diese 60.000 keine polnische NPD. Und die Regierenden haben ein zusätzliches Dilemma: Sie wollen nicht hart durchgreifen, damit sie nicht in eine Ecke mit dem ›Ancien Régime‹ von vor 1989 gestellt werden, das oppositionelle Demonstrationen verbot. Damit sind sie für den Vorwurf der Untätigkeit anfällig.

POLNISCHE ERZÄHLUNGEN

Um es auf den Punkt zu bringen: Die letztendlich liberale Mehrheit – ob konservativliberal oder linksliberal – hat ein Problem. Das alte Narrativ von

Polen als einer verkannten Opfer-Nation, das die Nationalkonservativen bedienen, ist in sich schlüssig und allen von der traditionellen Geschichtsdeutung her vertraut. Das neue Narrativ, das von einer normalen polnischen Nation erzählt, die – wie die anderen ja auch – in der Vergangenheit gelitten hat, sich nach 1945 aber recht erfolgreich behauptete: Dieses Narrativ erfordert Sachkenntnis und Distanz zu sich selbst. Vielen scheint es zu unheimlich zu sein, zuzugeben, dass man als Nation eben nicht singulär ist.

Sie haben doch in Polen ein wunderbar einfaches Gegen-Narrativ zum Opfer-Mythos: Aus dem Widerstand gegen die Nazis ist die moralische Kraft und die Erfahrung für ›Solidarność‹ entstanden. Und was ist ›Solidarność‹? Die Keimzelle für das neue Europa nach 1989. So kompliziert ist das doch nicht.

So einfach ist es aber auch nicht. Der polnische Widerstand im Zweiten Weltkrieg – sowohl im besetzten Polen als auch an fast allen Fronten in West- und Osteuropa – ist nur ein Teil dieses Gegen-Narrativs. Der Dreh- und Angelpunkt ist für mich der Warschauer Aufstand 1944. Er fügte sich in die aufständische Tradition des 19. Jahrhunderts ein, doch seine schrecklichen Folgen – die Zerstörung der Hauptstadt und die Ermordung von 200.000 ihrer Einwohner – kann man auch als einen letzten Höhepunkt und damit Wendepunkt in dieser Tradition sehen.

Die Kämpfe vereinzelter Partisanen-Gruppen gegen die kommunistische Machtergreifung dauerten bis etwa 1948, aber danach überschritten die Polen – anders als die Ungarn 1956 – in ihrem Widerstand gegen die stalinistische Staatsstruktur nicht mehr die Grenze zum militärischen Aufstand. Die ›Solidarność‹ verstand sich als Fortsetzung der polnischen freiheitlichen Tradition. Man würdigte auch die Heimatarmee, wichtiger aber war die Tradition des zivilen Widerstands, inklusive der bewussten Übernahme gewisser sprachlicher Muster des polnischen Untergrund-Staates der Jahre 1939-1945. Aber ein Aufstand oder gar terroristische Überfälle wurden in der ›Solidarność‹ nie erwogen, auch nicht im Kriegszustand. Die ›Solidarność‹ hat historisch gewonnen, gerade weil sie auf Gewalt verzichtete, Strukturen aufbaute, dem massiven Druck des Staatsapparates standhielt und nach einer erneuten Kraftprobe, der Streikwelle 1988, den ›Runden Tisch‹ erzwang, an dem mit den Vertretern des ›Ancien Régime‹ eine zivile Macht-Rochade ausgehandelt wurde. Das war das absolut Neue.

Diese Gegenerzählung, nach der Sie fragen, betrifft übrigens nicht nur Polen. Wir hatten es 1989 mit einer ostmitteleuropäischen Revolution zu tun, die sich – trotz der Erschießung Nicolae Ceauşescus in Rumänien und der militärischen Grenzkonflikte nach der Auflösung der UdSSR – ohne Blutvergießen abspielte. Man kann sogar sagen, sie sei insoweit ein Korrektiv für die

Französische Revolution 1789 und die Russische von 1917, als sie ohne Guillotine und GPU-Erschießungs-Peletons auskam und weder einen Bonapartismus noch einen Stalinismus aus den eigenen Reihen hervorbrachte. Putin ist weder Napoleon noch Stalin – er verkörpert eher die gestrandeten Offiziere des Ancien Régime, die die revolutionären Umwälzungen nicht wahrnehmen wollten. Dieses Narrativ ist in sich schlüssig. Doch seine Überzeugungskraft ist insbesondere für viele junge Menschen irrelevant, weil sie durch die neuen Medien und das Internet daran gewöhnt sind, weitgehend ahistorisch und sehr fragmentiert zu denken. Das Geschichtsbewusstsein wird von punktuellen Events bestimmt und nicht durch die weltgeschichtlichen Betrachtungen eines Hegel, Marx oder Jacob Burckhardt. Das sieht man daran, wie Regierungen und Wähler aneinander vorbeireden. Wenn Minister sagen: ›Jeder muss doch einsehen, dass das Land in den letzten Jahren neu gebaut wurde!‹, dann kommt sofort das Gegenbild der Opposition: ›Jeder sieht doch, dass das Land in einem katastrophalen Zustand ist – die polnische Industrie ist ausverkauft, es gibt kaum polnische Banken mehr; man mästet uns, um uns zu schlachten.‹ Bei Menschen, die dieses Selbstmitleid und dieses Anspruchsdenken in Polen wirklich bis zur Perfektion beherrschen, beißt du auf Granit.

Es bedarf einer Zivilgesellschaft, die diese Argumentation ins Leere laufen lässt: Verbände, Vereine, Strukturen?

Das hört sich gut an, ist aber insofern weltfremd, als dass die jungen Menschen kaum die Chance haben, sich in solchen Strukturen einzurichten. Die meisten stehen mit dem Rücken zur Wand: Arbeitslosigkeit oder Zeitverträge mit fehlenden Aufstiegschancen. Wo und wann sollen sie da noch an einer Zivilgesellschaft bauen?

Der Soziologe am Europa-Lehrstuhl in Łódź, Andrzej Piotrowski, hat eben dies als ›Europa‹ bezeichnet: Wenn 20jährige Polen heute von ›Europa‹ sprechen, dann fragen sie: Wo in Europa finde ich meinen Job? Vielleicht ist das nicht die schlechteste Frage nach Europa.

Vor zwei Monaten war ich wieder einmal in der Schule einer Kreisstadt, die ich seit Jahren besuche: Ich spreche mit den Lehrern und halte einen kleinen Vortrag. Dieses Mal aber habe ich etwas Bedenkliches erlebt. Die Schüler waren nicht schlecht, doch die Lehrer sagten mir, dass die Eltern nicht mehr so wie noch vor etwa zehn Jahren auf die Leistung ihrer Kinder achten. Sie sind entmutigt von der Arbeitslosigkeit unter den Absolventen und sagen oft: Wozu das Ganze, mach doch eine Lehre …

Recht haben sie, oder?

Nein, haben sie nicht! Eine Fachlehre alleine genügt nicht, man muss auch Sprachen lernen und den kritischen Umgang mit der Medienwelt, damit man die plakative Unwirklichkeit dechiffrieren kann.

Ein Gegenbild: Wir saßen in Radom, abends um Elf, in einer Kneipe ›Shot Bar Scandal!‹. Da kamen wir mit zwei jungen Frauen, Schwestern, und ihren Freunden ins Gespräch, Ende zwanzig vielleicht. Die eine fertige Wirtschaftswissenschaftlerin, die andere Bauingenieurin. Beide sprachen – im Gegensatz zu uns – fließend Polnisch, Deutsch, Russisch, Englisch. Was machen sie im Moment? Sie sitzen in Radom und bauen irgendein bescheuertes Pseudo-Planetarium als Attraktion für ein Kaufhaus auf. Ihre Mutter ist in München Putzfrau. Mit diesem Job ist sie für die beiden Schwestern in ihrer Lebenssituation gerade das leuchtende Vorbild: Die Mutter hat „es geschafft".

Dann sollen sie nach München gehen und sich der Arbeits- und Lebensqualität ihrer Mutter anschließen. Mit Sprachen haben sie sogar bessere Chancen! Ich halte nicht viel von dem Argument, dass die Jobsuche im Ausland eine Katastrophe sei. Heute ist das keine Emigration, man steigt in keine ›Mayflower‹, um die Heimat für immer zu verlassen. Wir bleiben durch kommunizierende Röhren miteinander verbunden. Hier die beiden jungen Polinnen mit ihrer Mutter – dort der deutsche Arbeitsmarkt mit genauso bescheuerten Planetarien wie in Radom. Das Problem der beiden scheint zu sein – wenn man einmal vom Lohn absieht –, dass sie nicht den Mumm haben, es der Mutter nachzumachen, sei es in München oder auch in Radom … Die Pointe dieser Geschichte ist jedoch, dass dieses Europa sich so entwickeln muss, dass diese dicke Banane des Wohlstands, die von Norditalien entlang des Rheins bis nach London reicht und immer noch den Grundstock der europäischen Wirtschaftsmacht darstellt, an traditionell strukturschwache Regionen wie Ostmittel- und Südeuropa strukturell etwas abgibt. Damit auch dort ein Beitrag zur Hochtechnologie und Wissenschaft geleistet werden kann! Ein ›Outsourcing‹ westlicher Wirtschaftsdominanz ist nötig, und zwar nicht nur nach dem Prinzip ›Wo ist Arbeit am billigsten?‹ Auch die großen Forschungsinstitute, der wirtschaftliche ›brain‹ muss nach Budapest, nach Prag, nach Breslau oder Warschau kommen. Eine Monopolisierung der klassischen westeuropäischen Banane hingegen ist das Ende Europas.

LAGER-ERFAHRUNGEN

Eine Schlussfrage, mit der wir einst gestartet sind – vielleicht passt sie an dieser Stelle ganz gut: Unser Buch-Projekt begann vor vier Jahren mit dem Plädoyer des einstigen spanischen Kulturministers und Schriftstellers Jorge Semprún für eine neue europäische Solidarität. Dieser europäische Geist, den er als junger Häftling in Buchenwald unter den Mitgefangenen des Konzentrationslagers erlebt hat, sollte sein gesamtes späteres Schreiben begleiten. Gibt es in Ihrer Familie solche Lager-Erfahrungen?

Nein. Lager-Erfahrungen direkt nicht. Ich hatte zwei Onkel, die am Warschauer Aufstand teilgenommen haben. Der eine hat überlebt, der andere wurde 18jährig an einem der letzten Tage des Aufstands mit seiner gesamten Abteilung gefangen genommen und erschossen. Ich bin in Bezug auf die These von Semprún auch eher vorsichtig. Eine übergreifende Solidarität der KZ-Häftlinge ist leider eine Legende. Ich habe 1975 eine ›großdeutsche‹ Reportage geschrieben. Ich schaute mir damals in der DDR, der BRD und in Österreich die Feierlichkeiten zum 30. Jahrestag der Befreiung der KZ in Sachsenhausen, Bergen-Belsen, Dachau und Mauthausen an. Von einer Solidarität war da nichts zu spüren. Juden, Polen, deutsche Kommunisten, jede Gruppe war für sich da. In Buchenwald regnete es, und die Ex-Häftlinge marschierten vor einer überdachten Tribüne mit DDR-Oberen, in Dachau gab es drei getrennte Umzüge. Jede Gruppe war mit sich selbst beschäftigt. Es gab keine Interferenz zwischen diesen dreien.

Das ist heute auch noch oft so.

Also bitte keine Märchen! Wenn es um die Lager geht, bin ich sehr polnisch sozialisiert. Eine polnische Soziologin und Auschwitz-Überlebende, Anna Pawełczyńska, schrieb dazu eine traurige Untersuchung ›*Werte und Gewalt*‹. Ihre These war: Innerhalb von drei Monaten verlor ein Auschwitz-Häftling sein gesamtes humanes Rüstwerk. Das war das Teuflische an dem System! Ab dann ging es nur noch ums nackte Überleben ... Deswegen schrieb Tadeusz Borowski, ein Überlebender von Auschwitz und Dachau, dessen Auschwitz-Erzählung ›*Bitte, meine Herrschaften, ins Gas!*‹ wir in der Schule ›durchnahmen‹: ›Habt ihr überlebt? Dann erzählt bitte schön die ganze Wahrheit, dass das nur möglich war, wenn man dem Nachbarn sein letztes Stück Brot klaute [...]‹ Die verklärte Welt von Bruno Apitz' ›*Nackt unter Wölfen*‹ lässt mich kalt. Häftlinge haben darin in Buchenwald ein Kind gerettet. Aber ein anderes wurde dafür ins Gas geschickt. Für die SS stimmte die Zahl. Ich bin immun gegen erbauende Lager-Erzählungen, ob Auschwitz oder Gulag. Das perfide am Lagersystem war, dass fast jeder hineingezogen wurde.

Ich glaube, Sie überziehen.

Ich kenne natürlich auch Gegenbeispiele.

Es geht mir um mehr als nur um Beispiele. Es geht darum, dass selbst im KZ Gruppenbildungsprozesse möglich waren, Prozesse, wie sie uns Danuta Brzosko-Mędryk gerade noch einmal plastisch geschildert hat.

Ich sage es ja: Innerhalb der eigenen Gruppe – unter Kommunisten, katholischen Priestern, den polnischen Aufständischen, die 1944 nach Dachau geschickt wurden – war man solidarisch. Es gab auch den Fall Maximilian

Kolbe, der für einen anderen Häftling in die Todeszelle ging und verhungerte. Mein Redaktionskollege und Mitglied des Internationalen Auschwitz-Rates Marian Turski hat mir gesagt: „Man musste Leute um sich haben, denen man blind vertrauen konnte." Wenn man in solch einer fast sektenartigen Gruppe drin war, dann spielte auch die nationale Frage keine Rolle mehr. Da hätte auch ein Deutscher dazugehören können. Innerhalb dieser Gruppe waren alle solidarisch. Aber dann stand man wiederum mit anderen Gruppen im Konflikt. Nein – Semprúns Ansatz ist mir zu plakativ.

DAS EUROPÄISCHE GEDÄCHTNIS ALS BÜRDE.

Keine Aufregung, erklärt in Łódź der Soziologe Andrzej Piotrowski: Europa bildet bald einen Rahmen, der uns bei unserer Suche nach praktischer Orientierung weiterhilft. Die Ausstellung ›United States of Europe‹ gab dafür den Überbau. Von Solidarität ist eher nicht die Rede.

Andrzej Piotrowski, geboren 1947 in Łódź, studierte Soziologie sowie Philosophie und ist Inhaber des Lehrstuhls für Europäistik am Institut für Soziologie der Universität Łódź. Dieses Institut widmet sich seit Jahrzehnten Problemen kollektiver, besonders nationaler oder europäischer Identität – mit biographischen Methoden.

Der Freiheitsplatz in Łódź

Der längste Boulevard Europas

[Sonntag, der 18. August 2013. Łódź – unsere erste Station in Polen nach zwei Tagen in der Hauptstadt Warschau. Unweit von ›Europas längstem Boulevard‹, der schmalen, langgestreckten ulica Piotrkowska mit ihren niedrigen Bürger- und Arbeiterhäusern, liegt im Gebäude der soziologischen Fakultät der Universität Łódź das winzige Büro des Lehrstuhls für Europäistik: der Arbeitsort von Professor Andrzej Piotrowski. Wir haben Zeit für einen Bummel auf der Piotrkowska. Noch scheint hier, in dieser traditionsreichen Arbeiterstadt der Dienstleistungskapitalismus nicht angekommen zu sein. Die niedliche Einkaufsstraße ist am Sonntag weitgehend ausgestorben; verloren streunen zwei Einkind-Familien zwischen den geschlossenen Boutiquen und Lebensmittel-Geschäften umher. Kleinstadt-Langeweile in der Großstadt. Der Blick von der Terrasse des ›Café Wolność‹, ›Freiheit‹, auf den kreisrunden Freiheitsplatz aber erwärmt die Herzen und James Blakes ›Over-grown‹ klingt hier noch schöner als anderswo. Während wir auf unsere – per Auto nachgereiste – Übersetzerin Katarzyna Białousz warten, drehen sich einsame Fahrrad-Fahrerinnen unablässig um ihren Helden Tadeusz Kościuszko, den tapferen Freiheitskämpfer, der den übermächtigen Teilungsmächten Russland und Preußen einst vergeblich die Stirn bot. Die gelbroten Straßenbahnen zuckeln sehnsüchtig im Kreis hinterher.

Ein paar Stunden später, auf der Fahrt in den Abend gen Radom, entfalten sich von allein die ersten Diskussionen zwischen uns. Was machen wir hier, in Polen, mit unseren ständigen Fragen nach der Geschichte? Mit unserem ›Das will ich hören!‹? Mit unseren Fragen nach den Nazi-Verbrechen in Litzmannstadt. Nach dem polnischen Antisemitismus gar? Und was verbindet uns eigentlich mit diesem merkwürdig lakonischen, diesem gegenwartsnahen „verstehenden Soziologen“ an seinem kleinen Europäistik-Lehrstuhl, was trennt uns von ihm? Erste Erinnerungen schaffen sich Raum: an die vergangenen beiden Tage in Warschau und den nächtlichen Spaziergang um das schlafende Museum der Geschichte der polnischen Juden. Wie frei wir uns bewegten! Statt Wachleute mit abweisender Miene standen frische Blumen am Ghetto-Denkmal – Kerzen, Wachs, Steine, eine Kette mit Anhänger; schutzlos sicher. Wohin, fragen wir uns nach dem Gespräch mit Andrzej Piotrowski, führen uns unsere historischen Stereotypen auf dieser Fahrt gen Ostpolen, nach Lublin? Noch am selben Abend, nachts vor der ›Shot Bar Scandal!‹ in Radom, bekommen wir eine Antwort. Eine.]

Herr Professor Piotrowski, was bedeutet für Sie Europa?
Für mich ist Europa ein Kulturgebiet, an dem ich auf Grund meiner nationalen polnischen Kultur teilhabe. Polen und Europa stehen somit – trotz aller Probleme und Auseinandersetzungen, die wir in der Vergangenheit in Europa hatten – nicht in einem Gegensatz zueinander.

EIN ›EUROPEAN MENTAL SPACE OF REFERENCES‹

Kann man Europa also nur über den Umweg Polens, Deutschlands oder Italiens verstehen? Oder ist Europa als Kategorie auch unabhängig von den Nationen?
Einen gemeinsamen Nenner Europa gibt es noch nicht. Er ist noch im Entstehen begriffen. Die Wurzeln Europas liegen in den nationalen Kulturen. Daraus muss sich der Baum Europas entwickeln. Für unser Ausstellungsprojekt ›*United States of Europe*‹ bedeutete dies, nach kulturellen, künstlerischen oder soziologischen Gemeinsamkeiten zu suchen. Diese Gemeinsamkeiten werden aber nicht eine wie auch immer geartete europäische Identität zur Folge haben – so wie es nationale Identitäten gibt – sondern eher einen ›european mental space of references‹, also einen geistigen Raum, in dem wir uns aufeinander beziehen – um es mit meinem Magdeburger Kollegen Fritz Schütze und seinem EU-Forschungsprojekt ›Euroidentities‹ zu formulieren. Europa wird in Zukunft einfach einen Referenzrahmen bilden, der uns bei unseren Versuchen, uns in der Welt zu orientieren, ein bisschen weiterhilft.

Im Kontext der Europäischen Union?
Dieser ›european mental space‹ bildet natürlich einen weitaus größeren Rahmen als nur die EU.

Welche Rolle spielt dabei die Geschichte; insbesondere die Rückbesinnung auf den Zeitraum 1939 bis 1945?

Eine sehr wichtige Rolle! Diese Jahre haben das Ausmaß eines kollektiven europäischen Traumas; selbst wenn die Intensität in der zweiten und dritten Generation nach 1945 ein wenig abnimmt. Aber auch die Ausbildung der Nationalstaaten im 19. Jahrhundert bedeutete schon eine Schwächung Europas.

Gab es einmal ein starkes Europa?

Ja – in der Antike und dem christlichen Zeitalter mit den universalistischen Einstellungen, die nationale Grenzen nicht kannten. Der Zerfall dieses universalistischen Denkens war eine der großen Sünden der Moderne. Er bildet gewissermaßen die negative Basis für unser heutiges Europa.

Wenn Sie nun von einem Europa sprechen, das sich als „mental space" gerade erst neu bildet: Gehört zu diesem künftigen Orientierungsrahmen – gewissermaßen historisierend – auch ein „künftiges kollektives Gedächtnis"?

Das kollektive Gedächtnis bildet für uns im Grunde genommen ja nur das Ensemble unserer Erinnerungen. Der mentale Raum, der sich derzeit herausbildet, ist hingegen etwas Neues: Dieser Orientierungsrahmen, der seit einigen Jahren für immer mehr Menschen seine Gültigkeit hat, zeigt, dass Europa uns heute in vielerlei Hinsicht nicht mehr gleichgültig ist: Bildung, Politik, Ökonomie – nirgendwo können wir Europa mehr wegdenken. Dadurch entsteht eine gewisse Autonomie von Europa, für die der kollektive Gedächtnisraum eigentlich nur noch eine Art archaische Grundlage bildet.

Spielt der Begriff des kollektiven Gedächtnisses, wie er von Denkern wie Maurice Halbwachs begründet wurde, in der europäischen Soziologie überhaupt eine Rolle? Ist er in Polen ein wichtiger Name?

Halbwachs ist ja gewissermaßen selbst schon eine historische Figur in der europäischen Soziologie. Und auch in die polnische Soziologie ist der Begriff des kollektiven Gedächtnisses natürlich durch Maurice Halbwachs und Émile Durkheim eingedrungen. Zum Beispiel über den Durkheim-Schüler Stefan Czarnowski, der mit seinem Werk ›*Kultura*‹ als einer der Begründer der Historischen Soziologie in Polen gilt. Heute denken wir natürlich eher an Aleida und Jan Assmann, wenn wir vom kommunikativen oder kulturellen Gedächtnis sprechen.

Wodurch wird – im Vergleich dazu – Ihr „mental space" *zu einem soziologischen Faktum?*

Dieser Orientierungsrahmen, der derzeit entsteht, lässt sich sehr gut im Bildungsbereich und bei den innereuropäischen Wirtschaftsmigranten beobachten: Die Erasmus-Studenten als wachsende Gruppe einer europäisch geschulten und denkenden Elite bilden inzwischen eine sehr wichtige Gruppe im europäischen Kontext. Eine andere Gruppe sind die Migranten, die heute nicht mehr ein für alle Mal ihren Lebensraum wechseln – wie die Türken, die in den 1960er Jahren in die Bundesrepublik Deutschland gingen und zum großen Teil dort blieben. Heute sind sie – wie beispielsweise die Polen – eher in verschiedenen europäischen Ländern unterwegs und kommen nicht selten in ihre Heimatländer zurück. Man kann also eine neue europäische Lebensform beobachten, die wir als ›transnational‹ bezeichnen: als ein ›transnational switching in different spaces‹, das die Grundlage für einen gemeinsamen europäischen ›mental space‹ bildet. Diese ›mental spaces‹ haben eher einen prospektiven Charakter. Das historische Gedächtnis mit seinen Erinnerungs- oder Trauma-Strukturen, seinen antideutschen oder antipolnischen Ängsten und Stereotypen, die wir in uns tragen, spielt hier nur noch eine Nebenrolle. Die individuellen Fragen nach den persönlichen Möglichkeiten, die mir Europa bietet, sind sehr viel dominierender: also beispielsweise die Frage, wie ich zu einem ein- bis zweijährigen Aufenthalt in England komme.

Wir beobachten, dass dieser prospektive Blick auf Europa stark im Steigen begriffen ist und die mentalen europäischen Räume zusehends an Gestalt gewinnen. Da ist das kollektive Gedächtnis eher nur historisches Gepäck, oft sogar eine lästige Bürde. Wobei diese Mentalräume selten eine idyllische Dimension haben: Sie gründen ganz einfach auf einer realistischen Lebensplanung.

THE UNITED STATES OF EUROPE

Vielleicht können wir zu Ihrem Projekt ›United States of Europe‹ *kommen.*

Gern: Die ›*United States of Europe*‹ sind ein Projekt des Goethe-Instituts Paris und initiiert von der schwedischen Projektmanagerin Johanna Suo. Es handelt sich hier nicht um ein wissenschaftliches, sondern eher um ein praktisches, künstlerisches Projekt, zu dem unter anderem eine Erhebung von biographischen Interviews gehört. Dafür war ich mit meinem Team verantwortlich. Zum einen also gab es zwischen 2011 und 2013 an zehn europäischen Orten – beginnend in Łódź und danach in Finnland, Bulgarien, Litauen, Portugal, Zypern, Deutschland, Belgien, Frankreich und Irland – zehn Ausstellungen mit Kunstwerken, die jeweils auf die Frage ›Wie verstehe ich Europa?‹ reagierten. Zu diesen Ausstellungen gehörten immer auch Diskussionsräume – die so genannten ›laboratories‹ – in denen sich die Ausstellungsbesucher mit den Künstlern treffen konnten, um mit ihnen über Europa zu diskutieren. Und anschließend wurden dann ausgewählte Personen von uns direkt zu Europa befragt.

Handelte es sich dabei um qualitative Interviews?

Ja, wobei die wissenschaftliche Dimension nur einen Nebenaspekt darstellte. Die Befragten sollten einfach eine Chance bekommen, sich zu Europa zu äußern; zu ihrem Bild von Europa, zu ihrem europäischen Selbstverständnis. Die Interviews wurden gefilmt und dann in der Ausstellung präsentiert. Hinzu kamen noch kleine Konferenzen, auf denen sich Wissenschaftler und Aktivisten aus sehr unterschiedlichen europäischen Institutionen miteinander austauschten.

Warum begann die Ausstellungsserie in Łódź?

Keine Ahnung. Wir als Universität waren auch nur eingeladen, mitzumachen. Die Zentrale war in Paris, wo auch Johanna Suo, die Koordinatorin, saß. Das Ganze war im Grunde genommen ein gigantisches Werk einer einzelnen Person mit Anbindung an das Goethe-Institut und entstand nach den EU-Wahlen von 2009 mit ihren extrem geringen Wahlbeteiligungen.

Als was verstehen Sie sich im Rahmen dieses Projekts?

Als eine Art von ›think tank‹, der den methodologischen Rahmen für die Interviews im Rahmen des Gesamtprojekts erarbeitet hat. Der Kontakt entstand über Fritz Schütze in Magdeburg, mit dem wir seit vielen Jahren gemeinsam biographische Forschung betreiben.

Ein Kollege, den wir in Buchenwald getroffen haben, Piotr Filipkowski, hat uns viel von Fritz Schütze berichtet. Er hält starke Stücke auf die biographische Methode, die in Magdeburg ausgearbeitet wurde – gerade auch hinsichtlich der Interviews mit ehemaligen KZ-Häftlingen.

Ja, Piotr Filipkowski war ein Student von mir.

Wie haben Sie persönlich das, was in diesem Projekt ›United States of Europe‹ entstanden ist, erlebt?

Im Grunde war es kein schlechtes Projekt, auch wenn mir der Fokus auf das multimediale Element ein wenig zu sehr im Vordergrund stand. Aber allein in Łódź gab es wiederum zehn unterschiedliche Orte, an denen sich das Projekt abspielte.

Und das Publikum?

... rekrutierte sich vor allem aus dem akademischen Milieu.

Mit dem entstehenden europäischen „mental space“, den Sie gerade beschrieben, scheint diese Überbau-Veranstaltung kaum etwas zu tun gehabt zu haben. Braucht es so etwas für das entstehende Europa?

Damit fragen Sie im Grunde danach, welche Rolle die Kunst in unserer Gesellschaft überhaupt spielt. Ich würde das nicht unterschätzen. Wir haben hier in Łódź ja eine der wichtigsten Filmhochschulen Europas, aus denen

Regisseure wie Roman Polański, Krzysztof Kieślowski oder Andrzej Wajda hervorgegangen sind. Nach dem Zweiten Weltkrieg und bis in die 1960er Jahre war das Museum für moderne Kunst hier in Łódź das viertgrößte Museum dieser Art in ganz Europa – vergleichbar mit der Tate in London. Es ist 1931 als eines der ersten Museen für moderne Kunst weltweit gegründet worden und spielt auch heute noch im europäischen Kontext eine bedeutende Rolle. Ich erinnere nur an die polnische Moderne mit Władysław Strzemiński und Katarzyna Kobro von der Gruppe *a.r.*, die an der Gründung des Museums direkt beteiligt waren und deren Werke hier zu sehen sind. Für die Nazis gehörten sie in den Kontext der ›entarteten Kunst‹, wurden aber – anders als geplant – nicht zerstört.

Auch unsere Kunsthochschule hat eine lange und ruhmreiche Tradition. Gleichzeitig waren die Hochschulen und die Universität natürlich immer Enklaven in dieser klassischen Arbeiterstadt Łódź. Heute hingegen verschwindet diese Arbeiterstadt langsam aber sicher und zugleich steigt die Zahl der Studierenden kontinuierlich an. Insgesamt haben wir heute rund 100. 000 Studenten in Łódź.

Ich fasse noch mal zusammen: Zum einen gab es im Rahmen der ›United States of Europe‹ *das weitgehend akademische Publikum, das an diesem breit angelegten Projekt teilnahm. Zum anderen sprachen wir über das „gelebte Europa", das zusehends jenen ›mentalen Raum‹ ›Europa‹ konstituiert: Das Europa der Migration, das Europa der touristischen Reisen, das Erasmus-Europa. Mir fehlt hier eine dritte Ebene, die ich vielleicht als ›das gedachte Europa‹ bezeichnen würde: Ein Europa, in dem beispielsweise über Fragen der Solidarität diskutiert wird.*

Sie schneiden hier sicherlich eine sehr wichtige Frage an. Denn wenn wir die jungen Menschen, die den mentalen Raum konstituieren, beobachten, so ist er wahrhaftig eher pragmatisch als solidarisch strukturiert. Die Ausnahme bilden einige Institutionen, die mit Europa zu tun haben und beispielsweise den Austausch von Freiwilligen organisieren. Was die Interviews und Diskussionen im Rahmen der ›*United States of Europe*‹ betrifft, so gibt es zwar derzeit noch keine Auswertung, aber ich kann schon jetzt sagen, dass dabei über Fragen sozialer Solidarität wenig diskutiert wurde – eher über Fragen der Gleichbehandlung und des Respekts gegenüber nationalen und kulturellen Unterschieden. Es ging, vereinfacht gesagt, vor allem um ›political correctness‹ und war eher Thema in Ländern wie Bulgarien oder Griechenland, in denen dieser Respekt von den dominierenden Nationen in Europa eingeklagt wurde.

Was hat Sie bei den entstandenen Kunstwerken besonders beeindruckt – und warum?

Eine Reihe von Fotos aus Estland: Porträts von Menschen ganz unterschiedlicher europäischer Herkunft, die aber einer vergleichbaren Berufsgruppe zugehören – allesamt Gewichtheber, Packer oder ähnliches – und immer auf die gleiche Weise fotografiert und präsentiert wurden. Das Resultat: Die Unterschiede waren frappierend – trotz des Musters, in das sie gedrängt wurden. Ein Spiel zwischen Individualismus und Anonymität mit beeindruckenden Ergebnissen.

Und wenn Sie die Ausstellungen insgesamt beurteilen würden?

Dann bin ich eher deprimiert angesichts einer gewissen popkulturellen Gleichförmigkeit, die hier zum Ausdruck kommt. Die Frage von Diversität oder Uniformität war zwar nicht direkt ein Gegenstand des Projekts – aber als ich die Bilder in der Ausstellung hier in Łódź versammelt sah, hatte ich den Eindruck von etwas Soldatischem, Totalitärem, der mich eher bedrückt hat.

Werden Projekte wie dieses Einfluss auf den Prozess einer Europäisierung Europas haben – egal ob nun als mentaler Raum oder als ›europäische Identität‹?

Wenn man sich die einzelnen Ausstellungen ansieht, dann kaum. Das Gesamtprojekt hat andererseits für viel Aufmerksamkeit gesorgt. Dabei kamen dann auch Themen wie eine europäische Multikulturalität, die Heterogenität Europas oder die Gefahren durch eine zu starke Gleichschaltung in Europa zu Wort. Das ganze Projekt war eigentlich eine einzige große Hymne auf die Diversität! Auch Johanna Suo hat dies immer wieder sehr unterstrichen: Es ging uns nicht um Propaganda für ein föderalistisches Europa. Es ging eher darum, die Leute dazu zu bringen, überhaupt über Europa und seine Heterogenität zu debattieren.

Wo sehen Sie ganz persönlich die Hauptgefahr für diese europäische Vielfalt? Sollte man sich dabei auch an die Versuche einer rassistischen Uniformisierung in der Geschichte Europas erinnern?

Diese Prozesse, die wir in der Geschichte Europas beobachten können, sind natürlich sehr wichtig. Aber die Uniformisierung hat heute ein neues Gesicht: Dazu gehört die Vereinheitlichung der Bildung durch den Bologna-Prozess genauso wie die stetig fortschreitende Institutionalisierung unserer Lebenswelt und ihre Unterwerfung unter ökonomische Bedingungen. Standardisierungen, die Anforderungen der Leistungsgesellschaft, die Forderungen einer allgemeinen ›accountability‹ spielen zusehends eine größere Rolle in unserem Leben und eigentlich erwarten wir dies ja schon gar nicht mehr anders. Jürgen Habermas gehörte zu den ersten, die betonten, dass wir uns auf Grund eines fortschreitenden ›common-sense-Verlustes‹ zunehmend auf Regeln und Anleitungen stützen müssen. Paradoxerweise

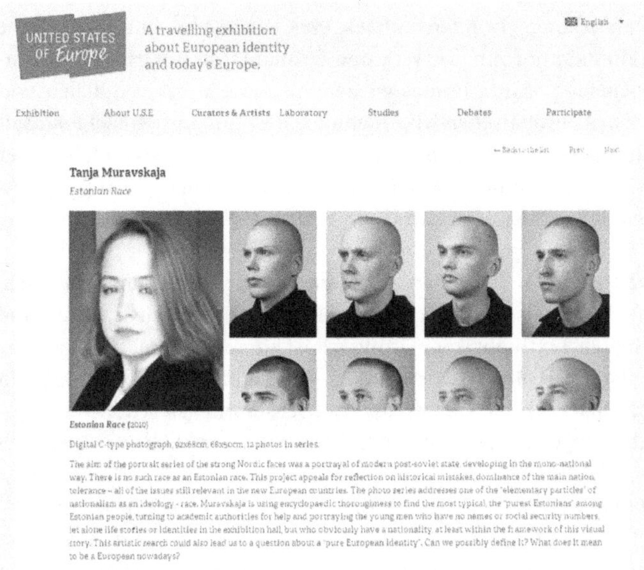

Die Vereinigten Staaten von Europa

ist es dabei vielleicht gerade die Diversität und kulturelle Heterogenität, die dazu führt, dass wir im Alltag unser Sicherheitsgefühl und unser Vertrauen verlieren und deshalb nach institutionalisierten Stützen Ausschau halten. Wenn unsere Normen und unsere Wertesysteme an Gültigkeit verlieren und wir uns nicht mehr in einem gemeinsamen Raum austauschen können, brauchen wir Prozeduren und Anweisungen, die für uns alle Geltung haben.

Oder eine europäische Öffentlichkeit?

Zum Beispiel. Auch.

ŁÓDŹ

Sie sind in Łódź geboren. Welche Orte sollten wir hier aufsuchen, um etwas über ein europäisches Łódź zu erfahren?

Zwei Orte würde ich Ihnen gern ans Herz legen: Zum einen Księży Młyn, den riesigen Fabrik-Komplex von Karol Scheibler. Dieses alte Fabrik-Areal, das mit europäischen Fördergeldern inzwischen völlig neu als ein Zentrum für Medien und Dienstleistungen ausgebaut wurde, ist ein Paradebeispiel für den paternalistischen Kapitalismus des 19. Jahrhunderts. Diese größte Baumwollspinnerei Europas, die 1826 gegründet wurde, war viel mehr als nur eine Fabrik: Kleine Fürstentümer des 18. Jahrhunderts wuchsen zu dieser Fabrik zusammen: zu einer kleinen Stadt, zu der in den 1870er Jahren eine Arbeitersiedlung, ein Krankenhaus, eine Feuerwehr, eine Schule, eine Apotheke, ein Bahnhof, ein Gaswerk und Grünanlagen gehörten. Die Spinnerei von Scheibler wurde immer wieder mit Manchester verglichen und gehörte zu jenen europäischen Unternehmen, die – um mit Michel Foucault zu sprechen – dem panoptischen Prinzip gehorchten. Man sieht noch immer sehr gut, wie die Uhr und die Fabrik den gesamten Lebensrhythmus regulierten und überwachten. Hier kann man Foucault wirklich noch einmal live erleben.

Der zweite Ort, den ich Ihnen empfehle, ist ein Ort namens Grünbach. Hier wohnten ehemals deutsche Emigranten aus Thüringen, Sachsen und arbeiteten in den Textilfabriken: Grünbach ist ein sehr schönes Beispiel dafür, wie die Polonisierung vonstatten ging. Als ich hier zur Schule ging – in den 1950er, 1960er Jahren – waren die Deutschstämmigen schon völlig polonisiert, aber ungefähr die Hälfte der Klasse hatte noch einen deutschen Namen.

Wie kommt es, dass Sie als europäischer Soziologe in Łódź arbeiten?

Ich war beteiligt an der Gründung des Studiengangs für Europäische Studien in Magdeburg, also dem Institut von Fritz Schütze. Inzwischen gibt es zahlreiche Studiengänge, die sich mit Europa beschäftigen – Łódź ist hier

Księży Młyn, der historische Scheibler-Komplex als postmodernes europäisches Dienstleistungszentrum

nur ein Beispiel. Die wichtigsten Standorte in Polen sind an der Jagiellonen-Universität in Krakau sowie der europäische Studiengang an der Universität Warschau, der der Fakultät Journalismus angegliedert ist. Wir hier in Łódź gehören zur Soziologischen Fakultät, weil ich auch von meiner Ausbildung her Soziologe und Philosoph bin.

Welche Rolle spielt für Sie als Philosoph Ihr polnischer Kollege in England, Zygmunt Bauman?

In Łódź spielt er eine ziemlich große Rolle. Ich kenne ihn auch persönlich und habe seine Veranstaltungen an der Universität Warschau besucht. Aber er ist in Polen überhaupt sehr populär: Man schätzt ihn als Diagnostiker der Zeitgeschichte und der Gegenwart.

Baumans Analyse der Shoah und der Lager als Symptome einer Moderne, die ständig in der Gefahr ist, in Terror umzukippen und sein Setzen auf Bildung als dem einzigen Gegenmittel: Ist das auch „Ihr" Bauman hier in Polen?

Nun, nicht für alle Polen ist Zygmunt Bauman eine Autorität. Wie Sie wissen, gilt er als eher regierungsnah zu stalinistischen Zeiten in Polen. Der rote Faden, den wir in seinem Werk sehen, ist seine Theorie der Postmodernität. Seine Theorie der Lager wurde in Polen weniger stark rezipiert. Das hängt natürlich auch mit der Frage zusammen, wie in Polen die jüdische Frage und der Antisemitismus diskutiert werden. Im öffentlichen Diskurs aber ist es weiterhin schwierig, über die Shoah und die jüdische Frage zu sprechen. Das Thema umschifft man lieber und oft ist man sich nicht sicher, welche Stellung man dazu einnehmen sollte. Ich weiß nicht, ob Sie die Jedwabne-Debatte mitverfolgt haben, die Debatte über die Mitschuld der Polen an der Judenvernichtung. Im historischen Gedächtnis unseres Landes ist dies immer noch ein ›hot issue‹, weil wir uns damit von einem sehr vereinfachten Opfermythos trennen müssen, den wir in den letzten Jahrzehnten gepflegt haben. Das ist ein sehr schmerzhafter gesellschaftlicher Prozess. Aber immerhin: Die Debatte hat begonnen.

Fakultät für Wirtschaftswissenschaften und Soziologie, Universität Łódź. Davor: Andrzej Piotrowski, August 2013

Hat das im Rahmen der ›United States of Europe‹ *eine Rolle gespielt?*

Nein. Diese Kategorien von Tätern und Opfern wurden hier nicht thematisiert.

Fehlt Polen das verloren gegangene jüdische Element in seiner Kultur?

Ja, gerade in Łódź scheint mir dies sehr wichtig zu sein. Das Judentum war hier besonders wichtig. Wir veranstalten hier inzwischen ein jährliches ›Festival der vier Kulturen‹ – der russischen, der polnischen, der jüdischen und der deutschen Kultur –, die als die vier Gründungskulturen unserer Stadt gelten.

Vielleicht eine Abschlussfrage, Herr Professor Piotrowski: Während unseres Gesprächs haben wir Sie als einen Soziologen mit viel Interesse an

Kultur erlebt, der aber, wenn er als Soziologe spricht, eher in einen lakonischen Tonfall verfällt: Sie beobachten die europäische Gegenwart und konstatieren dabei, dass diese Gegenwart quasi unweigerlich in eine uniforme Zukunft führt: eine Welt der zunehmenden Ökonomisierung und Institutionalisierung unserer Lebenswelt. Einen ähnlich stoischen – ich würde fast sagen – apokalyptischen Blick wie Sie kennen wir von Walter Benjamins ›Engel der Geschichte‹, *der – entsetzt auf die Trümmer der Vergangenheit schauend – rückwärts in die Zukunft weicht; ohne jede Möglichkeit, einzugreifen. Geht es Ihnen als Soziologe genauso? Schauen Sie mit klarem Blick auf die zweite Moderne, die Sie antizipieren, aber nicht verhindern können?*

Vielleicht ist in unserem Gespräch ein etwas falscher Eindruck entstanden: Es ist nicht so, dass ich die Situation nur lakonisch schildere und alles unbeteiligt beobachte. Tatsächlich gibt es heute diese sehr pragmatische Zukunftsorientierung, die wir als Europas ›mental space‹ beschreiben; sie ist aber auch sehr produktiv und fördert sogar eine gemeinsame europäische Zukunft. Ich bin eigentlich ganz optimistisch, dass wir hier auf dem richtigen Weg sind. Natürlich können wir uns gleichwohl die Frage nach der Aufarbeitung der Vergangenheit stellen – sie spielt bei unserer derzeitigen pragmatischen Orientierung aber eher eine untergeordnete Rolle. Und auch das ist etwas, was mich eher optimistisch stimmt. Wenn heute junge Leute nach England gehen, dort arbeiten, Familien gründen, Kinder bekommen, ist das doch erst einmal ein sehr produktiver Aspekt des heutigen Europas. Selbst wenn es seine negativen Seiten hat und aus der Vergangenheit plötzlich wieder alte – und neue! – Stereotypen auftauchen. Man sieht das ja im Moment in der Beziehung zwischen den Deutschen und den Griechen und all den alten Zuschreibungen als ›Nazis‹ hier oder ›Faulenzer‹ da, die plötzlich wieder virulent werden. Eine pragmatische Orientierung auf ein gemeinsames Europa und die Entwicklung eines gemeinsamen ›mental space of references‹ weckt also auch wieder alte Dämonen. Man braucht sich doch nur all die alten Zuschreibungen anschauen, die heute das Verhältnis von Russen und Ukrainern bestimmen.

Wir trafen gestern eine Warschauer Historikerin, Zofia Wóycicka, die am Aufbau eines künftigen Hauses der Europäischen Geschichte in Brüssel mitarbeitet. Die daran beteiligten Historiker sammeln im Moment in allen europäischen Ländern Exponate, die die Geschichte des 19. und 20. Jahrhunderts dokumentieren. Welches Exponat würden Sie dieser Sammlung hinzufügen?

Bücher natürlich! Den europäischen Kanon der Philosophie und Literatur. Sophokles, Platon, Euripides, Augustinus, Montaigne, Rousseau ...

Czesław
Miłosz
›Familie Europa‹

Und polnische Autoren?

Ein wunderbares europäisches Traktat aus dem mittelosteuropäischen Raum ist die autobiographische Essaysammlung ›*Rodzinna Europa*‹, ›*West und Östliches Gelände*‹, von Czesław Miłosz: Ein großartiger Text einer großen Persönlichkeit, den man vielleicht mit dem Essay ›*Die Tragödie Mitteleuropas*‹ von Milan Kundera aus dem Jahr 1984 vergleichen kann. In einer dichten, poetische Form erzählt Miłosz hier von seiner Jugend in Wilna: also vom Zusammenleben der Polen, Litauer, Russen und Deutschen in Nordosteuropa.

UNTERWEGS IN POLNISCHEN LEBENSWELTEN.

Eine Reise von Radom über Bełżyce nach Lublin. Mit Joanna Zętar im Stadttor Brama Grodzka vor wiedergefundenen Zeichen jüdischen Lebens. Und mit Arek Ziętek und Michał Wolny über den Dächern der Stadt.

Joanna Zętar, geboren 1975 in Lublin, arbeitet seit 2002 als Kunsthistorikerin im Lubliner Kulturzentrum Brama Grodzka – Teatr NN am Fotobestand sowie in der pädagogischen Abteilung und veröffentlichte zahlreiche Texte zur jüdischen Geschichte Lublins.

Arkadiusz Ziętek, geboren 1973 in Lublin, schloss ein Ingenieursstudium für Umweltschutz an der Naturwissenschaftlichen Universität Lublin ab. Nach 1990 war er als Schauspieler und Regisseur auf freien Bühnen in Lublin tätig, ab 2002 als künstlerischer Leiter, Regisseur, Kulturmanager, Schauspieler, Bühnenbildner und Theaterpädagoge beim Berliner Verein Interkunst e.V. Seit 2012 ist er mit zahlreichen Projekten in Ostpolen, Deutschland und Italien unterwegs.

Michał Wolny, geboren 1981 in Puławy, studierte Kultursoziologie sowie Politik- und Kommunikationswissenschaften an der Maria-Curie-Skłodowska-Universität Lublin. Seit 2000 ist er in der Kulturszene Lublins genauso aktiv wie in zahlreichen NGOs. Von 2006 bis 2013 führte er das autonome Kulturzentrum ›Tektura‹ (inzwischen geräumt), 2013 gründete er das Initiativenhaus ›Cicha 4‹.

RADOM

Amerika so nah – so fern

18. und 19. August 2013. Von Łódź über Radom nach Lublin: Eine Zeitreise. Auf den neuen Schnellstraßen von Berlin bis nach Lublin und weiter in Richtung Osten manifestiert sich der früh antizipierte Anschluss der Ukraine an die EU. Man war so weit – im Frühjahr 2014. Wir kommen auf Umwegen. Masowien liegt im abseitigen Mittendrin der Wirtschaftstangenten Warszawa-Kraków, Kraków-Lublin, Lublin-Warszawa. Die europäischen Fördergelder der letzten zehn

Die ihr Glück noch nicht gefunden haben (am Morgen danach)

Jahre sind hier weniger in Transportwege als in die bäuerlichen Anwesen geflossen – und in die Städte. In der kreisfreien Großstadt Radom findet der trainierte Fremdblick unweigerlich die ›Eurobank‹, ein europäisch besiegeltes Abendgymnasium und das schöne ›Kino Atlantic‹. „Europa steht einfach für alles, was billig ist", erklären uns am späten Abend zwei junge Frauen beim Bier vor der ›Shot Bar Scandal!‹ zwei Schwestern – Bauingenieurin die eine, Wirtschaftswissenschaftlerin die andere –, die ihr Glück in diesem Europa noch nicht gefunden haben. Zwischenzeitlich betreiben sie ein Planetarium im Eingangsbereich des neuen Einkaufszentrums. Sieben Euro-Millionen habe Brüssel für die neuen Wasserspiele im Stadtzentrum von Radom hinlegen müssen, sagt ihr Chef, der Event-Manager: „Ich hätte denen das Ding für ein Siebtel gebaut." Am Theater werden ›Alice im Wunderland‹, *Witold Gombrowiczs* ›Polnische Lebenserinnerungen‹ *und* ›Majakowski (reaktywacja)‹ *annonciert: lauter Erinnerungen, reaktiviert, an Polens große Plakatkunst.*

BEŁŻYCE

Vor Lublin Halt in Bełżyce: Ein Städtchen mit Stadtrecht und 6.765 Einwohnern in merkwürdig kurz geschnittenen Häusern, deren Funktion uns nicht eingeht. Vom 16. Jahrhundert bis in die 1940er Jahre lebten hier viele Juden: „Stoff-, Kurzwaren-, Kolonial-, Eisenwaren- und Lebensmittelhändler, Tischler, Schneider, Schuhmacher, Bäcker und Schächter", zählt der Weimarer Historiker Harry Stein auf. 1643 traf sich in Bełżyce sogar der jüdische Vierländer-Rat mit seinen führenden Vertretern aus allen polnischen Landesteilen. Nach der deutschen Invasion wurde in Bełżyce ein Ghetto eingerichtet. Am Nachmittag des 12. Mai 1942 treffen rund eintausend deportierte Thüringer Jüdinnen und Juden ein, die man zum Abtransport drei Tage zuvor in die Weimarer Viehauktionshalle beordert hatte. Ihr Weg vermied die großen Agglomerationen und verlief vermutlich, so Stein in seiner Studie über die ›Deportation und Vernichtung der Thüringer Juden 1942‹, *durch „Chemnitz in Richtung Dresden, Görlitz, den Raum Liegnitz/Breslau, Krotoschin, Ostrowo, Kalisch (Kalisz), Zduńska Wola, die Südumfahrung von ‚Litzmannstadt' (Łódź), Widzew, Kołuszki, Skarżysko-Kamienna und Radom zur Weichsel bei Dęblin" und schließlich nach Lublin. Von dort aus ging es zu Fuß weiter nach Bełżyce ins Ghetto. Hier wurden die meisten von ihnen fünf Monate später,*

Bełżyce - Giebel, breit wie Scheunentore

am 12. und 13. Oktober 1942, durch die SS und ukrainische Hilfskräfte ermordet, der Rest ins nahegelegene Konzentrationslager Majdanek verschleppt. Die einzige Thüringer Überlebende, Hannelore Wolff, wurde durch Schindlers Liste gerettet; heute lebt sie als Laura Hillman in den Vereinigten Staaten. Von vierhundert Jahren jüdischen Lebens in Bełżyce erzählt heute vor allem ein historischer Friedhof am Stadtrand.

LUBLIN 1: BRAMA GRODZKA

In Lublin ist Arek Zię̨tek unser ehrenamtlicher Reiseleiter. Ein Mittdreißiger, der in der europäischen Linken genauso zu Hause ist wie auf den europäischen Theaterbühnen. In Lublin wohnt seine Mutter; in Warschau und Berlin wohnen seine Freundinnen Justyna und Marie. Er wohnt, wo es Arbeit für ihn gibt. Ein großer Netzwerker. Wie für viele, denen wir in der polnischen Kulturszene begegnen, ist Europa nicht Thema, sondern längst Realität. Nicht immer einfach, häufig prekär; aber besser als vor der Öffnung der Grenzen.

Wir trafen Arek vorher schon in Berlin, danach noch einmal in Warschau mit Justyna, die uns von ihrer Jugend in Israel und von ihrer Großmutter erzählte, die in Auschwitz ans Tor klopfte und nach ihrer Familie fragte. Und von Neonazis in den Straßen Warschaus: „Angst, auf die Straße zu gehen, ist ein neues Gefühl für mich.“

Der alte jüdische Friedhof in Bełżyce, August 2013

Gemeinsam mit einem kanadischen Impro-Theater macht der Theaterpädagoge Arek Ziętek in seiner Heimatstadt für einen Workshop Station – und

stellt für uns die nötigen Kontakte her: beim Teatr NN mit Joanna Zętar und anschließend mit dem Lubliner Aktivisten Michał Wolny in den autonomen Zentren der Stadt.

Im Stadttor Brama Grodzka am Rande der Altstadt erforscht eine Geschichtswerkstatt, die zu Beginn der 1990er Jahre aus der Mitte der Bürgergesellschaft entstand, die jüdische Geschichte ihrer Stadt. Wie charmant diese frisch renovierte Lubliner Altstadt mit ihren Straßencafés allüberall ist! Spiralförmig verdreht sich die größte polnische Stadt östlich der Weichsel mit ihren Sträßchen den Altstadt-Hügel herauf – unweigerlich auf den Marktplatz zu. Brama Grodzka im Nordosten ist da nur wenige Schritte entfernt. Einmal durch die trutzig-dunkle Durchfahrt hindurch und schon öffnet sich die Stadt wieder mit fröhlichem Brückenschwung hinüber zum burgähnlichen Schlossberg. In der Senke aber, dazwischen und unter dem Schutz des Fürsten lag einst für ein paar hundert Jahre das jüdische Viertel. Ab 1820, also in seinen „russischen Zeiten", war das Schloss ein Gefängnis Kongresspolens; unter der deutschen Besatzung von September 1939 bis Juli 1944 wurde daraus ein Gestapo-Gefängnis. 1942 wurde Lublin das Hauptquartier für die so genannte ›Aktion Reinhardt‹ – mit dem Ziel der systematischen Ermordung aller Juden und Roma im Generalgouvernement mit seinen Distrikten Warschau, Lublin, Radom, Krakau und Galizien sowie der Ukraine. Vom Sommer 1942 bis Oktober 1943 wurden zwei Millionen Juden und 50. 000 Roma ermordet; vor allem in den Vernichtungslagern im Distrikt Lublin, den Lagern Belzec sowie Sobibor und im Vernichtungslager Treblinka im Distrikt Warschau. Direkt in Lublin lag das Konzentrationslager Majdanek. Mit der Ausrottung der Juden und Roma beauftragte Heinrich Himmler den Österreicher Odilo Globocnik, der seit 1939 SS- und Polizeiführer des Distrikts Lublin war. Am 4. November 1943 meldete Globocnik Himmler den erfolgreichen Abschluss des Völkermords.

Brama Grodzka. Das Stadttor zum jüdischen Viertel Lublins

Im Zentrum Brama Grodzka im nordöstlichen Stadttor wird das Leben der Juden in Lublin von seinen Anfängen bis zu seinem Ende erforscht und gezeigt. Mit dem einstigen Studenten-Theater, das das fast 600 Jahre alte Stadttor in den 1970er, 1980er Jahren beherbergte, habe das heutige Kulturzentrum kaum noch etwas zu tun, betont die Kunsthistorikerin Joanna Zętar. Nur den Namen, ›Brama Grodzka – Teatr NN‹ und den einstigen Theaterchef Tomasz

Pietrasiewicz als Direktor habe man sich erhalten:

Heute wird hier nur noch selten Theater gespielt. Und alle Aufführungen, die wir hierher holen, haben etwas mit dem Werk von Isaac Bashevis Singer zu tun, dem jiddischsprachigen Schriftsteller. Mit seinen Geschichten wollen wir an die multikulturelle Lebenswelt Lublins und an die jüdischen Grundlagen unserer Kultur in der Region erinnern. Singers Kurzgeschichten sind tief im Leben der jüdischen Gemeinschaft verwurzelt, die hier vor dem Zweiten Weltkrieg zu Hause war.

Nicht mehr Theater also, sondern „Dokumentation, Erinnerung und Vermittlung der jüdischen Geschichte der Stadt": Brama Grodzka ist heute Museum, Archiv und ein Ort für Workshops mit Gästen aus Israel, Deutschland und zahlreichen anderen europäischen Ländern – auf Polnisch, Hebräisch und Englisch. Zętar erzählt:

Oft haben wir deutsche Gruppen, begleitet von ehemaligen Freiwilligen bei uns, die einige Jahre vorher da waren und die nun neue Interessenten hierher führen. Selten sind das große Gruppen. Aber umso besser! Ganze Busse mit Besuchern überfordern uns eh.

Zwei Stunden lang wird Joanna Zętar so ihre beiden deutschen Besucher am heutigen Tag auf und ab durch ihr Haus führen – so wie sie es mit jedem anderen Gast auch tut. Denn in dem gedrungenen Stadttor ist kein Besucher allein unterwegs. Aus Prinzip. 2012 wurden rund 6.000 Menschen durch die Dauerausstellung ›Das große Buch der Stadt‹ *geführt; zwei Drittel kamen aus dem Ausland, die meisten aus Israel. Jeder von ihnen bekam eine Führung.*

Quellen sprechen nicht von sich aus, weiß die Kunsthistorikerin aus ihrer elfjährigen Arbeit hier, schon gar nicht, wenn sie so zahlreich sind wie die Informationen im Zentrum Brama Grodzka – oft halb verborgen in Archivschränken, Schubern und neuartigen Wandinstallationen:

Man kann das synthetische Wissen, das wir hier aufgebaut haben, nicht einfach auseinander reißen und in Einzelstücken präsentieren. Bilder sprechen in ihrer Komplexität nicht von allein zum Betrachter. Die Menschen brauchen Einführungen, Zusatzinformationen, Erklärungen. Nach der Führung können unsere Besucher dann gern auch länger bleiben und noch ein bisschen weiter hineinhören, hinschauen, nachdenken und die Eindrücke vertiefen.

Joanna Zętar weist aus dem kleinen Fenster im Treppenhaus auf einen wild-krummen Trampelpfad, der quer durch die Grünanlagen am Fuße des Stadttors verläuft und sich links im Irgendwo zwischen Büschen und Bäumen verliert. Auch er schwiege fein still, würde ihn unsere Stadtführerin hier nicht zur Rede stellen:

Die Lubliner haben diesen Pass in den letzten Jahrzehnten mit ihren eigenen Füßen angelegt: einfach, indem sie die kürzeste Verbindung von der Altstadt in ihren Wohnbezirk wählen. Über Jahrzehnte wusste niemand, dass sie damit exakt auf den gleichen Wegen gingen und gehen, wie vor 1939 die Menschen – die hier aber in einer der belebtesten Straßen des ehemaligen jüdischen Viertels unterwegs waren. Dieser Pfad durch die Grünanlagen verfolgt nämlich genau die Linie der einstigen ulica Krawiecka.

Unbewusstes Reenactment der einstigen ulica Krawiecka im jüdischen Viertel

Mit seinen gestampften Palimpsesten im Park und dem Archiv im alten Stadttor will Lublin der Gedächtnisort eines multikulturellen Polens werden: eines Polens, das nicht zuletzt durch das jüdische Leben – vom orthodoxen Leben im Schtetl bis zur großstädtischen Assimilation – in seinen vielfältigen Formen geprägt war. Lublin war immer auch jüdisch, mit einem Bevölkerungsanteil um die fünfzig Prozent und als religiöses Bildungszentrum mit Ausstrahlung weit über die Region hinaus. Noch 1930 wurde hier – zwölf Jahre nach der Gründung der Katholischen Universität Lublin – von Jehuda Meir Shapira die Chachmei Lublin Jeschiwa, die Talmud-Hochschule von Lublin, gegründet. Doch es ist vor allem der multikulturelle Akzent, den Joanna Zętar dabei herausstreichen will:

Lublin war eine multireligiöse Stadt: Christen, Juden, Orthodoxe – also Russen – und sogar Protestanten wohnten hier in der Zwischenkriegszeit zusammen. Zu den letzteren, einer kleinen, aber sehr einflussreichen Minderheit, gehörten übrigens auch mehrere Fabrikanten aus Deutschland, die sich hier angesiedelt hatten. Ohne die jüdische Gemeinschaft und ihr Erbe aber wäre Lublin niemals zu dieser Multikulturalität gelangt, für die es in ganz Europa berühmt war. 1918 war das christliche Lublin eigentlich nur noch eine piefige, vernachlässigte Provinzstadt, eine von vielen anderen Städten in der Region. Mit der Unabhängigkeit und einer neugegründeten Katholischen Universität wurde dieses ›christliche‹ Lublin dann wieder zur Provinz-Hauptstadt im neuen polnischen Staat aufgebaut. Das jüdische Lublin hingegen hätte diese Aufwertung eigentlich nicht nötig gehabt. Es war weltweit berühmt. Jeder osteuropäische Jude kannte Lublin.

Lublin vor dem Zweiten Weltkrieg – das ist die Geschichte eines europäischen Judentums, das nicht Diaspora, sondern integraler Teil der polnischen Kultur und einer ihrer wichtigsten Motoren war, möchte das Teatr NN zeigen. Nicht erst Anfang des 20. Jahrhunderts. Denn wenn die polnisch-litauische Union von 1400 bis ins 18. Jahrhundert das vielleicht wichtigste politische Ereignis in der Geschichte Polens war, dann, findet Joanna Zętar, „war Lublin wohl sein Jerusalem". Das Archiv seiner Erinnerung im Zentrum Brama Grodzka datiert gleichwohl aus dem späten 19. und frühen 20. Jahrhundert. Aus einem Jahrhundert der Fotografie, dessen Schubladen sich Mitte der 1990er Jahre öffneten, um den Sammlern vom Teatr NN ihre Schätze zu übergeben:

Lublin 1938: Eine belebte Straße. „... nur die Erinnerung daran" (Roman Vishniac)

Aus Lublin, aus Warschau, aus ganz Polen, aus den USA, aus Australien kamen die Leute, als wir sie riefen. Denn unsere Botschaft war ganz einfach: „Teilt Eure Fotos mit uns! Was wir brauchen sind nur Abzüge. Aber bitte sucht jetzt, bevor die letzten Zeugnisse aus den Alben und Schubladen Eurer Eltern und Großeltern verschwinden. Wenn wir mehr über diesen jüdischen Bezirk hier im polnischen Lublin wissen wollen, müssen wir vor allem eines: schnell machen."

Noch vor einem Jahr wurde bei Reparatur-Arbeiten in der Dachgeschoss-Wohnung des Stadthauses am Markt 4 einer dieser Schätze gefunden: Eine Sammlung von rund 2.700 Glasnegativen aus den Jahren 1914 bis 1939. Natürlich brachte man sie ins Kulturzentrum. Doch von dem Fotografen fehlt derzeit noch jede Spur. Mit dem Nachlass von Stefan Kiełsznia ist das etwas anderes. Der Lubliner Fotograf starb 1987 und kurz vor seinem Tod waren seine Fotos aus dem jüdischen Viertel Lublins schon weltweit unterwegs, in Paris, Boston oder Tel Aviv zu sehen. Eigentlich erkennt man nur einige wenige Straßenzüge auf diesen Fotos, diese aber Haus für Haus und so aus dem Alltag gerissen, als sauste gerade ›google earth‹ mit der Kamera auf dem Dach vorbei.

Bars sind da zu sehen, Läden, Handwerker-Stuben, der Meterwaren-Laden von Herrn Rozenbaum und der Kolonialwaren-Laden von Ester Rubinsztejn: Kaum eines dieser Fotos des Lubliner Buchhändlers und Hobbyfotografen Kiełsznia aus den späteren 1930er Jahren scheint komponiert oder gestellt. Er hatte es eilig. Denn das Gerücht ging um, die ulica Nowa, die Lubartowska und die Kowalska sollten bald in ihrer bisherigen Form verschwinden, um städtebaulich neugestaltet zu werden. Hinzu kamen weitere Straßenzüge wie vor allem die ulica Szeroka,der „Mittelpunkt des Mittelpunkts des jüdischen Lebens in Lublin“, so Zętar: „Sein Boulevard! Sehen Sie hier: Szeroka 1, Szeroka 2, Szeroka 3, Szeroka 4.“ Und auch hier, das Haus von Rabbi Yaakov Yitzchak Horowitz, des ›Weisen von Lublin‹, der Ende des 18. Jahrhunderts den Chassidismus nach Lublin brachte.

Lublin, ulica Nowa, Ende der 1930er Jahre

Wohl keine andere Sammlung im Bestand des Brama Grodzka – Teatr NN kommt dem dokumentarischen Anliegen Zętars und ihrer derzeit 44 Kolleginnen und Kollegen mehr entgegen als diese akribische Arbeit des besessenen Fotodokumentaristen Stefan Kiełsznia: ›An Archive of our City‹. *Inzwischen ist die Sammlung im Rahmen des deutsch-polnischen Kooperationsprojekts* ›Stoffe aus Lublin‹ *im Digitalen Archiv Stefan Kiełsznia gesichert und zugänglich gemacht. Die Künstlerin Ulrike Grossarth ist daran nicht ganz unschuldig. 2010 präsentierte die Dresdner Professorin für „Übergreifendes künstlerisches Handeln“ im Kunsthaus Dresden Fotos von Kiełsznia und kontextualisierte sie mit eigenen Arbeiten neu. 1999 wurden Kiełsznias Fotos dem Teatr NN durch den Warschauer Sammler Symcha Wajs übergeben. Nun gehen sie langsam in einen europäischen Erinnerungsraum über – und arbeiten an seiner Verwandlung. Denn was im Brama Grodzka – Teatr NN aufbewahrt wird, geht an die Öffentlichkeit. Jedes Haus, jede Wohnung, jeder Laden und jede Werkstatt, ihre Besitzer sowie die Bewohner des einstigen jüdischen Bezirks und der Altstadt: Alle 847 Adressen mit Informationen und Erzählungen aus einer verschwundenen Lebenswelt sollen nicht nur dokumentiert und aufbewahrt, sondern der Welt als Fundstücke offensiv zugänglich gemacht werden, so die Botschaft des Teatr NN. Daher die extensive Nutzung der neuen Medien bis an die Grenzen ihrer Möglichkeiten, wie die Erfahrungen des Teatr NN mit facebook zeigen – und deshalb auch die problemlose Veröffentlichung der Fotos von Stefan Kiełsznia hier, in diesem Buch.*

Mit seinem polnischen Team und seinen internationalen Jahrespraktikanten aus Israel, Deutschland, der Ukraine und Skandinavien ist das Kulturzentrum im Kleinen ein Abbild dieses Traums vom europäischen Erinnerungsraum. Und irgendwie gehört beides – die Erinnerung an das Verschwundene und die tägliche Zusammenarbeit im internationalen Team – wohl zusammen, findet Joanna Zętar:

Es geht doch nicht darum, täglich zu klagen. Im Gegenteil: Wir wollen leben. Aber dazu gehört die Erinnerung. Ohne unsere Erinnerung sind wir doch nichts.

Lublin, ulica Szeroka, Ende der 1930er Jahre

Es ist nicht alles einfacher geworden seit der Öffnung Polens gen Westen 1989 und 2004. Auch diese Erinnerungsarbeit ist nicht gratis. Selbst als ordentliche städtische Einrichtung mit vernünftigem Etat für Pädagogen, Archivare und Historiker ist man nicht unangefochten in Lublin. Mehrfach wurde Tomasz Pietrasiewicz auf offener Straße von Neonazis bedroht, denen die Arbeit des Brama Grodzka – Teatr NN ein Dorn im Auge ist.

Joanna Zętar aber – nach dem langen Spaziergang durch ihr Stadttor nun unter dem festen Dachstuhl bei den Lubliner ›Gerechten unter den Völkern‹ angekommen – hindert dies nicht die Bohne daran, hier oben eine der schönsten und einfachsten Liebeserklärungen an Europa abzugeben, die wir zu hören bekamen. Langsam, abwägend – und dann mit wachsender Begeisterung:

Ich wurde 1975 in Lublin geboren. Als meine Schulzeit dem Ende zuging, änderte sich die Welt. Als Studentin hatte ich das große Glück, hier an der Lubliner Fakultät für Kunstgeschichte in eine neue Welt hineinzuwachsen, ohne mich fortzubewegen. Und deshalb ist Europa für mich ganz einfach ein offener Ort, eine Welt ohne Grenzen. Als Historikerin weiß ich, dass Europa auch etwas ganz anderes ist: ein sehr fragwürdiger Ort, ein Ort der Konflikte, ein tragischer Ort, ein Ort, der unzählige Opfer hinterlassen hat, ein großer Friedhof. Aber für mich ganz persönlich wurde er zum Ort der Freiheit und Offenheit. Das Europa, das ich kennenlernen durfte, hat meiner Stadt dazu verholfen, schöner zu werden. Als Polen Teil der EU wurde, kam viel Geld nach Lublin: Für die Verschönerung der Plätze, der Straßen, der Gebäude. Das sollte man nicht unterschätzen. Wir erleben Lublin gerade am Abend als eine unglaublich lebendige Stadt mit jungen Menschen, Touristen und einem regen Kneipenleben. Dieser Stadt ist das Heute wichtiger als das Gestern. Für unser Alltagsleben war ›Europa‹ in dieser Hinsicht unglaublich wichtig. Es gibt ein Grundgefühl der neuen Offenheit, der neuen Entwicklungsmöglichkeiten, einer neuen Zukunft und auch eines neuen Reichtums. Das haben wir hier, glaube ich, alle so empfunden. Zumindest die jungen Menschen – wir als Studenten.

Joanna Zętar, Februar 2008

LUBLIN 2: KOLEKTYW TEKTURA

Unweit der Altstadt, im Stadtpark, hatten sich Aktivisten der Antifa-Szene eine kleine Villa zum Autonomen Zentrum ›Kolektyw Tektura‹ ausgebaut. Im August 2013, als wir in Lublin ankamen und uns mit seinen Betreibern unterhielten, existierte sie noch – vor dem Bau eines Hochhauses dort. Hier fanden wir in den Erzählungen von Michał Wolny und Arek Ziętek einen Internationalismus wieder, in dem man sich westeuropäisch zu Hause fühlt. Mit Blockaden gegen rechtsextreme Aufmärsche, mit Solidaritätsaktionen für die europäischen Frontex-Opfer im Mittelmeer und mit einem Lebensmittelvertrieb aus der nahen Umgebung unterscheiden sich die Themen kaum von denen der Alternativszenen in Weimar, Genf oder Barcelona und natürlich sind sie irgendwie miteinander vernetzt. Eigentlich geht es ganz einfach um den Aufbau einer lokalen, internationalen europäischen Kultur, sagt Michał Wolny:
Wir wollen was für die Leute hier in Lublin tun: Dinge, von denen wir denken, dass sie wichtig für alle sind. Aber, um ehrlich zu sein: Wir sind eher eine kleine Gruppe von zwanzig Leuten, zu der noch mal ein Unterstützer-Kreis von vielleicht einhundert weiteren Leuten gehört. Wir können Demonstrationen organisieren oder Ökobauern helfen, die in der Umgebung von Zamość leben, wir können auch ein paar Aktionen machen, wie ›Make food not bombs‹ oder mal ein Punk-Konzert. Aber das war es dann eigentlich auch schon.

Michał Wolny untertreibt. Was die Aktivisten in Lublin auf die Beine stellen, ist beeindruckend. Gerade hat das ›Kolektyw Tektura‹ in der Innenstadt noch ein großes Mietshaus zur Verfügung gestellt bekommen. Einen Vierstöcker inklusive Erdgeschoss, der in die Jahre gekommen ist. Erster Eindruck: ein osteuropäischer Mietskasernen-Rest irgendwo zwischen Berlin und Lemberg – Lublin zeigt sich hier im Großstadt-Format des späten 19. Jahrhunderts. Falsch geraten: Zu Volksrepublikzeiten saß hier die Verwaltung der Medizinischen Universität. Über den Hof und drei Stufen ins Hochparterre skizziert

Michał Wolny die Zukunft des Hauses. Man wird Zeit für die Renovierung haben. Zum Glück. Denn drüben in der Stadtvilla war schon in den letzten drei Jahren vor der Räumung der Druck stetig gestiegen:

Anfangs, *so berichtet Wolny im August 2013 vom Leben in der Villa,* wurde uns dort gesagt: ›Ihr könnt sechs Monate bleiben. Keinen Tag länger.‹ Inzwischen sind wir seit sieben Jahren in dem Haus. Seit zwei Jahren aber haben wir nur noch mit Hilfe unseres Unterstützer-Kreises die drohende Räumung verhindern können. Wir stecken da einfach zu viel Energie rein.

Also konzentriert man sich nun auf dieses weitaus größere Gebäude in der ulica Cicha. Es gehört einem italienischen Granden aus alten Zeiten, der es sich nach der Wende vom polnischen Staat zurückgeholt hat und noch nicht so genau weiß, was er damit anfangen soll. Für sechs, sieben Jahre dürfen es erst einmal Lublins Autonome nutzen. Ein Haus für rund fünfzehn Gruppen soll daraus werden. Ganz legal.

Es ist schon ein gewisser Besitzerstolz, mit dem uns Michał Wolny durch das hallende Treppenhaus seines neuen Domizils führt. Man kann sich gut vorstellen, wie der schlanke, überaus freundliche Endzwanziger den italienischen Millionär für sich eingenommen hat. Weder autoritär noch charismatisch hat Michał Wolny gleichwohl eine verblüffende Überzeugungskraft, wenn er von seinen Plänen spricht. Viele Gruppen hätten schon ihr konkretes Interesse am Einzug in Lublins künftiges Initiativenhaus gezeigt: Veganer, die hier ihren freien Kinderladen aufmachen wollen, Hacker, Streetart-Künstler, Seidendrucker – die ganze Lubliner Alternative an einem Ort. Alles ist auf dem besten Weg; also bitte keine unnötige Hektik. Man muss ja nicht sofort in die protestantisch-kapitalistische Falle tappen. Außerdem gibt es eine Freundin, die weiß, wie ›crowdfunding‹ funktioniere. Sie ist zwar gerade im Auftrag des Architektur-Museums Ljubljana in Slowenien unterwegs, aber „That's Europe. People from Poland just travelling around." Erst einmal soll es nun ein großes Straßenfest geben, um die direkten Nachbarn von der Harmlosigkeit des Unternehmens zu überzeugen. Einen von ihnen hat Wolny schon kennen gelernt: ein ›tough guy‹, der die ganze Straße beim Namen kennt. Kein schlechter Erstkontakt fürs Netzwerken vor Ort:

Er wurde schon nach uns ausgefragt: Ob man einen Fitness-Raum im Keller einrichten kann. Warum nicht? Vielleicht klingt das alles noch ein bisschen chaotisch. Aber es klappt. Besser als wenn man versucht, alles zu organisieren.

Durch die Dachluke steigen wir aufs Dach und am Schornstein vorbei auf den First: Ein Rundumblick tut sich auf, der weniger überzeugt, als erhofft. Der Schlossturm. Geradeaus das neue Kulturzentrum. Das Europäische Medienzentrum. Die Katholische Universität. Die Regierungsgebäude. Das neue Rathaus. Das Radio gleich hinter der Uni. Der neue Flughafen. Was wollen wir mehr? Sind die Neonazis eigentlich das Hauptproblem für die autonome Szene in Polen? Ja. Und Nein:

Überall in Polen, auch in den größeren Städten wie Wrocław oder Gdańsk steigt die Zahl der Kameradschaften. Vor allem im Osten. Inzwischen sind sie ziemlich gut durchorganisiert – mit Konzerten, mit Sozialarbeit in den Außenbezirken. Und zum Teil drängen sie auch in die Regionalparlamente.

Lublins neues Initiativenhaus in der ulica Cicha, August 2013

Wie in Deutschland. Nur dass hier in Polen vor allem die Arbeitslosigkeit und der Absturz der Kaczyński-Maschine in Smolensk ihre Themen sind. Aber hochspielen sollte man das nicht, kommentiert Arek: Die Rechtsextremen haben derzeit nicht wirklich ein Wählerpotential. Und auch die Probleme mit den jungen Nationalisten halten sich noch im Rahmen. Sie werfen uns zwar schon mal die Fenster ein, aber weiter gehen sie nicht. Sie sind nicht wirklich organisiert.

Problematischer sei da schon eine gewisse dumpfe Mischung von Rechtsradikalismus und Konservatismus; die fehlende Distanz der Moderaten gegenüber den Extremen, findet Arek:

Das beste Beispiel dafür sind die Demonstrationen am Unabhängigkeitstag: 60. 000 Leute waren in Warschau auf der Straße. Nicht nur Nazis. Auch viele alte Frauen. Frustrierte Arbeitslose. Eine merkwürdige Mischung von Hooligans über organisierte Nazis, bis zu Radio-Maryja-Hörern und Veteranen. In Lublin waren es 2.000 Leute. Die meisten sind ganz normale Bürger und werden vom Rathaus sogar unterstützt. Es ist schwierig, dagegen anzugehen. Und wir haben keine besonders gute Presse. Die alten konservativen ›connections‹ greifen noch.

Also versperrte man den 60.000 zuletzt mit 1.500 Aktivisten den Weg. Viel Feind, viel Ehr, aber keine einfache Sache. Irgendwie bleibt das Land wohl gespalten. Hier die Menschen, die in Europa unterwegs sind. Da die, die bleiben. Eigentlich ist es die gleiche Situation wie in Ostdeutschland: Die Frauen gehen, die Männer verharren. Eben keine einfache Sache. Aber natürlich stimmt es nicht immer. Arek zum Beispiel geht – auch wenn es ihn jetzt mehr und mehr nach Lublin zurückzieht. Und Michał bleibt – gut vernetzt im europäischen Internationalismus. Noch nicht einmal auf eine der guten Pizzen am Altstadt-Markt kann er uns mehr begleiten. Er erwartet ein paar Frauen aus Kiew. Die übernachten hier heute – auf ihrem Weg zu einer Aktion in Vilnius.

Lublin,
August 2013

„IDEALE STADT"UND „NEUORDNUNG EUROPAS".

In der südostpolnischen Stadt Zamość arbeiten Menschen wie Andrzej Urbański und Jerzy Tyburski an der Bewahrung eines doppelten Gedächtnisses: Von der „idealen Stadt" des europäischen Humanismus aus wollten die Nazis ihr „Neues Europa" durchsetzen.

Andrzej Urbański, 1959 in Bełżec geboren, ist seit 1990 der Direktor des Muzeum Zamojskie, des Stadtmuseums im UNESCO-Weltkulturerbe Zamość. Er studierte in Lublin an der Maria-Curie-Skłodowska-Universität Archäologie und arbeitete von 1980 bis 1990 als Archäologe in seinem Museum.

Jerzy Tyburski, 1964 in Lubaczów geboren, ist Künstler und Direktor der städtischen Galerie von Zamość (BWA). Er hat Malerei an der Fachhochschule für Bildende Kunst von Zamość sowie Kunstgeschichte an der Katholischen Universität von Lublin studiert und ist Mitglied des polnischen Künstler und Designer-Verbands.

[20. August 2013. An der Grenze zu Galizien. Der Weg führt weiter in Richtung ukrainische Grenze, nach Lwiw, Lemberg. Zamość: das heißt für uns drei Stunden Aufenthalt auf dem Umweg von Lublin nach Warschau – an einem strahlenden Sommertag in der berühmten Perle einer Spätrenaissance, die es hier richtig ernst mit sich meinte.

Marktplatz, Zamość, August 2013

Eine Stadt in Gestalt eines Menschen – vom Reißbrett der Humanisten aus gedacht und von seinem Fürsten in die Provinz ausgebreitet wie später nur noch Gulliver ins Land der Liliputaner. Noch heute wird Zamość von einem Nachfahren jenes Geschlechts der Zamoyski regiert – demokratisch gewählt natürlich –, die diese Stadt einst im 16. Jahrhundert entwarfen, realisierten und durch kluge Ansiedlungspolitik reich machten. Das Stadtmuseum und die städtische Galerie liegen im Schatten hinter den Arkaden des quadratischen Großmarktes – farbenfroh, aber ein bisschen verwaist, als hätte man die Touristen aus den leeren Straßencafés mal eben auf Kamelen in die Wüste geschickt.

Das also ist sie: die ideale Stadt der europäischsten aller europäischen Epochen. Und da ist es: das erste Objekt des „Generalplans Ost", der deutschen Germanisierungspolitik in seiner gnadenlos rationalen Form. Hier in Zamość könne man doch mal ausprobieren, so der deutsche Plan, wie man die Vernichtung der Juden mit dem Arbeitseinsatz der Polen in Deutschland und einer Neuansiedlung des deutschen „Volks ohne Raum" logistisch miteinander verschaltet. Das Medium dieses „Generalplans Ost“ waren die Güterzüge, die – beladen mit Menschen und Dingen – kreuz und quer durch halb Europa fuhren, wie der Historiker Götz Aly an einem Beispiel beschreibt: „Am 25. Januar 1943 fuhr vom ostpolnischen Zamość ein Güterzug mit 1.000 jungen Zwangsarbeitern und Zwangsarbeiterinnen ›ohne produktiven Anhang‹, wie es hieß, nach Berlin. Sie mussten die Arbeitsplätze von ›Rüstungsjuden‹ einnehmen, die nun – einschließlich ihrer ›unproduktiven‹ Familienmitglieder – mit demselben Zug nach Auschwitz deportiert wurden. Dort wurde der Zug mit dem Gepäck deutschstämmiger Umsiedler aus Südosteuropa, darunter vieler Bosniendeutscher, beladen; dann fuhr er zurück nach Zamość – um von hier aus noch einmal mit tausend „unerwünschten” Polen nach Auschwitz abzufahren.“

Wie Weimar, die neue ostdeutsche Partnerstadt von Zamość, bleibt dieses 60.000-Einwohner-Städtchen in einen Widerspruch von europäischem Humanismus und deutschem Terror eingespannt, das ein Verstehen zu suchen nicht aufhört. Wir sprechen mit dem Direktor des Stadtmuseums Andrzej Urbański; später kommt noch der Leiter der städtischen Kunstgalerie Jerzy Tyburski hinzu.]

Herr Urbański, vielen Dank, dass wir das Gespräch hier bei Ihnen im Stadtmuseum von Zamość führen können. Wir sitzen unter einer ziemlich beeindruckenden Malerei nach Jan Matejko, die diesen Raum dominiert: Georg Fischhofs Kopie des berühmten Historiengemäldes ›Rejtan – der Fall Polens‹ *von 1866. Könnten Sie uns erklären, was es damit auf sich hat?*

„... und zerreißt in einer symbolischen Geste sein Hemd.“

Auf dem ursprünglichen Gemälde vom Matejko sehen wir den Großen Sejm, den Reichstag im Jahr 1793, zu der Zeit, als die russische Zarin Katharina und der preußische König Friedrich gerade beschlossen haben, Polen zum zweiten Mal zu teilen und weitere Teile Polens zu besetzen.

Der Sejm stimmte dieser zweiten Teilung Polens zu. Die Männer in der Mitte sind die so genannten ›Targowiczanie‹, also die Verräter. Am Boden unten rechts protestierte der Abgeordnete Tadeusz Rejtan aus der Region um Nowogródek gegen die Entscheidung. Er hat sich in die Eingangstür zum Sejm-Saal gelegt, um die Unterzeichnung der Teilung zu verhindern und zerreißt in einer symbolischen Geste sein Hemd.

Das weckt Assoziationen an die Geschichte späterer Teilungen Polens.

Hoffen wir, dass nicht auch der Beitritt Polens zur EU eine solche weitere Teilung Polens bedeutet (*lacht*) ... Spaß beiseite!

Damit sind wir trotzdem schon fast beim Thema. Denn uns interessiert, was für Sie diese letzten zehn Jahre der Mitgliedschaft Polens in der Europäischen Union bedeuten. Aber vielleicht erst einmal ganz konkret auf Ihre Stadt bezogen: Warum wird Zamość immer wieder als „Inbegriff einer europäischen Stadt" bezeichnet? Wäre sie in dieser exemplarischen Bürgerlichkeit vielleicht sogar das Gegenbild zum russischen und preußischen Imperialismus des späten 18. Jahrhunderts, den das Gemälde hier festhält?

Andrzej Urbański, Direktor des Muzeum Zamojskie, August 2013

Vielleicht vorab noch drei weitere Sätze zu dieser Matejko-Kopie, die, wie gesagt, von dem Österreicher Fischhof stammt und von ihm 1896 im Vergleich zum Matejko-Original durch weitere Figuren in der Mitte erweitert wurde. Das Original befindet sich im königlichen Schloss in Warschau. Das Bild hier – mit seinen zwölf Quadratmetern das größte unserer Sammlung – stammt aus Privatbesitz. Es gehört einem Mann namens Wiesiek Walczuk, der es uns in Verwahrung gab, als er in Kriegsrechts-Zeiten, also in den 1980er Jahren, aus Zamość emigrierte. Er lebt heute in Australien und arbeitet in China. Vielleicht ist diese Lebensgeschichte auch exemplarisch für Polen Ende des 20. Jahrhunderts.

Eine schöne Geschichte. Aber vielleicht zu Zamość, der Renaissance-Stadt des 16. Jahrhunderts ...

Zamość gilt als das Paradebeispiel einer idealen Stadt. Wir sind anscheinend der einmalige Fall, dass die Idee der Renaissance-Meister im Bereich der Architektur und der Urbanistik praktisch umgesetzt wurde. Die Pläne wurden sozusagen auf dem Reißbrett der Architektur- und Urbanistik-Theoretiker entworfen. Zuvor gab es zwar schon ähnliche, aber vergebliche Versuche in Italien. Jan Zamoyski, der in der 2. Hälfte des 16. Jahrhunderts in Padua studierte, brachte die Ideen mit und realisierte sie hier. Nicht zufällig liegt Zamość ja an der Kreuzung von zwei wichtigen Handelswegen. Die Kaufleute reisten mit ihren Waren von der Ostsee im Norden über Zamość- von Gdańsk, über Warschau, Lublin, Zamość, Lemberg bis hin zum Schwarzen Meer. Ein zweiter Handelsweg führte aus Kiew Richtung Westen wiederum über Zamość, Sandomierz, Kraków, Prag nach Deutschland und Frankreich. Also, der Standpunkt war alles andere als zufällig gewählt. Aufgrund seiner Funktion als Kreuzungspunkt zentraler Handelswege aus allen vier Himmelsrichtungen war Zamość eine wirtschaftlich gut aufgestellte Stadt und zugleich mit dem Residenzschloss das Machtzentrum Jan Zamoyskis und seiner Nachfahren. Hinzu kam die Renaissance-Kirche. Und es gab eine Universität für Studenten aus ganz Europa: aus Deutschland und Schottland, junge Ungarn studierten hier und Armenier aus dem Osten. Neben Zamość gab es in Polen Ende des 16. Jahrhunderts nur noch Krakau und Vilnius als Universitätsstädte. Die Stadt war also ein sehr wichtiges Wissens- und Kulturzentrum. Hinzu kommt, dass Zamość eine richtige Festung war. Die Stadt wurde weder von den Kosaken 1648 eingenommen, als in der Ukraine der Aufstand ausbrach, noch von den Schweden 1656 und auch nicht 1813 von den Russen.

Gerade in seiner Gründerzeit, aber auch am Anfang des 17. Jahrhunderts war Zamość zugleich der Inbegriff für eine tolerante Stadt, in der verschiedene Glaubensgemeinschaften friedlich zusammen lebten. Am Anfang, 1585, kamen die Armenier. Sie bauten den einzigartigen Marktplatz von Zamość, also auch das Haus, in dem wir uns hier befinden. 1588 kamen die Juden aus Westeuropa, aus Spanien, Frankreich, Italien, auch aus Deutschland. Denn in Polen wurden die Juden nicht verfolgt. Und es kamen Griechen, Deutsche, Schotten, Engländer, natürlich auch Italiener, um zu arbeiten, zu lernen, Handel zu treiben – und ihre Selbstverwaltung und ihre eigenen Kirchen zu pflegen.

Der Inbegriff einer europäischen Stadt sozusagen ...

... ja. Zu einer ›idealen Stadt‹ aber wurde Zamość eigentlich erst aus architektonischen Gründen. Und damit komme ich wieder auf den Anfang zurück: zu Jan Zamoyski und zu den Renaissance-Baumeistern. Einmalig nämlich ist Zamość – und deswegen ja auch schon seit zwanzig Jahren UNESCO-Weltkulturerbe –, weil sich hier das Idealbild einer europäischen Stadt zugleich im Idealbild des Humanismus spiegelt. Die Stadtplaner nahmen nämlich den menschlichen Körper als Grundlage für ihre Stadtanlage: Wir haben einen Kopf: das ist der Palast. Die rechte Lunge ist die Stiftskirche, die linke Lunge die Akademie. Das Rathaus ist das Herz. Und durch die Mitte zieht sich vom Kopf bis zu den Füßen das Rückgrat: die 600 Meter lange Grodzka-Straße.

Wo lebten die Juden?

Die jüdische Gemeinde und der jüdische Stadtteil befanden sich sozusagen in einem der beiden Beine. Die Synagoge, die wir gerade von Grund auf renoviert haben, datiert übrigens schon auf den Anfang des 17. Jahrhunderts. Rundherum haben wir die Festungstürme. Und die 400 Meter lange Querachse symbolisiert natürlich die Arme des Renaissance-Menschen. Die Stadt

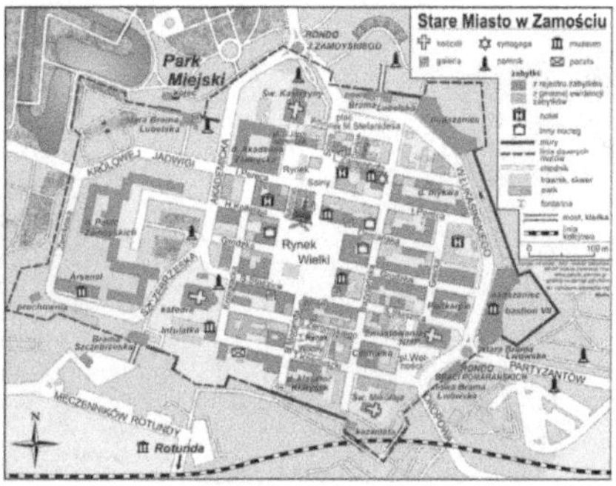

wurde für 3.000 Einwohner geplant – allesamt hätten sie in der Stiftskirche Platz gefunden. Es ist also nicht übertrieben, wenn behauptet wird, dass Zamość das Ideal einer humanistischen Stadt erfüllt – und zwar sowohl in seinen Funktionen als politisches, wirtschaftliches und religiöses Zentrum, in seiner toleranten Gesetzgebung und Lebenspraxis und auch in seiner Gestalt. Bis heute wird der Originalplan der Stadt übrigens aufbewahrt. Und auch realiter sind noch alle Stadtviertel erhalten. Die Verteidigungsmauern werden derzeit rekonstruiert.

Sie machten ihre Stadt zum Abbild des Menschen

Der Kopf, die Lunge, das Herz und das Rückgrat

Vielleicht noch einmal zurück zum zweiten Teil unserer Eingangsfrage. Die europäische Renaissance-Stadt, die „ideale Stadt“ des Humanismus, wie wir sie in Zamość verwirklicht sehen: Ist sie für Sie das Gegenbild zu jenem Schlachtfeld Europa, das wir aus seinen, sagen wir, letzten 400 Jahren kennen?

Das kann man gern so interpretieren. Übrigens auch ein Gegenbild zum heutigen Europa. Einst hat man Kriege um Gebiete und Bevölkerung geführt. Vielleicht haben wir heute diese Zeit des Imperialismus und der Weltkriege hinter uns – zumindest hoffen wir dies. Aber heute sind es Angela Merkel und Wladimir Putin, die die Macht in Europa in den Händen halten. Und auch sie führen eine Art Krieg miteinander: einen Wirtschaftskrieg.

Was bedeutet das Ihrer Meinung nach für die Rolle Polens in Europa?

Wir müssen – trotz unserer Verflechtungen mit Europa und Brüssel – unsere Identität und Unabhängigkeit bewahren. Andere Staaten in der alten EU haben das ja genauso gemacht. Denken Sie nur an Großbritannien und Frankreich. Dabei geht es vor allem um kulturelle Unabhängigkeit. Gemeinsame Maßnahmen im Bereich der Finanzen, des Bankwesens und der Außenpolitik lassen sich nun einmal nicht vermeiden. Die EU ist gegründet worden, um den freien Fluss von Kapital, Menschen und Ideen zu ermöglichen – und das hat Polen in den letzten zehn Jahren ja auch zu mehr Reichtum verholfen.

Zamość,
die renovierte
Synagoge,
August 2013

Aber vergessen wir dabei nicht, dass auch die EU aus der Mitgliedschaft Polens ihren Nutzen gezogen hat. Sehr viele junge Menschen sind in den letzten zehn Jahren aus Polen ausgereist und arbeiten heute in Deutschland, in Großbritannien und unterstützen die dortige Wirtschaft. Wahrscheinlich sind es sogar die am besten ausgebildeten jungen Leute, die unser Land verließen. Aber natürlich gewinnen diese Menschen auch ein neues Wissen im Ausland, sie gewinnen neue Erfahrungen … und so fließt das in sie investierte Geld zum Teil ja auch zurück nach Polen. Aber gerade wegen dieses beiderseitigen Nutzens sollte man uns nicht so stiefmütterlich behandeln, wie Angela Merkel es gern tut. Wir verdienen etwas mehr Respekt in der Europäischen Union.

Könnte das Weimarer Dreieck, also der Vertrag zu einer intensiveren Zusammenarbeit zwischen Deutschland, Frankreich und Polen von 1991, hier eine unterstützende Rolle spielen?

Ja, natürlich. Wir waren kürzlich zum Jahrestag des Weimarer Dreiecks in Weimar: zusammen mit Tadeusz Mazowiecki und Hans-Dietrich Genscher. Einen ähnlichen Versuch stellt die Visegráder Gruppe mit Ungarn und Tschechien dar. Aber das ist Geopolitik. Angesichts der deutschen und russischen Potentiale müssen wir in Polen ›unsere Absichten immer ganz genau mit unseren Kräften abgleichen‹, wie es in einem bekannten polnischen Sprichwort heißt.

Jerzy Tyburski (*sitzt inzwischen mit am Tisch*): Wir finden ja nicht einmal innerhalb der MOE, also der mittel- und osteuropäischen Staaten, zu einem Abgleich unserer Interessen. Wenn Polen eine Brücke in die Ukraine sein soll, dann erfüllen wir diese Funktion heute zumindest noch nicht.

Vielleicht kommen wir von der großen Politik zurück zum Thema Zamość und zu dem Ideal der europäischen Stadt. Welche Rolle können die europäischen Städte denn heute spielen?

Jerzy Tyburski: Es wäre hier sicherlich sinnvoll, in der Region auf das eigene kulturelle Selbstverständnis zu setzen, ohne dabei gleich immer auf den Staat zu schauen. Seitdem ich die städtische BWA-Galerie von Zamość leite, war es immer mein Traum, hier Gegenwartskunst an der Schnittstelle von Ost und West zu präsentieren. Seit über dreißig Jahren organisieren wir Veranstaltungen für internationale Illustratoren und inzwischen besitzen wir eine der größten Sammlungen an künstlerischen

Original-Illustrationen in ganz Europa.

Ich denke, dass wir insgesamt von einem Generationswechsel sprechen können, der sich gerade auch in den Städte-Partnerschaften dokumentiert. Die junge Generation in Europa geht doch inzwischen ganz entspannt mit ihren offenen Grenzen um und die Stadt-Freundschaften zwischen Polen und Deutschland nehmen – gerade auch in künstlerischer Hinsicht – kontinuierlich zu. Hier nimmt das Europa der Regionen wirklich ganz konkret Form an. Nehmen wir nur das Beispiel der sehr intensiven Städte-Partnerschaft von Zamość mit Schwäbisch Hall, die eine Plattform für zahlreiche gemeinsame Aktivitäten geworden ist. Die ältere Generation hingegen hat immer noch viele historische Ressentiments – gerade angesichts dessen, was die Nazis hier verbrochen haben.

Jerzy Tyburski, Direktor der städtischen Galerie von Zamość, August 2013

Woran denken Sie dabei speziell?

Ich bin selbst Sohn eines Vaters, der ein ›Kind von Zamość‹ war. Er wurde in das Lager hier, an der Okrzei-Straße, gebracht, sein Bruder ist in diesem Lager als 3jähriges Kind gestorben. Die historische Abneigung gegenüber den Deutschen ist in dieser älteren Generation schon noch sehr stark zu spüren.

›Die Kinder von Zamość‹

Am 12. November 1942 erklärte Heinrich Himmler als „Reichskommissar für die Festigung deutschen Volkstums" auf Grundlage des „Generalplans Ost" den Kreis Zamość zum „ersten deutschen Siedlungsgebiet". Stadt und Kreis sollten ›deutsch besiedelt‹, die dort lebende Bevölkerung teils umgesiedelt, teils ermordet werden. In der Nacht vom 27. auf den 28. November begannen Polizeikommandos unter Führung der „Umwanderer-Zentralstelle" und unter Beteiligung der SS sowie örtlicher Garnisonen der Luftwaffe und der Wehrmacht, gewaltsam zahlreiche Dörfer zu „evakuieren"; die Bevölkerung wurde in das Sammellager Zamość verschleppt und nach rassistischen „Wertungsgruppen" bezüglich einer „Wiedereindeutschung", einer Ausbeutung durch Zwangsarbeit und einer Verschleppung in Konzentrations- oder Vernichtungslager aufgeteilt. Unmittelbar nach der ›Aussiedlung‹ wurden „volksdeutsche" Umsiedler – Bessarabier, Galizier und Bukowina-Deutsche – in die Höfe eingewiesen. Bis August 1943 wurden im Rahmen des „Großversuchs Zamość" (intern „Sonderlaboratorium SS") zur „Neuordnung Europas" aus etwa 300 Dörfern 110.000 Menschen vertrieben, darunter 30.000 Kinder, von denen etwa 13.000 starben. 4.500 als „rassisch wertvoll" eingestufte Kinder wurden ihren polnischen Eltern geraubt, in so genannte Lebensborn-Heime ins ›Altreich‹

verbracht und zur Adoption an SS-Männer und deren Frauen freigegeben. Die Bevölkerung in der Region Zamość wehrte sich massiv. Informationen über das Schicksal besonders der Kinder von Zamość verbreiteten sich rasant im gesamten besetzten Gebiet, die Kinder von Zamość wurden zum Symbol für den Widerstand und die Partisanen-Verbände bekamen weiteren Zulauf. Die deutschen Besatzer gingen brutal gegen die Partisanen-Bewegung vor, es kam zu öffentlichen Hinrichtungen und Massakern an der Zivilbevölkerung, in deren Folge ganze Dörfer mit ihren Bewohnern vernichtet wurden. Am 15. August 1943 brach Odilo Globocnik, der Leiter der „Aktion Reinhardt" zur systematischen Ermordung aller Juden und Roma im so genannten Generalgouvernement, die Ansiedlungsaktion sowie die Bekämpfung des Widerstands ab.

Das Problem der jungen Leute ist hingegen eher, dass sie kaum noch eine halbwegs fundierte historisch-kulturelle Bildung bekommen. Polen ist derzeit völlig einseitig auf die Wirtschaft ausgerichtet. Das macht sich auch praktisch bemerkbar: Die jungen Leute, die heute studieren, sind Pragmatiker. Geisteswissenschaften, Kunstgeschichte, überhaupt Geschichte und Tradition, das interessiert sie nicht mehr. Geschweige denn solche Fächer wie Philosophie.

Małgorzata Kielan-Antończak (*Übersetzerin*): Das ist ein Ergebnis der idiotischen neuen Schulbücher in Polen.

Jerzy Tyburski: Ja, das ist ein wichtiger Aspekt. Man fördert nur noch Schulfächer, die wirtschaftsnah sind. Aber so geraten wir in Gefahr, unsere Identität zu verlieren.

Könnten Sie uns noch ein wenig mehr über Ihre eigene Familiengeschichte berichten?

Die Familie meines Vaters Stefan kommt aus der Region um Zamość. Seine Liebe zu dieser Heimat hat mich geprägt. Er ist Fremdenführer in der Region und kann sehr viel erzählen. In gewisser Weise war er auch ein Fremdenführer für mich. Die Schwester meines Vaters war Polnisch-Lehrerin in einem Gymnasium; sie ist auch eines der ›Kinder von Zamość‹ und fühlt sich hier sehr verwurzelt. Ich bin etwas weiter östlich von hier geboren, nahe der damaligen polnisch-sowjetischen Grenze in Lubaczów; als Künstler kehre ich immer gern dahin zurück.

Hat Ihr Vater Ihnen von seinen Erlebnissen als ›Kind von Zamość‹ erzählt?

Natürlich. Meine Tante Julia Radzik hat ein Buch darüber und über die Transporte der Menschen aus dem Lager in Uchanie zum Lager an der Ok-

rzei-Straße geschrieben. Das sind historische Momente, die sich übrigens auch mit der Zamoyski-Familie verknüpfen. Das Ehepaar Zamoyski rettete viele Kinder aus den Lagern vor den Nazis.
Andrzej Urbański: Über 400 Kinder.
Jerzy Tyburski: Die Deutschen haben versucht, meinen Großvater nach Deutschland umzusiedeln. Er ist aber aus dem Zug gesprungen und nach einigen Jahren zu seiner Familie zurückgekehrt. Vor einem Jahr war ich – als eine kleine Anekdote am Rande – zur Vernissage meiner Ausstellung in Bühlertann, der deutschen Partnergemeinde von Skierbieszów. Die Ausstellung wurde von Horst Köhler, dem ehemaligen deutschen Bundespräsidenten, eröffnet, der ja im Februar 1943 als ein Kind von umgesiedelten „Volksdeutschen" aus Rumänien in Skierbieszów geboren wurde. So trafen wir zusammen: Der eine als Kind von Polen, die nach Deutschland umgesiedelt wurden; der andere als Kind von deutschen Umsiedlern nach Ostpolen.
Andrzej Urbański: Wir haben zu diesen Themen inzwischen einige Konferenzen und Ausstellungen in Zamość gemacht. Letztes Jahr gab es eine große internationale Konferenz zum ›Generalplan Ost‹, der von den Deutschen von 1941 bis 1943 in der gesamten Region Zamość umgesetzt wurde. Die Stiftung für deutsch-polnische Aussöhnung und das Institut für Nationales Gedenken sind hier gute Partner. Es gab auch Ausstellungen zum Thema Zwangsumsiedlung oder eine doppelte Foto-Ausstellung – hier in diesem Saal – mit Kriegsfotos von Feliks Łukowski und einem deutschen Wehrmachtssoldaten, Kurt Goldmann, der fotografierte, als er mit einem Maschinengewehr und einem Fotoapparat bewaffnet hierher kam. Diese Ausstellung wurde inzwischen auch im Museum von Tomaszów und einigen weiteren Museen gezeigt: unter anderem in Warschau. Da sie deutschpolnisch ist, können wir sie auch in Deutschland zeigen. In Schwäbisch Hall haben wir vor einigen Jahren eine Ausstellung zu den Gewalttaten der Wehrmacht in den Gebieten Polens und der Sowjetunion gezeigt und im Nebenraum gab es wiederum eine Ausstellung zu den Zwangsumsiedlungen. Das Ausstellungsdisplay war übrigens an die Rotunde hier in Zamość angelehnt, in der während der Besatzungszeit mehrere tausend Polen ums Leben kamen.

Woher hatten Sie die Dokumente?

Zum großen Teil aus Zamość. Es gibt ja die Dauerausstellung in der Rotunde selbst. In der Museumssammlung haben wir Originalfotos aus der Zeit der deutschen Besatzung, unter anderen ein Foto von Hans Frank während der Zwangsumsiedlungen im Rahmen des ›Generalplans Ost‹. Außerdem das Originalposter, wie das „neue Europa" der Nazis aussehen sollte. Bei einem meiner Besuche in Schwäbisch Hall wurde ich einer Gruppe aus Stuttgart

vorgestellt: Nachkommen der deutschen Ansiedler, die 1942/43 aus Bessarabien, also aus Rumänien, hierher umgesiedelt wurden. Sie haben einen Verein in Stuttgart und fragten mich, ob ich ihnen bei der Organisation einer Reise in die Region Zamość helfen könne. Wir waren dann mit der gesamten Gruppe in Skierbieszów. Eines der Ehepaare kam mehrmals wieder und wir haben uns angefreundet. Der Mann ist hier sogar noch geboren: als Kind deutscher Ansiedler in Komarów. Es gibt aber auch immer wieder die umgekehrten Geschichten. So war ich zum Beispiel mit eben diesem Ehepaar auf deren Bauernhof in Deutschland. Hier hatte wiederum ein Pole als junger Mann als Knecht gearbeitet. Diese Einzelgeschichten sind ein Teil der europäischen Geschichte, ihrer Verstrickungen und Verwirrungen.

... aber anscheinend auch Versöhnungen, heute.

Ja. Wir stehen weiterhin im Briefkontakt. Und wider Erwarten interessieren sich auch hin und wieder junge Leute dafür; so können wir die fehlende historische Bildung vielleicht ein wenig auffangen. Außerdem ergänzen Geschichts-Wettbewerbe mit Befragungen der Großeltern – oder künstlerische Wettbewerbe – den Geschichtsunterricht. Unsere Aufgaben hier im Museum sind vielfältig. Das Sammeln und das Zeigen muss dabei Hand in Hand gehen. Am besten weltweit. Diesem Zweck dienen vor allem die Konferenzen. Man muss einfach Verschiedenes gleichzeitig machen. Und dazu gehören eben auch die Kontakte zu den Deutschen, der Versuch, ihnen den Aufenthalt hier zu organisieren, wenn sie herkommen wollen, um zu sehen, wo ihre Großväter gelebt haben. So war die Geschichte nun einmal.

Herr Urbański, das wäre eigentlich ein schöner Schluss-Satz. Dürfen wir trotzdem auch nach Ihrer eigenen Familien-Geschichte fragen?

Ich komme aus Bełżec, wo es ein großes Vernichtungslager der Deutschen gab. Mein Vater lebt dort noch immer und hat mir viel von der Besatzungszeit erzählt. Er hat alles gesehen. Früher sprach er nicht gerne darüber, aber jetzt, da er älter ist – am Sonntag wird er 88 – sagt er, dass er inzwischen keine Angst mehr hat. Natürlich wusste er von dem, was im Konzentrationslager passierte. Zwar wurde alles geheim gehalten, aber die Infos sickerten durch. Die Deutschen, die im Lager waren, mussten Kontakt zu der lokalen Bevölkerung aufnehmen. Das war ja gar nicht anders möglich.

Was halten Sie von der neuen Gedenkstätte in Bełżec?
Früher galt diese Geschichte als eine eher peinliche Angelegenheit. Man gedachte zu wenig dieses Ortes. Erst in den 1990er Jahren gab es die Idee, ein Museum dort aufzubauen, das gleichzeitig ein Denkmal sein soll.
Jerzy Tyburski: Heute gilt dieses Denkmal zu Recht als ein architektonisches und künstlerisches Meisterwerk. Kenner sagen, dass es die gelungenste Form des Gedenkens auf dem Gelände eines ehemaligen Konzentrationslagers überhaupt sei.
Andrzej Urbański: Meine Schwester arbeitet in der Gedenkstätte.

Museum und Gedenkstätte in Bełżec, September 2010

EUROPAS GERAUBTER URSPRUNG.

Der Danziger Schriftsteller Stefan Chwin schreibt Deutschlands Geschichte im Osten aus polnischer Sicht. Und er erinnert daran, dass die Mauer quer durch Europa eigentlich schon während der Streiks auf der Gdańsker Lenin-Werft ihre ersten entscheidenden Risse bekam.

Stefan Chwin, geboren 1949 in Gdańsk, ist Literaturwissenschaftler, Prosaist und Kulturkritiker. Seit seiner Promotion 1982 über das Echo der polnischen Romantik in der Prosa der polnischen Moderne gehörte er zur Arbeitsgruppe von Maria Janion, der legendären Gdańsker Lehrstuhl-Inhaberin für Romantik-Studien. Mit seinen Romanen ›Hanemann‹ (deutsch: ›Tod in Danzig‹) *und* ›Esther‹ (deutsch: ›Die Gouvernante‹) *errang Chwin internationales Ansehen. Er lebt als freier Schriftsteller in Gdańsk.*

[Mittag des 22. August 2013. Eine kleine Cafeteria im Erdgeschoss der Bibliothek der Universität Gdańsk. Eine offene Nische im großen Ganzen: modern, unverbindlich und ein wenig verloren in diesem Netzwerk der Gänge und Schreibstuben, zu denen auch ein kleines, helles Büro von Professor emeritus Stefan Chwin in einem der Obergeschosse gehört. Von außen: ein Raumschiff mit riesigen Düsen, vorübergehend gelandet in einer dieser Vorstädte von Gdańsk, die seit 2004 entstehen. Schönes, neues Fördergeld-Europa. Nichtorte. Und doch nicht direkt unangenehm in ihrer kühlen Distanz.

Universitätsgebäude Gdańsk, August 2013

Blick von der Westerplatte...

Stefan Chwin hat seine Frau mitgebracht, die den Ablauf regelt. Alles ein wenig steif. Wie der fein gestutzte weiße Vollbart und die gerade Haltung unseres Gegenübers. „I don't like places like this", sagt Chwin. „It's a place like many other places in Europe. A real catastrophe: The aesthetic unification of Europe." Die gepflegte Einstiegskonversation wird durch einen umstürzenden Kaffeebecher in Schwingungen gebracht. Außerdem gibt es ja Magdalena Sacha, unsere fröhlich-traurige Übersetzerin, einstmals Studentin von Chwin in seinen Polonistik-Vorlesungen, später Mitarbeiterin der Gedenkstätte Buchenwald. Einen Tag lang begleitete und geleitete sie uns gemeinsam mit dem Osteuropa-Historiker Daniel Logemann durch die Hansestadt, hinaus zur Westerplatte mit ihren unzähligen schnatternden Schüler-Gruppen, hinein in die neuentstehende Dienstleistungslandschaft am Hafen und zur großen Baustelle des künftigen Museums des Zweiten Weltkriegs. Hier in Gdańsk sehen wir nach Warschau eine zweite Museumswelt entstehen: moderner, europäischer, offener als die Denkmalstopographie, die wir uns später mit Elżbieta Janicka noch einmal in Warschau erlaufen werden und in deren Mitte das ambivalente Museum des Warschauer Aufstands seine Fäden zieht, seine Diskurse setzt. Aus dem Warschau der Kaczyński-Zwillinge, den frühen 2000er Jahren, sind wir angekommen in zehn Jahren EU, in einem Gdańsk, in das sich – so unser Eindruck – die liberalere, westeuropäisch gesonnene Tusk-Regierung mit ihren kulturellen Großprojekten – dem ›Solidarność‹-Zentrum, dem Museum des Zweiten Weltkriegs – zurückgezogen hat, um hier nun dem Erinnerungsort Warschau aus der Ferne ihren weltoffenen geschichtspolitischen Gegenentwurf zu präsentieren.

... mit ihren schnatternden Schulklassen, August 2013

Mit Stefan Chwin aber tauchen wir noch einmal ein in das alte Danzig der Nachkriegszeit: Ein anderes, historisches Europa der Palimpseste, in denen sich die Geschichte einer Region allemal nur im Durchscheinen der Spuren anderer Geschichten entziffern lässt.]

Herr Chwin, würden Sie uns verraten, woran Sie gerade arbeiten?
Über meinen jüngsten Roman, der gerade in Arbeit ist, spreche ich noch nicht. Er betrifft auch gar nicht die deutsch-polnischen Beziehungen. Aber ich kann gerne über ein Buch sprechen, das vielleicht mal in Zukunft entsteht: Dabei handelt es sich um ein Buch über einen polnischen Schriftsteller und seine Beziehung zu Deutschland.

Geht es um Adam Mickiewicz?
Nein. Es geht um ein Buch über mich selbst und es ginge darin um eine sehr persönliche Angelegenheit: Ich würde meine Abenteuer mit der deutschen Kultur und mit den Deutschen beschreiben. Wie Sie wissen, gehöre ich einer besonderen Generation an. Und wenn ich sage: Es geht um einen polnischen Schriftsteller und die Deutschen, dann betrifft dies nicht nur mich, sondern eine ganze Generation, der ich angehöre. Wie viele andere Menschen in meiner Generation wuchs ich mit sehr starken antideutschen Ressentiments auf. Sie gehörten einerseits zur staatlichen Erziehung und andererseits gab es sie auch bei mir in der Familie, obwohl es sonst eher Konflikte mit dem Kommunismus gab. Hier waren sich einmal beide Seiten einig und ihre Erzählungen ergänzten und bestärkten sich sogar gegenseitig. Dies hat nicht zuletzt etwas mit den ganz persönlichen Erfahrungen meiner Eltern zu tun. Meine Mutter war als Soldatin in der Heimatarmee im Warschauer Untergrund. Während des Warschauer Aufstands 1944 war sie Sanitäterin und hat Ungeheuerliches erlebt: Erfahrungen mit jenen deutschen Truppen-Tei-

len, deren Verhalten man eigentlich nur als ›asiatisch‹ bezeichnen kann.

Als ich mein erstes Buch zu den deutsch-polnischen Beziehungen veröffentlichte – meinen Roman ›*Hanemann*‹– und zwar zunächst in Polen, dann in anderen Ländern –, protestierte meine Mutter gegen dieses gute Bild von den Deutschen. Was ich schrieb, gefiel ihr nicht. Aber ich gehörte schon einer anderen Generation an. Meine Eltern hegten noch sehr starke antideutsche Gefühle. Ich hingegen bin hier in Danzig auf den Relikten und Spuren der deutschen Kultur groß geworden. Ich bin quasi in einer Welt fremder Spuren aufgewachsen: fast so wie die Menschen in Mexiko, die mit den Spuren der Azteken leben.

›Hanemann‹-Bühnenfassung, Plakat des Teatr Wybrzeże Gdańsk, 2002

KONFLIKTEHEN

Bevor wir zu Ihrer eigenen Kindheit kommen, würden wir gern noch etwas mehr über Ihre Mutter und Ihren Vater erfahren. Es war sehr berührend zu lesen, wie Ihre Mutter nach dem verlorenen Warschauer Aufstand mit seinen unzähligen Toten – als der Krieg gewonnen war – einen verwundeten Deutschen verarztet und dabei tief verborgen unter ihrem eigenen Hass ihre Humanität entdeckt. Sie war nicht fähig, ihn einfach liegen zu lassen, zu der Rache, die sie sich geschworen hatte. Hat Ihnen Ihre Mutter diese Erfahrung schon als Kind weiter vermittelt?

Natürlich müssen wir uns fragen, warum meine Mutter so und nicht anders handelte. Wahrscheinlich werde ich auch darüber noch einmal einen längeren Text schreiben. Der Hintergrund war sicherlich ihre katholische Erziehung. Auf der Grundlage universeller Werte bildete diese Erziehung für sie eine Brücke aus der Welt der Traumata in die Welt des Mitleids, der Vergebung und letztlich des Humanismus.

Ihr Vater kam aus Vilnius. Durch den Ribbentrop-Molotov-Pakt wurde er vertrieben und kam so nach Danzig. Richtig?

Er hat insgesamt schlimmere Erfahrungen mit den Russen gemacht als mit den Deutschen. Als die deutsche Armee Litauen besetzte, wurde sie von vielen Menschen ja sogar mit Blumen als Befreier begrüßt. Danach verspielten sie diese Sympathie durch ihr Verhalten wieder. Eigentlich waren sie einfach dumm, denn ein Großteil der Bevölkerung hätte wirklich auf ihrer Seite gestanden. Aber natürlich ließ sich die Nazi-Politik dadurch nicht weiter beeinflussen. Mein Vater hingegen musste sich 1944 bei Vilnius vor einer Razzia des NKWD gegen die Heimatarmee verstecken. Er hegte deshalb starke antisowjetische Gefühle. Nicht antirussische, aber antisowjetische.

So kann man also zusammenfassend sagen: Mit einer Mutter aus Zentralpolen und einem Vater aus Litauen entstammen Sie einer echten jagiellonischen Familien-Geschichte?

Das wäre mir schon Recht gewesen. Es war aber eher eine Konfliktehe.

So wie auch die politisch-jagiellonische Konfliktehe zwischen Polen und Litauen.

Einverstanden. Nur war mein Vater gar kein Litauer. Meine beiden Eltern hatten eine ähnliche Ausbildung und beide waren von ihrer Herkunft her Polen. Doch auch die Bevölkerungen aus den Kresy, den ehemaligen Ostgebieten von vor dem Krieg, und aus Zentralpolen waren sehr unterschiedlich. Zu Hause habe ich diesen Konflikt hautnah miterlebt: als einen Konflikt zwischen zwei Mentalitäten, zwei Temperamenten, zwei Denkweisen.

Magdalena Sacha: Mein Vater aus Schlesien und meine Mutter aus Vilnius haben sich scheiden lassen.

Stefan Chwin: Na, sehen Sie! Meine Eltern blieben zusammen, aber eher in einer lockeren Verbindung und mit immer neuen Auseinandersetzungen. Beispielsweise war meine Mutter eine absolute Befürworterin des Warschauer Aufstands; mein Vater war total dagegen. In diesem Konflikt haben wir ständig gelebt; auch noch Jahre nach dem Aufstand diskutierten sie immer wieder sehr erregt über die Bedeutung des Warschauer Aufstands.

Welche Frage genau?

Magdalena Sacha: Na, ob der Aufstand einen Sinn hatte! Wir diskutieren das bis heute!

Stefan Chwin: Hinzu kam das objektive Problem, dass sie – aus Zentral- und Ostpolen kommend – ja nicht genau das gleiche Polnisch sprachen. Auch dies begleitete meine ganze Kindheit; ich bin mit zwei polnischen Sprachen aufgewachsen.

Wie haben Sie als Kind diese Situation gelebt und empfunden?

Ich glaube, ich musste vorzeitig erwachsen werden, um mit dieser Situation klar zu kommen und zu verstehen, was sich da zwischen meinen Eltern abspielt. Die Zeiten damals waren äu-

Stefan Chwin und „the aesthetic unification of Europe"

ßerst schwierig und zugleich sehr interessant – meine Kindheit fällt ja in die Zeit des Stalinismus. Das hat alles noch verschärft. Meine Eltern bemühten sich zumindest sehr, mir das antideutsche Trauma einzuimpfen. Man kann sagen, dass die antideutsche Einstellung das Fundament unserer Familien-Identität und damit auch meiner eigenen Identität bildete: ›Wir gehören zusammen, wir halten zusammen und die Grundlage dafür besteht in unserer antideutschen Haltung‹. Hinzu kam, dass sich weder mein Vater noch meine Mutter wirklich mit dem Ort identifizierten, an den sie zwangsweise vertrieben worden waren. Die ganze Kindheit hörte ich von den schönen Städten, aus denen sie herkamen. Ähnlich erging es wohl den Kindern der deutschen Vertriebenen aus den Masuren und aus Pommern. Ich hörte also ständig von Vilnius oder von Warschau. So musste ich als junger Mensch eine schmerzhafte seelische Operation an mir vollziehen, um mich endlich hier in Danzig als Danziger zu fühlen. Meine Eltern lehrten mich eher die Fremdheit gegenüber meiner Heimatstadt. Sie sprachen immer nur von ›dieser schwäbischen Stadt‹: Sie beleidigten Danzig also mit einem stark negativ konnotierten Wort als eine ›deutsche Stadt‹. ›Deutsch‹ wäre ein neutrales Wort gewesen, ›schwäbisch‹ aber war ein grobes Schimpfwort.

Wie „die Fritzen" in Frankreich. Ich würde gern noch einmal ansetzen an Ihrer Aussage, dass Sie Danzig gerade auf Grund der notwendigen „seelischen Operation" als Jugendlicher ganz für sich entdeckten. Worin bestanden diese ersten Schritte der Aneignung?

Sie fiel natürlich in die Zeit der Pubertät und des Widerstands gegen die Eltern. Es war also ein innerer Aufstand. Dieser richtete sich sowohl gegen meine Mutter als auch gegen meinen Vater. Abgesehen davon war es aber auch sehr wichtig, dass ich zu dieser Zeit auf eine Kunstschule ging. Ich näherte mich den Deutschen über ihre Kunst ... und übrigens auch über ein kirchliches Moment: Mein beginnendes Interesse an der deutschen Kultur war auch in einer Art pubertärer Meuterei gegen den Katholizismus begründet, der mir so fürchterlich barock und karnevalesk vorkam. Der Protestantismus erschien mir da viel ernsthafter.

Magdalena Sacha: Vielen Dank für diese Differenzierung! (*lacht. Und erklärt:*) Mein Vater kommt aus Cieszyn, also aus Südpolen und deswegen wurde ich hier in Gdańsk durch diesen Teil meiner Familie protestantisch erzogen. Herr Chwin hat mich also ein wenig in meiner gespaltenen Identität gestärkt und ich habe mich gerade für seine gute Meinung über den Protestantismus bedankt.

Stefan Chwin: Der Protestantismus schien mir auch insofern eine ernsthaftere Alternative zu sein, als dass der Katholizismus damals einerseits sehr antikommunistisch war und andererseits eine naiv optimistische Tendenz hatte. Der Protestantismus hingegen begegnete mir als eine etwas durchdachtere Einstellung zum Leben. Als Lebenseinstellung entdeckte ich ihn dabei vor allem durch den Fokus auf die deutsche Baukunst in Danzig. Es ging also weniger um Religion im spirituellen oder auch kirchlichen Sinne, als um eine Weltanschauung.

POLAK POTRAFI – DER POLE KANN'S

Worum handelte es sich bei der Kunstschule, die Sie eben erwähnten?
Das war eine ziemlich berühmte Oberschule, auf die viele große Persönlichkeiten aus der Region gingen. Es gibt sie übrigens noch heute – sie befindet sich in Orłowo bei Gdynia. Dort war ich fünf Jahre lang Schüler an der Fakultät für Bildende Künste. An dieser Schule habe ich etwas gelernt, was heute sehr selten ist und mich der deutschen Kultur noch weiter angenähert hat: das Schreiben verschiedener Alphabete. Eine Art Kalligraphie. Ich lernte zum Beispiel die gotische Schrift, die Schwabacher Schrift und die Fraktur. Allein, wie diese Buchstaben aussahen! Ihre Form und die Manuskripte zogen mich fast magisch an. Als ich dann in der Danziger Architektur nach deutschen Spuren zu suchen begann, entdeckte ich diese gotischen Buchstaben wieder: übermalt und verwischt durch die Menschen, die jetzt in den Häusern wohnten. Ich konnte das kaum ertragen, dass wir diese Spuren vernichteten. Das betraf auch die Zerstörung der deutschen Friedhöfe. Dabei ging es mir nicht so sehr darum, dass es sich um ›deutsche‹ Friedhöfe handelte, als dass es einfach sehr schöne Orte waren. Zwischen Wrzeszcz und Gdańsk gab es eine ganze Friedhofsstadt, ein ungeheuer großes Areal mit Gräbern aus dem 18. und 19. Jahrhundert, das künstlerisch gesehen eine sehr spannende Sache war. Jetzt haben wir dort eine Parkanlage mit Jungs, die Skateboard fahren.

Ich muss noch mal bezüglich der Oberschule in Gdynia nachfragen. Eigentlich heißt es immer, dass das Schulsystem in der Volksrepublik sehr homogen war. Nun haben wir auf unserer Reise schon mehrfach gehört – zum Beispiel von Paula Sawicka, die in Warschau zur Schule ging, – dass es sehr wohl auch freie Schulen gab ... so wie diese Schule, auf die Sie gingen. Wie kann man das verstehen?

Also: Die polnische Schule war ja nun etwas völlig anderes als die Schulen in der DDR! (*lacht*) Es waren zwar nach außen hin kommunistische Schulen, aber die Lehrer zeigten ihren Schülern eigentlich immer, dass sie sich damit nicht völlig identifizierten. Und die Schule, auf die ich ging, war wahrhaftig noch einmal eine besondere Ausnahme. Die Lehrer, die hier unterrichteten, waren aus Vilnius umgesiedelt worden und ehemalige Lehrer der dortigen

Akademie für Schöne Künste. Sie waren also besonders kritisch gegenüber dem offiziellen System eingestellt. Wir spürten immer, dass sie eher auf unserer Seite waren. Das war teilweise auch sehr lustig – zum Beispiel als man mir erlaubte, kommunistische Parolen in gotischer Schrift zu schreiben. Eine wunderbare Geschichte: Einerseits verbeugten wir uns damit vor den offiziellen Machthabern, andererseits brachten uns die Lehrer im gleichen Akt die Geschichte der europäischen Kultur bei. ›Ein Pole kann es‹, so lautete eine der Parolen. Dies in gotischer Schrift zu schreiben, war im Grunde ein richtiger kleiner Widerstandsakt. Denn Sie wissen bestimmt, dass ›Der Pole kann's‹ ein berühmtes Motto im Repertoire der kommunistischen Propaganda von Edward Gierek war. Dieser Spruch stand damals auf allen Mauern: ›Der Pole kann's.‹

Magdalena Sacha: Der Spruch ist inzwischen ein geflügeltes Wort für jede Situation, in der wir ein Problem auf eine eher kreative Art und Weise lösen: ›Der Pole kann's.‹

Stefan Chwin: Seine Aneignung ist einfach ein schönes Beispiel dafür, wie wir in der polnischen Kultur mit Dingen umgehen, die uns von oben aufoktroyiert werden: Wir verstehen sie einfach auf unsere Weise!

Sie haben soeben von der gotischen Schrift als einem Träger der europäischen Kultur gesprochen, als sie uns ihre subversive Kraft nahe brachten. Ist die gotische Schrift nicht vor allem ein deutsches Kulturphänomen?

Absolut nicht! Die gotische Schrift ist in Frankreich entstanden. Nein, meine Lehrer schämten sich einfach für den Sozialismus. Deswegen erzählten sie uns sehr gerne von der Kultur Westeuropas. Die europäische Bildung, die sie uns vermittelten, trug damit immer auch ein widerständiges Element in sich. Schon als 14-, 15Jähriger wusste ich über die wichtigsten Kunstrichtungen Westeuropas Bescheid: von der Antike über das Mittelalter, die Renaissance, den Barock und so weiter. Die Lehrer bestärkten uns in einer Meinung, die in Polen sowieso stark verwurzelt ist, nämlich dass wir eine höhere Kultur als die Russen haben. (*lacht*) Politisch gesehen war Polen damals ja eine russische Kolonie; aber in dieser Kolonie gab es ein Gefühl der Überlegenheit gegenüber der Kolonialmacht.

Ah, wie einst die Griechen gegenüber Rom.

Wir hatten das Gefühl, dass wir der westeuropäischen Zone angehörten. Nicht nur die Lehrer, auch meine Eltern bestärkten mich darin. Meine Mutter vielleicht weniger mit Bezug auf die westliche Zivilisation, als über den Umweg der lateinischen und der katholischen Tradition. Meine Mutter hatte eine Elite-Schule bei Warschau absolviert, die von Nonnen geleitet wurde. Dies war ein wichtiger Bezugspunkt für uns.

PRIVATE ARCHÄOLOGIE UND TRAUMA

Sie beschrieben uns vorhin plastisch, wie sich für Sie als Jugendlicher unter den Farben und Parolen der Gegenwart langsam die Spuren der Vergangenheit durchdrückten. Vielleicht könnten Sie das noch etwas genauer erklären.

Eine sehr wichtige Sache für unsere Generation war einfach, dass wir in ›post-deutschen‹ Häusern aufwuchsen. Ein Teil von Danzig wurde zerstört, aber ich bin – ähnlich wie viele meiner Bekannten und Freunde – in Häusern groß geworden, die die Deutschen gerade verlassen hatten. Man kann sagen, wir wurden in der deutschen Kultur des 19. Jahrhunderts erzogen, in den Häusern, Villen und Wohnungen des entwickelten Danziger Bürgertums und Kleinbürgertums. Das wurde für uns eine Alternative zur sozialistischen Kultur. Aber natürlich gab es dabei ein Problem für uns. Denn wie konnten wir die ästhetische Seite dieser Kultur, die uns faszinierte und anzog – die Häuser, die Friedhöfe – mit der Tatsache in Einklang bringen, dass es ganz offensichtlich die Kultur von Schurken war? Schützt Schönheit also nicht vor dem Bösen? Oder verhalf die Schönheit dem Bösen gar an die Macht?

Inwiefern?

Wer weiß, vielleicht möchte man Buchenwald bauen, wenn man eine schöne Wohnung hat! Solche Fragen stellten wir uns als Jugendliche in der Volksrepublik Polen. Hinzu kam, dass wir jede Woche oder zumindest alle zwei Wochen ins Kino geführt wurden. So war ich schon als 7- bis 9Jähriger Junge Auschwitz-Experte. Ich kannte Auschwitz sogar besser als diejenigen, die da waren. Sie kannten nur Ausschnitte, ich sah alles, und zwar durch die Nahaufnahmen! Der Stalinismus versuchte uns sozusagen qua Kino-Bildung ein Trauma einzupflanzen. Und trotzdem blieben die Widersprüche. Denn was hatten die Deutschen, die Nazis, die wir in den Kinos sahen, mit den Wohnungen zu tun, in denen wir wohnten. Und nicht nur mit den Wohnungen, sondern auch mit allem anderen, was die Deutschen hinterlassen hatten. Unter dem Fußboden in unserer Wohnung sah es fast aus wie in einer archäologischen Sammlung. Die deutsche Familie hatte dort die unterschiedlichsten Dinge hinterlassen. Sie waren wohl sehr an Kunst, Musik, Malerei interessiert gewesen, denn da waren viele Notenhefte aus dem 19. Jahrhundert, Kompositionen von Schubert und anderen deutschen Komponisten. Und wunderbare Malerei-Alben. Und dazwischen dicke Bände des ›*Völkischen Beobachters*‹. Als kleiner Junge haben mich vor allem letztere interessiert. Meine Eltern wollten mich da nicht ranlassen. Aber ich war wie ein Archäologe, der nach Afrika geht.

Wie war Ihre Reaktion auf diese Funde?

Sie haben mich total erschreckt und verunsichert. An meinem Bett war zum

Beispiel ein Heizkörper, auf dem der Fabrikname stand: aus Wrzeszcz, also aus Langfuhr, einem Danziger Vorort. Das war schrecklich, denn es war dieselbe Typographie, wie ich sie von den SS-Uniformen kannte. Ein Alptraum, so was neben meinem Kopf zu haben. Ich spreche hier gern von einer Art persönlicher Psychoanalyse-Erfahrung, die ich durchmachte. Dazu gehört auch das Trauma des deutschen Badezimmers in unserer Wohnung. Die Aufschriften waren auf Deutsch: ›Kalt‹ und ›Warm‹. Über der Badewanne, an den Wasserhähnen – in gotischer Schrift. Auch auf dem Gasometer waren in das Blech deutsche gotische Buchstaben eingeprägt. Hinzu kamen jede Menge deutscher Gegenstände, zum Beispiel Besteck, Messer mit deutschen Aufschriften, Teller mit deutschen Symbolen: schwarze Adler. Ich hatte eine Zuckerdose mit einem deutschen Kreuzritter. Dies war die Schrecken erregende Landschaft meiner Kindheit. Mit den Jahren, als Jugendlicher aber wandelte sich meine Einstellung: Ich entwickelte ein positives Verhältnis gegenüber der bürgerlichen Lebensweise, die hier ja auch durchschien. Und als ich als Erwachsener zum Städter wurde, heiratete und Kinder bekam, begann ich, diese Kunst des Alltags sogar wertzuschätzen.

„Ich bin hinter diesen Häusern geboren"

Hat man die Fundstücke aus der Wohnung Ihrer Kindheit weggeworfen?
Nein, nein, ich habe sie bis heute. Mein größtes traumatisches Erlebnis war aber die Ausgrabung von Gräbern in unserem Garten, in dem wir als Jungs spielten. Worüber wir jetzt sprechen, ist übrigens gerade einmal anderthalb Kilometer von hier entfernt. Ich bin hinter diesen Häusern hier geboren. Beim Spielen gruben wir damals natürlich oft Bunker und Festungen. ›Bunker bauen‹, so nannte man das. Und einmal fanden wir dabei das vollständige Skelett eines deutschen Soldaten in Uniform mit Helm, Bajonett, Gewehr und Gürtelschnalle. Den Helm habe ich bis heute.

Wenn Sie von ›Trauma‹ sprechen: Was blieb seelisch zurück?
Die Widersprüche, in denen ich aufwuchs, habe ich später auf mein gesamtes Bild von Europa übertragen. Ich habe den Eindruck, dass sie die europäische Kultur zerreißen. Und ich tue mich schwer damit, eine einheitliche Vision von der europäischen Kultur aufzubauen. So bin ich wohl eher für die Diversität von Europa sensibilisiert worden. Der Hauptwiderspruch aber bleibt für mich derjenige zwischen dem tatsächlichen und einem erträumten Europa.

OST- UND WESTGEDÄCHTNISSE

Wie sieht dieses Europa Ihrer Tagträume aus?

Mein erträumtes Europa ist ein demokratisches Europa. Und das ist nicht nur so dahin gesagt, sondern markiert eine europäische Differenz. Denn in der europäischen Kultur haben wir sehr starke antidemokratische Traditionen, die untrennbar mit Europa verbunden sind. Eine einflussreiche wissenschaftliche Tradition in Polen denkt den Nationalsozialismus ja als eine Abkehr von der europäischen Kultur. Ich bin da ganz anderer Meinung! Das kam alles aus Europa; und eben dieses Europa ist das reale Europa.

Eine ontologische Weiche in einem Europa des Schreckens

Das erträumte Europa hingegen lerne ich auf meinen Reisen durch Europa kennen. Ich treffe hier überall auf gleich gesinnte Menschen. Es sind arme, europäische Intellektuelle, denen ich in den Kneipen in Hamburg, Bremerhaven, München, Genf, Paris, London, Edinburgh begegne. Sie sind alle wie ich: eine große Internationale. Alle haben sie die gleichen Probleme und Sorgen und alle sind sie in der gleichen sozialen Situation. Und trotzdem sind sie das bessere Europa. Finde ich. Dieses Europa ist mir nah. Denn ich habe große Angst vor einem nationalistischen, antidemokratischen Europa. Und auch solchen Menschen begegne ich bei meinen Reisen über den Kontinent überall: das Europa, das die Intellektuellen hasst.

Das gesamte Werk von Ihnen ist trotz seiner versöhnlichen Geste von einer grundsätzlichen Haltung der Skepsis geprägt. Aus Ihrer Auseinandersetzung mit Tadeusz Borowski, dem Autor von ›Bei uns in Auschwitz‹, *habe ich mir den Satz gemerkt: Die Demokratie sei eigentlich nur eine ontologische Deviation in einem Europa des Schreckens. Keine sehr beruhigende Zukunftsvision auf Europa ...*

Nun, bei Borowski muss man immer auch den historischen Kontext mitdenken, seine Erfahrungen mit Auschwitz. Er hasste Westeuropa! Er warf den westlichen Staaten ihr Münchner Abkommen mit den Nazis vor, und dass Westeuropa die Deutschen nach dem Krieg nicht wirklich bestrafte. Diese Denkweise war legitim, aber jetzt sollten wir zu ihr nicht mehr zurückkehren. Die Hauptfrage lautet doch heute, ob ein Europa, das kapitalistisch organisiert ist, überhaupt ein vereintes Europa erlaubt. Ich weiß wirklich nicht, ob die grundlegenden wirtschaftlichen Konflikte, die das Europa der Gegenwart bestimmen, überhaupt lösbar sind, ob nicht der ökonomische Egoismus gerade dabei ist, das Ganze zu sprengen. In Polen wird beispielsweise das deutsch-russische Projekt einer Ostsee-Pipeline – unter Umgehung Polens! – äußerst negativ aufgenommen und von den Europa-Skeptikern in Polen als Argument gegen die europäische Vereinigung genutzt. Die Quelle des Konflikts liegt also nicht in irgendwelchen Nationalismen, sondern in den andersgearteten Interessen der großen Unternehmen. Wie aber soll ein vereinigtes Europa im Einklang mit diesem Netzwerk der Kapitalinteressen entstehen können?! Aber ich bin kein Politiker. Ich sage nur, was hier in Polen schmerzhaft registriert wird.

Kommen wir also wieder auf Gdańsk zurück. Auf unserer Reise durch Polen haben wir mehrere ganz unterschiedliche Modelle von Europa kennen lernen dürfen: Wir lernten ein Warschau kennen, das sich aus der Totalzerstörung nach 1945 neu erfand. In Lublin wurde uns das multikulturelle Europa der Zwischenkriegszeit als Utopie von Europa in der Vergangenheitsform gezeigt. In Zamość erlebten wir Europa als einen wohlorganisierten Staat im Kleinen – als humanistisches Fürstentum. Und in Ihrer Literatur erfahren wir nun am Beispiel Danzigs ein Europa der Netzwerke, der Umschlagplätze und weitverzweigten Knotenpunkte, an denen sich die Menschen treffen und austauschen. Lassen sich diese verschiedenen Europas zusammendenken?

Es wäre gut, wenn das passierte, was Sie am Beispiel Danzigs beschreiben, dass Danzig zu solch einem Umschlagplatz wird. Aber noch ist das eine Zukunftsvision. Und ich fürchte mich vor allzu großen Utopien; sie sind allesamt gefährlich. Meine Ansicht zum Leben und zur Politik lautet, dass man in der Welt das Böse schwächen muss, statt sich Modelle zu überlegen, die man dann zu verwirklichen sucht. Ich gehöre einfach einer Generation an, die ganz offiziell nach einem Zukunftsmodell erzogen wurde und dies nicht noch einmal erleben möchte. Der Sozialismus zeigte, was dabei herauskommt, wenn man versucht, eine ideale Gesellschaft aufzubauen. Deswegen beunruhigt es mich eher, wenn mir jemand ein Modell für Europa nahezubringen versucht.

Das bringt mich zurück zu Ihrer Frage nach dem Schönen in der Kultur, die nicht vor dem Bösen, also den Lagern bewahrte, ja es vielleicht sogar hervorrief. Mit der Philosophie Zygmunt Baumans hat uns auch dieser Gedanke auf unserer Reise begleitet: Baumans Motiv, dass es die Moderne war, die eben auch diese Lager hervorgebracht hat. Ist Ihre eigene Art des Schreibens – am Beispiel Gdańsks – ähnlich wie bei Bauman ein Anschreiben gegen einfache Weltbilder, die nur in Schwarz-Weiß-Kategorien agieren? All diese Schönheit in den archäologischen Schichten und Dingen, die Sie an Danzig beschreiben: Bewahrt sie vor nichts?

Vielleicht sollte ich noch mehr von meinen Abenteuern mit den Deutschen berichten. Was mich bei den Kontakten mit den Deutschen immer so beunruhigte, war ihr stiefmütterliches und zugleich paternalistisches Verhältnis zu Mittel- und Osteuropa. Für die europäische Idee ist das kontraproduktiv. Immer wieder treffe ich auf deutsche Aktivisten und Politiker, die uns, den Polen, die Demokratie beibringen wollen. Damit vertiefen sie aber nur diese Teilung des politischen Kontinents in das echte Europa und das ein bisschen unechte Europa und verstoßen gegen die Grundidee von Europa. Einmal fragte mich eine Journalistin in Deutschland ganz naiv nach der Geographie Osteuropas: Ob Polen vor Belarus oder Belarus vor Polen liege? Eventuell hat unsere europäische Landkarte wirklich auf diese Weise ihren Niederschlag in der mentalen Landkarte der Deutschen gefunden. Nimmt man in Deutschland diese Region wirklich so wahr: Als eine Art Mittel- und Osteuropa-Grütze?

Ich möchte das nicht ausschließen. Einschließlich der DDR übrigens. Es gibt zwar kaum einen Ostdeutschen, der noch nicht im „Westen" war; aber es gibt immer noch sehr viele Westdeutsche, die noch nie in ihrem Leben in Ostdeutschland waren.

Aha! Daraus folgt, dass die Grenze nach wie vor an der Elbe liegt, ja? So lange dauert das! Die Teilung ist nach wie vor so stark?! Wahrscheinlich haben die Leute ganz einfach keine Lust, in den Osten zu fahren. Wenn wir über Europa als Einheit sprechen, dann sprechen wir auch immer über seine inneren Spaltungen.

Es wird zumindest noch seine Zeit dauern – sicherlich zwei, drei Generationen. Aber eigentlich sind wir gerade nach dieser Fahrt durch Polen optimistisch, dass sich langsam so etwas wie ein europäischer ›mental space‹, wie unser Gesprächspartner in Łódź, der Soziologe Andrzej Piotrowski es nannte, herausbildet.

Nach 1989 gab es von Seiten der polnischen Intelligenz, der Künstler und Schriftsteller, eine ganze Reihe von einladenden Gesten und Handreichungen in Richtung Deutschland. Aber die Deutschen scheinen ein Problem damit zu haben, diese Handreichungen anzunehmen und sich über das eigene Schicksal zu erheben. In einem Vortrag in Düsseldorf führte ich diese These einmal länger aus. Ich persönlich habe, wie Sie wissen, mit ›*Hanemann*‹ einen Roman über einen Deutschen geschrieben. Wohlgemerkt: ein polnischer Schriftsteller schreibt ein Buch über einen Deutschen. Wenn aber deutsche Schriftsteller mit Stipendien hierher nach Danzig kommen, dann schreiben sie immer nur über sich selbst: den deutschen Schriftsteller in Polen. Ich kenne keinen deutschen Roman, dessen Protagonist ein Pole wäre. Wenn sich die Deutschen für Polen interessieren, dann also nur um ihrer selbst willen. Und sie schreiben dann darüber, wie sie sich in Polen gefühlt haben. Mit grenzüberschreitender Empathie scheinen sie hingegen ein Problem zu haben. Im Polen nach 1989 begann meine Generation für sich die ehemaligen ›deutschen Gebiete‹ zu entdecken. In der deutschen Gegenwartskultur scheint es keine vergleichbare Bewegung zu geben. Wenn die Deutschen an Danzig, Pommern, Schlesien denken, dann nur, um in die Zeiten zurückzukehren, als die Deutschen hier wohnten. Ich vermute, dass der Grund dafür in der alten deutschen Überzeugung begründet ist, dass ›unsere deutsche Kultur‹ die echte Kultur ist, und alle anderen Kulturen eher ihre Imitate sind – unecht.

Von meiner Warte aus würde ich zwar bestätigen, dass die Neugierde – wahrscheinlich sogar in ganz Westeuropa – immer noch viel zu gering ist. Aber wir sind ja nicht nur Autoren, sondern auch Leser. Und ich kann Ihnen aus eigener Erfahrung versichern: Es gibt eine Leserschaft in Deutschland, die mit größtem Interesse die neueste polnische Literatur liest. Joanna Bators Roman ›Sandberg‹ *zum Beispiel, wo es einmal nicht um die vertriebenen Deutschen geht, sondern um Polen, die als Vertriebene aus den russisch besetzten Gebieten nach Wałbrzych in Niederschlesien kommen.*

Das freut mich sehr! Auch wenn ich befürchte, dass das alles jetzt in Vergessenheit gerät.

Wir haben gerade in der dritten Generation sehr viel Neugier, aber auch Wissen über die Vergangenheit erlebt. Diese Generation bleibt dran. Ganz bestimmt.

Dann bitte ich Sie dabei eines nicht zu vergessen: In Polen und vor allem hier in unserer Stadt haben viele Menschen den Eindruck, dass Europa – und Deutschland im Besonderen – uns unsere europäische Geschichte gewissermaßen geraubt hat. Denn im europäischen Gedächtnis wird das Ende des Kommunismus heute kaum noch mit dem großen Streik in Gdańsk assoziiert, sondern vor allem mit dem Fall der Berliner Mauer. Aber die Streiks in Gdańsk um 1980 waren für den Mauerfall doch ganz entscheidend. Der Fall der Berliner Mauer war nur die Folge dessen, was in Gdańsk neun Jahre zuvor passiert ist. Hier zeigt sich, dass das europäische Gedächtnis sich nicht der Wahrheit verpflichtet fühlt.

„Bruchstück der Mauer der Lenin-Werft in Gdańsk, die Lech Wałęsa erkletterte, um am Streik teilzunehmen, der am 31. August 1980 mit der Unterzeichnung des Abkommens zwischen den Streikenden und der Regierung der Volksrepublik Polen endete. Mit diesem Tag begann die Bildung der ›Solidarność‹-Bewegung, die zum Sturz des Kommunismus in Polen und Europa beitrug." (Hinweisschild vor dem Mauerstück)

Der Fall der Mauer war nur die Folge.

„HABERMAS HATTE EINFACH UNRECHT."

Mit dem neuen Europäischen ›Solidarność‹-Zentrum in Gdańsk wird sich Basil Kerski künftig von Polen aus in die Diskussionen über die Zukunft des Kontinents einmischen. Denn Polens Entwicklung der letzten 25 Jahre, findet der Politologe, sei „viel mehr als nur eine nachholende Modernisierung".

Basil Kerski, geboren 1969 in Gdańsk, studierte an der Freien Universität Berlin Politologie und Slawistik. Seit Jahren ist er einer der wichtigsten Agitatoren des deutsch-polnischen Austauschs und Chefredakteur des zweisprachigen Magazins und Diskussionsforums DIALOG *der Deutsch-Polnischen Gesellschaft Bundesverband, einer seit 1986 existierenden Dachvereinigung von 52 deutsch-polnischen Initiativen, deren Geschäftsführer er zwölf Jahre lang war. Seit 2011 leitet Kerski das Europäische ›Solidarność‹-Zentrum in seiner Geburtsstadt, das im Herbst 2014 eröffnete.*

[Abend des 23. August 2013. Berlin, Europaplatz. Am Ende der ersten Rundreise durch Polen sind wir vorbei an leeren Gleisen und verlassenen Bahnhöfen aus Gdańsk wieder an unserem Ausgangspunkt angekommen. Durch das Fenster des bayerischen Restaurants im Hauptbahnhof geht der Blick auf Jürgen Goertz' ›*Rolling Horse*‹, jenes armselige Stahl-Ross auf der Nord-Terrasse, das – seinerzeit vom Bahn-Chef Hartmut Mehdorn nach Berlin verschleppt – hier auf bessere Zeiten wartet. „Gaul Geschichte, du hinkst. Woll'n den Schinder zu Schanden reiten. Links! Links! Links!" dichtete einst der russische Poet Wladimir Majakowski seinen Linken Marsch eines fröhlichen Posthistoire, das am Berliner Hauptbahnhof sein Denkmal gefunden hat.

Draußen verkehren die Züge unablässig über Oder und Weichsel. Drinnen sitzt Basil Kerski, der Berliner Chefredakteur und Danziger Museumsdirektor, und redet. Keine Frage: Hier haben wir einen Mann des gesprochenen Wortes vor uns. Neugierig, vom Stöckchen bis aufs Hölzchen gebildet und ziemlich meinungsstark ist dieser 44jährige Kulturmanager des deutsch-polnischen Austauschs, der auch in persona europäische Multikulturalität darstellt: von polnisch-irakischer Herkunft, seit seiner Kindheit vor allem in Deutschland ansässig und aus einer Familie stammend, die auf Juden, Atheisten, Katholiken – auch katholische Sozialdemokraten – baut, in der der Begriff ›Pole‹ wohl vor allem ein politischer ist.

Dieser polnische Liberale aus der Politologen-Schmiede des abgewickelten Berliner Osteuropa-Instituts hat mehr Spaß an den europäischen Unterschieden als am großen europäischen Ganzen. Denn ohne europäische Differenzen kein europäischer Austausch. Und ohne Austausch kein Gespräch. Selbst das Wort „Ostmitteleuropa" fasst Basil Kerski nur mit Arbeitshandschuhen an, um es lieber in die kleineren „kollektiven Identitäten" Ungarn-Tschechien-Ukraine-Rumänien zu zerlegen. Und Polen? Polen ist sowieso noch mal ganz anders. Immerhin war es fast das einzige Land auf dem Kontinent, das nicht mit den Nazis kollaborierte. Das prägt. Bis heute. Und überhaupt: Weg mit den unnötigen Fragen nach der europäischen Identität, findet Kerski. Sind Identitäten nicht eigentlich nur Kreationen für das Spiel mit der Öffentlichkeit?

Sein alter Freund Arno Lustiger war dafür doch das beste Beispiel: Als junger polnischer Jude aus der KZ-Wirklichkeit in den deutschen Nachkrieg verschlagen, stand er vor der Alternative, sich unterzuordnen oder sich eine eigene Identität zu schaffen, die er der Gesellschaft aufdrängt. Dann doch lieber letzteres. Nur als Arno Lustiger später versucht, seinem jungen Freund Basil Kerski auch so ein Hütchen aufzusetzen – das des „polnischen Freundes" –, da wehrt dieser sich. Basil Kerski ist mit seinen zahlreichen Identitäten und Netzwerken lieber ein Dealer des Europäischen, ein Mittler zwischen den changierenden Welten, auf dass das Spiel ihrer Unterschiede erhalten bleibe. Seit Kurzem – und übrigens gegen den ausdrücklichen Widerstand von Lech Wałęsa – darf er dieses Spiel nun als Direktor eines polnisch-europäischen Kulturzentrums von staatlichen Gnaden spielen. Das Gespräch mit ihm fand am 23. August 2013 statt – seine letzte lektorierende Anpassung an die changierenden europäischen Wirklichkeiten und „den ukrainisch-russischen Konflikt" vollzog Basil Kerski am 25. August 2014 um 0:31 Uhr; eine Woche vor Eröffnung des neuen Hauses.]

Herr Kerski, in diesen Tagen wird Ihr Europäisches ›Solidarność‹-Zentrum in Gdańsk eröffnet. Wie müssen wir uns Ihre Arbeit dort vorstellen?

Das ECS ist ein modernes Museum, das sich mit ›Solidarność‹, aber auch mit den Revolutionen von 1989 und dem Zusammenbruch des Sowjetblocks beschäftigt – ein Ort der Reflexion, der dem gewaltfreien Kampf gewidmet ist und Lech Wałęsas ›Solidarność‹ in Verbindung setzt zu Gandhis, Martin Luther Kings, Andrei Sacharows oder Nelson Mandelas Philosophie der Kraft des Gewaltverzichts. Das Zentrum ist aber viel mehr als ein Museum, es ist ein öffentlicher Raum für Begegnungen von Europäern, ein Gebäude mit einem großen Wintergarten, einer öffentlichen Bibliothek, mit Konferenzräumen, vielfältiger Gastronomie und Räumen für nichtstaatliche Organisationen. Um es auf den Punkt zu bringen: Unser Zentrum ist ein großer öffentlicher Raum, in dem sich Geschichte und Zukunft Europas begegnen.

Wir haben beim Anblick des Gebäudes eher an ein Schiff auf hoher See gedacht ...

Architektonisch haben wir wahrhaftig ein Zitat aus dem Schiffsbau vor uns. Das Gebäude ist mit Blech bedeckt, was an einen Schiffsrumpf im Rohzustand erinnert. Und durch die schiefen Tragwände fühlt man sich auch im Inneren oft wie ein Reisender auf hoher See. Diese Bezüge sind natürlich

nicht zufällig gewählt. Das Gebäude steht auf dem Gelände der ehemaligen Danziger Lenin-Werft. Hier wurde 1980 die ›Solidarność‹ geboren. Der Architekt kommt aus Danzig, ist Ende fünfzig und hat als junger Student auf der Werft gejobbt. Er hat seine Erinnerungen verarbeitet und der Werft so ein Denkmal gesetzt.

Die Baustelle des ECS, Gdańsk, August 2013

Welche Pläne haben Sie nun mittelfristig für Ihr neues Haus?

Wir wollen ein Haus des Dialogs zwischen Europäern sein, die über die Gegenwart und Zukunft ihres Kontinents diskutieren. Und: Wir wollen das auf jener Wertbasis tun, für die die friedlichen Revolutionen Mittel- und Osteuropas eingetreten sind, eine Wertebasis, die solche Persönlichkeiten wie Wałęsa, Sacharow, Václav Havel, Jacek Kuroń, Adam Michnik oder Zbigniew Bujak repräsentieren – Menschen des gewaltfreien Wandels, der Kultur des Dialogs, der Aussöhnung, der Annäherung von Europäern.

DER AUSTRITT AUS DEM IMPERIUM

Das Herzstück des Hauses ist eine der größten Ausstellungen zur jüngsten polnischen und europäischen Geschichte. Sie dient uns als Hintergrund für aktuelle Debatten, aber auch als Material, um das Wissen von Jüngeren und Älteren über die jüngste Geschichte Europas zu erweitern. Sehen Sie: Wir reden ständig von Europa, kennen dabei aber unsere kollektiven Biographien nicht. Hier in Danzig kann man ein wichtiges Stück europäischer Identität kennenlernen.

Durch den ukrainisch-russischen Konflikt bekommt unsere Ausstellung und unsere Arbeit nun noch eine erweiterte Bedeutung. Putin stellt heute eine politische Ordnung Europas in Frage, die in den Jahren 1989 bis 1991 entstand. Er vertritt ein Geschichtsbild und ein Werte-Ideal, das den Idealen von 1989 fremd ist, indem er versucht, das russische Imperium in einer neuen, modernen Gestalt wiederzubeleben. Unser Haus dokumentiert die Geburt der neuen politischen Ordnung Ost- und Mitteleuropas; es zeigt, dass die Nationen innerhalb der Sowjetunion 1991 aus eigenem Willen aus dem Imperium ausgetreten sind. In der Ukraine fand damals sogar ein Referendum statt. Die Mehrheit der Bevölkerung, auch auf der Krim, wollte raus aus dem sowjetischen Imperium, aus der Dominanz Russlands und hat dies in freier Abstimmung bekundet. Putins Propaganda beschreibt diesen Emanzipationsprozess als größte Katastrophe der zweiten Hälfte des 20. Jahrhunderts.

Das ECS und das ›Denkmal der gefallenen Werftarbeiter‹

Flachskulpturen von Ryszard Pelpliński und Elżbieta Szczodrowska am unteren Teil des ›Denkmals der gefallenen Werftarbeiter‹

1990 wurde Deutschland dank der Zustimmung der Alliierten und Nachbarn friedlich vereinigt, in Mitteleuropa entstanden 1989 Demokratien, im Osten brach 1991 die Sowjetunion zusammen. Deutschland und Polen akzeptierten die Nachkriegsgrenzen, Grenzen, die ihren Nationen aufgezwungen worden waren. Für Polen war dies schmerzlich, denn das Land war Opfer des Kriegs. Moralisch gewann es den Krieg, aber es verlor weite Teile seiner Gebiete. Polen akzeptierte diesen Zustand – um des Friedens willen. Die Tschechen und Slowaken trennten sich friedlich und stabilisierten so die Situation in Mitteleuropa.

Putin hingegen wählt heute einen anderen Weg, er will dem Prozess mit militärischen Mitteln eine andere Richtung geben. Damit wiederholt sich das Szenario, das wir aus dem Süden Europas, aus dem Jugoslawien-Krieg, kennen. Es ist in dem heutigen Konflikt aber wichtig zu betonen, dass sich die Ukraine nach 1991 für die Entschärfung von Konflikten einsetzte. So hat das Land 1993 auf Atomwaffen verzichtet und der russischen Flotte Sonderprivilegien auf der Krim zugestanden, um den Frieden in Europa zu sichern. Putins Politik hingegen destabilisiert Europa, beraubt uns des Friedens, der 1989 bis 1991 von der Mehrheit der politischen Eliten angestrebt wurde.

EIN NEUES KAPITEL DER GLOBALISIERUNG

Herr Kerski, im Mittelpunkt unseres Gesprächs mit Ihnen soll das Thema „Entwicklung der polnischen Bürgergesellschaft" stehen: also die Entwicklung der Debattenkultur, für die Polen mit seinem ›Runden Tisch‹ von 1980 ja gewissermaßen in gewaltfreier revolutionärer Weise steht. Vorab aber vielleicht zu 1989 und danach: Gab es – im Rückblick auf die letzten 25 Jahre – eigentlich die erwartete Transformation Polens? Gab es einen Export des demokratischen Gesellschaftsmodells aus dem Westen?

Global gesehen gab es diese Transformation, also die Modernisierung Polens, unbedingt. Und zwar in zwei großen Modernisierungsschüben – einmal in den 1990er Jahren ...

... in den „goldenen 1990er Jahren" der polnisch-deutschen Beziehungen ...

... eben! Schon 1998, also lange vor der europäischen Stabilitätsdebatte – führte Polen in seiner neuen Verfassung feste Stabilitätskriterien für die Finanzen der öffentlichen Hand ein. Nebenbei bemerkt, waren es also die Polen, nicht Angela Merkel, die die Schuldenbremse erfunden haben. In ökonomischer Hinsicht sprach man deshalb zu Beginn der 2000er Jahre von einer Revolution der polnischen Verhältnisse während der 1990er Jahre. Zu Recht. Was dann aber überraschte, das war das ungeheure Tempo jener zweiten Veränderung, also der Modernisierung Polens seit 2004. Mit dem Eintritt in die EU wurde Polen zu einem Land mit sehr vielen boomenden ›Inseln‹, die zwar noch nicht dem Westen ähnelten, die aber doch Teil einer globalen Kultur wurden, von der übrigens auch andere Länder etwas dazulernen können. Zusammenfassend könnte man auf Ihre Frage antworten: In den 1990er Jahren war Polen noch eine Kopie des Westens – es gab den Nachholprozess. Die letzten zehn Jahre aber haben Entwicklungen geschaffen, die in jedem Bereich – Wirtschaft, Kultur oder Soziales – eine Eigendynamik darstellen, die auch im internationalen Zusammenhang hochinteressant sind. Polens Wirtschaft ist heute nicht mehr nur die verlängerte Werkbank des Westens. Nicht nur Dienstleister, sondern auch viele polnische Unternehmen aus dem Bereich der Informatik, neuer Technologien, der Bauwirtschaft oder Modebranche entwickeln sich zu europäischen Akteuren. Erfreulich ist auch die Stärke der Agrarwirtschaft, die zunehmend in ökologischen Dimensionen denkt.

Trotz und wegen dieser massiven Beschleunigung in den letzten Jahren aber erleben wir in Polen zum ersten Mal so etwas wie Existenzangst. Das Entstehen eines Klein- wie Großbürgertums und der sichtbare Wohlstand aller haben nicht unbedingt zu einem neuen Selbstbewusstsein geführt. Die Debatte dazu ist wiederum eine typische Transformationsdebatte: ›Was haben wir 1980/ 1990 falsch gemacht?‹ Was die Leute nicht sehen und was auch in der öffentlichen Debatte nicht gesagt wird: Hier geht es gar nicht um den vermeintlichen Umbruch, hier findet eine typische Debatte Gesamteuropas um eine fragiler gewordene Welt statt. Denn die Einkommensbiographien haben sich überall gewandelt: Der klassische Opel-Arbeiter des 20. Jahrhunderts, der seit zwei Generationen am gleichen Ort arbeitet, der ist europaweit verschwunden. Und so merkt man eben auch in Polen inzwischen: Dieser neue, relative Wohlstand, in dem wir plötzlich leben, ist vielleicht nicht von Dauer.

Wir müssen also begreifen, dass die osteuropäische Transformation eben keine ›nachholende Modernisierung‹ ist. Habermas hatte mit diesem Begriff einfach Unrecht. Man hatte 1989 geglaubt, man müsse die Entwicklung in Westeuropa nach 1945 einfach kopieren und dann sei es nur noch eine Frage der Zeit, bis wir das Ziel eines allgemeinen Wohlstands erreichen. Wenn wir Pech haben, müsse eben eine Generation aussetzen. Was wir dabei aber nicht beachtet haben: 1989 fällt nicht nur der Kommunismus in Mitteleuropa, sondern fast auf den Tag genau ist dies auch der Beginn eines neuen Kapitels der Globalisierung! Ich habe das gerade noch einmal recherchiert: Zu Beginn des Jahres 1989 wurde das ›WorldWideWeb‹ installiert. Bis dahin war es nur ein technisches System innerhalb von Universitäten, Unternehmen und dem Militär. In Bezug auf Polen ist diese Koinzidenz sogar eine doppelte: Im Dezember 1989 endet die Volksrepublik Polen mit dem Beschluss des Sejm, also des polnischen Parlaments, die Flagge, das Wappen und den Namen zu ändern: Der polnische Adler bekam seine Krone aufgesetzt und der polnische Staat heißt seitdem ›Republik Polen‹; gleichzeitig – im Januar 1990! – bekommt dieser neugeborene Staat auch seine ›domain‹, das ›pl‹, das damals natürlich noch kaum jemand zur Kenntnis nahm.

Ein feines Beispiel! Im Rahmen einer Gesamttransformation Europas steht die Transformation Polens damit aber auch unter einem enormen Konkurrenzdruck, oder?

In den Debatten der polnischen Politologen wird heute gesagt: „Wir stehen ›dazwischen‹." Wir sind zwar kein Billiglohnland mehr, wir haben inzwischen sehr viele fähige Leute, wir haben Innovation, wir haben die nötige Technologie. Nur: Als Volkswirtschaft sind wir noch nicht so stark, erfahren und innovativ wie die westeuropäischen.‹ Uns fehlt sozusagen dieses schwäbische Biotop, ›vom Handwerker bis zur Fabrik, von der Universität bis zur Werkbank‹. Deswegen geht die Angst um, dass man den Anschluss an die Innovations-Volkswirtschaften nicht schaffen könnte und wir an unseren Universitäten nur die Handwerker für Norwegen oder Deutschland ausbilden, ja dass vielleicht sogar gar nicht daran gedacht wird, uns jemals in den innovativen Teil Europas zu integrieren.

„ARMER CHRIST SCHAUT AUF DAS GHETTO"

So viel also zur Zivilgesellschaft. Und wie steht es nun um die Debattenkultur in der neuen polnischen Bürgergesellschaft, die 1980 so berühmt wurde? Wie steht es um die bürgerliche Selbstverständigung über die eigene Geschichte und den künftigen Weg Polens?

Polen hat, wie Sie richtig bemerken, schon seit den 1980er Jahren seine sehr lebendigen Debatten: Was dieses Land geprägt hat, das ist der funktionierende Untergrundstaat – in der Nazizeit genauso wie in der Zeit des Kommunismus! Die ›Solidarność‹ hat in den 1980er Jahren eine systematische Parallelgesellschaft aufgebaut, in der ein lebendiges kulturelles und intellektuelles Leben geführt wurde. Bücher in 30.000er Auflage waren als ›Samisdat‹ im Umlauf: Bücher beispielsweise zu deutsch-polnischen Tabu-Themen wie Vertreibung oder zum christlich-jüdischen Verhältnis im Zweiten Weltkrieg, also zu den Schlüsselthemen des europäischen Diskurses. All das begann schon in den zehn Jahren vor 1989 – und zwar auf sehr hohem Niveau. Durch die neuen Medien wurden die Themen später vielleicht noch professioneller aufgearbeitet; aber inhaltlich habe ich bisher kaum etwas gesehen, was es damals noch nicht gab. Welche Debatte heute auch immer angezettelt wird: es gab sie schon damals.

Vielleicht ein weiterhin aktuelles Beispiel: Wo ist heute – nach den zahllosen Filmen, Büchern und den Auseinandersetzungen in allen Medien – die gesellschaftliche Debatte zum polnisch-jüdischen Verhältnis angekommen?

Aus meiner Sicht gibt es in diesem Zusammenhang heute zwei wichtige Debatten. In der einen erinnern Historiker daran, dass der polnische Untergrundstaat als einziger in Europa polnischen Juden in der NS-Zeit systematisch geholfen habe und betont wird in dieser ersten Debatte auch, dass den polnischen Katholiken zu Unrecht der Vorwurf gemacht werde, sie seien Antisemiten gewesen. Hier geht es also darum, die globale Erinnerung an den Holocaust durch die Ehrung der polnischen Helden zu erweitern. Es habe nicht nur Oskar Schindler, den Deutschen, gegeben, sondern auch polnische Helden wie Irena Sendler oder Jan Karski. Das ist eine wichtige Debatte, denn tatsächlich fehlt in der deutschen oder amerikanischen Wahrnehmung der Holocaust-Geschichte die positive Rolle der polnischen Nation.

In der anderen wichtigen Debatte geht es selbstkritischer zu. Hier wird nach dem Versagen vieler Polen angesichts der Ermordung jüdischer Nachbarn gefragt. Dabei geht es nicht nur um Formen der Mitwirkung am Morden, sondern vielmehr um die Frage, wie viel moralische Mitverantwortung polnische Christen haben, die bei den Verbrechen der Deutschen an den polnischen Juden zugeschaut haben.

Und auch diese Debatte ist nicht neu und wurde schon in den 1980er Jahren geführt. Sogar in den offiziell zugelassenen Medien. In Krakau zum Beispiel. Damals veröffentlichte die katholische Wochenzeitung ›*Tygodnik Powszechny*‹ einen klugen Essay des Literaturkritikers Jan Błoński über ein Gedicht von Czesław Miłosz, das dieser schon im Frühjahr 1943 in Warschau geschrieben hat – ein Höhepunkt europäischer Lyrik. Eigentlich muss man sogar von zwei Gedichten sprechen: Das eine heißt ›*Campo di Fiori*‹ und stellt die Frage: „Wie schuldig mache ich mich als jemand, der Zeuge eines Verbrechens ist und nur zuschaut?" Das andere Gedicht heißt ›*Armer Christ schaut auf das Ghetto*‹ und war Gegenstand des Essays von Błoński und Auslöser einer Debatte über den Holocaust. In diesem Gedicht beschreibt Miłosz ein Karussell im Mai 1943, während des Warschauer Ghetto-Aufstands. Miłosz sieht Menschen, die auf der Suche nach Zerstreuung auf das Karussell steigen. Genau dahinter sieht er die Ghetto-Mauer und er stellt sich die Frage nach der Verantwortung. Dieser große Błoński-Essay über Miłosz 1987 markiert den Beginn eines neuen selbstkritischen Diskurses nicht nur über den Holocaust, sondern auch über die jüngste polnische Geschichte. Błoński führte einen Perspektivwechsel auf schwierige historische Themen ein, dem viele Historiker, Publizisten und Intellektuelle gefolgt sind ...

... also genau zur Zeit des ›Historikerstreits‹ in Deutschland ...

... der übrigens damals auch in polnischen Exilzeitschriften dokumentiert und dadurch auch in Polen rezipiert wurde. Neueste Filmproduktionen, wie ›*Pokłosie*‹ von Władysław Pasikowski oder Paweł Pawlikowskis ›*Ida*‹ – also Filme, die die Morde polnischer Christen an jüdischen Mitbürgern thematisieren – popularisieren die älteren historischen Debatten und erweitern dadurch die Öffentlichkeit. Es liegt mir am Herzen, dass im Falle der Holocaust-Debatten immer zwei Dimensionen gleichzeitig gesehen werden: einerseits das Versagen eines Teils der polnischen Gesellschaft, aber andererseits auch die – im internationalen Vergleich – herausragende Solidarität vieler Polen mit ihren jüdischen Mitbürgern. Wer von Jedwabne spricht, sollte schon auch von der Żegota sprechen, also von der vorhin schon erwähnten Hilfsaktion für die polnischen Juden durch den polnischen Untergrundstaat. Dieser Untergrundstaat war in seiner Zusammensetzung potentiell ja sehr kritisch gegenüber der jüdischen Minderheit. Der Antisemitismus in

Polen war vor 1939 weit verbreitet. Gleichwohl entschied er angesichts der Judenverfolgung durch die deutschen Besetzer: ›Hier muss geholfen werden‹ und rief 1942 die Żegota ins Leben. Sie schufen Strukturen und organisierten Gelder, wodurch nach heutigen Schätzungen 75.000 Juden das Leben gerettet wurde. Eine maßgebliche Rolle spielten in der Żegota Christen wie Władysław Bartoszewski. Aber auch seine Chefin Zofia Kossak-Szczucka, eigentlich eine Schriftstellerin mit antijüdischen Ansichten von der katholischen Untergrundorganisation ›Front für die Wiedergeburt Polens‹, war als Begründerin der Żegota aktiv dabei. Sie erklärte öffentlich: ›Ich muss mein Verhältnis zum Judentum ändern!‹ und schickte im August 1942 den Protest gegen den Holocaust, der auf den Informationen von Jan Karski beruhte und über die Lage der Juden informierte, an die Engländer. Das wurde zur offiziellen Linie des polnischen Untergrundstaates ...

... und wird heute nicht als Schutzbehauptung benutzt, um den Antisemitismus in weiten Teilen der Bevölkerung herunterzuspielen?

Nein! Ich betone dies immer, weil ich den Antisemitismus in Polen zugleich extrem kritisiere. Ich selbst habe ja sowohl katholische als auch jüdische Familienteile, die fast vollständig ermordet wurden. Aber wenn man in Europa eine kluge Debatte über den Holocaust in Polen und das Verhalten polnischer Nichtjuden führen will, darf man die Żegota nicht vergessen. Charles de Gaulle – also das französische Pendant zur polnischen Exilregierung in London – hat zumindest keine Hilfsaktionen für die Juden in Frankreich organisiert!

Was viele Polen, auch jene, die keinen Mythen nachhängen, heute stört, ist, dass das breite Panorama polnischer Schicksale im Zweiten Weltkrieg in der europäischen Erinnerung kaum präsent ist. Wenn Deutsche über Vertreibungen diskutieren, dann wird oft nur das eigene Schicksal betont. Und dabei war Polen ein Land, das selbst gerade mehrere Vertreibungen erlebt hatte: Zuerst nach 1939, als sie zugleich im Osten durch die Sowjets wie im Westen durch die Deutschen aus ihren Häusern vertrieben wurden. Dann kam das Kriegsende und die Vertreibungen aus dem Osten begannen erneut. Nicht zufällig ist durch die Zwangsmigrationen und Grenzänderungen die Formulierung entstanden, Polen sei ein Land auf Rädern.

Hinzu kommen die enormen Zerstörungen des Landes. Durch die Kriegshandlungen, die systematische Zerstörung der Städte durch deutsche Bombardierungen, durch die Vernichtung Warschaus nach dem Ghetto-Aufstand 1943 und dem Warschauer Aufstand 1944. 1945 war das Land zerstört, es herrschte Hunger, heimatlose Menschen waren auf Wanderung. Der Krieg hat zudem zu einer Verrohung der Sitten beigetragen, Menschenleben waren in den ersten Nachkriegsjahren kaum etwas wert.

Jerzy Kosińskis Roman ›Der bemalte Vogel‹ *malt sehr plastisch das Bild dieser grauenhaften Zustände.*

Und mitten in diesen Nachkriegswirren sind auch die aus den Gefängnissen und Konzentrationslagern befreiten Menschen unterwegs, unter anderem wenige polnische Holocaust-Überlebende. Viele von ihnen haben das Land verlassen, sind weiter in Richtung Westen emigriert, vor allem, um ihren traumatischen Erfahrungen aus der NS-Besatzungszeit zu entkommen. Für diejenigen aber, die in der Volksrepublik Polen geblieben sind, wurde der Kommunismus zum Alptraum, vor allem die antisemitische Kampagne unter Parteichef Gomułka 1968, ein zynisches Spiel mit dem einzigen Ziel des Machterhalts. Die Kommunisten versuchten sich mit antisemitischen Stereotypen die Sympathien der Bevölkerung zu sichern. Diese antisemitische Kampagne wiederum war eine wichtige Erfahrung für die antikommunistische Opposition und hat diese quasi gegen den Antisemitismus immunisiert. In der ›Solidarność‹-Bewegung spielte daher der Schutz der Rechte der religiösen und nationalen Minderheiten eine wichtige Rolle und wurde für diese Bewegung identitätsstiftend.

Aber ist dies durch die Debatten der letzten dreißig Jahre wirklich schon in der breiten Bevölkerung angekommen? Ich ziele noch einmal auf unsere gemeinsame Ausgangsfrage, inwiefern es in Polen so etwas wie eine Kultur der Öffentlichkeit gibt, die über einige zigtausend Bildungsbürger hinausreicht.

Ja, denn diese Debatten in Polen, die hier seit 1987 laufen, sind eben nicht nur intellektuell. Es gab und gibt eine breite Diskussion um die Ereignisse aus der Kriegs- und Nachkriegszeit. Und das wird sehr selten in Deutschland gesehen. Es bleibt irritierend, wenn ›die Avantgarde der historischen Aufarbeitung, die Deutschen‹ – wie Jan Gross es einmal formulierte – polnische Geschichtsdebatten, vor allem zum Holocaust, bewerten. Viele Deutsche unterschätzen die polnischen Kompetenzen auf dem Feld der jüdischen Geschichte. In Polen gab es die größte jüdische Besiedlung überhaupt in Europa. Polnische Geschichte ist ohne die jüdische Kultur nicht denkbar. Es gibt daher heute in Polen ein großes Interesse am jüdischen Kulturerbe. Und wie ich bereits dargestellt habe, gibt es einen langen Weg der kritischen Auseinandersetzung mit dem Antisemitismus.

Jüdisch sein, sei inzwischen sogar „hip in Polen", so war kürzlich anlässlich der zahlreichen guten polnischen Filme, die es inzwischen über jüdisches Leben in Polen gibt, zu lesen.

Das gilt nicht nur für die Kulturszene der Großstädte. Die Auseinandersetzung mit dem jüdischen Kulturerbe hat die gesamte Zivilgesellschaft geprägt, die eben nicht nur durch die sozialen Herausforderungen der Transformation vorangetrieben wurde.

AUF DER SUCHE NACH EUROPAS RUNDEM TISCH

Die Zivilgesellschaft hat den neuen Freiraum nicht nur genutzt, um die negativen sozialen Folgen des Wandels aufzufangen, sondern um sich an der Neugestaltung der kollektiven Identität, vor allem in den Städten, zu beteiligen. Überall in Polen - ob in Lublin, Breslau, Danzig, Allenstein, Posen, Stettin, Krakau oder Warschau - haben Bürger Initiativen gegründet, um die multikulturelle Lokalgeschichte zu dokumentieren und sie popularisieren so bislang unbekannte Dimensionen der Geschichte. In Danzig gibt es heute beispielsweise aufgrund einer zivilgesellschaftlichen Initiative einen symbolischen Friedhof: Eine Anlage mit dem Namen ›*Friedhof der nicht existierenden Friedhöfe*‹. Dieses Denkmal erinnert an jene protestantischen oder jüdischen Begräbnisstätten, die in der NS-Zeit und während des Kommunismus zerstört wurden. Diese verschwundenen Orte sind Teil des heutigen Danziger Kulturerbes. An diesem Ort zeigt sich das hohe Niveau der neuen bürgerlichen Kultur, die nicht nur der eigenen polnischen oder katholischen Gräber gedenkt, sondern die anderen Kulturen mit in ihre Erinnerung und Identität einschließt. Dieses Danziger Denkmal beweist, wie reif und souverän die polnische Gesellschaft heute ist.

Haben Sie als Reisender zwischen den Welten Polens und Deutschlands denn den Eindruck, dass diese spezifische Bürgerlichkeit, die weniger aus einem deutschen Schuld- als aus einem polnischen Selbstbewusstsein der ›Solidarność‹-Generation entstanden ist, auch hin und wieder uns im Westen beeindruckt: Ist es eine Bürgerlichkeit, die unserer in Interessensgruppen und Lobbyismus erstarrten Zivilgesellschaft den Spiegel vorhalten könnte?

Der Friedhof der nicht existierenden Friedhöfe, Gdańsk, Oktober 2012

Hier sind wir leider an einem Tiefpunkt. Es gibt keinen Austausch. Deswegen macht mir die ökonomische Krise auch weniger Sorgen als die kulturelle. Sorgen macht mir das große Desinteresse aneinander. Das gilt für alle. Die Ängste des deutschen Bürgertums um den eigenen Lebensstandard sind europäische Ängste. Schauen wir nach Skandinavien: Im Extremen spiegelt ein Anders Breivik doch die europäischen Ängste wider. Es gibt - auch in Polen - eine Angstgesellschaft in Europa, die ungern hinschaut. Man reist zwar gern nach Deutschland, an die kroatische Küste oder in die Toskana; aber man hat keine Lust, sich mit den Entwicklungen der dortigen Nationalstaaten auseinander zu setzen. Natürlich gibt es Konjunkturen. Die Deutschen haben in Polen derzeit zum Beispiel gerade gute Karten; sie werden als Partner und Nachbarn geschätzt. Viele Polen sind von Berlin fasziniert. Polen genießen derzeit das entspannte Verhältnis zu den Deutschen. Zudem sind sich die Gesellschaften sehr ähnlich geworden; es gäbe also gute Gründe, sich miteinander auszutauschen und zu vergleichen: Das Baby-Boom-Land Polen der 1990er Jahre ist heute in seiner tiefsten demographischen Krise. Die Warschauer Uni hat in den Geisteswissenschaften fast keine Studenten mehr. Viele Regionen leiden unter Überalterung. Noch bildet der polnische Staat zwar gute Leute aus. Aber die gehen weg aus der Provinz – nicht nur ins Ausland, sondern auch in die polnischen Großstädte, wo sie ihre Steuern bezahlen. Aus den neuen Bundesländern kennen wir das ja – hier in Polen haben wir das Problem noch in verstärktem Maße.

Trotzdem habe ich nie einen seriösen vergleichenden Text – weder in Polen noch in Deutschland – zu den zentralen gesellschaftlichen oder politischen Herausforderungen gelesen. Keine Vergleiche, wenig Transfer an Erfahrungen guter politischer Praxis! Genauso wenig realisiert man in Polen und Deutschland, dass wir uns – hier wie dort – ohne enge Zusammenarbeit zwischen den Nationen, ohne ein gewisses Maß an europäischer Solidarität unseren Wohlstand nicht erhalten können.

„DIE EUROPÄISCHE IDENTITÄT DRAMATISIEREN!“

Für den konservativen Staatsphilosophen Marek Cichocki sind „Opferbereitschaft“ und „Familie“ die zentralen Werte für ein neues Europa.

Marek Aleksander Cichocki, geboren 1966 in Warschau; Germanist, Staatsphilosoph, Historiker, Journalist und Kenner der deutsch-polnischen Beziehungen der Gegenwart. Seit 2004 ist er Programmdirektor an der 1993 gegründeten Stiftung für europäische Politik, dem Centrum Europejskie Natolin; seitdem auch Chefredakteur der Politikzeitschrift ›Nowa Europa‹ *und Mitherausgeber des Jahrbuchs für Politische Theologie. 2006/07 war er Berater des nationalkonservativen polnischen Präsidenten Lech Kaczyński und dessen offizieller Chefunterhändler bei den EU-Gipfelgesprächen zum EU-Verfassungsvertrag.*

[Vormittag des 8. März 2014. Das Centrum Europejskie Natolin, europäischer ›think tank‹ der polnischen Regierungen seit 1993, liegt im Süden der Hauptstadt, abgeschirmt in einem beeindruckend schönen Park. Ein weitläufiger Campus, ein College mit europäischen Stipendiaten. Kein reizloser Ort, um über Polens Europa-Politik nachzudenken. Und das soll sie also sein, die moderne Stimme des konservativen Polen: Dreitagebart, offenes Hemd und Sakko in strahlendem Beige: Dr. habil. Marek Cichocki, seit zehn Jahren Programmdirektor der staatlichen Wissenschaftsstiftung. Der Schreibtisch verbeugt sich respektvoll unter seinen Lasten an klassischer Philosophie, Soziologie, Politologie und im Regal ächzt Niklas Luhmanns ›*Politik der Gesellschaft*‹ unter Paul Kirchhofs ›*Handbuch des Staatsrechts*‹. Marek Cichocki spricht ein schönes, gepflegtes Deutsch, moduliert von einem leicht melancholischen Witz. Er kann aber auch anders: „Polen darf man nicht an die Wand drücken, Polen verbiegt sich nicht“, wird er als der ›Sherpa‹ der nationalkonservativen Regierung bei den EU-Verfassungsverhandlungen im heißen europäischen Sommer 2007 vom ›Spiegel‹ zitiert: Die deutsche EU-Ratspräsidentschaft, so legt er nach, „steuere auf ein Fiasko des Gipfels“ zu.

Froh sei er, sagt er heute, dass diese Zeiten als Kaczyńskis Deutschland-Berater sowie als sein Europa-Unterhändler vorbei seien und er sich seitdem wieder auf die Analyse beschränken könne: „Während meine Kollegen hier im Haus allesamt große Fans von ›House of Cards‹ sind, kann ich nur müde abwinken: Das habe ich live erlebt.“]

Herr Cichocki, würden Sie uns verraten, woran Sie gerade arbeiten?
Unter anderem an einer Ausstellung, die Ende Juli 2014 für drei Monate zum Thema des Warschauer Aufstands in der Berliner ›Topographie des Terrors‹ gezeigt wird. Wir hoffen, dass die beiden Präsidenten Polens und Deutschlands bei der Eröffnung zugegen sein werden.

Ist das die erste Sonderausstellung, mit der das Museum des Warschauer Aufstands sich in Deutschland präsentiert?
Ja, ich glaube schon, dass es das erste große Projekt dieses Museums in Deutschland ist. Die Initiative ging nicht zuletzt vom Leiter der ›Topographie des Terrors‹ aus. Weder die Zeit Polens unter der deutschen Besatzung noch der Warschauer Aufstand selbst sind ja in Deutschland wirklich bekannt; vor allem bei jüngeren Leuten. Und selbst das, was man zu wissen meint, entspricht nicht immer den Fakten. Natürlich weiß man in Deutschland im Allgemeinen, dass die Polen am Zweiten Weltkrieg beteiligt waren, auch, dass sie gegen die Deutschen gekämpft haben und dass Polen besetzt wurde – aber eine genauere Vorstellung von dem, was im Zweiten Weltkrieg in Polen passiert ist, hat kaum noch jemand, wenn man nachfragt.

Was also wollen Sie mit Ihrer Ausstellung erzählen?
Wir werden uns auf den Kern konzentrieren: Die Hauptstadt eines Landes unter der Okkupation – und dann dieses verrückte Projekt von Hitler und von seinem ausführenden Organ Himmler: Die totale Vernichtung einer ganzen Stadt, Warschau, als Rache für den Aufstand. Aber natürlich wollen wir auch den Aufstand selbst erzählen und uns dabei nicht zuletzt kritisch mit dem deutschen Fernsehfilm ›*Unsere Mütter, unsere Väter*‹ auseinandersetzen – also erklären: Was war eigentlich die Heimatarmee, also die Untergrund-Armee Armia Krajowa? Welche Rolle spielte sie?

Es gab ja starke Proteste gegen ›Unsere Mütter, unsere Väter‹ *in Polen – nicht zuletzt auf Grund stark hervorgehobener antisemitischer Tendenzen in der Heimatarmee. Hier wollen Sie ein wenig gegenhalten?*
Ja – uns scheint dies wichtig zu sein; der Film war hier doch arg verkürzt. Man musste ja den Eindruck gewinnen, dass die Heimatarmee hauptsächlich aus Antisemiten bestand! Wir möchten einfach zeigen, was die Heimatarmee war und welche Rolle sie auch in politischer Perspektive spielte: Worin bestand sozusagen ihre Legitimation? Die Heimatarmee war auf

dem Prinzip begründet, dass der polnische Staat trotz der Besatzung weiter bestand. Trotz der Okkupation hat Polen nicht aufgehört zu existieren! Es gab eine kontinuierliche Legitimität unseres Staates während der gesamten deutschen Okkupation. Mit seiner Untergrund-Armee kämpfte der polnische Staat weiter.

Das war eine ganz andere Konzeption als bei den anderen europäischen Staaten, die die Besatzung ja anerkannt hatten. Die Ausstellung in Berlin möchten wir zugleich zum Anlass für weitere Diskussionen machen – zum Beispiel, um zu zeigen, dass das, was während des Aufstands in Warschau passierte, zum Kalten Krieg wesentlich beigetragen hat. Es gibt ja auch unter den Historikern in Deutschland inzwischen die Auffassungen, dass die Teilung Europas eigentlich sogar mit diesem Ereignis begann!

Damit, dass die Rote Armee am Ost-Ufer der Weichsel stand und nicht in den Abwehrkampf der Warschauer gegen die Deutschen eingriff?

Ja, genau: Im Zentrum der Stadt kämpfen die Polen gegen die Deutschen und am anderen Ufer steht die Armee der Sowjetunion und sagt: Wir gehen nicht weiter als bis zu dieser Linie. Zwar wurde die Linie anschließend noch ein wenig weiter gen Westen verlagert – bis nach Berlin. Aber diese Tage während des Warschauer Aufstands im Spätsommer 1944 waren doch das beste Zeichen dafür, dass Europa geteilt wird.

So sehen Sie das auch?

Ja; diese Interpretation hat ihre guten Gründe. Sie war ein erstes Symptom für die europäische Teilung, die nach dem Zweiten Weltkrieg zementiert wurde. Hier in Warschau begann die Aufteilung der Welt.

Außerdem möchten wir im Kontext unserer Ausstellung, zum 100. Jahrestag des Ersten Weltkriegs, auch auf dessen Verknüpfung mit dem Zweiten Weltkrieg hinweisen: Die Konzeption vom Krieg als einem Mittel der totalen Veränderung der demographischen Struktur eines Volkes wurde schon im Ersten Weltkrieg geboren: Der Krieg als Mittel der totalen Vernichtung der materiellen Existenz einer Nation, eines Staates.

In der politischen Geschichtsschreibung des Ersten Weltkriegs ist Polen vor allem der große Gewinner dieses Kriegs.

Es geht mir eher um die Vorstellungsweisen, die sich im Ersten Weltkrieg formiert haben: Die Vorstellung, dass man den Feind total vernichten darf. Also die Massenvernichtungswaffen, die hier zum ersten Mal auftauchen; die Konzeption des Totalkriegs als Gegenteil von der Vorstellung, dass man den Krieg einhegen könne. Bis 1914 konnte man noch an Clausewitz und seinen Satz, der Krieg sei die ›bloße Fortsetzung der Politik mit anderen Mitteln‹, glauben. Seit dem Ersten Weltkrieg kann man dies nicht mehr behaupten. Mit dem totalen Krieg kommt eine neue Technik zum Einsatz und damit die

Vorstellung, dass man den Feind total entwürdigen und zum Objekt machen muss. Der Gegner muss begreifen, dass er es verdient hat, total vernichtet zu werden. Das alles beginnt im Grunde genommen mit dem Ersten Weltkrieg; die furchtbaren Früchte erntet man dann im Zweiten Weltkrieg.

EIN EUROPÄISCHER THINK TANK

Vielen Dank für diesen Einstieg in medias res, Herr Cichocki. Vielleicht nun aber noch einmal drei Schritte zurück: Können Sie uns erklären, wo wir uns hier bei Ihnen befinden? Was ist das für ein Zentrum, dieses Europäische Zentrum Natolin? Und was ist das für ein Haus, in dem Sie hier arbeiten?

Natolin, März 2014

Wir befinden uns hier auf dem Campus des European College. Als Europäisches Zentrum sind wir ein Teil dieses Gesamtkomplexes; wir unterrichten nicht, sondern analysieren und forschen. Im College sind postgraduierte Studenten aus europäischen Ländern zu Gast, die hier ein Jahr bleiben und studieren: vor allem ›Gouvernance‹, Europäisches Recht und Europäische Zivilisation, sowie Nachbarschaftspolitik.

Polnische Studenten?

Auch. Es gibt rund 120 graduierte Studenten aus ganz Europa: Viele Osteuropäer und Südeuropäer. Ein paar Franzosen, Türken, Skandinavier, Deutsche.

Und das Europäische Zentrum ...

... ist zur gleichen Zeit, 1993, entstanden – mit den Forschungsthemen Europäische Integration und Europäische Union. Vor dem Beitritt ging es darum, die Integration vorzubereiten und zu ermöglichen, heute eher um eine tiefer gehende Analyse der Union und der Integration: In welche Richtung geht der Prozess? Also konzentrieren wir uns derzeit stark auf die Finanz-Krise, aber natürlich auch auf die Stellung Polens in diesem Kontext. Durch den Assoziierungsvertrag haben wir ja eigentlich akzeptiert, irgendwann einmal Mitglied der gemeinsamen Währung zu werden. Nach 2004 war das auch unsere Priorität. Es wurde eigentlich nicht skeptisch diskutiert, sondern als selbstverständlich hingenommen. Jetzt, während und nach der Krise, mehren sich natürlich eher die Fragen: ›Sollen wir abwarten?‹ oder ›Sollen wir uns aufgrund der Ukraine-Krise sogar eher beeilen?‹ Diese Diskussion gewinnt zur Zeit an Dynamik und ist nicht mehr so unproblematisch wie gleich nach dem Beitritt.

Einer unserer anderen Gesprächspartner, Adam Krzemiński, sagt hinsichtlich der heutigen Krisensituation ganz optimistisch: Diese Krise ist eigentlich der vierte Gründungsakt Europas nach 1945. Aus ihr entsteht eine neue Chance für ein starkes Europa. Polen muss deshalb gerade jetzt in den Euro-Raum eintreten. Wie sehen Sie das?

Ich stimme vollkommen mit der These überein, dass wir vor einer neuen Gründung stehen. Die Frage ist nur: Was wird hier neu gegründet? Ich wage die Behauptung, dass nicht einmal die Hauptakteure dieses Prozesses, die sich hin und wieder in Brüssel zum EU-Gipfel treffen, wissen, wohin dieser Prozess geht und welche Gründung uns bevorsteht. Klar ist: Es wird etwas Neues entstehen. Die alte Union ist – teilweise – schon Geschichte. Das macht Leuten Angst, die sich noch an alte Vorstellungen wie ein ›föderales Europa‹ oder an die ›Kommission als Garant des ganzen Integrationsprozesses‹ klammern. Aber die Krise war und ist so groß und hat so viele Probleme aufgezeigt, dass die Europäische Union agieren muss. Nur in welche Richtung?

Man sieht jetzt, wie problematisch der Zusammenhang zwischen den Finanzmärkten und den europäischen Demokratien ist. Hier geht es nicht nur um die Probleme eines kleinen Staates im Süden, der nicht gut gewirtschaftet hat. Das ist ja nur ein Symptom, nicht der Grund für die Krise. Wir müssen heute in der EU nach neuen Mechanismen der Koordination, Abschreckung und Garantie suchen. Es geht um die Sicherheitsunion, die Banken, die Koordinierung der Haushalte. Das Problem ist nur, dass die Mechanismen, die nun eingeführt werden, rein technokratischer Art sind. Das müssen sie auch sein, weil die ganze Dynamik nur sehr, sehr schwierig zu verstehen oder gar zu beherrschen ist – wer kennt schon wirklich die Mechanismen auf dem Finanzsektor?!

Also weniger Eigeninteressen der Staaten und mehr europäischer Staat in Sachen Sicherheitspolitik, Wirtschaftspolitik, Finanzpolitik? Das Thema NSA, das Thema Finanz-Krise, das Thema Ukraine bedeuten, dass die EU stärker werden muss, indem sie stärker wie ein Staat organisiert wird?

Ich analysiere nur. Ich will nur sagen, dass sich auf Grund der Euro-Krise verschiedene technokratische Lösungen mehren. Selbst im Euro-Raum. Und dass das auch eine verständliche Reaktion ist. Nur jetzt stellt sich dadurch die Frage: Und was ist mit der Gesellschaft, was ist mit der Demokratie, was ist mit den Bürgern? Wie können sie an diesem Prozess teilnehmen oder ihn auch nur kontrollieren? Haben wir überhaupt noch Instrumente, als Bürger zu agieren? Deswegen glaube ich, dass die eigentliche Krise heute die der europäischen Demokratie ist.

DIE KRISE DER EUROPÄISCHEN DEMOKRATIE

Demokratie im Singular?

Beides! Ich glaube einerseits, dass die gesamte europäische Idee, ihre Denk- und Lebensweise, ohne die Idee der Demokratie gar nicht verstanden werden kann. Aber andererseits ist es das praktische Problem der vielen Demokratien in Europa, also der Mitgliedsstaaten, dass die Leute total ›entbürgert‹ werden, indem wir sie alle vier Jahre wählen lassen und sonst alles so machen, wie wir denken, dass es gut für sie ist. Solch eine Möglichkeit ist derzeit einfach angesichts der hochkomplizierten Situation unserer Währung und der Banken-Union gegeben. Das lässt sich nicht mal mehr in einer parlamentarischen Debatte thematisieren. Ich kann mich an eine Bundestagsdebatte erinnern, wo die Abgeordneten gefragt wurden: ›Was heißt ›Hebelung‹?‹ und kaum einer diese Frage beantworten konnte. Sie mussten aber gerade darüber entscheiden! Ich glaube, das ist das Problem.

Welche Lösungsmöglichkeiten sehen Sie? Einerseits formulieren Sie: „Technokratische Rationalisierung ist nötig." Andererseits sagen Sie: Wir müssen die Menschen demokratisch mitnehmen, damit es nicht zur Spaltung zwischen Staat und Gesellschaft kommt.

Wir stehen vor einer existenziellen Krise der europäischen Demokratie als solcher. Wenn wir die Demokratie retten wollen, wenn wir glauben, dass die Demokratie ein Bestandteil des Lebens in Europa ist und bleiben soll, dann müssen wir zwei Dinge angreifen. Wir müssen in dieser neu gegründeten Europäischen Union neue Demokratie-Räume schaffen. Wir müssen neue Kanäle öffnen. Das können sowohl die alten Organe wie die nationalen Parlamente sein, wenn sie erneuert werden. Und das können neue Organe sein, wie zum Beispiel der schüchterne Versuch im Lissabon-Vertrag, die Möglichkeit eines bürgerlichen Aufbegehrens einzuräumen: Also die gelbe Karte der EU-Bürger für ihre Institutionen, durch die sie zum Ausdruck bringen können: ›Nein, so geht das nicht. Das müsst ihr noch mal neu beraten.‹

Europäische Volksabstimmungen ...

... ja, das, was man mit dem Lissabon-Vertrag angefangen hat – aber viel zu zurückhaltend. Die Situation ist heute so ernst, dass man diese Möglichkeit viel weiter entwickeln muss. Das ist der eine Punkt: Die Öffnung alter, neuer Kanäle und die Schaffung neuer Demokratie-Räume. Genau dies hieße, den sich mehrenden technokratischen Lösungen einen demokratischen Kontext zu geben.

Selbst dann, wenn dabei – wie Anfang 2014 in der Schweiz passiert – herauskommt, dass die Personenfreiheit in Europa abgeschafft wird?
Ich hatte dazu jetzt ja eine Diskussion mit einem deutschen Politikwissenschaftler, Jan-Werner Müller, der Befürworter einer begrenzten Demokratie ist. Und ich verstehe auch, warum man nach dem Zweiten Weltkrieg die Demokratie begrenzen wollte. Man hatte die Lektion von 1933 vor Augen, als die Massendemokratien zur Abschaffung der Demokratie beigetragen haben. Aber ich glaube, das Problem ist jetzt ein anderes. Wir können die Demokratien heute nicht mehr einer solchen Kontrolle wie nach 1945 unterwerfen.

Sie meinen die Fünf-Prozent-Klausel etc.?
Ja, zum Beispiel. In einer Situation zunehmend technokratischer Lösungen, in der aber die sozialen Spannungen – zum Beispiel in den südeuropäischen Gesellschaften – wegen der Arbeitslosigkeit sehr hoch sind, muss man den Dampf durch die Demokratie ablassen können. Die Leute müssen mehr freie Demokratie-Räume haben, um sich auszudrücken, selbst wenn dies die Politiker oder Technokraten stört. Sonst gehen die Menschen nicht mehr mit. Was aber würde mit dem europäischen Projekt passieren, wenn die technokratischen Lösungen überhaupt keine Zustimmung mehr bekommen?! Dann werden Sie im europäischen Parlament bald nur noch Marie Le Pen und Geert Wilders sitzen haben! Die Kanäle müssen also geöffnet werden, auch wenn die Technokraten natürlich lieber ohne den demokratischen Kontext arbeiten würden, weil das effizienter ist.

FRIEDEN, WOHLSTAND, OPFERBEREITSCHAFT

Viel schwieriger aber ist der zweite Punkt: Wenn wir die Demokratie und die Demokratien in Europa ändern wollen, müssen die Bürger in Europa auch ihre persönliche Einstellung von Grund auf ändern. Sehr viele Leute – auch hier in Polen – haben in der Illusion eines ewigen Wachstums gelebt. Wer die Demokratie aber als einen Wert zu verstehen bereit ist, kann sie nicht nur als einen Mechanismus betrachten, um den täglichen Konsum zu garantieren. Der demokratische Staat ist kein Konsumgarant. Deshalb ist es sehr gefährlich, wenn die Politiker eben dies tun: Demokratie mit Wachstumsversprechen gleichzusetzen. Was passiert dann, wenn es in einem demokratischen Staat zu einer Krise kommt? Sollten wir sie aufgeben, weil sie uns nicht mehr gibt, was uns versprochen wurde? Jede Analogie greift zu kurz, aber die Lektion, die wir jetzt in Kiew bekommen haben, wo die Leute für eine eigene Bürgerwürde, die auch eine Menschenwürde ist, gekämpft und ihr Leben geopfert haben, sollte auch unser Verständnis der Demokratie bestimmen. Die konsumtive Haltung zur Demokratie entwürdigt die Konzeption vom Bürger und die Finanz-Krise hat gezeigt, wohin die Sucht führen kann.

Welcher europäische Wert könnte an die Stelle des Glaubens an unbegrenztes Wachstum treten?

Sich diese Frage zu stellen, wäre die wichtige Zukunftsaufgabe für eine neue Europäische Union. Nach dem Krieg war der Anspruch ja eher minimalistisch. Das hatte auch seine guten Gründe. Die Schlagworte waren: Friede und ...

... Stahl und Kohle.

Ja, genau: Friede und Wohlstand. Als der Eiserne Vorhang 1989 für Polen und die anderen postkommunistischen Länder fiel, da wollten wir nun auch das Gleiche wie die Westeuropäer: Friede und Wohlstand. Wir wollten so normal leben, wie die Menschen im Westen nach dem Krieg gelebt haben. Aber für das Europa der Gegenwart ist das zu kurz gedacht. Wir müssen das Europa der künftigen Europäischen Union auf viel stärkere Überzeugungen gründen. Im Gegensatz zu Peter Sloterdijk würde ich deshalb sagen: Wir müssen unsere europäische Identität angesichts der derzeitigen Lage ein bisschen mehr dramatisieren. Ohne die Bereitschaft, etwas von unserem Wohlstand zu opfern – ich sage ja nicht gleich das Leben! – werden wir die Krise nicht bewältigen. Diese Bereitschaft aber existiert nicht und das macht das europäische Projekt heutzutage so schwach.

›Nowa Europa‹ Chefredakteur: Marek Cichocki

Opferbereitschaft also wäre etwas, was ich gern zum europäischen Projekt als drittes Element neben dem Frieden und dem Wohlstand hinzufügen würde. Das heißt nicht, dass wir gleich zur Waffe greifen müssen, sondern betrifft ganz praktische Dinge, wie zum Beispiel die Bereitschaft, Kinder in die Welt zu setzen. Ich weiß, wie viel Mühe und Arbeit das von einem fordert – ich habe selbst zwei. Aber obwohl ›die Familie‹ bei allen Umfragen immer an oberster Stelle der Wertetabelle steht, sieht die Realität ganz anders aus und immer weniger Leute sind bereit, eine eigene Familie zu gründen. Dies nicht mehr geben zu wollen aber treibt die modernen europäischen Gemeinschaften in die Krise und ist der Hauptgrund, warum wir uns nicht mehr bewegen.

Ein zweites Beispiel für diese Opferbereitschaft – außer der Familiengründung?

Die Generationssolidarität. Also die Bereitschaft der Älteren, den Jungen etwas abzugeben, selbst wenn sie den Eindruck haben, das ganze Leben gearbeitet zu haben und jetzt selbst mal dran zu sein. Die junge Generation hingegen muss das Kettenglied für die Generationen der Zukunft darstellen. Ich glaube, dass dieses Bewusstsein derzeit sehr schwach in unseren nationalen und sozialen Identitäten verankert ist. Unsere Sozialsysteme aber werden dadurch in eine tiefe Krise gestürzt.

KULTUREN IM PLURAL

Meine Assoziationen gehen gerade zu Giorgio Agamben: Zur Vorstellung, wir müssten heute wieder ein lateinisches Europa gründen, um dem materiell orientierten Europa Deutschlands etwas entgegen zu setzen. Wäre die Alternative ein lateinisches Europa, das auf Kultur und Lebenskultur setzt?

Es gefällt mir sehr, was Agamben – zuerst in ›*La Repubblica*‹, glaube ich, und dann in der ›*Libération*‹ – geschrieben hat: Die europäische Idee könne ohne die lateinische Zivilisation nicht existieren. Jeder, der das auseinander dividieren will, bringt uns in Schwierigkeiten. Das ist übrigens auch der Grund, warum ich ein sehr kritisches Verhältnis zur Reformation habe, obwohl ich selbst ein Protestant bin. Aber geschichtlich gesehen, hat sich Luther auf ein sehr großes Wagnis eingelassen. Obwohl er seine guten Gründe hatte, warum er die ›römische Zivilisation‹ so stark kritisierte. Denn die lateinische Gesellschaft hatte ja auch die Tendenz zur Dekadenz. Trotzdem kann man sich das europäische Projekt ohne diese Zivilisation nicht vorstellen.

Agamben hat ein Bewusstsein dafür, dass Europa heute in einer anderen Situation als in der Nachkriegszeit ist. Dieses Europa besteht eben nicht nur aus Friede und Wohlstand, sondern aus verschiedenen Lebensweisen. Ein gemeinsames Europa können wir deshalb nur schaffen, wenn wir bestimmte Anerkennungsmechanismen zwischen diesen unterschiedlichen Lebensweisen kreieren. Nach dem Zweiten Weltkrieg gründete die europäische Integration auf der deutsch-französischen Kooperation. Mit Blick auf das 19. und 20. Jahrhundert war das sehr verständlich. Aber kulturell – und genau das sagt Agamben – war diese Entscheidung problematisch. Denn wir sehen jetzt, dass die deutsche, die französische, die italienische, die polnische, die englische oder die skandinavische Lebensweise alle nicht dasselbe sind. Wenn wir sie jetzt aber alle unter einen einzigen technokratischen oder politischen Mechanismus zwingen wollen, dann bekommen wir eben die Probleme, die wir jetzt haben. Und deswegen spreche ich von notwendigen neuen demokratischen Räumen und Kanälen. Die unterschiedlichen Lebensweisen dürfen nicht unterdrückt werden, sondern brauchen Interventionsmöglichkeiten. Die Demokratie muss Möglichkeiten bereitstellen, die verschiedenen Lebensweisen auszubalancieren. Deswegen glaube ich, dass Agamben mit seinem Text vollkommen Recht hat.

›MINIMA PRAKTIKALIA‹

Ich würde an dieser Stelle gern noch mal auf Ihr Modell der „Opferbereitschaft“ zurückkommen. Könnte dieses Modell des Opfers – auf Grund der langen Opfer-Tradition in Ihrem Land – auch etwas spezifisch Polnisches sein? Und eine zweite Frage: Wie weit würden Sie mit der Opferbereitschaft gehen? Gilt sie auch gegenüber Menschen, die nach Europa kommen wollen? Gerade, wenn Sie jetzt „lateinisch“, also an die Schengen-Grenze des Mittelmeers denken!

Ich verstehe Ihr Problem. Gerade wenn man Deutschen mit solch einem Begriff wie ›Opferbereitschaft‹ kommt, gibt es eine gewisse Irritation. Sie sind der Überzeugung, dass sie sowieso schon sehr viel geopfert haben. Aber das macht das Problem ja gerade so komplex. Denn die Frage der „Opferbereitschaft“ betrifft die Gesellschaften selbst. Wir sind alle fokussiert auf das Eigene. Das zweite Problem ist, dass wir auch im gesamteuropäischen Rahmen nicht mehr für Opfer bereit sind. Das zeigt die gegenwärtige Diskussion im Rahmen der Finanz-Krise. Dabei geht es nicht darum, dass die Deutschen für die Griechen oder die Spanier mitbezahlen sollen. Die Mehrheit der Griechen und Spanier wollen das gar nicht, was man ihnen gern mal polemisch vorwirft: Vom mühsam erwirtschafteten Geld im arbeitsamen Norden zu leben, um entspannt Siesta und Fiesta zu machen. Der Süden Europas weiß, dass er etwas dafür tun muss, um auf eigenen Füßen zu stehen.

Darf ich die Frage meines Kollegen vielleicht noch einmal wiederholen? Ich habe sie etwas anders verstanden, als Sie sie jetzt beantworten. Es ging eigentlich um eine doppelte Frage: Einerseits die Frage nach der polnischen Geschichte als Opfer, als ›Christus Europas‹, andererseits um die Solidarität mit den Opfern im Mittelmeer, den Flüchtlingen. Es ging uns nicht um die Frage der Opferbereitschaft, sondern um ein gewisses Selbstverständnis vieler Polen als das historische Opfer der europäischen Geschichte. Und die zweite Frage betraf eher eine gesamteuropäische Opferbereitschaft gegenüber Nicht-Europäern.

Stimmt – ich wollte mich ein bisschen um diese Fragen herumdrücken. Fangen wir also bei der zweiten Frage an. Ich glaube, es braucht in der Europäischen Union minimale interne Solidaritätsmechanismen. Die Belastung am Mittelmeer muss auf viele Schultern verteilt werden. Es hat etwas grundsätzlich Falsches, wenn man im Nordwesten Europas gerade mal eine gewisse Art der Fernseh-Empathie für die Katastrophen von Lampedusa aufbringt. Dies betrifft genauso die Ostgrenze Europas. Auch hier gibt es so etwas wie eine falsche europäische Opfer- und Pflichten-Verteilung. Polen hat die Ostgrenze Europas ja möglichst funktionsfähig gemacht. Und zwar in doppelter Hinsicht: Einerseits garantieren wir unseren westlichen Partnern eine gewisse Sicherheit, andererseits haben wir diese Grenze aber auch so gestaltet, dass sie keine Mauer ist. Deswegen gibt es in Polen aber die Erwartung, dass wir von unseren westlichen Partnern, zu deren Sicherheit wir beitragen, wiederum auch Hilfe erwarten können. Solche Minima müssen funktionsfähig bleiben, ohne dass wir uns überall einmischen. Ich erwarte beispielsweise nicht, dass sich die Portugiesen hundertprozentig in Konflikte wie die Krim-Krise einbringen. Genauso aber erwarte ich, dass unsere Partner, wenn wir hier im Osten ein Migrationsproblem haben, uns zumindest nicht bei unseren Aktivitäten stören, sondern sagen: ›Okay, es ist eine außergewöhnliche Situation. Macht, was ihr für richtig haltet.‹

Entschuldigung: Stören wobei?! Einerseits sehe ich Deutschland bei der Migrationsperspektive natürlich als Made im Speck, weil es immer nur Drittland ist – von der Grenzsituation aus gedacht, andererseits ...

Jedes Land hat seine eigenen Migrationsinteressen! Und vielleicht muss man in einer Krisensituation über die Eigeninteressen hinaus schauen. Ein Beispiel: Erinnern Sie sich an die Reaktion der Franzosen auf das Problem an der italienischen Mittelmeer-Küste? Die Reaktion der Franzosen war, die innereuropäischen Schengen-Grenzen wieder dicht zu machen! Aus der Sicht Nicolas Sarkozys vor den Wahlen in Frankreich war das vielleicht sogar die richtige Entscheidung – obwohl sie ihm nicht geholfen hat. Dem Partner Italien aber schadet man durch solche Entscheidungen. Das habe ich eben mit dem Begriff ›Stören‹ gemeint.

Ein anderes Beispiel wäre die Frage der Sicherheit angesichts der neuen Probleme, die wir jetzt in Osteuropa haben. Natürlich sind Polen und die baltischen Staaten den neuen russischen Machtansprüchen besonders ausgesetzt. Und klar ist auch, dass Deutschland hier nicht alle unsere Ängste und Vorstellungen teilen muss. Die deutsche Sicherheitspolitik hat eigene Interessen. Jetzt aber, wo wir und die baltischen Staaten uns bedroht fühlen, wäre eine gewisse Geste der Solidarität schon sehr hilfreich. Das könnte zum Beispiel eine stärkere deutsche Präsenz in den NATO-Übungen sein. Im Herbst vorletzten Jahres gab es beispielsweise eine NATO-Übung in der Ostsee unter Beteiligung der baltischen Staaten, eines großen französischen Kontingents, vieler Amerikaner, auch Polen und sogar die Schweden waren dabei – aber keine Deutschen. Die deutsche Außenpolitik war damals darauf aus, die russischen Partner nicht zu verärgern. Das kann ich verstehen. Aber in gewissen Situationen muss man sich eben entscheiden. Denn diese Entscheidung ist ein Signal und wird von den anderen als Botschaft aufgefasst. Angesichts der Situation in der Ukraine würde eine Absenz bei einem solchen Manöver hier in Polen bestimmt auf diese Weise gelesen werden. Ich erwarte dabei keine besondere Opfer-Geste gegenüber dem Anderen. Es gibt einfach Dinge, die man machen kann, die Bedeutung haben und die eine Grundlage für ein gemeinsames Vertrauen schaffen: eben das Gefühl, dass wir eine Gemeinschaft bilden, auch wenn wir verschiedene Interessen haben, verschiedene Partner, verschiedene Politiken, die wir nicht teilen müssen. Wir sind nicht homogen.

Marek Cichocki, März 2014

Eine europäische Minima Moralia?

Ja; aber vor allem eine ›Minima Praktikalia‹. Nicht viel!

Welche Möglichkeiten hat eine Institution wie die Ihre, also das Europäische Zentrum, diese ›Minima Praktikalia‹ auch einer breiteren Öffentlichkeit nahe zu legen?

Wir sind dazu da, zu analysieren, zu thematisieren, zu erklären, Diskussionen anzuregen. Wenn man etwas nicht thematisiert, dann kann es zu einem Störfaktor in einer Beziehung werden. Es ist besser, die Probleme zu kommunizieren, auch wenn man nicht sofort zu einer gemeinsamen Lösung kommt.

IN DER ZWEITEN REIHE

Wo steht Polen zehn Jahre nach der Ost-Erweiterung in seinen Erwartungen einerseits und seiner Bereitschaft andererseits, sich für Europa zu engagieren?

Ich glaube, dass wir in diesen zehn Jahren einen langen Weg gegangen sind. Am Anfang hatten wir eher die Mentalität eines Musterknaben, der sich schnellstmöglich adaptieren will. Wir wollten alles perfekt machen – selbst das, was man von uns nicht erwartete. Als wir merkten, dass diese Haltung nicht unbedingt unsere Position als Mitgliedsland stärkte, kam eine Phase, in der wir versuchten, uns so tief wie möglich ins europäische Zentrum der

Macht zu bewegen. Wir wollten zu den sechs maßgeblichen Staaten Europas gehören und die Rolle eines wichtigen Repräsentanten der ganzen Region in der EU spielen. Aber damit sind wir gegen die Wand gefahren. Zu dieser Zeit kam noch die Banken-Krise hinzu und hat sowohl die Rolle der Mitgliedsstaaten untereinander als auch die Rolle Europas in der Welt wesentlich verändert. Inzwischen sind wir in der Phase eines wachsenden Pragmatismus angekommen. Bei der Politik genau wie bei der öffentlichen Meinung. Jetzt herrscht die Meinung vor, dass die Europäische Union gut für uns ist und die Mitgliedschaft auch, weil uns das konkret viel bringt: bei der Modernisierung der Infrastruktur oder der Erhöhung des Lebensstandards in Polen. Das sieht im Durchschnitt jeder so. Neue Spielplätze für die Kinder in der Nähe oder neue Schwimmbäder, wo man am Wochenende mit den Kindern hingehen kann: Das versteht jeder.

Die Mehrheit der Polen ist also für die Europäische Union und sagt das auch öffentlich. Aber diese Pragmatisierung hat ihre Kehrseiten: So hat sich die Einstellung gegenüber dem Euro beispielsweise deutlich geändert. Da sagen die meisten inzwischen: ›Ach, der Euro ist für uns vielleicht gar nicht so gut. Warum sollten wir immer der Musterknabe sein? Lasst mal lieber erst die baltischen Staaten und die Slowakei in die Euro-Zone eintreten. Wir schauen uns das dann an. Außerdem sind wir auch in einer anderen Situation. Wir können nicht so handeln, wie die kleineren Nachbarländer.‹ So spricht ›das Volk‹ – und die Politik sagt eigentlich das gleiche und zeigt eine sehr pragmatische Haltung, selbst wenn sie – wie die jetzige Regierung – in ihrer Rhetorik eine sehr pro-europäische Einstellung vor sich her trägt. Die Tusk-Regierung spielt sogar sehr erfolgreich mit diesen zwei Elementen: Eine sehr europäische Rhetorik verbunden mit einer sehr pragmatischen Politik. Die Frage ist nur: Wie lange kann man auf dieser Klaviatur spielen? Denn die europäischen Gelder für unsere Infrastruktur sind irgendwann ausgeschöpft. 2020 versiegt die Quelle. Danach sieht die Situation ganz anders aus. Und natürlich hat die Finanz-Krise die Europäische Union sehr verändert; wir haben jetzt mehr denn je zwei Europäische Unionen und befinden uns in der zweiten Reihe, nämlich in der Nicht-Euro-Zone. Dafür haben wir uns bewusst entschieden.

Kurz nachgefragt: Sie haben beschrieben, worin die Opferbereitschaft der Deutschen liegen könnte. Könnte man sagen, dass es zur polnischen Opferbereitschaft für Europa gehören könnte, in die Euro-Zone einzutreten?

Die Polen sind nach 25 Jahren europäischem und polnischem Transformationsprozess nicht mehr opferbereit! Ich halte dies für falsch; aber so ist die Situation. Die Polen würden sich derzeit vielleicht nur für eins opfern: für ein großes, idealistisches Ziel. Im Fall des Ukraine-Konflikts hat man das jetzt wieder gesehen: Viele junge Leute wollten am liebsten gleich in die Ukraine fahren und den Leuten helfen. Diese idealistische Neigung betrifft aber nicht die eigene Gesellschaft. Nein, wir haben so viel durch die Mitgliedschaft in der EU erreicht, wie wir erreichen konnten. Jetzt kommt die Phase, wo wir für uns selbst klären müssen, wie wir in der Europäischen Union in Zukunft funktionieren wollen und wie wir uns selbst für unser Land in die Verantwortung nehmen.

DER PREIS WAR MITTELEUROPA.

Mit dem Museum des Warschauer Aufstands zeigt Polen, dass seine nationale Identität auch seine europäische Identität ist, sagt sein Leiter Paweł Ukielski. Ein Gespräch und vier Nachfragen.

Paweł Ariel Ukielski, geboren 1976, Politologe und Historiker, ist der stellvertretende Direktor und kommissarische Leiter des Museums des Warschauer Aufstands. Er lehrt am Institut für Politische Studien der Polnischen Akademie der Wissenschaften in Warschau. Zahlreiche Veröffentlichungen über Mittel- und Osteuropa im 20. Jahrhundert, über den ›Herbst der Völker‹ von 1989 oder über das Museum des Warschauer Aufstands.

Das Museum des Warschauer Aufstands

PW, Powstania Warszawskiego: das Symbol des gemeinsamen Widerstandes

[Nachmittag des 10. Januar 2014. Zwischen den Baukränen des globalen Warschau der 2010er Jahre hält die Fahne auf dem Turm des Museums des Warschauer Aufstands bei Wind und Wetter tapfer Stellung. Seit zehn Jahren ist man hier – und so schnell wird sich die polnische Nation mit ihrem Ursprungsereignis nun nicht mehr verdrängen lassen. Von außen eher Backstein-Trutzburg des Industrialisierungszeitalters, setzt das Museum des Warschauer Aufstands in seinen Eingeweiden auf postmoderne Erlebnispädagogik: Der Aufstand der Warschauer gegen die deutschen Besatzer ab dem 1. August 1944 und die gnadenlose Zerstörung Warschaus durch die Deutschen wird zum multimedialen und synästhetischen Großereignis für Auge und Ohr. Unter Historikern und Didaktikern kontrovers diskutiert, ist das Museum von Anbeginn ein Publikumsmagnet – das bei weitem erfolgreichste Geschichtsmuseum Polens. Das Treffen mit Paweł Ukielski kommt eher spontan zustande. Über seine Mitarbeiterin Angela Götz hat er von unserer Recherche-Reise gehört. Er lädt uns zwischen zwei Terminen zu einem kleinen Gespräch ein, um uns die Konzeption seines Hauses zu erklären. Das Interview ist kurz, von freundlicher Distanz; auf unsere schriftlichen Nachfragen aus Genf – Wochen später – antwortet er sofort. Die weitere Auswahl unserer Gesprächspartner kommentiert Paweł Ukielski eher mit leichter Skepsis: Und wo, so seine Frage, sei die andere Hälfte Polens vertreten: die nationalkonservative Sicht?]

Herr Ukielski, Hintergrund unserer Recherche-Reise ist die zehnjährige Mitgliedschaft Polens in der Europäischen Gemeinschaft. Genauso alt

wie diese Zugehörigkeit zu ›Europa‹ ist auch Ihr Haus, das Museum des Warschauer Aufstands. 2004 wurde es durch die Regierung Kaczyński der Öffentlichkeit übergeben. Sein ausdrückliches Ziel war und ist bis heute, das nationale Identitätsgefühl der Polen zu stärken. Für dieses nationale Narrativ stellt der Aufstand gegen die Nazis, also gegen die deutsche Besatzung von 1944, den Gründungsakt dar. Inwiefern aber könnte man diesem Museum gleichwohl auch eine europäische Perspektive abgewinnen?

Unser Museum hat mindestens drei Dimensionen. Da wäre zum ersten die regionale Perspektive: Wir arbeiten an der Identität Warschaus, indem wir uns an dem wichtigsten Ereignis orientieren, das diese Stadt je erlebt hat. 1944 wurde Warschau als Bestrafung für seinen Wunsch nach Freiheit völlig vernichtet. Nach dem Krieg entstand hier am gleichen Ort eine neue Stadt, die zeigt, dass man das Polentum, den polnischen Geist nicht zerstören kann. In diesem Sinn ist unser Museum sehr stark im Warschauer Kontext verankert; und zwar sowohl in der Geschichte der Stadt, als auch mit dem Ziel, in seinem Spiegel die Gegenwart und die Zukunft zu begreifen. Die zweite Dimension, der wir hier im Museum des Warschauer Aufstands eine Bühne geben, ist die staatliche und nationale Ebene.

Dann kurz nachgefragt: Wo spielen in Ihrem Museum die Gegenwart und die Zukunft eine Rolle? Wir haben dies bei unserem Rundgang nicht gesehen ...

Die Institution, die sich mit diesen Fragen beschäftigt, ist auch nicht direkt im Museum verankert. Die Ausstellung selbst ist – zugegebenermaßen – ausschließlich der Geschichte gewidmet. In dem uns angeschlossenen Institut aber organisieren wir Debatten, veröffentlichen Texte, führen Wettbewerbe durch – wie beispielsweise zuletzt einen Architekturwettbewerb zur Gegenwarts-Urbanistik. Damit berühren wir direkt Fragen der Zukunft Warschaus. Denn eine Großstadt, die auf Grund ihrer vollständigen Zerstörung vor siebzig Jahren auch heute noch im Wiederaufbau begriffen ist, muss sich ständig in ihre Zukunft projizieren, um ihre Identität zu bewahren.

Vielen Dank für diese Klärung. Damit vielleicht zur zweiten Ebene Ihres Museums.

Der Warschauer Aufstand war die Krönung des polnischen Untergrund-Staates. Immerhin ist es europaweit allein der polnischen Widerstandsbewegung gelungen, eine solche nationale und staatlich quasi völlig durchstrukturierte Gegenmacht gegen die Nationalsozialisten auf die Beine zu stellen: Dieser Untergrund-Staat in Warschau stellte die legale Exekutive der polnischen Exilregierung in London dar und bedeutete nichts weniger als die Kontinuität Polens während und unter seiner deutschen Besetzung. Oder anders gesagt: Die Warschauer Freiheitsbewegung von 1944 war das deutliche Zeichen für die Fortsetzung der Souveränität der Republik Polen in ihrer Gestalt vom August 1939 – als uns die Deutschen überfielen. Mit unserem Museum erinnern wir an diese staatserhaltende Funktion des Warschauer Aufstands. Dies ist gerade deshalb wichtig zu betonen, weil es unter den kommunistischen Regierungen der Volksrepublik-Zeit ja verboten war, diesen Untergrund-Staat auch nur zu erwähnen. Es gab nach dem Ende des Zweiten Weltkriegs ein über vierzig Jahre währendes Gebot, den polnischen Untergrund-Staat und damit die polnische Souveränität während der Nazi-Zeit zu vergessen. So gesehen war der Warschauer Aufstand eben nicht nur eine Schlacht um die Stadt Warschau, sondern auch ein utopisches Element des freien Staates Polen über 1944 und 1945 hinaus. Wir waren in diesem Untergrund-Staat Polen und während des Aufstands gewissermaßen zum letzten Mal bis 1989 frei.

Paweł Ukielski, Stellvertretender Direktor des Museums des Warschauer Aufstands, Oktober 2013

Zusammengefasst könnte man also sagen: Ohne die Geschichte des Warschauer Aufstands wäre auch die Geschichte Europas unvollkommen. Auch deshalb legen wir übrigens großen Wert darauf, sowohl die Verwaltungsstrukturen des damaligen Untergrund-Staates zu erforschen, als auch über das Alltagsleben während des Aufstands – über die Lebensbedingungen und über die Zivilgesellschaft, die sich damals unter extrem schwierigen Bedingungen ausbildete – zu informieren. Das Ziel des Museums des Warschauer Aufstands ist es, zu zeigen, dass dieser polnische Staat während der deutschen Besetzung ein demokratischer Staat war, der gerade nicht nur auf nationalen, sondern auf universellen Werten beruhte.

Und was wäre nun die dritte Dimension, die Sie eingangs erwähnten? Diese dritte ist die internationale Dimension, in der dieser Aufstand gesehen werden muss. Ohne den Warschauer Aufstand lässt sich nämlich die Geschichte Europas – wenn nicht gar die gesamte Weltgeschichte im 20. Jahrhundert – nur unvollständig verstehen. George F. Kennan notierte einmal völlig zu Recht: ›Während des Aufstands 1944 in Warschau begann der Kalte Krieg.‹ Während Mitteleuropa von 1939 bis 1945 zwischen zwei totalitären Regimen aufgeteilt war, begann in diesem Spätsommer 1944 also zugleich die neue Epoche des Kalten Krieges, in der Mitteleuropa unter totalitärer Herrschaft verbleiben sollte. In unseren Augen war der Zweite Weltkrieg also keine so einfache Angelegenheit, wie ihn unsere westlichen Freunde oft denken. Es war eben nicht nur ein Kampf zwischen den Guten und den Bösen, sprich den Nazis.

Aus unserer Sicht gab es im Zweiten Weltkrieg also drei politische Parteien, nämlich zwei totalitäre Regimes sowie die westlichen Demokratien. Das erkennt man schon daran, dass sich während des Krieges die Bündnispolitik radikal veränderte. In den ersten beiden Jahren arbeiteten die beiden totalitären Regimes – Deutschland und die Sowjetunion – eng zusammen. Meine englischen Gäste hier im Museum staunen immer wieder darüber, wenn sie hören, dass die Deutschen den Russen für ihre Flugzeuge den Brennstoff lieferten. 1941 kam es dann zu einem Wechsel in der Bündnispolitik: Die westlichen Partner einigten sich darauf, das eine der beiden totalitären Regimes, die Sowjetunion, zu unterstützen, um das andere zu stürzen. Der Preis dafür aber war hoch: gesamt Mitteleuropa. Unter diesem Blickwinkel also ist Ihre Frage nach dem polnischen als einem europäischen Projekt leicht zu beantworten: Ja, Polen nach 1989 ist ein zutiefst europäisches Projekt. Und derzeit bauen wir – unter anderem mit diesem Museum – diese europäische Identität Polens auf. Wir zeigen in unserem Museum, dass das polnische Narrativ vom Warschauer Aufstand ein gewichtiges Element der europäischen Identität darstellt. Denn solange es in einer gewissen Mainstream-Erzählung von der europäischen Geschichte nur die Erzählungen der westeuropäischen Geschichtsschreibung gibt – also die Geschichte vom Kampf des Guten gegen das Böse zwischen 1939 und 1945 –, solange wird die mitteleuropäische Stimme dabei nicht berücksichtigt und so lange können wir auch keine gemeinsame Stimme erheben. Wir fordern dabei weder Mitleid noch eine Wiedergutmachung. Was wir uns aber wünschen, ist, dass sie uns zuhören und uns verstehen. Und dass sie unsere Erzählung der europäischen Geschichte im 20. Jahrhundert berücksichtigen: als eine wichtige Erfahrung in dem allgemeinen europäischen Projekt.

Installation im Museum des Warschauer Aufstands, Oktober 2013

›Pole-Katholik‹ – ein Bollwerk des nationalen Gedächtnisses

Wo kommt dieses spezifische, europäische Narrativ, das Sie uns soeben aufgeschlüsselt haben, in Ihrem Museum zum Ausdruck? Konkreter gefragt: Unseres Wissens fand der Warschauer Aufstand auch deshalb statt, weil in Lublin schon ›der zweite totalitäre Staat‹ darauf wartete, die Macht zu übernehmen. Der Warschauer Aufstand war so gesehen nicht nur ein Aufstand gegen die deutschen Besatzer, sondern auch der Versuch, zu verhindern, dass die Lubliner, also die kommunistische Regierung, die Macht übernimmt. Wo ist diese Erzählung – ganz in Ihrem Sinne – aufbewahrt: Das Narrativ vom von vornherein vergeblichen, also symbolischen Aufstand für ein freies Europa und gegen zwei totalitäre Alternativen ... und nebenbei gegen einen Westen, der Mitteleuropa schon weit vor 1945 verloren gibt?

Vorab vielleicht: Ich kann der These, dass es sich hier nur um einen symbolischen Kampf handelte, nicht zustimmen. Denn dass dieser Kampf nicht zu gewinnen war, das wissen wir erst durch die historische Forschung nach 1989. Die Generäle des Warschauer Aufstands gingen davon aus, dass sich die Deutschen aus Warschau zurückziehen und dass die sowjetischen Truppen gleichzeitig vordringen würden. Die deutsche Militärführung sah dies übrigens genauso. Man war sich sicher, dass die Sowjets möglichst schnell gen Westen marschieren würden. Stattdessen blieb die Sowjetarmee am Ost-Ufer der Weichsel stehen und griff nicht in den Warschauer Aufstand und seine Niederschlagung durch die Deutschen ein.

In unserer Ausstellung können und wollen wir dies nicht so direkt zeigen. Uns ging es nicht um den ›außenpolitischen‹ Blick auf den Kampf um die Freiheit Europas. Die Freiheitsperspektive sollte in den Idealen und Werten zum Ausdruck kommen, die für die Aufständischen selbst zentral waren: Demokratie, die Zivilgesellschaft als universeller europäischer Wert. Also das identifikatorische Moment. Ich halte dies übrigens auch für die beste Art und Weise, Geschichte darzustellen: Als eine Geschichte konkreter Personen. Auch für die jungen Aufständischen, die damals plötzlich Soldaten wurden, gehörte dieser Aufstand ja nicht wirklich zu ihrem Lebensplan. Sie wollten Künstler, Philosophen oder Juristen werden und ihnen wurde 1944 klar, dass sie sich dazu erst einmal für ein freies, souveränes und demokratisches Polen einsetzen mussten.

Aber vielleicht noch eine Bemerkung zum Schluss: Wenn wir über die polnische Erinnerungskultur sprechen, sollten wir auch die Stimme des polnischen katholischen Klerus nicht vergessen. Ohne diese Stimme wäre das Bild einfach unvollständig.

Uns interessiert daran natürlich vor allem die Doppelperspektive auf den polnischen Katholizismus als eine Stimme, die ganz polnisch und gleichzeitig mit einem globalen Anspruch spricht. Gerade für unsere Frage nach dem europäischen Bewusstsein der Polen ist dies hochinteressant.

Der polnische Katholizismus ist vor allem ein zentrales Element der polnischen Identität. Im 19. Jahrhundert war die katholische Kirche in Polen das Bollwerk des nationalen Gedächtnisses. Der Begriff ›Pole-Katholik‹ stammt aus dieser Zeit. Mit seiner Hilfe unterschieden wir uns von der orthodox geprägten russischen Besatzungszone und der evangelisch geprägten preußischen Besatzungszone. Für das polnische Nationalnarrativ war das ganz entscheidend. Später dann, während des Kommunismus, war der Katholizismus ebenfalls eine der stärksten Säulen der Opposition und konnte auf Grund ihrer festen Verwurzelung in der polnischen Bevölkerung auch nicht zerschmettert werden – wie anderswo.

VIER SCHRIFTLICHE NACHFRAGEN

Nachfrage 1: Noch einmal zusammengefasst, bitte: Wer ist dieses polnische „Wir" von dem Sie sprechen? Wer kommunizierte, wer versprachlichte dieses „Wir" während des Warschauer Aufstands und wer „empfand" es damals? Wer kämpfte in seinem Namen, wer litt in seinem Namen – und wer gehörte nicht dazu?

Das polnische ›Wir‹ bedeutet vor dem Hintergrund des Warschauer Aufstands eine politische Gemeinschaft, ein Volk, das nicht ethnisch, sondern zivilgesellschaftlich verstanden wird. Dies hat in Polen eine lange Tradition. Sie greift auf die Geschichte der Ersten Republik im 17. und 18. Jahrhundert zurück und will sagen, dass alle Bürger Mitglieder dieser Gemeinschaft sind. Während der Besatzungszeit und während des Warschauer Aufstands war dieses Gemeinschaftsgefühl ganz besonders stark. Trotz sehr ungünstiger Bedingungen ist in Polen ein Untergrund-Staat entstanden, der zwar über keinen ausreichenden Zwangsapparat verfügte, der aber eine besondere Autorität hatte, sodass sich ihm die Mehrheit der Polen unterordnete. Im Warschauer Aufstand kam diese Einheit der polnischen Gemeinschaft zu ihrem Ausdruck.

Nachfrage 2: Anderthalb Jahre vor dem Beginn des Warschauer Aufstands, im April 1943, gab es in Warschau schon einen anderen Aufstand: den Aufstand im Warschauer Ghetto. Welche Rolle spielt dieser andere Warschauer Aufstand in Ihrer polnischen Gründungserzählung im Museum?

Der Aufstand im Warschauer Ghetto ist ein Unterthema im Rahmen des Hauptnarrativs unserer Dauerausstellung. Natürlich wurde die gesamte Besatzungszeit, also die Geschichte bis zum Ausbruch des Warschauer Aufstandes, eher kurz zusammengefasst – als eine allgemeine Einführung in die

Geschichte des Warschauer Aufstands. Nichtsdestotrotz ist die Darstellung des Schicksals der Juden notwendig, um das Schicksal Polens in der Besatzungszeit zu verstehen, also auch, um den Warschauer Aufstand zu verstehen. Der Aufstand im Warschauer Ghetto ist tief im kollektiven Gedächtnis der Warschauer verwurzelt. Die Vernichtung der Juden, die vor dem Krieg rund dreißig Prozent der Bevölkerung Warschaus ausmachten, hat diese Stadt total verändert. Eine große Gemeinschaft, die einen enormen Beitrag zum gesellschaftlichen, kulturellen und wirtschaftlichen Leben der polnischen Hauptstadt leistete, wurde vollkommen ausgerottet. Sie ist aus dem Stadtbild verschwunden. Wenn wir vor diesem Hintergrund über den Zweiten Weltkrieg und über die Vernichtung der Stadt Warschau, aber auch über den Wiederaufbau einer anderen, neuen Stadt mit einer veränderten Identität sprechen, dann lassen sich Themen wie der Holocaust und der Aufstand im Warschauer Ghetto ja gar nicht vermeiden. Deswegen führen wir seit vielen Jahren eine Veranstaltungsreihe zum Thema ›Warschau zweier Aufstände‹ durch: Wir arbeiten dabei mit Yad Vashem und mit dem Washingtoner Holocaust Memorial Museum sowie mit weiteren Institutionen zum Gedenken an den Holocaust zusammen und beteiligen uns aktiv an den alljährlichen Gedenktagen zum Ausbruch des Aufstands im Warschauer Ghetto.

Gäste des Museums des Warschauer Aufstands, Januar 2014

Nachfrage 3: Willy Brandts Kniefall vor dem Denkmal des Warschauer Ghetto-Aufstands: Welche Bedeutung würden Sie diesem medialen und symbolischen Großereignis vom Dezember 1970 in Ihrer Erzählung geben?

Die Geste von Willy Brandt war äußerst wichtig; sie bleibt es bis heute. Für die damaligen kommunistischen Machthaber in Polen gehörte sie zu den größten politischen Erfolgen, wurde von Władysław Gomułka aber nicht entsprechend genutzt. Denn eine Woche später ließ er in Danzig auf protestierende Arbeiter schießen, wobei mehrere Dutzend Menschen getötet wurden. Diese Ereignisse führten zum Wechsel an der kommunistischen Parteispitze und zum Untergang von Gomułka, der von Edward Gierek ersetzt wurde. Während in Deutschland die Geste von Willy Brandt das stärkste Symbol für den ›Wandel durch Annäherung‹ geworden ist, spielt in Polen der Brief der polnischen Bischöfe an ihre deutschen Amtskollegen von 1965 eine ähnlich wichtige symbolische Rolle. Der Hirtenbrief mit den Worten ›Wir vergeben und bitten um Vergebung‹ löste zwar Wut bei den kommunistischen

Machthabern aus; er bedeutete aber zugleich einen tiefen Wandel. Denn er war der erste Schritt zur Versöhnung unserer Völker. Der Kniefall von Brandt wurde übrigens vor vier Jahren in unserem Museum gezeigt, als wir zusammen mit der Friedrich-Ebert-Stiftung eine monographische Ausstellung über Willy Brandt organisierten.

Nachfrage 4: Für den Sieg gegen die Nazis, so das Narrativ, das Sie der westeuropäischen „Mainstream-Geschichtsschreibung“ entgegenhalten, opferte der Westen 1942 die Freiheit Mitteleuropas. Nun war, wie Sie zu Recht betonten, dieser Warschauer Aufstand wiederum einzigartig in der Geschichte des europäischen Widerstands gegen den Nationalsozialismus. Ein großer Teil der mitteleuropäischen Staaten kollaborierte damals; der Widerstand war hier längst nicht so einheitlich wie in Polen. Kann der Warschauer Aufstand heute gleichwohl gesamt Mitteleuropa eine Stimme geben?

Gäste des Museums des Warschauer Aufstandes, Januar 2013

Sie haben Recht: Die Politik im Zweiten Weltkrieg in Mitteleuropa war nicht überall gleich. Viele waren Verbündete Hitlers und hofften dabei auf territoriale Gewinne. Diese Länder waren meistens erst nach dem Ersten Weltkrieg entstanden, und zwar infolge des Selbstbestimmungsrechts der Nationen. Oft vertraten sie unterschiedliche, ja einander widersprechende Ziele. Das verhinderte eine dauerhafte Zusammenarbeit und schloss ernsthafte militärische Bündnisse aus. Dies wirkte sich auch auf die Haltung der einzelnen Staaten im Zweiten Weltkrieg aus. Das ändert jedoch nichts an der Tatsache, dass sich dieser Teil des Kontinents zwischen zwei totalitären Regimes befand. Die Tatsache, dass sie unterschiedliche Haltungen vertraten und unterschiedlich Politik führten, stärkt sogar nur unsere These von der ›Schicksalsgemeinschaft‹. Denn es stellte sich heraus, dass sie unabhängig von der jeweils eigenen Politik alle durch den Totalitarismus gefesselt waren. Unabhängig davon, ob sie sich dem Totalitarismus widersetzten oder ob sie kollaborierten, erwartete sie dasselbe Schicksal: Unterdrückung und Sowjetisierung. Auf dieser höchsten, metapolitischen Ebene kann man also zweifelsohne von einer Schicksalsgemeinschaft sprechen, auch wenn Sie mit Recht die wichtigen Unterschiede auf den niedrigeren Ebenen nicht außer Acht lassen.

DAS MUSEUM DER GESCHICHTE DER POLNISCHEN JUDEN

Ein Monolog von Barbara Kirshenblatt-Gimblett

Barbara Kirshenblatt-Gimblett wurde 1942 als Tochter jüdisch-polnischer Einwanderer in Kanada geboren. Sie ist seit 1981 Professorin für Performance Studies an der New York University und verantwortet als renommierte Museumsfachfrau seit 2006 die Planung der ständigen Ausstellung des Museums der Geschichte der polnischen Juden in Warschau.

[Das Gespräch führten Susanne Winnacker und Nenad Šmigoc am Abend des 19. August 2013, während wir in Lublin auf Dächer stiegen und uns besetzte Häuser zeigen ließen. Erst am folgenden Tag stießen wir zum Abendessen im Restaurant ›Freta 33‹ in Warschaus Nowe Miasto hinzu und lernten Barbara Kirshenblatt-Gimblett inmitten ihrer unermüdlich insistierenden Erzählung auf Englisch, Deutsch und Jiddisch kennen. Und über Nacht, im Verlauf der Transkription des Gesprächs verloren sich zusehends unsere Fragen ...]

Ein Museum der Geschichte der polnischen Juden war vor dem Ende des Kommunismus unvorstellbar. Als die Idee dazu in den 1990er Jahren geboren wurde, erschien eine Umsetzung außerordentlich unwahrscheinlich und noch während der ersten Bemühungen in den frühen 2000er Jahren glaubte niemand wirklich daran. Angesichts dieser schwierigen Entstehungsgeschichte waren die Menschen über die Eröffnung des Museumsgebäudes sehr erstaunt. Das Museum ist beeindruckend, seine Vision und sein Anspruch sind außergewöhnlich. Die Besucher sind schon von den Ausmaßen des Gebäudes überrascht, es ist aus Glas und zum Anfassen, was nur eine Andeutung der Ambition und des transformativen Potenzials darstellt, diese Geschichte zu erzählen. Noch vor 25 Jahren war das unvorstellbar und das Gebäude selbst ist ein Teil der Geschichte, die wir erzählen. Bis jetzt sind die Reaktionen sehr positiv, aber die Hauptausstellung haben wir noch nicht fertig gestellt.

Das Projekt nahm um 1993 seinen Anfang. Es existierte eine jüdische NGO in Warschau, die ›Vereinigung für das Jüdische Historische Institut‹ in Polen. Dieses Institut war direkt nach dem Krieg gegründet worden, mit der Aufgabe, zeitnah Beweise des Holocausts wie Zeugenaussagen und Dokumente zu sammeln. Die damalige Direktorin der Vereinigung, Grażyna Pawlak, hatte mit ihren Kollegen das United States Holocaust Memorial Museum in Washington besucht. Sie waren sehr beeindruckt und der Mensch, der für die Ausstellungsidee des Holocaust Memorial und ihre Realisierung verantwortlich war, Jeshajahu Weinberg, war früher Regisseur am Cameri Theater in Tel Aviv – ein sehr außergewöhnlicher Mensch. Er wurde in Warschau geboren, lebte in Israel und vielen anderen Orten und beschäftigte sich ausführlich mit Museen und Theater: Für ihn war ein Museum ein Theater. Er verstand eine Ausstellung grundsätzlich als eine Geschichte im dreidimensionalen Raum. Er war auch das eigentliche kreative Genie beim Museum der jüdischen Diaspora in Ramat Aviv, das 1978 eröffnet wurde. Dieses war von Anfang an das, was man ein Geschichtenerzähler-Museum nennen könnte; ein multimediales Erzählmuseum. Weinberg hat, um das Potenzial des Mediums Ausstellung zur Gänze ausschöpfen zu können, von Beginn an auf originale Gegenstände verzichtet. Es gab Kopien, Faksimiles, aber keine Originale, weil er nicht von Sammlungen bestimmt sein wollte oder von dem Paradigma, Geschichte könne nur durch Objekte erzählt werden. Objekte können eine Rolle spielen, aber keine entscheidende – das war sein Ansatz. Das Holocaust Memorial Museum in Washington arbeitet zwar sehr wohl mit Objekten, aber es verfolgt dennoch einen ähnlichen Zugang. Und weil es fünfzehn Jahre später eingerichtet wurde als das Museum der jüdischen Diaspora, verwendet es mehr Filme. Auf jeden Fall ermutigte Weinberg Grażyna Pawlak und ihre Kollegen, die ursprünglich nur vorhatten, eine Ausstellung über die Geschichte der polnischen Juden dem Warschauer Jüdischen Historischen Institut hinzuzufügen. Aber dieses Haus erwies sich als nicht groß genug und Weinberg meinte, dass sie ein eigenes Museum der Geschichte der polnischen Juden bräuchten. Der damalige Leiter des Jüdischen Historischen Instituts sah das genauso. Man stimmte darin überein, dass es, wenn es ein Holocaust Memorial Museum in den Vereinigten Staaten gibt, ein Museum der Geschichte der polnischen Juden in Polen geben müsse. Denn, drastisch formuliert: Ganz Polen ist schon ein Holocaust Museum an sich. Das letzte, was man in diesem Land braucht, ist ein Holocaust Museum. Bis zu seinem Tod Anfang 2000 war Jeshajahu Weinberg an diesem Projekt beteiligt. So hat das alles angefangen.

1996 übernahm Jerzy Halbersztadt die Leitung des Projekts für die nächsten 15 Jahre ungefähr. Er betreute noch bis 2003 am Holocaust Memorial Museum in Washington das polnische Programm und leitete dort das Projekt zur Mikroverfilmung von Millionen von Holocaust-Dokumenten. Damals hörte man nur vage Gerüchte über das Museum der Geschichte der polnischen Juden. 2002 rief mich dann Halbersztadt an, er käme nach New York und würde mich gerne treffen, um mir das Projekt vorzustellen. Anscheinend wurde ich ihm von Michael Steinlauf empfohlen, einem amerikanischen Judaisten, der sehr eng mit ihm zusammenarbeitete. Er hatte wohl zu ihm gemeint, er solle mit Barbara reden. Gute Idee! Das ist mein Bereich: Ich bin auf osteuropäische jüdische Kultur und jiddische Museen spezialisiert und es war für mich, als ob mich alles, was ich je getan hatte, genau darauf vorbereitet hätte. Also trafen wir uns 2002.

In meinen frühen 20er Jahren begann ich mein Studium mit Englischer Literatur, einfach weil ich nicht wusste, was ich tun wollte und nichts Anregendes finden konnte. Also dachte ich, das kann zumindest nicht schaden. Ich würde schreiben lernen, ich würde lesen, mich bilden. Zusätzlich studierte ich Anthropologie. Und dann, mit Mitte zwanzig, studierte ich Ethnomusikologie, Anthropologie, Ethnographie, Folklore, Soziolinguistik, Materielle Kultur, Museumskunde – eine interdisziplinäre Mixtur aus Sozialwissenschaften und Kunst, die ich mir einfach so an der University of California, Berkeley und an der Indiana University zusammengestellt hatte. Als ich 1972 fertig war, zog ich nach New York, vor allem, weil ich dachte, New York ist die tollste Stadt auf der ganzen Welt. Ich hatte immer die Phantasie, eines Tages für länger dort leben zu können. Mein Mann, den ich in Toronto kennen lernte, ist bildender Künstler; für ihn war es das Zentrum der Kunstwelt, er wollte dort sein. Und, um das zu vervollständigen: Ich wurde während des Zweiten Weltkriegs in Toronto geboren. Meine Eltern, die beide in Polen geboren und aufgewachsen waren, zogen aus Polen nach Kanada, meine Mutter 1929, mein Vater 1934. Sie hätten damals nicht gehen müssen, aber bei meinem Vater, wie in den meisten Fällen, geschah dies aus ökonomischen Gründen. In den 1920er und den frühen 1930er Jahren wanderten die jungen Leute aus, weil sie keine Zukunft für sich sahen und bei meinen Eltern waren es eindeutig ökonomische Gründe. Zu dieser Zeit hatte schon viel Emigration stattgefunden. Ein Drittel der jüdischen Bevölkerung wanderte zwischen 1880 und 1924 aus. Es gab bereits Verwandte in Übersee. Aus der Familie meines Vaters waren die ersten schon um 1905 gekommen. Der Höhepunkt der Auswanderungen war 1907. Bis zum Beginn des Ersten Weltkriegs waren neunzig Prozent der osteuropäischen Auswanderer nach Amerika gegangen, das hörte um 1922 durch die Einschränkungen, die Einwanderungsgesetze auf; die Menschen emigrierten dann nach Kanada, Lateinamerika oder Palästina. Also: Ich wurde während des Kriegs in Kanada geboren. Ich wuchs dort auf, ging dort zur Schule und dann für ein Jahr nach Israel, 1960/61. Ich ging einfach dahin, hatte keinen Plan, fuhr alleine los. Ich wollte ein Auslandsjahr machen, vielleicht in Schweden. Aber meine Mutter meinte: Schweden auf keinen Fall! Das klang so nach freier Liebe.

Nach meiner Rückkehr studierte ich und lernte in Toronto meinen Mann kennen. Ich machte meinen Hochschulabschluss, jobbte und landete 1972 tatsächlich in New York. Dort verfolgte ich, was so los war, zum Beispiel die Ereignisse um Richard Schechner und Brooks McNamara. Richard beschäftigte sich damals an der New York University mit den Performance Studies, mit Erving Goffman und Robert Meyerhoff. Ich sah die Aushänge darüber und fand die Zusammenführung von Sozialwissenschaften und Kunst interessant, also rief ich sie an und wir lernten uns kennen. Eines Tages fragte mich Richard Schechner, ob ich Lust hätte, einen Fachbereich zu leiten. Ich fragte: ›Welchen Fachbereich?‹ Er antwortete: ›Den für Drama.‹ Ich sagte: ›Das interessiert mich nicht.‹ Zu der Zeit unterrichtete ich an der University of Pennsylvania und Theater war für mich kein Thema. Daraufhin lud er mich zu einem Mittagessen ein. Wir trafen uns in einem sehr altmodischen Ort im Greenwich Village; Brooks McNamara und andere waren auch dabei. Ich begriff damals nicht, dass sie etwas völlig Neues schaffen wollten und wie sie auf mich gekommen waren, dennoch sagte ich zu. Es gab damals niemanden, der in den Performance Studies ausgebildet war, weil wir die Disziplin gerade erst erschufen. Grundlage für meine Konzeption war Richards Verständnis von Performance. Diese Disziplin sollte Sozialwissenschaften, Geisteswissenschaften und Kunst zusammenbringen, der Fachbereich interdisziplinär, gattungsübergreifend und interkulturell sein. Ich hatte ja, da ich von den Sozialwissenschaften und der Anthropologie komme, schon immer kulturübergreifend gearbeitet. Meine Interessen waren nie an nur eine Kunstform gebunden. So wurde ich im akademischen Jahr 1980/81 engagiert, im Frühjahr 1981 begann ich zu unterrichten und irgendwann kapierte ich auch, dass ich vielleicht doch die richtige Person an dieser Stelle war. Sie hatten niemanden aus dem Theaterbereich gewollt.

Das erste Mal wieder nach Europa fuhr ich dann auch 1981. Von meiner Familie waren alle schon tot. Ich arbeitete an Projekten zu polnischen Juden – eines meiner Arbeitsgebiete. Die Periode des Kriegsrechts in Polen 1981 bis 1983 war eine sehr graue, traurige Zeit, aber ich begegnete ausgesprochen interessanten Menschen aus der Opposition. Und jüdischen Aktivisten. Menschen, die 1968 zum ersten Mal erfahren haben, dass sie Juden sind. Man gab ihnen einen Pass in eine Richtung oder die Option zu bleiben, später wurden sie Aktivisten einer Erneuerung des jüdischen Lebens. Europa von Polen aus zu denken, das ist auch ein sehr interessanter Aspekt in unserer Ausstellung. Wir behandeln den Holocaust als etwas, das von Polen und innerhalb Polens gesehen, erfahren und begriffen werden kann. Wir gehen nicht von Hitler in Deutschland aus, sondern vom 1. September 1939. Was sahen die Leute, was verstanden sie von dem, was da von außen nach Polen kam in den 1930er und 1940er Jahren? Wir erzählen die Geschichte aus einer Innenperspektive. Was wussten die Leute, was erzählte das Radio, was erzählten die Zeitungen? Es gibt sieben historische Galerien in unserem

Museum. Angefangen mit der ersten, einem Wald, über das Mittelalter, das polnische Commonwealth, die Industrialisierung, bis zu den Bundisten. In meiner Familie gab es keine Bundisten, sie war über mehrere Generationen zionistisch, ich bin buddhistisch. Mütterlicherseits waren sie sehr religiös, väterlicherseits zionistisch.

Die Ausstellung ist nun so weit, dass sie 2014 eröffnet werden kann. Mein Lieblingsexponat ist die gemalte Decke in der rekonstruierten Synagoge. Aus verschiedensten Quellen, Dokumentationen und Feldforschungen in Polen, Österreich oder Galizien wurde die Synagoge konstruiert und dann gebaut. In acht Malwerkstätten an sieben verschiedenen Orten mit über dreihundert Teilnehmern wurde das Deckengemälde erschaffen. Das Interessante daran ist: Man könnte es eine Fälschung nennen, da ein Original an originale Materialien gebunden ist. Betrachtet man es aber entsprechend dem japanischen Kunstverständnis, wo es darum geht, in der Praxis die Fähigkeiten und Fertigkeiten der Erstellung zu eruieren und sich anzueignen, dann liegt die Kunst darin, das Gedächtnis nicht die Spuren verlieren zu lassen. Nur durch die Rekonstruktion kann das Wissen weitergegeben werden. Das Wissen um das Tun ist wichtiger als das Material.

Mein zweiter Besuch in Polen war 1988. Ich machte damals eine Foto-Ausstellung zum jüdischen Leben in Polen zwischen 1864 und 1939, die wir aus New York nach Polen bringen konnten. Sie hieß ›*Image before my eyes*‹. Damals fuhr ich auch nach Auschwitz. Jetzt, seit 2013, gibt es da eine neue, sehr interessante Dauerausstellung mit dem Titel ›*Shoa im Block 27*‹, realisiert von Yad Vashem-Mitarbeitern. In den 1980er Jahren war Auschwitz ganz anders. Ich hatte damals meinen Vater und meine Mutter mitgebracht. Mein Vater hatte ein erstaunliches Gedächtnis, er erinnerte sich noch Jahre später an absolut alles, was er bei diesem Besuch sah. Ich habe vierzig Jahre lang Interviews mit ihm aufgenommen. Als er 73 Jahre alt wurde, 1990, fing er an, alles zu malen, woran er sich erinnerte. Naive Malerei, ohne jegliche Ausbildung. Wir veröffentlichten ein Buch, das nur aus seinen Bildern und seinen Worten besteht. Es gab eine Ausstellung über seine Kindheit vor dem Zweiten Weltkrieg, vor dem Holocaust, im Jüdischen Museum New York, im Jüdischen Museum Amsterdam, im Jüdischen Museum California. Vierzig Jahre Interviews, bis zu dem Tag, an dem er im Alter von 93 Jahren starb. Obwohl er die meisten aus seiner Familie im Holocaust verlor, hatte er selbst keine direkte Erfahrung damit gemacht, seine Kindheitserinnerungen waren dadurch nicht beeinflusst, nicht gefiltert. Als wir an dem Buch arbeiteten, dachte ich, wenn ich nach der Veröffentlichung sterbe, werde ich glücklich sterben. Ich hatte das Gefühl, etwas getan zu haben, wofür es wert war, gelebt zu haben.

Das Museum der Geschichte der polnischen Juden ist ein Theater der Geschichte, das heißt, Installationskunst, ein Environment. Eine Umgebung wurde erschaffen, in der eine Geschichte erzählt werden kann. Am Museum gibt es eine Mesusa. Eine Mesusa funktioniert ähnlich wie ein Amulett. Es ist eine Art Behältnis, das eine Papier- oder Pergament-Rolle beinhaltet, auf der Bibel-Texte geschrieben sind. Man bringt es am Türpfosten an, um das Haus zu beschützen. Jedes jüdische Haus hat eine Mesusa. Wenn man das Haus betritt, küsst man seine Hand und berührt die Mesusa oder man berührt die Mesusa und küsst seine Hand. Das Museum hatte einen Wettbewerb für die Gestaltung einer Mesusa ausgeschrieben. Neunzig Entwürfe wurden eingeschickt und es gewann einstimmig die Mesusa, die jetzt am Gebäude ist. Ein Backstein mit dem Buchstaben ›Schin‹ darauf. Kein Gold, kein Metall. Der Architekt und sein Sohn hatten nach Erinnerungen von Ghetto-Überlebenden Ausgrabungen an Originalschauplätzen vornehmen lassen, in Anwesenheit eines Oberrabbiners, um sicherzustellen, dass keine Toten gestört werden. Sie gruben einen Straßenkreuzungs-Eckziegelstein des Warschauer Ghettos aus. Doch dann gab es einen hektischen Anruf: Wir könnten keine Mesusa haben. Der Oberbürgermeister hätte gesagt, man könne kein heiliges Zeichen an einem säkularen Gebäude anbringen. In 24 Stunden telefonierte ich ganz Europa durch, um rauszufinden, wie das in den anderen staatlich betriebenen Museen gehandhabt wurde. Der Direktor des Amsterdamer Museums sagte mir, ihre Mesusa hatte ihnen Teddy Kollek, der langjährige Bürgermeister von Jerusalem, geschenkt, der Oberrabbiner der Niederlande hatte sie eingeweiht und die Königin der Niederlande war bei der Zeremonie anwesend gewesen. Und dann fand ich heraus, dass das Museum des Warschauer Aufstandes eine Kapelle hat, also haben wir die Mesusa!

Im Museum der Geschichte der polnischen Juden zeigen wir die ganze Geschichte. Auch alle polnischen Pogrome an Juden. Während der Zwischenkriegszeit, des Zweiten Weltkriegs, die Gewalt in den Zügen, während der Nachkriegszeit; alles, sehr klar, ohne Beschönigung oder Verteufelung. Die Geschehnisse in Jedwabne stellen wir so dar, dass Vorkriegsfotos der späteren Opfer des Massakers neben geschriebenen Zeugenaussagen stehen. Der Besucher muss diese beiden Elemente zusammenfügen. In anderen Fällen gibt es originale Filmaufnahmen der Gewalt, in einem weiteren gibt es Fotografien, die unmittelbar danach entstanden: Bilder von Toten und Beerdigungen. Wir beginnen mit der Vorgeschichte, zeigen Menschen in ihren Lebenssituationen, ihre Pläne, Absichten. Und wenn man um die nächste Ecke geht, sieht man, was dann geschah. Wir benutzen allgemein anerkannte Fakten: Dokumentationen zu den Opfern, den Gräbern; Zeugenaussagen

und Berichte aus den Prozessen. In Auszügen.
Zum Beispiel fragt der Richter: ›Warum haben Sie die Mutter getötet?‹
Antwort: ›Alle haben doch getötet.‹
Der Richter: ›Und warum haben Sie das Baby getötet?‹
Antwort: ›Die Mutter war doch tot, wer hätte sich um das Baby kümmern sollen?‹
So etwas braucht keinen weiteren Kommentar. Hinzu kommen vier zeitgenössische Interpretationen: von den Kommunisten, von der katholischen Kirche, vom Untergrund und von einer ›Stimme der Moral‹, die sagt: ›Die ganze polnische Gesellschaft trägt die Schuld.‹ Nichts von heute. Das reicht, um einem Besucher zu ermöglichen, darüber zu reflektieren, was er selbst damals gedacht hätte. Und dann schauen wir uns an, wie die Debatten nach 1989 verliefen, in der postkommunistischen Gesellschaft. Und schließlich, wie diese Debatten heute noch wirken.

Mein Eindruck ist, dass Westeuropa vor dem Zweiten Weltkrieg viel homogener war, als es heute ist und Osteuropa heute viel homogener ist, als es damals war. Die postkoloniale Zeit und die Arbeitseinwanderung lassen die westeuropäischen Länder heute ganz anders erscheinen; ähnlich wie Völkermord, Umsiedlungen, neue Grenzziehungen zur Schaffung monoethnischer Staaten den Osten. Was für ein Wahnsinn! Für mich ist dieser Kontrast zwischen West- und Osteuropa vor und nach dem Krieg erstaunlich. Auch darüber sprechen wir in diesem Museum; es präsentiert die Ansicht eines Polens, das niemals homogen war. Polen war immer vielsprachig, multikulturell, voller nationaler Minderheiten. Zwischen den Kriegen ging es um die Formulierung, ob Polen ein Nationalstaat oder ein Staat der Nationen sein soll. Es war eine Errungenschaft Józef Piłsudskis – ob ideologisch oder praktisch motiviert –, sich mit einem Staat mit vierzig Prozent nicht-polnischer Minderheiten für das moralische Modell eines Staates der Nationen zu entscheiden. Die ethnischen Minderheiten waren nicht überzeugt, dass sie respektiert würden, weshalb sie beim Versailler Vertrag die Minderheiten-Verträge einforderten, zum Schutz von Sprachen, Schulen und Religionen. Das ist ein komplett anderes Modell als ein multikulturelles.

Europa für mich selbst ist vor allem Vergangenheit. Keine tote Vergangenheit, keine tote Geschichte, sondern eine in der Gegenwart sehr lebendige Vergangenheit, bedeutsam und lebendig im Jetzt. Ich fühle eine große Verbundenheit in Bezug auf meine eigene Geschichte. In Nordamerika geboren zu werden ist, wie im Bauch eines Babys geboren zu werden. Nordamerika ist ein junges Land, ein Land der Anfänge. Man spürt, dass da vorher schon etwas war, aber wenn man hinkommt, baut man nicht darauf auf, sondern man baut unabhängig davon etwas Neues auf. Das hat dann keine große Tiefe. Als Einwanderer-Kind fühlte ich mich immer europäisch. Geboren in Kanada war ich umgeben von Menschen, die hier geboren wurden und aufgewachsen sind und all diese Sprachen sprachen: Deutsch, Polnisch, Jiddisch, Russisch. Ich empfand immer, dass Europa ein natürlicher Teil dessen war, was ich bin, egal, wo ich lebte. Europa hatte eine Tiefe der Zeit, die lebendig und nicht vorbei oder historisch erledigt war. Als ich zu reisen begann, vor allem, als ich hierher kam, sah ich, welch eine dynamische Situation das hier ist. Was Polen angeht: Es ist sehr ›nachkriegszeitlich‹, post-kommunistisch, post-Holocaust, post-89', alles ist ›post‹. Also grundsätzlich ›work in progress‹; der Eindruck eines auftauchenden Europas, nicht eines vergangenen. Das sah ich nicht immer so, schon gar nicht bei meinem ersten Besuch in Polen. Ich sehe es jetzt, bei der Arbeit an diesem Projekt, seit ich hier bin, die letzten sechs, sieben Jahre. Gerade in Warschau. Krakau ist Liebe auf den ersten Blick, Warschau nicht – Warschau muss man lieben lernen. Warschau präsentiert sich nicht als Stadt, die man sofort liebt. Weil die Stadt im Krieg so zerstört wurde, weil der Wiederaufbau nicht unbedingt einer Stadtplanung folgt, etwas irgendwo wieder hochgezogen und der Straßenplan als solcher eigentlich zerstört wurde, die Kommunisten diese riesigen, weiten Straßen bauten – die Stadt ist nicht kohärent. Man kommt nicht hin mit einem ersten Besuch und einem schnellen Eindruck, sondern nur durch einen sehr, sehr langsamen Prozess des Vor-Ort-Lebens. Ich bin durch Europa gereist, London, Berlin, Paris, Wien, Mailand, aber vor allem durch Polen. Die Perspektive auf Europa von Polen aus ist eine sehr interessante Idee. Polen schaut wirklich nach Europa; die Ukraine, die Ost-Ukraine schaut mehr Richtung Russland. All diese Länder, Weißrussland, Litauen, sind viel mehr an Russland gebunden, aber Polen ist anders, es schaut nach Westen und ist sehr antirussisch und antikommunistisch.

Aber zurück nach Amerika und das hängt alles auf irgendeine Art zusammen. Ich sagte schon, für mich ist es so, als hätte ich mich auf diese Arbeit jetzt in diesem Museum mit allem, was ich getan habe, mein ganzes Leben lang vorbereitet. Das Interessante in New York war – und ich verstand das erst später: Sie erschufen all diese experimentellen Performances, jeder auf seine eigene Art und Weise, doch sie unterrichteten Drama am Beispiel der alten Griechen und bis Eugene O'Neill. Ihre wahren Interessen und das, was sie kreativ erschufen, waren vollkommen abgekoppelt von dem, was sie unterrichteten. Richard Schechners Performance-Studies-Seminar war im Wesentlichen das Gestaltungslabor; es wurde zum Forschungsfeld und das Institut schuf die institutionelle Basis, um es zu etwas anderem werden zu lassen als zu einem Theater-Institut. Und sie wollten jemanden, der nicht vom Theater kam. Ich konnte Forschungsmethoden unterrichten, Museumskunde, Theater, Esskultur, Alltagsästhetik, was auch immer. Und natürlich war mir die jüdische Seite die vertrauteste, aber ich war nicht darauf beschränkt. Je theoretischer die Arbeit, desto breiter war sie gefächert. Ganz klar: Ich sammelte da viel Erfahrung und eröffnete mir intellektuell eine Menge wunderbarer Möglichkeiten. Möglichkeiten, für die ich zuvor Potenzial hatte, aber unfähig gewesen war, es umzusetzen. Ich hatte ja in Museen gearbeitet, seit ich achtzehn Jahre alt war.

Ich hatte meine Kindheit in Museen verbracht. Als Kind konnte ich das Royal Ontario Museum, ein wunderbares Museum in Toronto, zu Fuß erreichen. Damals ging ich in die Jüdische Schule, eine religiöse Schule. Ich war sehr wissbegierig und samstags konnte ich nichts tun. Ich durfte kein Geld ausgeben, nirgends hinfahren, nicht ins Kino gehen, nichts schreiben, kein Papier zerreißen. Ich durfte nichts, außer ins Museum gehen. Und das tat ich, jahrelang. Mein Vater musste samstags arbeiten und meine Mutter war mit meinen zwei kleinen Schwestern beschäftigt. Ich erinnere mich nicht, dass sie mich jemals ins Museum begleitet hätten. Samstags konnte ich also in die Kinderbibliothek oder ins Royal Ontario Museum gehen. Sechs Stockwerke! Jeden Samstag schaffte ich eins, und als ich das oberste gesehen hatte, begann ich von vorne. Es war ein Universalmuseum und hatte einfach alles. Gesteine, Möbel, indianische Sachen, zum Beispiel zwei große Totempfähle, die im Treppenhaus vom Erdgeschoss bis zum Dach reichten. Es gab eine große Sammlung chinesischen Porzellans, fabelhafte antike, griechische Vasen – einfach alles, was man sich nur vorstellen kann. Ich erinnere mich nicht, jemals eine Wechselausstellung gesehen zu haben, ich erinnere mich nur an die Dauerausstellung. Immer dasselbe, aber das mochte ich am liebsten. Nachdem ich das einige Male getan hatte, wurde es mir langweilig und ich ging in die Sigmund Samuel Gallery of Canada. Man muss schon sehr verzweifelt sein, um da hinzugehen, aber es war ganz nett. Sie hatten kanadische Maler, 19. Jahrhundert, so ländliche Motive aus Quebec. Als ich davon genug hatte, ging ich in die Art Gallery of Ontario. Und als ich achtzehn wurde, bekam ich einen Job in der Bildungsabteilung des Royal Ontario Museum, in dem ich schon unzählige Samstage verbracht hatte. Ab da interessierte ich mich immer mehr für Museen und begann, Ausstellungen zu kuratieren und über sie zu schreiben. Das war meine Praxis. Eigentlich sind Museen meine Praxis. Also wenn ich etwas mache, mache ich Museen. Was eigentlich gar nicht so weit weg ist vom Theater, besonders wenn man Museen als Theater betrachtet.

Als Zionist war mein Vater Mitglied einer entsprechenden Gruppe, seine Mutter, meine Großmutter, hatte eine zionistische Schule gegründet, mein Großvater war ebenso Zionist. Mein Vater ging zur Mizrachi, zu den religiösen Zionisten. Er hätte nach Palästina gehen können, wo es zumindest ein Ideal gab, den Traum, eine jüdische Heimat, wenn nicht sogar einen jüdischen Staat zu schaffen. Also keine Zukunft, die es schon gab, sondern eine, die er erschaffen könnte. So dachte er, als junger Mensch, 17 Jahre alt, über seine Zukunft, die er nicht in seiner kleinen Stadt mit zehntausend Einwohnern sah. Er landete schließlich nicht in Palästina, weil sein Vater bereits in Kanada war und sie die Familie wieder zusammenbringen wollten. Er wollte an solche Orte wie Toronto ziehen, wo schon andere aus seiner Gegend hingezogen waren. Er hatte zu seinem Vater gesagt: ›Wenn Du uns nicht nach Kanada bringst, dann werden wir groß und ich gehe nach Palästina, mein Bruder nach Lateinamerika. Deine Söhne werden in verschiedenen Teilen der Welt leben, Deine Familie wird sich nie wieder sehen. Sechs Jahre leben wir schon getrennt!‹ So schickte mein Großvater ihnen Fahrkarten und 1934 kamen sie nach Kanada. Und mein Großvater musste erklären, dass er plötzlich eine Frau und vier Kinder hatte, obwohl er ledig angekommen war. Überdies wäre es Ende der 1930er Jahre sehr schwer gewesen, nach Palästina zu gehen.

So wuchs ich also in einem Immigrantenviertel auf. Immigranten kamen stetig und direkt nach dem Krieg kamen Überlebende. Alle Menschen um mich herum waren in anderen Ländern geboren. Ich lebte gegenüber einer Einrichtung, die sich Volksverein nannte, jiddisch: Volksverein, eine Organisation, die sich um Neuankömmlinge kümmerte. Jeder kam woanders her. Kinder wie ich waren zwar in Kanada geboren, aber alle unsere Eltern stammten aus Europa. Die Leute sprachen viele verschiedene Sprachen. So wuchs ich in einer Gegend auf, die in den direkten Nachkriegsjahren der Lower East Side ähnelte. Alle waren in Europa geboren. Es gab so viele Sprachen. Aber es war Kanada, nicht die USA. Mein Vater hatte ein Geschäft, in dem er Farben und Tapeten verkaufte; in einem Immigrantenviertel, das mehrheitlich polnisch war. So sprach er täglich Polnisch. Polnisch und Ukrainisch, um genau zu sein. Mein Ziel war es immer, so viel Polnisch zu beherrschen, dass man mit mir Polnisch reden konnte. Einmal sagte ich meinem Polnisch-Lehrer, er solle mir einfach beibringen, wie man in einem Restaurant etwas bestellt. Ich wollte meine Freunde beeindrucken. Und so klingt mein Polnisch auch. In beruflichen Zusammenhängen, um genau zu kommunizieren, spreche ich Englisch – informell hier aber Polnisch.

Mit Theater kenne ich mich eigentlich immer noch gar nicht aus. Ich liebe Tadeusz Kantor und Jerzy Grotowski. Erstaunlicherweise habe ich nicht viel polnisches Theater mitbekommen. Im Grunde habe ich das Theatergeschehen nicht wirklich verfolgt und das bedauere ich. Was habe ich in den letzten Jahren gesehen? Eine wunderbare Installation von ›*Die tote Klasse*‹.

Ich fand Kantors Werk in einer Ausstellung, im Museum, nicht im Theater. Aber ich habe ›*(A)pollonia*‹ gesehen, von diesem hervorragenden Regisseur, Krzysztof Warlikowski. Absolut klasse. Das war der Höhepunkt meiner Performance-Erfahrungen, davon gab es nicht viele. Sie inszenierten das Stück in einem riesigen Kinosaal am Stadtrand von Warschau. Es ähnelte den Arbeiten der Wooster Group – meiner Meinung nach. Die unglaublichste, interessanteste Oper, die ich sah, war ›*Pasażerka, Die Passagierin*‹ von Mieczysław Weinberg. Sie handelt von einer Überlebenden, die auf einem Kreuzfahrtschiff unter den anderen Passagieren eine Frau erkennt, die Kapo im Konzentrationslager war. Das Ganze entwickelt sich von da aus. Es geht um den Opfermythos. Ich liebte auch ›*Arbeit Macht Frei fun Toitland Europa*‹. Ich sah es in Israel. Großartig. Es begann im Acco Theatre Center, dann fuhren sie uns mit dem Bus nach Lochamej haGeta'ot, ein Kibbuz, das von Überlebenden des Aufstands im Warschauer Ghetto gegründet wurde. Wir mussten ihr Museum ›Haus der Ghettokämpfer‹ besuchen und es gab einen Moderator-Schauspieler rund um das Lagermodell von Treblinka. Das war eines der großartigsten Erlebnisse, das ich je hatte. Es hatte auch mit Museen zu tun. Die Performance beschäftigte sich mit der Überlegung, was Gedächtnis ist, was Gedenken und was Erinnern. Es war wichtig, dieses Stück in Israel gesehen zu haben. Das ist etwas, was nur Israelis machen können. Und Palästinenser. Auch eine besondere Art Witz. Nur die Menschen, die da vor Ort sind und das erfahren haben, worüber der Witz handelt, dürfen den Witz machen. Im Berliner Jüdischen Museum lief eine interessante Ausstellung zu diesem Thema: ›*Die ganze Wahrheit... was Sie schon immer über Juden wissen wollten*‹. Die ursprüngliche Version stammte vom Jüdischen Museum Hohenems in Österreich: ›*Was Sie schon immer über Juden wissen wollten... aber nie zu fragen wagten*‹.

Dieses Museum der Geschichte der polnischen Juden hier ist kein Projekt über den Holocaust, sondern ein Projekt über die polnisch-jüdische Geschichte, über die polnisch-jüdische Gesellschaft. Die Menschen in Polen wohnen heute in Städten, wo Juden einmal einen sehr wesentlichen Teil der Bevölkerung ausmachten. In der Heimatstadt meines Vaters, Opatów, lebten 10.000 Menschen, von denen 6.500 jüdisch waren. Białystok war vor dem Krieg zu über siebzig Prozent jüdisch. Könnt Ihr Euch eine Großstadt vorstellen mit siebzig Prozent jüdischer Bevölkerung? In Europa? Unvorstellbar! In Warschau mehr als dreißig Prozent, ein Drittel. Łódź, vor dem Krieg, mehr als dreißig Prozent. In Krakau mehr als 25 Prozent. Man muss verstehen, was das heißt: Überall, wo sie lebten, waren sie eine kritische Masse. In der Heimatstadt meines Vaters wurden drei Wochen nach meiner Geburt – ich wurde am 30. September 1942 geboren – alle Juden deportiert. Innerhalb von zwei Wochen verschwanden einfach 65 Prozent der Bevölkerung. Ich glaube, die Menschen heute spüren das, aber sie wissen nicht, was sie da spüren. Anders gesagt: Sie fühlen etwas, aber sie können es nicht greifen.

Und das ist die Geschichte, die man erzählen muss. Es gibt ja noch Menschen, die vor dem Krieg geboren wurden, in den 1930er Jahren. Aber die Mehrheit der polnischen Bevölkerung wurde nach dem Krieg geboren und erinnert sich nur an diese Nachkriegszeit, während die Nachkriegsgeschichte im Sinne einer jüdischen Geschichte die ist, dass neunzig Prozent der jüdischen Bevölkerung ermordet wurden. Neunzig Prozent. So sieht Völkermord aus. Neunzig Prozent. In Polen lebten mehr als drei Millionen Juden vor dem Krieg, um die 300.000 überlebten. 250.000 davon in der Sowjetunion. Man nannte das „gerettet durch Deportation". Weil sie dort waren, überlebten sie. Manche waren in die Sowjetunion geflüchtet, die meisten wurden dorthin deportiert, einige überlebten in Zentralasien, in Kasachstan, Usbekistan, irgendwo in Zentralasien, einige waren im Gulag in Sibirien, einige wanderten umher, einige schlossen sich der polnischen Armee an. Nach Kriegsende kamen 250.000 zurück nach Polen, an die 50.000 hatten in Verstecken im besetzten Polen oder in Konzentrationslagern überlebt. Das bedeutet, die Chancen, im Versteck zu überleben, waren sehr gering. Sehr wenige Juden überlebten im Versteck und eine große Anzahl Polen, die sie versteckten, wurde ermordet. Sie wurden verraten, die Verstecke wurden gefunden. Wenn du einen Juden verstecktest, ihm zu essen gabst, war das für die Deutschen Grund genug, dich und deine ganze Familie zu erschießen. In den unmittelbaren Nachkriegsjahren gab es also immer wieder Rückkehrer-Wellen aus der Sowjetunion – wie auch Auswanderungswellen. Denn viele konnten nicht zurück nach Hause. Wenn 65 Prozent der Bevölkerung deportiert wurden, was geschieht dann? Andere Leute zogen ein. Flüchtlinge, Vertriebene, die nirgendwo anders hin konnten. Man kehrt also nach dem Krieg zurück und in deinem Zuhause wohnt jemand anders. Diese anderen Menschen haben selbst Kriegserlebnisse hinter sich. Eine sehr instabile Nachkriegssituation.

Heute haben in der Heimatstadt meines Vaters vielleicht zehn Familien Vorkriegswurzeln. All die Polen und Juden aus den polnischen Gebieten, die nach Litauen oder in die Ukraine gingen, wo sind die jetzt? Man brachte sie in die wiedererlangten Gebiete. Schlesien, Ober- und Unterschlesien. Es gab massive Umsiedlungen, sodass die Juden, die überlebt hatten, nicht zurück in ihre Heimatorte konnten. Zuallererst gab es da keinen einzigen Juden mehr. Alle waren deportiert worden, es war niemand mehr da. Sie konnten zu keinen Freunden, es war niemand mehr da. Diese Städte waren nun zu 100 Prozent polnisch und all ihr Besitz war vereinnahmt worden.

Und sie waren nicht willkommen. Die Menschen, die vor Ort lebten, fühlten sich bedroht: Was? Ich lebe hier und auf einmal soll ich alles aufgeben? Also waren sie nicht sicher und einige wurden sogar umgebracht, als sie heimkehrten. Es wurde ihnen gesagt: ›Wenn ihr nicht sofort verschwindet, werdet ihr getötet.‹ Also, sie konnten nicht dahin zurück, woher sie kamen. Es war eine gewalttätige, instabile Zeit. Für die Juden war es mehrfach tragisch, denn diese Leute hatten den Holocaust überlebt und waren nun dieser Nachkriegsgewalt ausgesetzt. Unvorstellbar! Erstens. Zweitens: Bevor Warschau wieder zur Hauptstadt wurde, lebte eine große Anzahl in Łódź, das zu einer Art vorläufigem Zentrum für die jüdische Bevölkerung wurde. Des Weiteren entstanden Gemeinden in Unterschlesien. Juden, alle, wurden aufgefordert, dorthin zu ziehen, um diese Gegend polnisch zu machen; die deutsche Bevölkerung wurde ausgesiedelt. Und es gab diese ganzen Leute, die zurückkamen, aus Litauen, der Ukraine. Wohin mit ihnen? So bildeten sich jüdische Gemeinden, aber neue: Menschen, die heute in diesen Städten leben, haben keine eigene Erinnerung daran, wie diese Städte waren, als ein entscheidender Teil der Bevölkerung jüdisch war. Und sie wissen, dass etwas fehlt, aber sie können es nicht greifen.

Abgesehen davon, dass das polnische Leid vom Holocaust überschattet wurde – weshalb es in Polen immer noch große Ressentiments gegenüber dieser Geschichte gibt –, gibt es in diesem Kontext das Problem, dass die Umsiedlung einen großen Teil der polnischen Bevölkerung von der Frage befreite, was sie eigentlich während des Kriegs getan hatte. Denn die ›Einheimischen‹ hatten, wie in anderen Ländern auch, gelinde ausgedrückt, Konflikte mit der jüdischen Bevölkerung. Und sehr viele Menschen waren nach dem Krieg nicht mehr da, wo sie während und vor dem Krieg gewesen sind. All diese Fragen kamen erst in den 1990er Jahren auf.

Ich bin überzeugt, dass jeder politische Kontext eigene Vorstellungen und eigene Prioritäten davon entwickelt, wie mit Gedenken, wie mit Geschichte umzugehen ist. Im Kommunismus hieß es, sechs Millionen Polen waren umgekommen und zufällig waren drei Millionen davon Juden. Es gab keinen Unterschied zwischen dem Völkermord an den Juden und dem Massenmord an Polen. Das ist heute noch ein großes, großes Thema. Für die Polen ist es sehr wichtig, dass die eigenen Verlustzahlen gleich hoch sind; es gibt große Debatten über die genaue Zahl. Als ich die Ausstellung jemandem in einer hohen Position vorstellte und bei den Nachkriegsjahren angelangte und die Tatsache erwähnte, dass zu Kriegsende neunzig Prozent der jüdischen Bevölkerung ermordet worden war, dass von drei Millionen nur 300.000 überlebt hatten, sagte er: ›Stop! Stop!‹ Und er fragte sofort: ›Wie viele Polen starben?‹ Da ich keine Historikerin bin, hatte ich keine historisch belegbare Antwort. Ich wusste nur, wovon man allgemein ausging und sagte: ›Drei Millionen.‹ Zum Glück hatte ich das gesagt, sonst hätte ich mir eine große Diskussion mit ihm eingehandelt. Er sagte: ›Genau!‹ Und ich dachte, da stimmt doch was nicht in diesem Gespräch, da ist doch was falsch. Ich sagte: ›Drei Millionen Juden macht neunzig Prozent der Bevölkerung aus, drei Millionen Polen sind zehn Prozent der Bevölkerung.‹ Er: ›Oh! Drei Millionen sind drei Millionen!‹ Offensichtlich gibt es keinen Unterschied zwischen Völkermord und großen Verlusten. In Deutschland kann ich mir ein solches Gespräch nicht vorstellen, in dem man sagt, wie viele Juden starben und dann gleich die Frage gestellt wird, wie viele Deutsche starben. Das ist Gleichsetzung. Yad Vashem ist sehr sensibel bei solchen Äquivalenz-Geschichten. Ohne Zweifel war das Leiden in Polen enorm und der Heldenmut der Menschen, die Juden retteten, unglaublich. Das darf auf keinen Fall ignoriert werden.

Da die Aufarbeitung des Holocausts so viel Aufmerksamkeit bekommt, entsteht aber eine Art Groll. Andere Tragödien sind vielleicht kein Völkermord, aber sie sind von unglaublichem Ausmaß. Was geschieht gerade in Polen? Das Museum des Warschauer Aufstands ist vor allem ein Beispiel dafür, wie polnische Geschichte so erzählt wird, wie viele Polen es möchten, dass sie erzählt wird und wie sie sich unter dem Kommunismus niemals hätte erzählen lassen. Unter dem Kommunismus herrschte eine Art Verallgemeinerung. Der polnische Kampf sollte nicht in den Vordergrund treten, weil das eine Bedrohung für die Sowjetunion gewesen wäre. Die Sowjets hätten die Aufständischen retten können, sie standen ja vor der Tür, am anderen Ufer der Weichsel, doch sie ließen die Deutschen einfach ihre Arbeit tun. Es gibt eine sehr antirussische Haltung in Polen und eine sehr antikommunistische. Und es gibt das sehr einheitliche Gefühl, dass man erst seit dem Fall des Kommunismus die polnische Geschichte so erzählen kann, wie man sie selbst sieht. Der Warschauer Aufstand wird als ein Glied in der Reihe von Aufständen in ihrer mythologischen Geschichte verstanden. Gescheiterte Aufstände, aber moralisch erfolgreich. Militärische Niederlagen, aber moralische Siege, die ihnen die Verteidigung Polens sind. Die Mythologisierung der Geschichte ermöglicht es, den militärischen Verlust als eine Art Opfer aufzufangen. Man tat es der Ehre wegen und man tat es, weil es richtig war. Auch wenn man wusste, dass man wahrscheinlich nie gewinnen könnte, nicht gegen die Russen in den 1860er Jahren und nicht gegen die Deutschen im Zweiten Weltkrieg. Im Museum des Warschauer Aufstands wird ganz zu Anfang gesagt: Wir konnten nie unsere Geschichte erzählen, aber jetzt können wir es und hier ist sie. Und dann kann man in der Ausstellung erleben, wofür das steht. Auf der Website des Museums wird ganz klar gesagt, dass sie Patriotismus wecken wollen, dass sie wollen, dass ihre Besucher das Museum patriotischer verlassen, als sie es betraten. Darum geht's. Bei den Amerikanern ebenso. Ich würde nicht behaupten, dass es dort ganz so deutlich ist. So direkt sind sie da wahrscheinlich nicht, aber es ist im Grunde ihre Aussage. Sehr interessant ist, dass die Polen den Aufstand im Warschauer Ghetto als Probe für den Warschauer Aufstand sehen und auch so behandeln. Der große Aufstand, vor dem es eben einen kleinen gab. Bei den Gedenkfeiern zum 70. Jahrestag des Aufstands im Warschauer Ghetto haben sich die beiden Museen jetzt zusammengetan und eine gemeinsame Grundlage in den beiden Aufständen gefunden. Ich dachte, das ist doch vielversprechend, dass man versteht, dass man einen gemeinsamen Kampf führte gegen einen überlegenen Gegner, in beiden Fällen die Deutschen, und man kämpfte mit enormen Verlusten, weil man das Richtige tun wollte, auch wenn es aussichtslos war. Das ist Würde. Mehr oder weniger das, worum es geht.

Ein wesentlicher Punkt in der Arbeit des Museums der Geschichte der polnischen Juden ist die Verteidigung der Tatsache, dass die jüdische Bevölkerung ein wesentlicher Teil dieser Gesellschaft ist. Das ist eines der Kernkonzepte der Ausstellung: Juden sind ein integraler Bestandteil der polnischen Geschichte. Die polnische Geschichte ist unvollständig ohne die Geschichte der polnischen Juden. Das ist die Voraussetzung, der Ausgangspunkt. Schwierig und zugleich auch nicht. Einerseits ist es offensichtlich, dass Juden nicht einfach eine Fußnote der polnischen Geschichte sind. Ich betone das, weil ein polnischer Historiker kürzlich einen Wandtext umschrieb, weil er nicht polnisch genug war. Unsere Wandtexte sind niemals länger als 100 Wörter. Sie sind in Polnisch und Englisch verfasst und wir finden, das Lesen ist nicht das Wichtigste für die Erfahrung einer Ausstellung. Also versuchen wir, die Texte sehr kurz, sehr präzise zu halten. Er schrieb einen Text von 133 Wörtern, also ein Drittel zu lang und in diesem Text kam erst an letzter Stelle das Wort ›Jude‹ vor. Es gibt demnach eine Fülle an Details, die jemandem auffallen, der sich mit polnischer Geschichte auskennt, die aber unsichtbar bleiben für den normalen Besucher. In diesem Falle das 133. Wort. Das macht Juden zu einer Fußnote der polnischen Geschichte. Aus einer Reihe von Gründen ging das durch, ich akzeptierte, dass es bleibt. Als Sinnbild dessen, was wir nicht tun wollen. Es ist genau das, was wir nicht tun; genau so erzählen wir die Geschichte nicht.

Vor einigen Jahren hörte ich von Plänen, ein Museum der polnischen Geschichte hier in Warschau zu errichten. Einige Leute meinten, es brauche kein solches Museum, da alle Museen in Polen Museen der polnischen Geschichte sind. Und ich dachte, sie machen das nur, weil sonst das Museum der Geschichte der polnischen Juden das einzige Museum der polnischen Geschichte ist! Tatsächlich sind wir ein Museum der polnischen Geschichte und wir sind ein Museum der Geschichte der polnischen Juden. Aber erzählt wird hier bei uns die Geschichte auf eine Art, wie sie ein Museum für polnische Geschichte nie erzählen würde. Auf eine Art, die polnischen Besuchern andere Aspekte ihrer vertrauten Geschichte bietet; sie kennen die Geschichte, aber nicht aus dieser Perspektive. Und darum geht's! Nur darum! Es gibt keine polnische Geschichte plus die polnischen Juden! Es ist eine integrierte Geschichte. Ich nenne es relationale Geschichte und nicht die Geschichte polnisch-jüdischer Beziehungen. Die Geschichte der polnisch-jüdischen Beziehungen ist nur ein Euphemismus für Antisemitismus mit vielleicht ein paar klaren Momenten. Die ›Geschichte der „polnisch-jüdischen Beziehungen" ist kein neutraler Begriff, er unterstellt nämlich grundsätzlich entspannte Beziehungen.

Nun kann man sich fragen, wie das spezifische Konzept des Museums, zum Beispiel das Einbringen performativer Aspekte, zur Darstellung der Geschichte beiträgt. Es ist ein besonderer Umgang, eine besondere Arbeitsweise und ich musste eine Weile hier sein, um ein Gespür dafür zu entwickeln. Die Situation ist wie folgt: Seit dem goldenen Zeitalter Polens gab es nur zwei Jahrzehnte eines unabhängigen Polens in zwei Jahrhunderten, die II. Rzeczpospolita, die Zweite Polnische Republik. Dann die deutsche Besatzung, ab 1944 dann der sowjetische Einfluss, der Kommunismus beginnt. Darunter leben sie bis 1989. 45 Jahre unter dem Kommunismus. Erst mit dem Fall des Kommunismus bekommen sie ihr Land zurück. Und sie können es nun gestalten, wie sie wollen. Heute ist der politische Trend sehr Europa-orientiert. Aber es gibt auch einen starken rechten Flügel und dieser ist sehr nationalistisch, katholisch, rechtsextrem und fremdenfeindlich. Die Wirtschaft, die erst recht gut funktionierte, schwächelt nun und solche Momente sind günstig für die extreme Rechte, um an die Macht zu kommen. Man kann das ganz gut beobachten am Verbot des Schächtens. Um 1907 wurden Gesetze zum Schutz der religiösen Freiheit erlassen, andererseits auch Tierschutzgesetze; man machte also eine Ausnahmeregelung in Bezug auf den Tierschutz: Tötung durch einen sauberen Schnitt ohne vorherige Betäubung. Jedenfalls haben sich nun Tierschützer durchgesetzt und es geschafft, die Ausnahmeregelung zu kippen und das rituelle Schächten verbieten zu lassen, nach 105 Jahren. Erstaunlich. Und polnische Fleischexporteure haben den größten Nachteil davon! Polen war einer der wichtigsten Exporteure von koscherem und Halal-Fleisch in der Europäischen Union. Es lieferte sogar nach Israel und in die Türkei. Die Fleischexporteure sind ausgerastet. Einer von ihnen hatte ein Warenlager und dreißig koschere Schlachter aus Israel angestellt.

Das Vieh war schon bestellt worden. Er musste das Geschäft aufgeben! Das Ganze bekam sehr viel Aufmerksamkeit in den Medien. Zuerst wirkte es wie ein Konflikt zwischen Tierschützern und Religiösen und die Tierschützer hatten halt gewonnen. Aber dann, durch dieses große Medienecho, fingen Radikale an, furchtbare, verabscheuungswürdige Texte zu verbreiten. Man hätte denken können, man sei wieder in den 1930er Jahren: ›Euch gefällt's in Polen nicht? Dann geht doch zurück nach Palästina, nach Israel.‹ Der ganz klassische, althergebrachte Antisemitismus. Das sind nicht viele, aber sie sind laut und ich sehe es dauernd. Man bekommt sehr antisemitische, aber auch antipolnische Kommentare zu hören. Ich glaube nicht, dass man im Internet die Temperatur des ganzen Landes messen kann. Das ist diese sehr spezielle Gruppe, eine Art Echokammer und sie haben einen Ort gefunden, wo sie Dampf ablassen können. Dennoch ist es ziemlich furchterregend, wenn man das Zeug liest.

Es gibt da ein anderes Thema, ein anderes Problem. Es betrifft Zygmunt Bauman. Er sollte in Wrocław eine Ehrendoktorwürde erhalten. Doch als rechtskonservative, antisemitische Nationalisten dagegen protestierten und ihn als kommunistischen Juden beschimpften, verzichtete er mit der Begründung, er wolle die Dinge nicht noch schlimmer machen. Er verzichtete einfach. Bauman ist ein toller Soziologe, ein polnischer Jude, man zwang ihn, das Land zu verlassen: 1968, als es die antisemitische Kampagne gab, demonstrativ antizionistisch, aber in Wirklichkeit antisemitisch. Menschen, die sich niemals als Juden fühlten, bekamen gesagt, dass sie welche seien, man kündigte ihnen und sie bekamen Ausreise-Dokumente. Man sagte ihnen, sie sollten nicht zurückkommen. Sie zogen nach Großbritannien, nach Skandinavien, manche nach Amerika, manche nach Israel. Das war sehr schmerzlich, sie wollten ja nicht weg, sie fühlten sich als Polen, hatten sich oft gar nicht als Juden gesehen. Sie hatten bedeutende Jobs an Universitäten und waren hoch angesehen. Bauman war einer von ihnen, er ging nach Großbritannien. Ich verstehe absolut nicht, warum gerade er der zündende Funke für das ganze antisemitische Gift sein sollte. Man darf diese Momente nicht als typisch, als richtungsweisend betrachten, aber symbolisch sind sie unverhältnismäßig – wegen der Geschichte. Darum wünsche ich mir, dass unser Museum eine beständige Linie hat, aufgeschlossen und vernünftig, ein Ort des Vertrauens und ein Ort, der den offenen Teil der Bevölkerung bestärken kann. Man kann Antisemiten nicht überzeugen, sie sind irrational, sehr emotionsgeladen. Es ist unwahrscheinlich, dass sie unser Museum aufsuchen. Aber Menschen, die offen sind, neugierig, wohlwollend, interessiert, sind ein gutes Publikum – und sie sind die Mehrheit!

Was es für mich heißt, nicht in Polen geboren zu sein und jetzt an diesem

Projekt zu arbeiten, ist eine interessante Frage, weil ich mir gerne vorstelle, dass das Museum eine wandelnde, transformierende Kraft für Polen sein wird. Mit der Zeit, nicht sofort, aber mit der Zeit. Alternativen anbietend, zum Selbstverständnis des Polnisch-Seins. Im Augenblick, denke ich, existiert nur die Option des zu 100 Prozent Polnisch-Seins – infolge der Nachkriegsgeschichte: Die meisten jüdischen Überlebenden zogen weg. Aber die Gebliebenen waren am ›polnischsten‹, die mit der ›polnischsten Identität‹ oder anders gesagt, die assimiliertesten. Bei den meisten Menschen, bei denen man heute, mit viel Vorstellungskraft, von Juden sprechen könnte, sind es nichts weiter als Worte. Es gibt kaum etwas Jüdisches an ihnen, außer das, was man Abstammung nennt. Oft wissen sie nicht einmal, dass sie einen jüdischen Eltern- oder Großelternteil haben. Es heißt, Polen ist das einzige Land, in dem der jüdische Anteil an der Bevölkerung steigt, die Geburtenrate hingegen nicht. Die Leute erfahren das meist sehr spät, in ihren 30er, 40er oder 50er Jahren. Wenn ein Elternteil stirbt und der andere sagt: ›Es gibt etwas, das Du wissen solltest. Deine Mutter war Jüdin‹." Es kann dann sein, dass es ihnen gar nichts bedeutet oder eine Menge. Die einen redeten von sich als „verborgene Juden". Die anderen, diejenigen, denen etwas daran lag, als sie von ihren jüdischen Verwandten erfuhren, fragten: ›Warum habt Ihr mir nichts gesagt?›
Und die Antwort ist oft: ›Aus Angst und Scham.‹
Oder: ›Weil es egal war.‹
Manchmal heißt es auch: ›Es war uns nicht so wichtig, weil wir Kommunisten waren und überzeugt, dass der Kommunismus das beste System ist, weil er eine bessere Welt schafft, in der alle gleich sind. Und außerdem sind wir Polen.‹

Oder es hieß: ›Wir hatten Angst und wollten dich beschützen. Nach allem, was wir durchgemacht haben, hielten wir es für gefährlich, dass irgendjemand weiß, wir sind Juden.‹ Es gab sogar Polen, die Juden gerettet hatten und es geheim hielten, weil es nicht ungefährlich war, das zu erzählen. Oder eben Scham: ›Oh, nur das nicht! Auch noch Juden! Die können nicht richtig Polnisch sprechen, sie sind ungebildet, unzivilisiert, nicht europäisch, seltsam‹ – was auch immer. Dann noch diejenigen, die Nicht-Juden geheiratet hatten, die ein neues Leben beginnen wollten. Nach dem Trauma des Holocaust, dem Trauma der Nachkriegsjahre. Das ist also die Situation, in der ich mir wünschen würde, dass das Museum solche Ängste und Scham bekämpfen kann. Wenn man von der Nachkriegssituation zum Heute kommt, lässt sich bestätigen, dass es in den letzten dreißig, vierzig Jahren eine Erneuerung des jüdischen Lebens gegeben hat, im kleinen Rahmen, vorangetrieben von jenen Leuten, die 1968 gesagt bekamen, dass sie Juden seien. Einige gingen weg, man hatte ihnen die Arbeit genommen, es gab für sie keine Zukunft mehr und sie sagten sich: ›Wozu bleiben, wenn man unerwünscht ist?‹ Andere sagten sich: ›Ich gehe nirgendwohin, dies ist mein Land, ich bin Pole und ich bleibe.‹ Wiederum andere sagten: ›Ihr nennt mich Jude, also bin ich Jude. Ich finde schon raus, wie das geht. Meine Eltern waren Kommunisten, von ihnen kann ich das nicht lernen; meine Großeltern sind tot, außerdem waren sie ja auch Kommunisten. Also suche ich mir meinesgleichen, wir gründen eine fliegende Universität und wir finden es raus. Wir erschaffen eine neue Welt.‹ Und das taten sie dann auch. Sie taten es wirklich. Jetzt sieht man schon die dritte Generation, ihre Kinder und deren Kinder wiederum. Nun gibt es Kinder, die in Polen geboren sind und jüdisch erzogen werden. Geboren und aufgewachsen als Juden. Manche erfuhren von ihren jüdischen Vorfahren erst, als während der antisemitischen Kampagne 1968 versucht wurde, jüdische Personen zu identifizieren. Eine sehr außergewöhnliche Situation und ich wünsche mir, dass wir dieser Gemeinschaft etwas geben können, worauf sie sehr stolz sein kann und zwar in aller Öffentlichkeit. Dass wir deutlich machen können, dass man sich für nichts zu schämen braucht, vor nichts Angst haben muss. Das wäre eine große, große Errungenschaft.

Blumenstrauß: Ein Foto im Museum der Geschichte der polnischen Juden …

… für Barbara Kirshenblatt-Gimblett

„DIE POLEN SIND VIEL EUROPÄISIERTER, ALS SIE DENKEN."

Der Diplomat und Sicherheitsexperte Adam Rotfeld pflegt seit Jahrzehnten politische Netzwerke in Ost und West. Er setzt auf die junge, erste gesamteuropäische Generation und bearbeitet mit seinen russischen Kollegen die schwarzen Flecken der gemeinsamen Vergangenheit.

Adam Daniel Rotfeld, 1938 in Przemyślany geboren, überlebte den Zweiten Weltkrieg – nach der Ermordung seiner Eltern 1943 – als verstecktes jüdisches Kind in dem griechisch-katholischen Studiten-Kloster Univ Lavra östlich des heutigen ukrainischen Lviv (Lemberg). Nach seinem Studium an der Warschauer Hochschule für Diplomatie (1955-1960) arbeitete er bis 1989 am Polnischen Institut für Internationale Beziehungen, dann am Stockholmer Internationalen Institut für Friedensforschung. Nach einer Karriere im diplomatischen Dienst war er 2005 in der Regierung des parteilosen Ministerpräsidenten Marek Belka zehn Monate lang polnischer Außenminister. Seit 2008 ist er Moderator der ›Polnisch-russischen Gruppe zur Aufarbeitung schwieriger Fragen‹, seit 2010 Kommissar der Euro-Atlantik-Sicherheitskommission sowie Mitglied des Europäischen Rats für Auswärtige Beziehungen ECFR und seit 2011 Professor am Institut für Interdisziplinäre Forschung an der Universität Warschau.

[Vormittag des 7. März 2014. Im Przeździecki-Palast in der Warschauer Ulica Foksal – als Residenz des Grafen Konstanty Przeździecki im Neorenaissance-Stil erbaut – richtete das polnische Außenministerium in den 1990er Jahren den Sitz seines Diplomatischen Clubs ein und nutzt das Gebäude seitdem für repräsentative Empfänge. Die ulica Foksal zweigt als Sackgasse von der Nowy Świat ab, Warschaus alter Königsstraße, die nach ihrer Zerstörung von 1944 im Stil des frühen 19. Jahrhunderts wieder aufgebaut wurde und heute zu den beliebtesten Flaniermeilen der Stadt gehört. Von Süden her winkt Charles de Gaulle von seiner hohen Säule durch Warschaus Kunst-Palme; im Norden wartet das Hotel Europejski – vor dem Ersten Weltkrieg eines der luxuriösesten Hotels Europas – hinter Bauzäunen auf bessere Zeiten.

Der Przeździecki-Palast liegt am Ende der Straße, an seinem Tor stehen fröhliche Uniformierte; durchs Erdgeschoss leitet uns hemdsärmelig der Hausmeister: Wir werden erwartet. Adam Rotfeld empfängt uns und spricht uns sofort auf die Situation in der Ukraine an, kommentiert, fragt ... um sich dann selbst zu bremsen: „Aber deswegen sind Sie nicht da, wenn ich

Ihr Schreiben richtig verstanden habe." Aus der Glasvitrine droht eine vierbändige Geschichte Katyńs, der quadratische Konferenztisch steht akkurat um 45 Grad verdreht im quadratischen Saal und in der nächsten Stunde wird Adam Rotfeld unser deutsch-polnisch-englisches Gespräch zweimal freundlich-konsequent unterbrechen, um die nächsten Krisen-Termine zu managen. Prompt sehen wir ihn abends wieder. Auf dem polnischen Nachrichten-Kanal.]

IN DER GEGENWART

Ist Westeuropas Politik nicht mit einer erschreckenden Naivität in den Konflikt mit Russland hinein geschlittert, Herr Professor Rotfeld?

Ach wissen Sie, auf der Krim zeigt sich ja gerade, wie sich das russische Set an Normen und Werten grundlegend von dem unsrigen unterscheidet. Seinem veralteten politischen System, das in den internationalen Beziehungen statt auf Interessensausgleich allein auf Macht setzt, blieb Russland leider auch nach 1989 und 1991 verhaftet. Nach dem Ende des Kalten Krieges ist es ein Gefangener seiner eigenen antiwestlichen Propaganda geworden. Das Resultat ist, dass man sich in Russland als Verhandlungspartner nicht ernst genommen, sondern manipuliert und betrogen fühlte. Also lautet Wladimir Putins Parole nun: Russland muss aufstehen und seine Würde zurückgewinnen – und es wird dabei auf sich allein gestellt sein.

EUROPAS ZUKUNFT

Wie wird Europa in zehn Jahren aussehen? Auf welche außenpolitischen Positionen sollte und wird man sich verständigen?

Noch wird Europa vor allem als ein ökonomisches Integrationsprojekt verstanden und auch die innereuropäische Krise wird ausschließlich als eine der gemeinsamen Währung gedacht. Dabei war die wirtschaftliche Dimension ursprünglich eher nebensächlich für das Vorhaben ›Europa‹: Jean Monnet und Robert Schuman verstanden die Montanunion vornehmlich als eine Maßnahme der Konfliktprävention zwischen den einstigen Erbfeinden Frankreich und Deutschland. Ihr visionäres Projekt stand am Ursprung der Europäischen Union. Genauso aber müssen wir heute auch die gemeinsame europäische Währung als ein Zukunftsprojekt verstehen: Als ein Instrument für übergeordnete politische Ziele. Und weil tatsächlich politische Prämissen und nicht fiskalische den Ausgangspunkt für die Einführung des Euros bildeten, werden es künftige Generationen vielleicht einmal als eine politische Großtat bezeichnen, dass der Euro seine ersten zehn schwierigen Jahre überstand.

Zurzeit aber stellen wir erst einmal fest: Die Unterschiede zwischen den Ländern in Europa, ihren Mentalitäten und Traditionen sind größer, als wir dachten. Es ist dabei kein Zufall, dass gerade Schweden, Finnland oder Deutschland wirtschaftliche Verantwortung übernehmen. Hier offenbart sich einmal mehr die Spaltung des Kontinents in ein evangelisches und ein katholisches Europa.

Doch wahrscheinlich ahnt Putin gar nicht, wie sehr er nun mit seiner Politik die Einigung Europas befördert. Es ist kein Zufall, dass die heutige Lage mit der Politik Hitlers verglichen wird: dem ›Anschluss‹ von Österreich, dann des Sudetenlands, dann der Überfall auf weitere europäische Länder – immer in der Argumentation, Frieden aufrechterhalten zu wollen, aber nicht dulden zu können, wie die Deutschen in anderen Ländern leiden. Dennoch bin ich eher Optimist, was die kommenden zehn europäischen Jahre anbelangt. Der Leiter der polnischen Zentralbank Marek Belka – Polens ehemaliger Ministerpräsident – äußerte kürzlich, dass mit der Krim-Krise nun genau der richtige Zeitpunkt für Polen gekommen sei, der Euro-Zone beizutreten. Bislang war man in Polen ja eher überzeugt, dass man mit diesem Beitritt besser noch sechs, sieben Jahre warten solle. Doch ich vermute, auch Marek Belka hält den Beitritt zur Euro-Zone nun für notwendig, um mit einer gemeinsamen Fiskal-Politik Europas Zusammenhalt zu stärken.

Adam Krzemiński argumentierte uns gegenüber ganz ähnlich. Aber gibt es auch in der breiten Bevölkerung ein ähnlich starkes Vertrauen in dieses Europa?

Ja und nein. Die Haltung vieler Menschen in Polen bleibt ambivalent, auch wenn sich die polnische Gesellschaft in den letzten zehn Jahren stark verändert hat. Aber genau damit haben sich auch die Koordinaten für einige der gesellschaftlich relevanten Gruppen verändert.

Beim Referendum von 2004 stimmte die Mehrheit der Polen vor allem deswegen für den Beitritt zur Europäischen Union, weil die polnische katholische Kirche mit Johannes Paul II. dafür war. Inzwischen aber haben wir bei der katholischen Kirche eine Wende hin zu einem extremen Konservatismus erlebt. Die Kirche in Polen sieht in der europäischen Moderne inzwischen vor allem eine Gefahr für sich selbst ... und damit auch für die polnische Gesellschaft. Unter dieser Perspektive könnte ein Referendum heute eventuell negativer ausfallen als 2004.

Andererseits begrüßen es die meisten Menschen in den Umfragen auch weiterhin, dass Polen Mitglied der EU ist. Die größten Gegner eines Beitritts waren damals ja die Bauern; sie aber haben durch ihn am meisten gewonnen. Und auch der schnelle Ausbau des Autobahn-Netzes hat viel zu einem positiven Image der EU beigetragen. Man erlebt inzwischen auch die Vorteile dieses Sprungs in die modernen Zeiten.

Welche Rolle kann und muss Polen also künftig im europäischen Prozess spielen?

In Polen werden keine großen gesellschaftlichen Debatten zu Europa geführt; weder zum Thema ›Polen in Europa‹ noch zum Thema ›Europa in Polen‹. Ich glaube, Deutschland ist überhaupt das einzige Land, wo ständig eine Debatte über das Verhältnis Deutschland–Europa geführt wird: Soll Deutschland europäisiert werden? Soll Europa germanisiert werden? Und so weiter.

Adam Rotfeld, Warschau, März 2014

In Polen wird die Europäische Union eher als ein Sicherheitsfaktor wahrgenommen. Die gegenwärtige Krise hat sehr deutlich gezeigt, dass wir ohne die Mitgliedschaft in der EU, der NATO und all den anderen Organisationen, die Werte wie Gerechtigkeit, Menschenwürde oder Menschenrechte schützen, ziemlich hilflos da stünden. Kurzum: Auch ohne große Debatten sind die Polen viel europäisierter, als sie denken. Das ist wie bei Molière, wo einer seiner Protagonisten feststellt, er habe nicht gewusst, dass er seit vierzig Jahren Prosa spreche. Die Polen wissen nicht, dass sie seit 2004 die europäische Sprache sprechen. Schauen Sie doch nur, wie viele junge Menschen heute an Austausch-Programmen wie ›Erasmus‹ teilnehmen. Es gehört inzwischen zum selbstverständlichen Alltag der jüngeren Generationen, am Wochenende nach Florenz oder München zu fliegen. Als ich jung war, war es unvorstellbar, dass wir jemals ein Teil dieser Welt werden und sie ohne Visa, ohne die Bitte um Pässe, auch nur betreten dürfen. Also: Nicht nur eine Modernisierung der Infrastruktur hat sich vollzogen; auch die Haltung der jungen Polen zu dieser Lebenswirklichkeit hat sich gewandelt.

Als die Juden aus Ägypten flohen, mussten sie vierzig Jahre lang durch die Wüste wandern, bis sie das Gelobte Land erreichten. Vierzig Jahre! Als ich als Kind diese Geschichte hörte, fragte ich mich, warum sie denn eine so lange Zeit brauchten, um ein Land zu erreichen, das man in einem normalen Tempo in zwei Wochen erreichen kann. Aber auf dem Weg durch die Wüste ins Gelobte Land mussten die Juden alles selbst organisieren, ohne den Schutz, den sie vorher vom Pharao angeblich genossen hatten.

Nehmen wir das Gelobte Land als eine Metapher für die Europäische Union und denken wir dabei vor allem an die junge Generation: also an diejenigen, die ihre jungen Jahre bereits in der Wüste erlebten. Denn sie sind es, die dem Vergangenen nicht nachtrauern, sondern sich als die Subjekte des Wandels wahrnehmen. Mit neuen Ideen und Einstellungen betreten sie das Gelobte Land.

Polen und den anderen Ländern in Mittel- und Osteuropa erging es nicht anders. Wir verloren den eigentümlichen Schutz, den uns die ›Pharaonen‹ der Sowjetunion garantierten: die soziale Sicherheit, das Recht auf Arbeit. Nur frei waren wir nicht. Erst die heutige junge Generation kann diesen Wandel ohne falsche Nostalgie annehmen. Sie sind es, die Europa bereits als Teil ihres Lebens akzeptieren und leben; sie kennen es nicht anders. Donald Rumsfeld machte einmal die ziemlich unglückliche Bemerkung, dass er mehr Vertrauen in das neue Europa, also die osteuropäischen Staaten, habe, als in das ›alte‹ Westeuropa. Damit wollte er während des Irak-Krieges den Graben zwischen den alten und den neuen Mitgliedsstaaten vertiefen. Das mag zu Beginn des Jahrtausends für einen Moment noch funktioniert haben; mit den jüngeren Generationen aber geht das schon nicht mehr, weil sich die Menschen in Europa in ihren Interessen und Haltungen zunehmend ähnlicher werden.

EUROPEAN LEADERS

Sie erwähnten vorhin Jean Monnet, der kurz vor seinem Tod in etwa sagte: Wenn ich noch einmal mit ›Europa‹ anfangen dürfte, dann würde ich nicht die Stahl- und Kohle-Union vorantreiben, sondern eher die Kultur Europas. Wo steht Polen in dieser Hinsicht?

Das grundsätzliche Problem dabei ist, dass wir – geistig, politisch, wirtschaftlich gesehen – in einem europäischen Umfeld leben und nicht einmal wahrnehmen, dass dem so ist. Die Ukraine wird nicht als ein Puffer-Staat wahrgenommen, wie das vor dem Zweiten Weltkrieg noch der Fall war, sondern als eine Art Schutzraum für die EU, eine Zwischenzone. Einige Jahre lang hatte Polen diese Funktion inne; jetzt haben unsere Nachbarn im Osten sie zugewiesen bekommen.

Ich gehöre einem losen Verbund von europäischen Persönlichkeiten an, dem European Leadership Network, ELN, in dem zum Beispiel auch Wolfgang Ischinger, Deutschlands ehemaliger Staatssekretär im Auswärtigen Amt und späterer Botschafter in den Vereinigten Staaten, Igor Iwanow, der ehemalige Außenminister Russlands oder Des Browne, der ehemalige britische Verteidigungsminister, Mitglied sind. Vor nicht allzu langer Zeit debattierten wir über die Notwendigkeit, Kooperationen mit den Nachbarn aufzubauen, um Europa dauerhaft abzusichern. Wir verstanden dies als ein Plädoyer für ein ›wider europe‹. Damals dachten wir noch, dass auch Russland ein Teil dieses ›wider europe‹ sein kann. Ende 2013 veröffentlichte ich dazu gemeinsam mit Igor Iwanow und Des Browne einen Text in ›der Gazeta Wyborcza‹. Ich wurde anschließend dafür kritisiert, dass ich Russland in diesem Artikel wie einen normalen Staat behandelte. Damals verstand ich diese Kritik nicht, mittlerweile sehe ich sie als berechtigt an. Ich sehe, dass Russland diesem ›wider europe‹ eher nicht angehören wird.

Adam Rotfeld, März 2014

Und das meine ich auch ›kulturell‹ – um zu Ihrer Frage zu kommen – also unter gesellschaftlichen Gesichtspunkten. Damit die Europäische Union eine neue Qualität entwickeln kann, muss sich auch die europäische Gesellschaft neu definieren. Ohne Europäer kann es kein Europa geben. Noch immer löst der Einigungsprozess Europas aber bei zu vielen Polen die Angst aus, sie könnten ihre Identität verlieren. Sie suchen in der Geschichte nach einer Identität, auf die sie stolz sein können. Dieses Bedürfnis ist vielen Deutschen inzwischen schleierhaft, ja, aus historischen Gründen kommt es ihnen sogar verdächtig vor. Ein europäisches Gemeinschaftsgefühl ist hingegen noch ›in statu nascendi‹. Nur, wie gesagt, wohl ohne Russland.

Wir haben in Deutschland nach wie vor ein recht oberflächliches Russland-Bild. Welche Erfahrungen haben Sie in der ›polnisch-russischen Gruppe‹ mit der russischen Zivilgesellschaft gemacht? Gibt es hier keinen Kontakt zur Kultur eines potentiellen ›wider europe‹?

Im Westen haben wir uns schon fast überall daran gewöhnt, Zivilgesellschaft als Öffentlichkeit zu verstehen, also als die Möglichkeit, unterschiedliche Meinungen auch äußern zu können. In Russland ist dies, wie Sie wissen, nicht immer so ausgeprägt.

Putin selbst ist der Meinung, dass die Russen einfach ›andere Menschen‹ seien. Ich hatte mehrmals die Gelegenheit, ihn persönlich zu sprechen; bei einem der Treffen unterhielten wir uns länger über die Organisation für Sicherheit und Zusammenarbeit in Europa, die OSZE. Ich merkte an, dass ihm die NATO offenbar wichtiger sei als die OSZE, was er bejahte. Er meinte, die NATO sei eine ernsthafte Organisation, die OSZE aber ein Instrument des Westens, um Russland zu kritisieren. Ich stimmte insofern zu, als die OSZE in der Vergangenheit tatsächlich immer wieder als ›Prothese‹ funktionierte, wenn ein Staat noch nicht über die notwendigen rechtsstaatlichen Strukturen verfügte, um seine Probleme zu lösen. Putin war diese Argumentation fremd. Dies zeigt, wie fremd ihm auch ein westliches Verständnis von Zivilgesellschaft und Rechtsstaat ist.

Weiße Flecken - schwarze Flecken. Über die schwierigen Themen in den polnisch-russischen Beziehungen (1918 - 2008)

Es gibt aber auch ganz andere Beispiele. In unserem polnisch-russischen Gremium hatten wir die Möglichkeit, unsere Mitarbeiter frei auszuwählen. Als ich mich mit meinem russischen Gegenüber zum ersten Mal in Brüssel traf, fragte ich ihn, wer denn die Mitglieder auf der russischen Seite seien. Es waren alles hervorragende Experten im Bereich der internationalen Politik, die sich zwar mit den USA, mit China oder mit Korea auskannten, aber nicht unbedingt mit Polen. Ich erkundigte mich also, wie es zu dieser Zusammensetzung unserer Dialog-Gruppe gekommen sei. Mein Partner antwortete entschuldigend, dass Polen im heutigen Russland kein attraktives Thema mehr sei; es gebe keine Polen-Kenner mehr. Daraufhin schrieb ich ihm auf einer Serviette einige Namen von Polen-Experten in Russland auf. Das Resultat war, dass wir mit deren Hilfe sehr bald einen Bericht publizieren konnten, in dem 32 Historiker, Politologen und Ökonomen die schwierigsten Momente der polnisch-russischen Beziehungen aus beiden Perspektiven fair behandeln. Dies zeigt, dass es in Russland sehr wohl auch viele unabhängige Menschen gibt – Menschen mit Ansichten, wie wir sie ganz ähnlich in Polen vertreten; Menschen ohne Angst, selbst wenn sie nicht unbedingt zur Gruppe der so genannten Oppositionellen gehören. Ein russischer Kollege aus unserer Arbeitsgruppe veröffentlichte kürzlich in der ›*Gazeta Wyborcza*‹ eine sehr scharfe Kritik an Putins Vorgehen in der Ukraine. Als er daraufhin entlassen wurde, rief ich meinen russischen Partner an und bat ihn, ihm zu helfen. Die Antwort war, dass ich mir keine Sorgen machen müsse, er habe schon mit dem Rektor gesprochen: der Professor werde wieder eingestellt.

Russland ist also nicht so einheitlich, wie Putin es gern möchte – auch wenn er die Wahlen immer noch mit großer Mehrheit gewinnen würde. Die russische Zivilgesellschaft entwickelt sich, wenn auch, im Vergleich zu anderen Ländern, recht umständlich.

WSTAJESZ I WEEKEND
KATARZYNA BŁAŻEJEWSKA, DIETETYK
00:08
ŚWIAT
Rotfeld: antyrosyjskie nastroje na Ukrainie to zasluga obecnego rządu Rosji
FAKTY
PO FAKTACH
ROLU NAD KRYMEM. NIKT NIE ZOSTAŁ RANNY
OBSERW

„WENN ICH SAGE, ICH BIN POLIN, BIN ICH EUROPÄERIN."

Nach den antisemitischen Hetzkampagnen von 1968 blieb die polnische Jüdin Lucyna Tych „einfach aus Trotz". Ein Gespräch mit der Regisseurin über polnisches Theater und Gedenken seit 1945.

Lucyna Tych, geboren 1929 in Warschau, wurde als Theater-Regisseurin 1968 zu Beginn der antisemitischen Attacken durch die Polnische Vereinigte Arbeiterpartei aus ihrem Beruf gedrängt. Danach arbeitete sie als polnisch-russische Übersetzerin sowie als wissenschaftliche Mitarbeiterin an Publikationsprojekten ihres Mannes.

Feliks Tych und Iwona Domachowska, Warschau, März 2014

[Mittag des 7. März 2014. In der Wohnung der Familie Tych. Wir sind mit dem Historiker Feliks Tych verabredet. Geboren 1929 in Warschau, überlebte er mit gefälschten Papieren bei der polnischen Gymnasiallehrerin Wanda Koszutska, seiner „zweiten Mutter", während ein Großteil seiner Familie in Treblinka und Auschwitz ermordet wurde. Mitte der 1990er Jahre beendete Feliks Tych seine Forschungen zur Geschichte der Arbeiterbewegung, die ihn über Jahrzehnte beschäftigten, und widmet sich seitdem als Direktor des Warschauer Jüdischen Historischen Instituts einer völlig anderen Fragestellung: Wie konnte es dazu kommen, dass „in dem Land, das am stärksten vom Völkermord der Nazis betroffen war, dieses Thema in den ersten fünfzig Jahren nach dem Krieg in der Öffentlichkeit nahezu unerwähnt blieb?" Wie kaum ein anderer Historiker in Polen zielt er dabei auf eine integrierte Erzählung über die Shoah als einer europäischen Grunderfahrung: „Die Rezeption des Holocaust bleibt solange verzerrt und unvollständig, solange eine europäische Komplizenschaft beim deutschen Staatsverbrechen nicht Bestandteil des europäischen historischen Bewusstseins ist." Gut anderthalb Stunden plaudern wir mit einem ausgesprochen freundlichen Feliks Tych über seine Kindheit, seine Familie, die Bundisten als Europäer und die legendäre Konferenz zum 100. Jahrestag des Allgemeinen jüdischen Arbeiterbunds 1997 im Hotel Europejski. Beim deutsch-polnischen Sprach-Hin und Her unterstützt uns sein Schüler und Übersetzer Jürgen Hensel. Irgendwann stößt seine Frau Lucyna hinzu, um uns Warschau-Tipps zu geben. Neugierig geworden, treffen wir Lucyna Tych drei Tage später für ein weiteres Gespräch. Ohne zu wissen, dass ihr Vater Jakub Berman war, der neben Bolesław Bierut und Hilary Minc die ›Troika‹ der stalinistischen Parteiführung Nachkriegspolens, die ›Moskauer Gruppe‹ bildete. Erst im Nachhinein lesen wir mehr über das Brüderpaar Jakub und Adolf Berman – Kommunist der ersten Stunde der eine, marxistischer Zionist der andere. Zum Beispiel in Marci Shores Osteuropa-Reisebericht ›*Der Geschmack von Asche*‹, in dem Emanuel Berman der amerikanischen Historikerin von seinem Onkel Jakub erzählt: „Vielleicht ist es ja nur Familienstolz, aber ich glaube, wäre Jakub kein Jude gewesen, wäre er in Polen der erste Mann im Staate gewesen, und Bierut ... vielleicht die Nummer drei. Bierut war nicht so klug wie Jakub." Oder in Teresa Torańskas Interview-Band ›*Oni*‹ (deutsch: ›*Die da oben*‹). Erst nachdem General Wojciech Jaruzelski im Dezember 1981 das Kriegsrecht in Polen verkündet und die ›Solidarność‹ in den Untergrund getrieben hatte, war Jakub Berman bereit gewesen, mit der polnischen Journalistin zu sprechen. Über den ›Kongress der Intellektuellen zur Verteidigung des Friedens‹ 1948 in Wrocław zum Beispiel berichtet er Torańska: „Wir versuchten allerdings, dem herauf ziehenden Kalten Krieg einen mehr europäischen Charakter zu verleihen und nicht nur unsere polnische Friedensinitiative zu verteidigen, sondern auch unseren Weg zum Sozialismus, unsere kulturellen Verbindungen zu Westeuropa." – Europa-Vorstellungen im Parteienkommunismus.

Vormittag des 10. März 2014. Im Café Batida am Warschauer Plac Konstytucji, bei Swinging Sixties-Musik und später ›Buena Vista Social Club‹, mit zu lauten Kaffee-Automaten.]

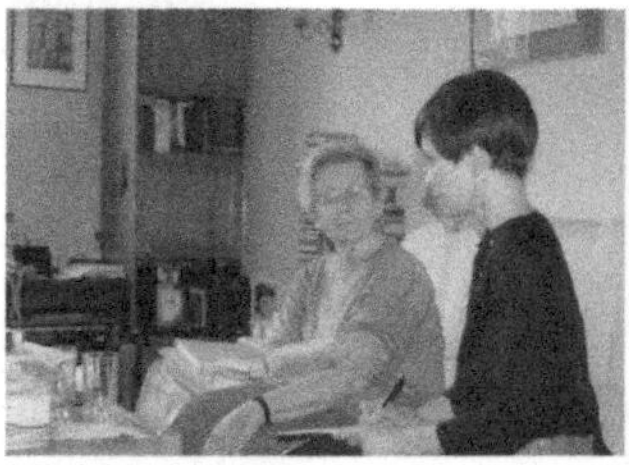

Lucyna Tych und Iwona Domachowska, Warschau, März 2014

Ich hoffe, das Gespräch vor drei Tagen – mit Ihrem Mann – war nicht unangenehm für ihn ...

Im Gegenteil. Er hat es sehr genossen. Noch vor einem Jahr wäre es ganz anders verlaufen. Aber mein Mann leidet an Alzheimer und ist sich seiner Lage nicht immer bewusst.

Sie haben 1952 geheiratet. Wie lernten Sie sich kennen?

Ich war während des Zweiten Weltkriegs in der Sowjetunion. Dieser Tatsache verdanke ich mein Leben. Mein Mann hingegen hat überlebt, weil er hier von einer wunderbaren polnischen Frau gerettet wurde, die für ihn wie eine zweite Mutter war. Als meine Mutter und ich nach dem Krieg aus Moskau nach Lublin zurückgingen, bat uns eine polnische Freundin in Moskau, ein paar Sachen für ihre Schwester mitzunehmen. Diese lebte mit ihren beiden Kindern und dem jüdischen Jungen Feliks, den sie aufgenommen hatte, derzeit in Lublin. Damals war ich vierzehn, mein späterer Mann ebenfalls. So lernten wir uns kennen. Es war eine lange Freundschaft, die in einer Ehe mündete.

Ihre Familie war bereits zu Kriegsbeginn in die Sowjetunion emigriert?
Ja, wir hatten ein recht gewöhnliches Flüchtlingsschicksal. Meine Kindheit verbrachte ich noch in Warschau, dann flohen wir nach Białystok, eine Stadt, die ja im September 1939 von der sowjetischen Armee besetzt wurde, und von dort weiter in die Sowjetunion.

Wovon lebten Ihre Eltern dort?
Meine Mutter war Ärztin und arbeitete in unterschiedlichen zivilen, später dann in Militär-Krankenhäusern. Sie war Gesichtschirurgin und behandelte die Menschen, die auf schlimmste Art und Weise verletzt worden waren. Mein Vater war Journalist; er arbeitete beim Radio und als Dozent.

Hatten Sie Geschwister?
Nein.

Sie verstehen Deutsch?

(*Lucyna Tych nickt*)

Waren Sie später, zu Volksrepublikszeiten, in der DDR?
Mehrfach – vor allem mit meinem Mann nach seinen Publikationen zu Rosa Luxemburg und Julian Marchlewski. Später übernahm er verschiedene Professuren im vereinigten Deutschland. Ich kam mit und habe die Sprache passiv gelernt, so dass ich sie halbwegs verstehen, aber nicht sprechen kann.

Und Russisch?
... ist meine Zweitsprache; in der Kindheit, während des Krieges, habe ich diese Sprache vollkommen gelernt... (*sie schmunzelt*); ich stelle mir gerade die Frage, warum ich so spannend für Sie bin?

„LEBEN IN BANKROTTER UTOPIE“

Wir fanden es sehr schön, dass Sie auch da waren, als wir Ihren Mann besuchten und uns am Rande einiges über das polnische Theater erzählen konnten. Wir waren aber etwas unglücklich über diese knappen zehn Minuten Zeit, die wir da nur mit Ihnen hatten und würden gern mehr über das polnische Theater wissen. Außerdem interessiert uns das Jahr 1968. Sie hatten erwähnt, dass für Sie „1968 alles kaputt gemacht worden ist“. Für uns ist es schwer zu verstehen, wie es in einem Land wie Polen, das bereits 1944 im „Juli-Manifest des Polnischen Komitees der nationalen Befreiung“, also der kommunistischen provisorischen Regierung Polens, eine Gleichstellung der Juden formulierte, zu den schweren antisemitischen Übergriffen und Hetzkampagnen von 1968 kommen konnte. Sie waren offenbar beide persönlich davon betroffen ...
Es gibt inzwischen ja eine umfangreiche Literatur darüber, wie es zu den antisemitischen Ausschreitungen im Jahr 1968 kam. Bald wird auch eine

englische Publikation als Ergebnis eines dreijährigen Seminars erscheinen; Hauptherausgeber ist mein Mann; auf polnisch heißt sie: Die Folgen des Holocaust. Dort wird auch die Frage behandelt, warum viele Polen so stark von der faschistischen Ideologie vergiftet wurden und wie sich das Kriegstrauma derart auf das Handeln der Menschen in Polen auswirkte, dass es bis zum Judenmord führte. Also all die Bestandteile der Kriegstraumata werden behandelt, sowohl was die Polen an sich anbelangt, als auch die jüdisch-polnischen Beziehungen und damit ebenso das Jahr 1968.

Ich persönlich war in den Jahren zuvor schon in gewisser Weise auf diese Ereignisse von 1968 vorbereitet worden. Als ich mit vierzehn nach Polen zurückgekommen war, hatte ich erfahren müssen, dass fast meine ganze Verwandtschaft getötet worden war. Ich glaubte damals, dass nach dem, was passiert ist, Antisemitismus nun nicht mehr möglich sei und dass ein Opfer, wie wir Juden es im Holocaust gebracht haben, auch in Polen nicht unbemerkt bleiben könne. Desto schockierender war es für mich, dann in polnischen Straßenbahnen Sätze zu hören wie ›Das einzige, was wir Hitler wirklich verdanken, ist, dass er ›sie‹ umgebracht hat.‹ Und in der Schule wurde ich gefragt: ›Was machst du noch hier?‹

Was ich dann als junge Erwachsene in den 1950er und 1960er Jahren erlebte, war der allmähliche Zusammenbruch meiner eigenen Utopie und des Glaubens daran, dass sich das alles unter der kommunistischen Regierung nun langsam ändern würde: Der Glaube an eine bessere Zukunft mit neuen Menschen. Menschen meiner Generation glaubten an so etwas und erlebten dann eine bittere Enttäuschung!

Wann genau brach diese Utopie für Sie zusammen?

Bereits in den 1950er Jahren, in der Chruschtschow-Zeit; durch all das, was wir über die Lager, die Gulags erfuhren, als die Menschen langsam zurückkamen.

Gab es auch in Ihrer Verwandtschaft Rückkehrer?

Keine Verwandten, aber Freunde, die nach dieser Erfahrung nicht mehr daran glaubten, dass sich alles noch ändern könnte, noch entwickeln würde. Anfangs hatten wir aber noch daran geglaubt, dass man zumindest in Polen eine linke Politik entwickeln könne, die sich anders gestalten würde als die in der Sowjetunion.

Ihre Eltern waren ja bereits unmittelbar zu Kriegsende wieder zurückgekehrt.

Ja, sie waren Kommunisten – so wie ich.

War der Zusammenbruch Ihrer Utopie vom Kommunismus auch das Motiv für das Studium der Theater-Regie? Das Theater als Nische, als Gegenwelt?

(Lacht) Das wäre sehr schön gewesen! Ich habe erst mal Geschichte studiert, ähnlich wie mein Mann. Wir schlossen dieses Geschichtsstudium zeitgleich ab. Mich interessierten aber immer eher Menschen und nicht Prozesse, Abfolgen, Verfahren im Sinne der marxistischen Geschichtsschreibung. Mich interessierte der Mensch.

Deswegen das Theater ...

Natürlich!

Gab es Pläne, 1968 das Land zu verlassen? Ihr Mann beschreibt, dass 1968, auf dem Höhepunkt der antisemitischen Kampagnen, tausende Menschen Polen verließen ...

Es war unser Land, unsere Kultur! Zum Teil blieben wir einfach aus Trotz, denjenigen gegenüber, die das gerne so gehabt hätten, dass wir das Land verlassen. Vor 1968 sagte ich immer: ›Ich bin Polin jüdischer Herkunft.‹ Seit 1968, als deutlicher denn je wurde, wie ungewollt ich hier bin, sagte ich immer ganz betont: ›Ich bin polnische Jüdin.‹ Das ist ein großer Unterschied.

DIE LUSTIGSTE BARACKE IM OSTBLOCK ODER: RÜCKKOPPLUNG ZU DEN ZUSCHAUERN

Wir führten auf unseren Fahrten durch Polen viele Gespräche und wir hatten oft den Eindruck – vielleicht unsererseits auch recht romantisch verklärt –, dass das polnische Theater gerade in den 1950er, 1960er, 1970er Jahren etwas sehr Besonderes war. Sehen Sie auch etwas Spezifisches am polnischen Theater? Wir hörten, dass es oft gelang, Geschichte durch das Theater auf besondere Weise vermitteln zu können, besser als durch andere Medien, besser als an der Schule. „Das Theater war der Transmissionsriemen für Geschichte" war eine Umschreibung ...

... das ist es nicht mehr ...

... aber war es das damals?

Ja! Es verfügte über eine enorme moralische Autorität. Man konnte durch das Theater einen besonderen, direkten Kontakt mit Menschen aufnehmen. Das polnische Theater erfüllt eine solche Art der Mission heute nicht mehr, denn was wir heute erleben, ist entweder kommerzielles Theater oder experimentelles – finde ich. Das damalige Theater war mit großer Autorität ausgestattet, bei verhältnismäßig großer Freiheit, die wir genießen konnten, auch in sprachlicher Hinsicht. Es gab damals eine Beschreibung von Polen als ›die lustigste Baracke im Ostblock‹.

Welche Art von Geschichte ist durch diese ›Mission‹ vermittelt worden?

Das polnische Drama des 19. Jahrhunderts spielte hier eine große Rolle. Es waren menschliche, patriotische Ideale, die im Theater vermittelt wurden.

Aber auch eine Art anständiger, nobler Verhaltensweisen; das Streben nach Wahrheit. All das konnte man durchaus mit den Dramen von Adam Mickiewicz und Anton Tschechow machen.

Was war das erste prägende Theatererlebnis für Sie?

Mit zwölf Jahren habe ich zum ersten Mal Shakespeare gelesen – auf Russisch, mit wunderbaren alten Illustrationen. Diese Shakespeare-Lektüre wurde für mich zur Theater-Initiation. Die zweite wichtige Erfahrung war die Poesie. Ich habe gerne und zahlreich Gedichte gelesen. Hier verdanke ich viel meiner Mutter, die ein geniales Gedächtnis hatte und sich ganze Gedichte, selbst wenn sie sehr lang waren, merken konnte und sie so an mich weiter vermittelte. Die Werke von Mickiewicz oder Juliusz Słowacki konnte sie alle auswendig aufsagen. Sie rezitierte sie ganz bewusst für mich, weil sie vermeiden wollte, dass ich in der Sowjetunion vollständig russifiziert werde. Sie wollte mir dieses Stück Polen als Heimat vermitteln und das ist ihr dank der Poesie auch gelungen. Sie hat mich bereichert, aber auch meine weitere Sehnsucht nach dem Theater geweckt.

Und die dritte wichtige Erfahrung war Moskau und sein Theater: zum Beispiel das MChAT-Theater von Konstantin Stanislawski, wo oft die Werke Tschechows gezeigt wurden. Die Inszenierungen waren zwar altmodisch, wenn man das mit dem heutigen Geschmack vergleichen würde, aber die Schauspieler, die ich dort zum ersten Mal erleben konnte, waren sehr gut und große Persönlichkeiten.

Was war ihre erste eigene Arbeit als Regisseurin?

Meine Diplomarbeit: Zu dritt hatten wir drei Stücke von Zbigniew Herbert ausgewählt, jeweils einen Akt. Das war hier in Warschau am Teatr Dramatyczny.

Im Kulturpalast?

Ja.

Ich habe gestern Abend hier noch einen kleinen Rundgang gemacht, um ein wenig zu verstehen, in welchem Teil Warschaus ich mich befinde: Vom MDM bis zum Kulturpalast. Da gibt es noch diese Leuchtreklame vor dem ehemaligen Centrum Sztuki Studio, also vor Józef Szajnas Theater; die alten Beschriftungen scheinen unter den neuen durch, wenn die Kästen leuchten ...

Ja, das war im heutigen Studio-Theater. Ich habe einmal an einer Aufführung von Józef Szajna mitgewirkt; wir mussten Karren herstellen, die möglichst so aussahen wie Leichenkarren aus einem Konzentrationslager. Das war eine ›Idée fixe‹ von ihm, so zu arbeiten. Selbst der Revisor von Nikolai Gogol wurde seinerzeit von ihm so gestaltet: Die Bühne, die Kostüme, die Requisiten erinnerten an die Ästhetik eines KZ. Dieses Echo war immer wieder bei ihm zu spüren, es gab hier eine Art Besessenheit in seiner Kunst.

Stimmt eigentlich dieses Bild, das ich habe, dass das kommunistische Polen damals versuchte, sich mit solchen Namen – wie Jerzy Grotowski oder Tadeusz Kantor – weltoffen zu zeigen, nach draußen zu gehen, so nach dem Motto: ›Wir haben solch große Theatermenschen und die dürfen auch woanders inszenieren‹? War das eine Art Aushängeschild der Volksrepublik Polen und eine Strategie, das polnische Theater auch in die Welt hinaus zu senden?

Durchaus! Aber dieses Theater war auch extrem wichtig für Polen, für das polnische Publikum. Das ›Theater der 13 Reihen‹ von Grotowski in Opole war ein Kultort; wir kamen, egal woher, dorthin, um dieses Theater zu erleben. Es war ein Export-Theater, aber eben auch unser Theater. Ähnlich verhielt es sich mit Kantor. Bei Grotowski muss ich sagen, dass mir seine ersten Arbeiten außerordentlich gefielen und ich sie auch heute noch schätze. Seine Entwicklung später fand ich dann nicht mehr so erfreulich, denn mit der Zeit war das kein Theater mehr für die Zuschauer. Für ihn war wichtig, die Schauspieler zu verbessern, an einer perfekten Ausführung auf der Schauspieler-Seite zu arbeiten, eine Idee dafür zu entwickeln ...

Die alte Beschriftung aus Józef Szajnas Zeiten scheint noch durch

.. dafür braucht es dann gar kein Publikum mehr ...

... genau – eine Rückkopplung zu den Zuschauern verschwand immer mehr, was ich aber für die wichtigste Sache hielt.

Das war ja offenbar auch eine Art Zeitgeist: Grotowski macht so etwas, Andrzej Wirth fordert sogar so etwas ausdrücklich ein: das ›Theater ohne Publikum‹, wie er es nannte.

... ja, das war der Zeitgeist, sehr von Amerika geprägt.

Wir hatten gestern auch ein Treffen mit Krzysztof Warlikowski und ich fragte ihn irgendwann auch nach Szajnas Theater. Er betonte kurz, dass er es als Kind noch erlebt habe und es für ihn ein radikales, aber auch ein „archaisches Theater" war. Das hörten wir oft, dass man ein solches Theater, auch das von Kantor, wegen seiner Radikalität als archaisch, einer völlig anderen Zeit zugehörig, bezeichnet. Ich glaube ja, dass das, was ein Szajna gemacht hat, gar nicht so weit weg ist von dem, was ein Warlikowski heute mit seinem Nowy Teatr als Kulturzentrum machen will. Machen es sich die ›Jungen‹ nicht etwas zu leicht mit ihrer distanzierenden Geste?

Ja, bestimmt. Aber ich glaube, gleichzeitig ist das eine Eigenschaft jeder Revolution: Eine Revolution strebt immer Neues an und glaubt, das beste Kind geboren zu haben. Das Alte muss weg geräumt werden und dann nimmt man selten Bezug auf Traditionen. Den Schnitt mit der Vergangenheit kann ich insofern verstehen. Das ist für mich die Eigenschaft jedweder Entwicklung.

DAS SCHÖNSTE JÜDISCHE MUSEUM ÜBERHAUPT

Unser Buch zielt wesentlich darauf ab, die Kriegserfahrung in ein Heute hinein zu denken, weshalb wir auch mit Menschen sprachen, die siebzig, achtzig Jahre überschauen können. Was also können junge Menschen aus Biographien wie der Ihren lernen? Aus den Geschichten von Menschen, die – zum Teil vor dem Hintergrund jahrelanger Lager-Erfahrungen – einen neuen Staat aufbauen wollten und an eine Utopie glaubten? Was sollte ein künftiges Europa von solchen Geschichten nicht vergessen?

Gewisse Utopien, die mit Europa verbunden waren, sind zu Ende gegangen. Aber andererseits entstehen immer wieder neue. Es wird neue Menschen mit neuen Ideologien und Idealen geben und ich denke, solche Menschen können durchaus auch Ideale von Gerechtigkeit weiter entwickeln. Es werden neue Generationen kommen, die Neues entwickeln und Altes, Vergangenes damit verdrängen.

Der Schnitt, den Warlikowski im polnischen Theater gemacht hat – seine bewusste Distanzierung von der Vergangenheit – bedeutet somit zugleich auch eine Selbstreduzierung seiner Kunst. Indem er sich von der Vergangenheit verabschiedet, reduziert er das Potential seiner eigenen Kunst. Ich denke, Warlikowskis ehemaliger Kollege Grzegorz Jarzyna vom Teatr Rozmaitości setzt hingegen eher das fort, was in der Theatertradition spannend ist. Da merkt man in dem Bruch zugleich eine gewisse Kontinuität.

Und das Künstlerpaar Monika Strzępka und Paweł Demirski?

Das sind meiner Meinung nach extreme Revolutionäre, mehr noch als Warlikowski. Ich finde, sie zelebrieren sich als Theaterpaar allzu stark selbst. Bei ihnen endet die Welt. Ich denke, man sollte schon ein wenig mehr Respekt vor der Vergangenheit und dem eigenen Publikum zeigen. Strzępka und Demirski sind nicht mehr einfach linke Künstler, eher Linksextremisten; eitel in ihrer Jugend. In der Inszenierung von ›*Im Namen des Jakub S.*‹ thematisierten sie zum Beispiel die bäuerlichen Wurzeln der Polen neu.

Wird in diesem Stück das Bauerntum im Nachhinein romantisiert?

Eher brutalisiert.

Es wird nicht als Ideal dargestellt, eher im Gegenteil?

... Wyspiański war da eher der Nostalgiker.

Also nicht das, was ein Andrzej Stasiuk macht: diese Verklärung des Ländlichen?

Nein, das absolut nicht.

Sie sprachen gerade eben von Werten wie Gerechtigkeit. Ist Europa für Sie ganz privat ein Wert, ein Horizont? Und: Ist Europa für Sie auch etwas Gelebtes, jenseits der EU?

Auf jeden Fall! Wenn ich sage, ich bin Polin, bin ich Europäerin. Polen ist sehr mit Europa verbunden. Und Europa ist überaus wichtig. Da ich eine enorme Leidenschaft für das englische Theater und die englische Literatur habe und mein Sohn dort lebt, bekomme ich von ihm alle Neuheiten und alles, was interessant ist, mit; aber das englische Theater hat mich von jeher fasziniert.

Macht Ihr Sohn auch Theater?

Nein, er ist Mathematiker. Aber er ist sehr interessiert an Musik und Literatur. Ich sah das englische Theater immer schon als eine Art Vorbild für viele andere Theater. Und wenn Peter Brook mit seinem Theater nach Polen kommt, ist das immer noch etwas sehr Großes.

Besuchen Sie Ihren Sohn oft in Großbritannien?

Oh ja.

Wir waren bei unseren Recherchen in vielen Museen unterwegs, auch im gerade entstehenden Museum der Geschichte der polnischen Juden. Fühlen Sie sich wohl mit dem, was da gerade in Warschau entsteht: mit den neuen Denkmälern, den neuen Museen, mit der – platt ausgedrückt – Wiederentdeckung des Jüdischen? Was wünschen Sie und Ihr Mann sich, was da noch an Erzählung um polnische Juden und Jüdinnen oder jüdische Polen und Polinnen entstehen sollte?

Das Museum ist toll! Vor allem die Architektur. Ich denke, architektonisch gesehen ist es das schönste Museum in Warschau und das schönste jüdische Museum überhaupt. Mir gefällt zum Beispiel das Jüdische Museum in Berlin von Daniel Libeskind nicht. Das Warschauer Museum hat eine große Zukunft, es erfreut sich schon jetzt hoher Besucherzahlen. Wahrscheinlich wird nur das Museum des Warschauer Aufstands dasjenige sein, das noch häufiger besucht wird. Ich habe den Antisemitismus in Polen persönlich erlebt, die Verfolgung in der Schule, und ich bin mittlerweile – auch wegen der neuen Generation – optimistisch, dass dieser zu Ende geht und das Interesse für die verschwundenen Nachbarn und deren Schicksal wächst. Auch das Projekt Brama Grodzka in Lublin zum Beispiel bedeutet für mich Zukunft. Ich kenne die Menschen, die das dort machen. Ich habe enormen Respekt vor ihnen, denn sie sind in dieser Stadt auch neofaschistischen Angriffen ausgesetzt. Ich glaube, die jungen Menschen im heutigen Polen sind nicht mehr so stark ›befallen‹ vom Antisemitismus. Generell hat sich die jüngere Generation stark verändert, was auch zu einer Veränderung des gesamten Polen-Bildes führen wird. Ich kann so etwas schlussfolgern, weil ich zum Glück noch recht viel mit jungen Menschen zu tun habe ...

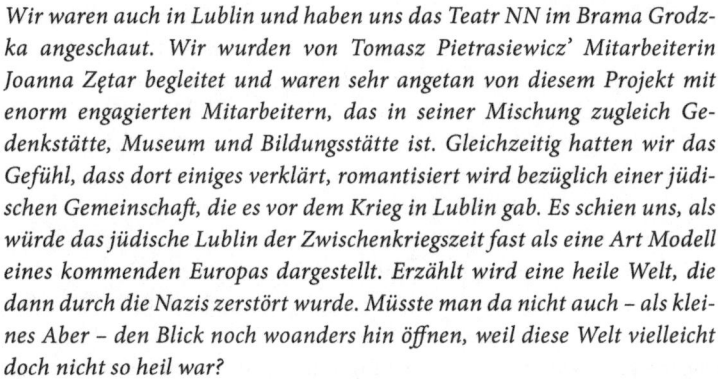

Wird denn auch die Geschichte des Antisemitismus der 1950er und 1960er Jahre und damit Ihre Geschichte im Museum der Geschichte der polnischen Juden hier in Warschau angemessen dargestellt werden?

Das kann ich noch nicht sagen, aber ich denke, ja. Denn es wird auch die Rückkehr gezeigt, das Schöne, aber auch das Schreckliche daran. Die Geschichte um den Pogrom in Kielce wird mit Sicherheit thematisiert. Auch mein Schicksal wird da in gewissem Sinne widergespiegelt, ich bin ja Bestandteil dieser Ereignisse. Aber es ist schwer zu sagen, was am Ende aus der Ausstellung wird...

Wir waren auch in Lublin und haben uns das Teatr NN im Brama Grodzka angeschaut. Wir wurden von Tomasz Pietrasiewicz' Mitarbeiterin Joanna Zętar begleitet und waren sehr angetan von diesem Projekt mit enorm engagierten Mitarbeitern, das in seiner Mischung zugleich Gedenkstätte, Museum und Bildungsstätte ist. Gleichzeitig hatten wir das Gefühl, dass dort einiges verklärt, romantisiert wird bezüglich einer jüdischen Gemeinschaft, die es vor dem Krieg in Lublin gab. Es schien uns, als würde das jüdische Lublin der Zwischenkriegszeit fast als eine Art Modell eines kommenden Europas dargestellt. Erzählt wird eine heile Welt, die dann durch die Nazis zerstört wurde. Müsste man da nicht auch – als kleines Aber – den Blick noch woanders hin öffnen, weil diese Welt vielleicht doch nicht so heil war?

Die Idealisierungen, diese Darstellungen einer vermeintlichen Idylle, halte ich auch für nicht ganz korrekt. Bestimmt wird im Brama Grodzka das Leben vor dem Zweiten Weltkrieg in einigen Dingen verklärt; aber ich glaube, dies ist das Ergebnis gewisser Sehnsüchte, die man dort erfüllen wollte. Sehnsüchte nach einer Welt, die es nicht mehr gibt. Gleichzeitig denke ich, dass das Ganze noch nachgeholt wird; dass sie Vieles inhaltlich noch verbessern werden. Und sie werden reagieren auf die neofaschistischen Übergriffe.

Ist Lublin bekannt für Neonazis?

Ja. Ziegelsteine wurden durch die Fenster in die Wohnung von Tomasz Pietrasiewicz geworfen und das Auto von Dariusz Libionka, einem Historiker, der sich auf jüdische Fragen spezialisiert hat, wurde zerstört.

Also die Sehnsucht nach dieser Idylle ist da sehr präsent. Deswegen auch die Fokussierung auf Isaac Singer und ähnliche Namen. Das sind neue Themen für neue Menschen; die Neuheit der ganzen Sache hat zur Folge, dass es gerade so und nicht anders dort ausschaut. Aber sicher wird die Idealisierung bald einer komplexeren Schilderung weichen. Sie sind klug genug, das zu leisten.

Das Team im Teatr NN begreift sein ganzes Projekt ja auch als einen Prozess, an dem man immer weiter arbeiten muss. Eine letzte Frage: Wie schätzen Sie die polnischen Gedenkstätten, die Sie kennen, ein? Viele Orte wurden jetzt ja gerade neu gestaltet oder werden es noch? Was sollten sie leisten?

Mahn- und Gedenkstätte Treblinka, Oktober 2010

Für mich ist die bedeutendste Gedenkstätte Treblinka, weil dieser Ort wie ein Friedhof gestaltet wurde. Sie wissen, es gibt da keine richtigen Grabstätten für die dort Ermordeten, aber man kann diesen Ort dank der Gestaltung wie einen Friedhof wahrnehmen. Ich glaube, dass diese Idee der beiden Architekten entscheidend war, um diesen Ort als einen heiligen wahrnehmen zu können. Auch für mich ist Treblinka tatsächlich ein Friedhof. Was dort noch fehlt, ist eine Art Bildungszentrum innerhalb der Gedenkstätte, wo erklärt wird, was der Ort bedeutet und wo man über seine Geschichte sprechen kann. Dafür fehlt aber das Geld. Mein Mann hat sich, als er noch Direktor des Jüdischen Historischen Instituts war, dafür stark eingesetzt; er ist aber damit gescheitert.

Auschwitz-Birkenau ist natürlich ein ganz anderer Fall. Für mich ist auch das Konzept der Gedenkstätte Bełżec sehr interessant: Eine sehr gelungene architektonische Umsetzung und ein gutes Bildungszentrum, wo toll gearbeitet werden kann. Ich war da und es hat mich sehr mitgenommen. Aber zurück zu Treblinka: Da ist es wirklich sehr wichtig, dass so etwas noch entsteht. Das sollte gefördert werden. Noch wird dieser Ort in Polen nicht breit für Bildungszwecke genutzt, meist kommen da nur Exkursionen aus Israel oder den USA hin ...

Es ist nicht Teil von polnischen Schulprogrammen?

Kaum.

Allerletzte Frage: Wo sitzen wir eigentlich hier? Was sehen wir hier? Was meint dieser Platz und was meint eigentlich MDM?

MDM ist ein Platz, der in mir viel Freude und Enthusiasmus weckte, als er 1952 erbaut wurde. Denn hier gab es nur Ruinen. Und plötzlich entstand

Museum und Gedenkstätte in Bełżec, Oktober 2010

hier etwas, was zwar stark an Moskauer Bauten erinnert, aber immerhin wurde gebaut und die Menschen konnten hier wohnen. Stadtplanerisch hat dieser Platz seinen Charme und seinen Charakter. Seine Homogenität schafft eine Atmosphäre, die ich mag, vielleicht auch, weil ich diese Stadt insgesamt sehr liebe. Oder vielleicht deshalb, weil hier eine solche Harmonie herrscht: einerseits ganz klassizistisch wie in Moskau, aber gleichzeitig auch sehr harmonisch. Ich glaube, viele alte Warschauer haben die Angewohnheit, die Orte und Gebäude aufzusuchen, die nach 1945 wieder aufgebaut wurden. Als die zerstörte Altstadt rekonstruiert wurde, wurde sie von großen Menschenmassen besucht: alle hatten Tränen in den Augen. Da wir die Stadt als absolute Ruinen-Landschaft gesehen haben, lieben wir auch das, was uns architektonisch nicht unbedingt begeistert. Dieses Café hier war zum Beispiel früher eine Früchte-Bar, mit den leckersten Desserts und Eis und sehr vielen jungen Leuten. Es war massenhaft besucht, auch in der oberen Etage.

MDM, Symbol des Wiederaufbaus, Warschau, März 2014

WEG VON DEN SEITENSTRASSEN! IM EXIL.

In Amerika interessierte man sich für ihn, weil er aus Europas Osten kam. In Deutschland interessierte man sich für ihn als den Amerikaner. Und Polen blieb er nach 1966 fern. Ein Inselgespräch in Puerto del Carmen mit dem Theater-Praxeologen Andrzej Wirth.

Summa summarum - Andrzej Wirth und Susanne Winnacker, Puerto del Carmen, März 2014

Andrzej Tadeusz Wirth, geboren 1927 im polnischen Włodawa, studierte nach dem Zweiten Weltkrieg analytische Philosophie in Łódź sowie Warschau, promovierte in Wrocław mit einer Arbeit über Bertolt Brecht und wurde als Kritiker, Übersetzer und Herausgeber zu einem Vermittler zwischen polnischer und deutscher Kultur. 1966 ging Wirth als Gastprofessor in die USA, wo er wegen der veränderten politischen Situation in Polen blieb. Er lehrte unter anderen an der Stanford University und der City University of New York. 1982 folgte er einem Ruf an die Universität Gießen; dort gründete er das Institut für Angewandte Theaterwissenschaft, das er bis zu seiner Emeritierung 1992 leitete.

[So viele Geschichten vom großen Erzähler: Sieben Gespräche im Zeitraum 22. bis 24. März 2014, in den Räumen des Centro de Terapia Antroposófica auf Lanzarote, wo Andrzej Wirth nach einer Operation in Berlin zur Kur weilt; und in den Restaurants von Puerto del Carmen. Inklusive einer Vorstellung seiner wunderbaren Autobiographie ›*Flucht nach vorn*‹ vor einem ehrfürchtigen Publikum, das sein Frühjahr zwischen „Eurythmischem Hallelujah als Friedensbeitrag“ und „Morgenstern-Tagen“ auf der nordöstlichsten der großen kanarischen Inseln verbringt. Die Insel, die als erste von der UNESCO vollständig zum Biosphärenreservat erklärt wurde, empfängt ihre Besucher mit Europa-Flaggen und dem 24-Stunden-Programm des Touristik-Senders ›Radio Europa‹. Vorher, über dem Atlantik im Flugzeug nach Arrecife, liest ein polnischer Flugbegleiter im Nachrichten-Magazin Polityka, zu dessen Gründern Andrzej Wirth gehört, einen Artikel über Witold Gombrowicz' Tagebuch ›*Kronos*‹. Susanne Winnacker, seiner ehemaligen Schülerin aus Gießener Gründer-Zeiten, gegenüber betont Wirth zu Beginn: „Selbst ich bin zu jung für Ihr Europa-Projekt.“]

IM BESETZTEN WARSCHAU

Herr Wirth, wie kamen Sie 1940 als 13jähriges Kind aus Włodawa am Bug nach Warschau?

Meine Mutter und meine Tante hatten mich auf eine geheime Elite-Schule geschickt. Als Teenager ging ich auf eine Untergrund-Schule, die Goldman-Schule im Westen Warschaus; die Gymnasien und Universitäten waren ja zu Kriegsbeginn geschlossen worden. Die Goldman-Schwestern hatten eine Schule gegründet, die zur Tarnung nach außen als Berufsschule auftrat. Diese Schule war konspirativ, also ein Kryptogymnasium, gedacht für die Kinder der Elite. Es war so paradox, ich hatte eigentlich eine Art Tutorium, fast wie in Oxford: Als die meisten Professoren bereits in Auschwitz inhaftiert waren, sahen die Professoren, die geblieben waren, es als ihre patriotische Pflicht an, auf allen Levels konspirativ zu unterrichten. So begegneten wir uns in diesen dunklen Zeiten, wo in Warschau jeden Tag Exekutionen auf offener Straße stattfanden, immer zu dritt, zwei Schüler und ein Lehrer. Finanziert waren diese Elite-Schulen inoffiziell von der Londoner Exilregierung, der ja auch mein Vater und mein Onkel angehörten.

Wo haben Sie Deutsch gelernt?

Mein Großvater väterlicherseits, der aus Galizien kam, war k.u.k.-Beamter und sprach Deutsch; ich lernte ihn nicht mehr kennen, da er sehr früh starb. Seine Frau war polnische Adlige und Lehrerin; sie erzog ihre vier Kinder polnisch und konnte natürlich auch Deutsch. Im Zweiten Weltkrieg dann, als mein Vater zur polnischen Armee ins Exil ging und ich somit ohne Vater war, hat sie mir Deutsch beigebracht. Mein Großvater mütterlicherseits hingegen brachte mir Russisch bei. Beide schrieben in Heftchen, da während der Okkupation Deutsch lernen untersagt und der Besitz entsprechender Bücher verboten war – sie Hölderlin, er Puschkin. Auf diese Weise kam ich zum Deutschen. In der Untergrund-Schule später in Warschau las ich dann schon deutsche Klassiker.

Die Schulen waren seit Kriegsbeginn verboten, wie stand es seinerzeit mit dem Theater?

Auch das Theater war verboten, ich habe damals nie Theater gesehen. Aber es gab das Wort-Theater, das klassische polnische Theater als Deklamation: Das einzige Simulakrum des Theaters, das ich im besetzten Warschau erlebte, waren die Texte der großen Romantik, eben vorgetragen in Bühnensprache. Ich erinnere mich an große Deklamatoren, die Adam Mickiewicz' ›*Pan Tadeusz*‹ vortrugen. Das war für mich die erste Begegnung mit einem Semi-Theater, sozusagen: Artifizielles Sprechen, inszenierte Sprache.

NACHKRIEGSPOLEN

Wie würden Sie uns Ihre Situation ein Jahrzehnt später beschreiben?
Ich hatte keine guten Perspektiven in der Volksrepublik Polen: Mein Vater und mein Onkel lebten als bekannte Emigranten in London, meine Mutter war eine ehemalige Landgut-Besitzerin in Ostpolen und ich hatte meine erste philosophische Ausbildung im Nachkriegs-Łódź bei dem Logiker Tadeusz Kotarbiński gemacht. In den unmittelbaren Jahren nach dem Krieg fing die Indoktrinierung erst langsam an; anfangs sah es trotz der ungeheuren Verluste unter den Intellektuellen so aus, als ob sich der Realismus der Warschauer Schule, die Logik und die Praxeologie fortsetzen würden – auch wegen ihrer internationalen Bekanntheit. Doch schon bald war dann klar, dass es keine echten Auseinandersetzungen zwischen diesem polnischen philosophischen Denken und dem Marxismus geben würde, sondern nur eine administrative Übernahme. Das geschah immerhin nicht so blutig wie in der Sowjetunion. Meine großen Professoren verloren zwar ihre Lehrstühle, konnten aber weiterhin publizieren oder irgendetwas anderes machen. Zum Beispiel gab es sogar in diesen schlechten Zeiten ein sehr hochwertiges Projekt zur Übersetzung der Klassiker der Philosophie – in Redaktion dieser Professoren.

Ich kannte die polnischen Behörden, schließlich gab es ja in der kommunistischen Regierung einige Politiker, die aus London gekommen waren. Auch nur wegen solcher Kontakte bekam ich später überhaupt einen Pass für Amerika. In Polen gab es schon bald eine Schattenregierung, das heißt, eine Regierung alter Kommunisten, die meist intelligente Juden waren ...

... Jakub Berman zum Beispiel ...
Ja, zum Beispiel Berman. Über ihn kursierten – wie so häufig über Politiker – viele Witze und Gerüchte. Das hatte mit Antisemitismus nichts zu tun, sondern man fragte sich, wieso man regiert wird von Leuten, die nicht gut Polnisch sprechen zum Beispiel.

Weil sie vorher in Moskau waren ...
Natürlich. Meine Biographie zu Volksrepublikzeiten war voll von unerwarteter Komik und Verspätungen. Gefallen in ein geschlossenes Land, durfte ich erst seit 1956 reisen. Als ich endlich nach Berlin konnte – drei Tage nach Brechts Tod – begegnete ich meinem Vater nach siebzehn Jahren zum ersten Mal wieder. Und das erste, was er mich fragte, war: „Was denkst Du über Chruschtschow?"

Und Ihre Antwort?
Natürlich nichts in dieser Situation. Was kann man da schon sagen. Es war die einzig relevante Frage nach dem XX. Parteitag der KPdSU.

Sie schrieben das Nachwort für die Anthologie ›Die steinerne Welt‹ *von*

Tadeusz Borowski, zweifellos einer der wichtigsten Vertreter der Literatur über die Konzentrationslager. Haben Sie ihn noch persönlich kennengelernt?

Ja, ich kannte ihn recht gut. Er war Nachbar von mir, bevor ich mit Alicja Tomaszewska zusammenlebte. Eine recht tragische Figur. Ich bin sehr stolz auf das, was ich über ihn schrieb; über seine ›Erfindung‹ bezüglich der Tragik, wie man eigentlich über die Lager schreibt: Er beschreibt das Grauen aus der Perspektive des Vermittlers, nämlich des Kapos. Das wurde von den Kritikern in Polen nicht verstanden. Die dachten, er müsse selbst Kapo gewesen sein, um so schreiben zu können. Dramentheoretisch, literaturtheoretisch war das ein großer Wurf. Aber was Borowski eigentlich zu schaffen machte, glaube ich, waren seine Erfahrungen in Berlin. Er wurde in der schlimmsten Zeit als Kulturattaché dorthin geschickt, die Agentur-Arbeit dort konnte er nicht ertragen. Bereits 1951 nahm er sich das Leben.

Mit dem Vater in London, Anfang der 1960er Jahre

Ist Ihr Nachwort zensiert worden?

Nein. In Deutschland wurde dieses Buch 1963 paradoxerweise ein kleiner Erfolg.

THEATERLAND POLEN

Was war das erste prägende Theater-Ereignis für Sie in der Nachkriegszeit?

Natürlich Brecht in Polen! In den 1950er Jahren erlaubte man ihm, nach Polen zu fahren. Der erste internationale Besuch des Berliner Ensembles war im Jahr 1952. 1952! Mit ›*Mutter Courage und ihre Kinder*‹ und später mit ›*Der kaukasische Kreidekreis*‹ – das war ganz exzeptionell. Davon handelten auch meine ersten Publikationen.

Worin bestand das Eigenartige an ›Brecht in Polen‹?

Letztlich darin, dass da ein Theater kam, das im Kontext der damaligen Auffassung vom sozialistischen Realismus diese mit administrativen Mitteln durchgesetzte Moskauer Ästhetik umgehen konnte. Diese Brechtsche Vorliebe für die Sprache! Zum Beispiel: der un-auf-halt-same Auf-stieg des Ar-turo U-i. Unglaublich! Niemand spricht in Deutschland so. Wunderbar! All diese Zungenbrecher und wie die dann von der Bühne geworfen wurden. Leider war auch dies nur kurzlebig ...

Gab es zu der Zeit, in der Sie in Polen als Theaterkritiker arbeiteten, ein spezifisch polnisches Theater?

Natürlich. Die Avantgarde konnte man nicht spielen. Stanisław Witkiewicz war verboten, Witold Gombrowicz war verboten; aber die großen Klassiker, die Romantiker wurden gespielt: Mickiewicz, Juliusz Słowacki, Cyprian Kamil Norwid – endloses Bildungstheater, wie in Deutschland. Man dachte immer, dass sich Theater leichter gegenüber politischer Zensur durchsetzen kann als gedruckte Literatur. Zum Teil stimmt das auch, die Schauspieler konnten bei den Inszenierungen spielerisch auf die zensierten, gestrichenen Stellen hinweisen und die Zuschauer verstanden, dass da etwas fehlte.

„Vita longa, ars brevis." Andrzej Wirth, Puerto del Carmen, März 2014

Für Theater gab es immer Geld in den sozialistischen Ländern. Daher auch meine Interpretation von Jerzy Grotowski: Er war ein genialer Manager. In einem Land, wo er hätte viel Geld bekommen können, erbat er sich nur weniges. Und der Mäzen, der Staat, dachte: Was für ein Bub ist das, wie wichtig kann der sein, wenn er nur so wenig will? Auf diese Weise hat er sich im kleinen Opole die Freiheit gekauft, mit Schauspielern unkontrolliert arbeiten zu können. In Opole betrieb er seit 1959 einige Jahre lang das ›Theater der 13 Reihen‹ und ich war der erste Redakteur von ›*Nowa Kultura*‹, der polnischen ›*ZEIT*‹, der sich dorthin delegierte und sich das anschaute. Und ich kümmerte mich darum, dass westliche Kollegen dieses Theater sehen konnten.

Wie das?

Das Theater aus Opole konnte im Rahmen eines Kongresses nach Łódź kommen, dort sahen es auch westliche Kritiker und berichteten darüber.

Erinnern Sie sich auch an das Theater Józef Szajnas?

Ja. Gegenüber Szajna hatte ich aber eine sehr kritische Haltung.

Weil?

Ich fand seine Inszenierungen – damals, in ihren Anfängen – problematisch. Wir unterscheiden auf dem Theater ja gern zwischen Szenographie und Drama: In diesem Spannungsfeld hatten seine Arbeiten für mich eher einen plastischen Charakter. Seine Herkunft von der Bildenden Kunst war seine Stärke, aber zugleich auch seine Schwäche. Es gibt den schönen Satz eines polnischen Dramatikers aus dem 18. Jahrhundert: ›Wenn nur der Rahmen glänzt, dann wird sich das Drama schon selbst ausspielen.‹ Das war für mich Szajna. Man fragte sich immer, ob das, was man da auf der Bühne sah, notgedrungen so üppig sein musste. Zumindest bei seinen frühen Produktionen. Die späteren kannte ich nicht …

EMIGRATION

In dieser Zeit, Anfang der 1960er Jahre, waren Sie in Fachkreisen außerhalb Polens bereits recht bekannt. Sie hatten gute West-Kontakte, besonders zu deutschen Literaten und Akademikern; in Polen selbst galten Sie gemeinsam mit Jan Kott als einer der bedeutendsten Theaterkritiker ...

Ich hatte mich damals im Realsozialismus bereits von meiner eigentlich sehr bequemen Situation an der Akademie der Wissenschaften gelöst. Es war nicht der toll bezahlte Job – aber man war quasi unabhängig gewesen. Von dem Geld, das ich in Deutschland als Schreiber verdiente, hätte ich in Deutschland kaum leben können; nach Polen überwiesen machte es hingegen ein kleines Vermögen aus. Das war harte Valuta, im Vergleich zu diesem unbedeutenden Złoty. Hinsichtlich meiner Ausbildung war ich auch in Polen ein Spätstarter, ich hätte schon längst ernsthaft arbeiten können, kam aber erst nach dem so genannten Tauwetter zum Zuge.

1966 ging ich fort – eigentlich ohne die Intention, Polen zu verlassen. Aber nach der Niederschlagung des ›Prager Frühlings‹ in der Tschechoslowakei 1968 und angesichts der politischen Lage in Polen entschied ich mich, in den Vereinigten Staaten zu bleiben und wurde – ähnlich wie mein Vater – politischer Emigrant, obwohl ich mit Politik nichts am Hut hatte.

Wir möchten gerne mehr über Ihren Blick aus den Vereinigten Staaten erfahren, den Sie dann ab 1966 in Richtung Polen warfen. 1967 begann in Polen ja eine antisemitische Welle, Tausende verließen Polen. Was ist da passiert und wie sahen Sie das aus Amerika?

Das war die Reaktion auf den Krieg in Israel. Ich kann das aber nicht kompetent kommentieren, denn mein Interesse lag damals ganz woanders: Ich musste meinen amerikanischen Professor machen. Meine Landung in Amerika war ja total unvorbereitet. Ich hatte zwar schon einige internationale Kontakte, da ich in Polen halbwegs etabliert gewesen war. Einige Spezialisten kannten meine Promotion, die in ›*Sinn und Form*‹ erschienen war – eine Arbeit vor dem Strukturalismus, aber sehr wohl strukturalistisch. Die Situation in Polen hatte sich damals total verändert, nicht nur wegen des Antisemitismus. Ich bin kein Jude, aber die meisten meiner Freunde waren jüdisch, nur wusste man es gar nicht. Es waren oft polonisierte Juden, sie hatten ihre Namen geändert, um keine Probleme zu bekommen. Wir sahen damals vieles nicht.

Die Geschehnisse 1968 in Polen waren für uns absolut erstaunlich, zumal Tausende Polen während des Kriegs getötet worden waren, weil sie Juden geholfen hatten. Aber ich war wirklich mit ganz anderen Sachen beschäftigt: Wie kommt jemand ohne Planung, ohne Vorbereitung nach Amerika und wird trotzdem gleich Professor an einer großen Universität? Es war wie ein Wunder, dass es damals, während des Kalten Kriegs, Geld für solch seltene Vögel wie mich gab. Nicht für mich als Andrzej Wirth ...

... sondern als Pole, als Europäer?

Ja, man interessierte sich für mich, weil ich aus dem Osten kam. Plötzlich war ich dort gelandet – obwohl ich kein geübter Germanist war –, wurde Professor und musste gleich die deutsche Klassik lehren. Um Gottes Willen! In Polen hatte ich mich nicht zwingen können, Grillparzer zu lesen; doch dort musste ich ein Seminar halten über Grillparzer. Ich hatte dieses schöne Haus in den Blue Hills in Amherst, Massachusetts. Ein wunderbares New-England-House in dieser traditionsreichen Universitätsstadt. Die ganzen Nächte studierte ich, ich musste schnell alles aufnehmen. Oft las ich die Texte in der Nacht zuvor, bevor ich sie am nächsten Tag an die Studenten gab. Das war überhaupt nicht cool, sondern harte Arbeit ...

Wann wurde Ihnen klar, dass Sie in Amerika bleiben würden?

Als die polnischen Behörden meinen Pass konfiszierten. Die Beamten dieses Polizeistaats sagten mir, ich könne nur in eine Richtung zurück. Und ich wusste, dass ich alle Möglichkeiten in Polen verlieren würde ...

FAMILIE

Als wir für unser Buch auf Recherche-Reise in Warschau waren, suchten wir auch die ulica Piekarska auf und das Haus, in dem Sie einige Jahre gemeinsam mit Ihrer Frau Alicja, Ihrer Tochter Agata und Ihrer Mutter Irena wohnten. Hat sich dort seit damals viel verändert?

(Wir zeigen Fotos seiner ehemaligen Warschauer Wohnung)

Diese Tür verließ ich am 22. April 1966, ohne zu wissen, dass es für immer ist. Im Flur begegnete ich noch dem Hausmeister, der sehr nervös war und mir mitzuteilen versuchte, dass es gerade einen Einbruch beim Nachbarn gegeben hatte. Nun ja, es waren zugeteilte Wohnungen in der wieder aufgebauten Altstadt, schlanke und dennoch sehr begehrte Bürger-Wohnungen. Alicja, die ja Architektin war, baute unsere Wohnung aus. So wurde sie zu einer Art Installation und zu einem intellektuellen Salon. In der Piekarska konnte man eh die ganze literarische Szene Warschaus sehen.

Wie lernten Sie Alicja eigentlich kennen?

Noch zu Uni-Zeiten. Nach dem Krieg gab es solche Ferienlager, welche die Universität für die Studenten in den sogenannten wieder gewonnenen Gebieten organisierte – wir waren damals in der Nähe von Świnoujście. Alicja war die Freundin von Barbara Kotarbińska, der Nichte meines Lehrers Tadeusz Kotarbiński, die ich schon vorher kannte. Alicja Tomaszewska hatte eine grausame Geschichte; ich glaube, diese hat sie für ihr ganzes Leben gezeichnet. Als 17jähriges Mädchen wurde sie nach dem Warschauer Aufstand von ukrainischen Einheiten entführt und nach Deutschland deportiert. Sie sprach nie über ihre schrecklichen Erlebnisse. Sie erzählte nur, dass sie auch im KZ Ravensbrück war und in einer Munitionsfabrik arbeiten musste. Als die SS in den letzten Tagen die politischen Gefangenen Richtung Westen jagte, überlebte sie das und das Gute war, dass sie von den Amerikanern befreit wurde und nicht von den Russen.

Nach unserer Ehe hatte Alicja wieder geheiratet und lange Zeit als Bühnenbildnerin für Film und Fernsehen gearbeitet, unter anderem für das recht populäre ›*Kabarett der alten Herren*‹. Vor etwa zehn Jahren ist sie an Krebs gestorben, ich sah sie noch kurz vor ihrem Tod. Sie war eine unglaublich schöne Frau, auch im Alter, und dennoch hatte ich immer das Gefühl, als ich sie später sah, dass sie nie glücklich ausschaute. Es war immer so, als ob sie jemanden sah, den sie nicht erwartete oder erkannte und deshalb erschreckte.

Alicjas jüngere Schwester, Magdalena Zarachowicz lebt noch. Sie emigrierte 1956 als Künstlerin nach Paris und arbeitete als Restauratorin im Louvre. Zbigniew Metanomski, der Philosoph, Jude und spätere Revisionist – einer meiner früheren Mitschüler – war verliebt in sie, eine kleine Welt.

Wie hielten Sie Kontakt zu Ihrer Frau und Ihrer Tochter, als Sie 1966 in die Vereinigten Staaten gingen?

Nur über die Freunde. Kollegen, Professoren schmuggelten Briefe, ansonsten wurde ja alles zensiert. Ich wollte, dass meine Frau und meine Tochter für ein Jahr zu Besuch kommen, aber Alicja wollte nicht nach Amerika – es war naiv von mir das anzunehmen.

Wie alt war da Ihre Tochter?

Agata war damals acht. In der Volksrepublik Polen hat sie später Japanistik studiert und viel gelernt, denn in den kleinen, exotischen Fachbereichen gab es durchaus Momente von Freiheit, welche die Ideologie nicht anbeißen konnte. 1981, zu Kriegsrecht-Zeiten in Polen, besuchte mich Agata zum ersten Mal in Amerika. Sie wollte nicht in Amerika bleiben, sie hatte einen Freund in Polen. Ich wollte sie davon abhalten, nach Polen zurückzukehren und schickte ein Telegramm an ihre Mutter. Alicja antwortete: ›Nicht zurückkehren!‹ Das muss sehr schwer für sie gewesen sein, aber sie hatte die Situation in Polen vor Augen. Uns gelang es dann sogar noch über diverse politische Kontakte, Agatas damaligen Freund nach Amerika zu holen. Sie heirateten bei uns, in dem einzigen Haus, das ich jemals in meinem Leben gebaut habe. Agata, die nie nach Amerika wollte, sitzt nun als Vizepräsidentin von Bergdorf & Goodman in einem eigenen Büro in New York, mit Aussicht auf den Central Park und jeder Doorman weiß, wer sie ist. Agata, heute Agatha mit einem ›h‹, hat – für mich völlig unverständlich – ihr Interesse an Polen total verloren. Wenn ich sie besuche, sprechen wir Englisch, weil sie nicht Polnisch reden will. Es ist mir unerklärlich. Sie hat nichts Traumatisches in Polen erlebt, so viel ich weiß. Natürlich musste sie nach meiner Emigration Einschränkungen erleben; die Regierung erlaubte ihrer Mutter und ihr als Teenager fünf Jahre lang nicht, zu reisen – als politische Strafe für mein Verschwinden. Aber mit sechzehn Jahren durfte sie schon nach England fahren, ihren Großvater besuchen.

Andrzej Wirth, Puerto del Carmen, März 2014

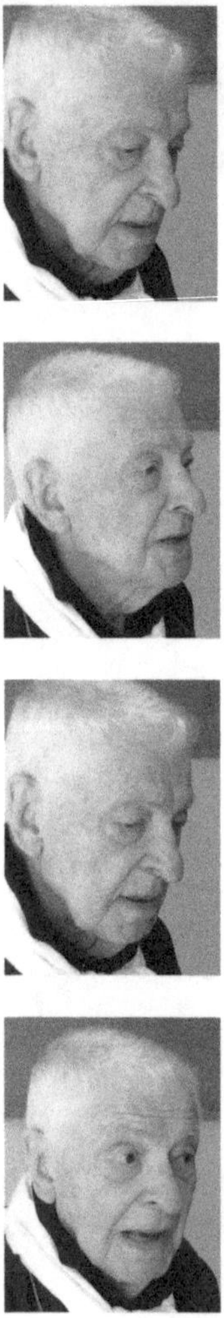

EUROPA

Wir haben es von Ihnen gelernt und Sie haben es von Brecht gelernt: In der dritten Person von sich selbst zu sprechen, wenn es ernst wird. Sie können mit so vielen verschiedenen Nationalitäten jonglieren, aber was heißt es für Sie, Pole zu sein und nicht mehr in Polen zu leben?

Sicherlich etwas anderes, als für meinen Vater zum Beispiel. Hier, auf dieser Insel, kommt mir eine sehr schöne Metapher in den Sinn: Der polnische Romantiker Mickiewicz dachte oft über den Verlust der Freiheit nach und sagte über das Volk: ›Das Volk ist wie Vulcano; von außen ist es nicht attraktiv, aber ihr müsst nach innen gehen. Das innere Feuer wird niemals gelöscht.‹ Zumindest so ungefähr ...

Also: Mein Vater war ein Pole ohne Wenn und Aber – ich nicht. Ich denke über mich als Europäer, nicht als Pole. Wobei solch ein Denken bei mir verspätet kam; vielleicht spätere Reife, anfangs war es nicht so. Aber immer schon hatte ich in Polen Bedenken diesbezüglich. Zum Beispiel konnte ich mir mich selbst lange Zeit nicht als einen Emigranten vorstellen. Emigrant war mein Vater. Und mein Onkel. Ich stamme ja aus einer politischen Familie, beiderseits. Mein Großvater mütterlicherseits war wegen des Januar-Aufstands 1863 nach Russland verbannt worden und meine Mutter wurde in Woronesch, also im eurasischen Teil Russlands geboren. Aber die Familie fühlte sich polnisch, sie wurde nicht russifiziert und bei der ersten Gelegenheit, der Revolution 1918, entkamen sie in den neu geschaffenen polnischen Staat und zurück zu ihrem zerstörten Landgut.

Es hat mich immer irritiert, dass die Polen sich nur als Opfer sahen. Immer schon drängte es mich weg von den Seitenstraßen – das war vielleicht ein antipolnisches Element in mir. Es gibt ein wunderbares Gedicht von Gustaw Herling-Grudziński über einen polnischen Intellektuellen.

(*rezitiert polnisch*) Das heißt in freier Übersetzung: „Auf der Seitenstraße, in der krummen Gasse, schreitet dieser polnische Heilige, gegen den Wind, mit dem Piano von Chopin auf dem Rücken." Ich wollte keine Seitenstraßen fahren; dieses Opfertum, diese Martyrologie irritierte mich.

Mit meinem dramatischen Leben in verschiedenen Ländern – England, Amerika, Frankreich, Italien, Australien, Deutschland – hatte ich Glück. Vom Standpunkt meiner Theater-Interessen aus war ich immer zur richtigen Zeit am richtigen Ort. Und alles war relativiert durch die Erfahrung von Europa. Mir fällt da gerade ein Dokumentarfilm von Stanisław Mucha ein, in dem er der kapitalen Frage nachgeht, wo denn das Zentrum Europas sei ...

... *Wir haben uns Muchas* ›Die Mitte‹ *als Vorbereitung unserer Polen-Fahrten angesehen: ein ausgesprochen komischer Reisebericht kreuz und quer durch Europa.*

... Dutzende Orte halten sich nach der Ost-Erweiterung der EU jeweils für den einzig wahren Mittelpunkt Europas. Jeder obskure Ort sagt: ›Hier ist die Mitte Europas! Hier unter diesem Busch!‹

Jetzt kommt ein neuer Film von Mucha in die Kinos, mit der Idee, alle Anlieger-Staaten des Schwarzen Meeres zu durchreisen. Er hat ewig gebraucht, die Reisedokumente von den ganzen Regierungen zu bekommen, und als er auf Reisen ging, waren die meisten Regierungen schon weg. Die Geschichten, die er erzählt, sind unglaublich. Zum Beispiel schaut er sich das Tschechow-Museum auf der Krim an und nach dem Besuch flüstert der Direktor: ›Wollen Sie nicht Tschechows Lederjacke kaufen?‹ Und Mucha sagt: ›Doch, aber Sie werden mich dann wahrscheinlich gleich denunzieren.‹

Unabhängig von der Frage nach seiner Mitte: Was bedeutet für Sie Europa?
In meinem Denken begann Europa erst eine Rolle zu spielen, als ich es verlassen hatte. Normalerweise nimmt man die Gegend, in der man geboren wurde, als ein natürliches Environment wahr. Wenn man in Europa lebt, reflektiert man nicht besonders über sich als Europäer. Ich hatte – auch wegen der dramatischen Geschichte Polens – eine recht rationelle Auffassung davon, was der Westen und was der Osten sei. Zum Beispiel: Bertolt Brecht konnte ein DDR-Kommunist sein, aber für Polen war er ein westlicher Kommunist; er war immer besser als irgendjemand aus der Sowjetunion.

Ich verstand erst in Amerika, dass ich ein Europäer bin, als ich – mit Faszination – den amerikanischen Raum auch als einen geschichtslosen erlebte. Vielleicht sind das die Phantasien der Europäer, aber als ich in San Francisco landete, im Marin County unterwegs war und Aussicht auf die Golden Gate Bridge hatte, dachte ich wie ein Psychopath, dies alles sei morgens aus dem Wasser aufgetaucht und werde morgen erneut auftauchen. Plötzlich erkannte ich Europa als alt. Ich war in einem Neuland gelandet, weiter konnte man nicht fliehen. Deshalb ging ich drei Jahre später auch nach New York. Es war schon erstaunlich damals, als sich die polnische ›Intelligenzija‹ im Exil an Amerikas Universitäten oder auf Partys traf: Jan Kott, Czesław Miłosz oder Leszek Kołakowski.

Ist Europa nur seine Geschichte oder eine jeweils individuelle Herkunft?

Das ist sicher eine Generationsfrage. Ich gehöre der Vergangenheit an, gewissermaßen. Sie müssen mich auch als ein Produkt meiner Zeit sehen, als eine der übertriebenen Deutungen des Nationalstaates, der in der polnischen Geschichte hysterisch generiert wurde – alles Elemente für ein verspätetes Bewusstsein für Gemeinsamkeiten. Ich glaube, die Generation meines Vaters würde mit Europa das Gefühl verbinden, schon wieder geschluckt worden zu sein von etwas Größerem als dem Nationalstaat. Ich hingegen beschreibe diesen irritierenden Nationalismus der Polen als ›Schuppen auf dem Gehirn‹.

Gleichzeitig gibt es diesen Ehrgeiz der Polen bezüglich der europäischen Idee. Diese disparaten Sachen koexistieren, man muss das dialektisch denken: Nationalismus einerseits, Internationalismus andererseits.

LEBEN IN BERLIN

Zu Zeiten von ›Solidarność‹ hielten Sie sich bereits in Deutschland auf. Wie nahmen Sie die Streikbewegung seinerzeit wahr?

Kaum, muss ich sagen. Ich hatte andere Prioritäten, ein anderes Leben. Ich war gerade deutscher Professor geworden und musste gleich etwas liefern. Meine Sympathien waren natürlich bei dieser Bewegung. Engagierter aber waren da meine akademischen und politisch artikulierteren polnischen Freunde: Sogar in Gießen gab es solidarische Aktionen. Ich sage das ohne Scham: Man kann nicht auf allen Feldern spielen.

Eine Frage an den Wahl-Berliner: In Berlin leben 100.000 Polinnen und Polen. Gibt es in Berlin eine polnische ›community‹, bekommen Sie eine solche mit?

Nein. Aber ich frage mich das auch. Es gibt nicht mal ein gutes polnisches Restaurant in Berlin, kaum polnische Läden. Mir fällt nur ›Rogacki‹ ein, der Fischladen in der Wilmersdorfer Straße – beeindruckend, wirklich Weltniveau. Ansonsten …

„In die Europäische Union, aber nicht mit nackten Ärschen.“ Auf der Suche nach Europas Mitte in Suchowola, Kutno, Piątek und anderswo. Ein Film von Stanisław Mucha, 2004

... eine polnische Buchhandlung in Neukölln. Gibt es für Sie in Berlin einen Lieblingsort?

Das Charlottenburger Schloss, das ich von meiner früheren Wohnung aus fotografierte.

Würden Sie gerne zurück nach Polen gehen?

Ich habe nicht mehr so viele Möglichkeiten und fühle mich wohl in Berlin, auch wenn es eine Erfahrung in dieser Stadt gibt, die mich etwas beunruhigt: Wo bleiben die emotionalen Spuren der Vergangenheit? Was nicht bedeutet, dass ich für Ressentiments plädiere ...

POLEN-BESUCHE

Waren Sie in den letzten Jahren des Öfteren in Polen?

Ja. Meist besuche ich mittlerweile die Kinder meiner Freunde.

Gingen Sie dort ins Theater?

Ich bin kein Experte für das polnische Theater der Gegenwart, meine Zeit war die eines Jerzy Grotowski, eines Tadeusz Kantor, da liegt meine Expertise. Theater ist so kurzlebig. Einiges Neues habe ich aber gesehen, in Deutschland ...

... ›(A)pollonia‹ *von Krzysztof Warlikowski?*

Ja. Ich fand es nicht sehr originell. Zu eklektisch.

Haben Sie das Museum des Warschauer Aufstands besucht?

Ja. Und ich bin sehr kritisch, was den Warschauer Aufstand anbelangt. Er war eine Misere, welche die Polen selbst auf sich zogen. Die Leute, die im Westen kämpften, wie mein Vater und mein Onkel, kritisierten dieses Geschehen. General Władysław Anders sagte, als er vom Beginn des Aufstands erfuhr: ›Das ist ein Verbrechen der Polen gegen die Polen.‹ Für militärische Experten wie ihn war klar, dass es unmöglich ist, in einem besetzten Land einen Aufstand gegen eine organisierte Armee zu führen. Zumal Polen damals die größte Partisanen-Armee in Europa hatte und vielerlei Sabotage möglich war, aber nicht eine solche Aktion in einer Großstadt.

Es ist eines der erfolgreichsten Museen ...

... Für mich ist es obszön. Auch dieses Denkmal mit einem Kind, das einen Helm trägt. Reine Pornographie – im Sinne von Gombrowicz' Roman ›*Pornografia*‹, der auf das absurde Spiel älterer Herren mit Kindern zielt.

Bald werde ich wieder in Warschau sein, wenn meine gesprochene Autobiographie ›*Flucht nach vorn*‹ in polnischer Lizenzausgabe erscheint und das Buch Ende April am Institut für Theatergeschichte vorgestellt wird. Etwas länger war ich 2011 wegen der Filmarbeiten zu ›*Theater ohne Publikum*‹ von Pawel Kocambasi in Polen unterwegs. Die Filmleute brachten mich dorthin, wo heute die Westukraine beginnt, dorthin, wo ich geboren bin …

Am Bug, unweit von Włodawa

… nach Włodawa?

Ja, aber auch an den Ort des Landguts, das der Familie meiner Mutter gehörte. Ein Dorf in Europa mit drei Staatsgrenzen: der polnischen, der weißrussischen und der westukrainischen. Vor dem Zweiten Weltkrieg Zentralpolen, lange Zeit ein Niemandsland, die friedliche Grenze der Sowjetunion, heute die östliche Außengrenze der EU. Neue Flora, neue Fauna, ein Nationalpark – was bestimmt nicht das Schlechteste ist.

Der Film folgt Ihren Spuren?

Ja, der Film handelt von mir. Ich spiele mich selbst.

„ALLES AN MIR IST EUROPÄISCH."

Stichworte zum kritischen Theater aus Polen und zur Politik in Europa mit dem Regisseur Krzysztof Warlikowski. Das geht in schnellen Sprüngen von schwulen Pfadfindern als Schullektüre über eine Kirche in Panik bis zu Barrosos Illusionstheater in Brüssel.

Krzysztof Warlikowski, 1962 in Szczecin geboren, studierte Geschichte und Philosophie an der Jagiellonen-Universität in Kraków sowie Theatergeschichte an der Ecole Pratique des Hautes Études in Paris und nach seiner Rückkehr nach Polen 1989 Theater-Regie an der Staatlichen Theaterhochschule in Kraków. Warlikowski inszeniert sowohl an polnischen Theatern als auch international, seine Inszenierungen werden regelmäßig auf den großen Theaterfestivals in ganz Europa gezeigt. 2008 erhielt er den ›Premio Europa‹ *für* ›Neue Realitäten‹ *im Theater.*

[Mittag des 9. März 2014. Ein zu kurzes Treffen im Restaurant ›Qchnia Artystyczna‹ *im südlich der Innenstadt gelegenen Schloss Ujazdowski. Unmittelbar nebenan, im Centrum Sztuki Współczesnej Zamek Ujazdowski, dem Zentrum für Zeitgenössische Kunst, fragt die amerikanische Künstlerin Martha Rosler in ihrer ersten Einzelausstellung in Polen* ›Guide for the Perplexed: How to Succeed in the New Poland‹ *eher verzweifelt nach polnischen Identitäten: Ambitionierte Kunstprojekte, die auf Partizipation der Besucher setzen und damit wachsen oder verkümmern. Wie manch anderer unserer Gesprächspartner stand auch Krzysztof Warlikowski nicht von Anbeginn auf* ›*unserer Liste*‹. *Doch schon unsere ersten Gesprächspartner kommen immer wieder auf seine Inszenierung* ›(A)pollonia‹ *zu sprechen, seine aufwändige Auseinandersetzung mit Polens Geschichte als Opfer Europas. Mit seinem Theater-Ereignis sorgt Warlikowski auch noch im sechsten Jahr nach der Premiere über die Landesgrenzen hinaus für kontroverse Diskussionen. Über fünf Stunden dekonstruiert er Mythen um Menschenopfer, Selbstaufopferung und Katharsis – nach Texten von Aischylos, Euripides, Hanna Krall, J. M. Coetzee, Jonathan Littell oder Rabindranath Tagore. Seine Medien sind die großen Frauenopfer des europäischen Theaters, Iphigenie, Alkestis usw. und die Geschichte der*

Guide for the Perplexed. Warschau, März 2014

Apolonia Machczyńska – dokumentiert von Hanna Krall – die im Krieg Juden versteckt, durch eine Jüdin denunziert und von den Deutschen zum Tode verurteilt wird.

Wir sprechen mit Krzysztof Warlikowski – der unsere Übersetzerin unterfordert, indem er konsequent beim direkten Kommunikationsmittel Englisch bleibt – über etwas, das wir selbst nicht gesehen haben: Die Inszenierung seiner ›(A)pollonia‹. *Doch vor dem Essen plaudern wir erst einmal über den Kontext unseres Vorhabens, über Herkünfte: Weimar …]*

In Weimar haben wir auch schon aufgeführt. 2006 spielten wir dort Hanoch Levins ›*Krum*‹ auf Nike Wagners Festival …

… dem Kunstfest Weimar, pèlerinages …

Wir wohnten in einem Hotel etwas außerhalb Weimars. Mit meinem Dramaturgen, der aus Ostdeutschland stammt, ging ich oft spazieren: durch die Wälder, von Dorf zu Dorf. Wir sahen viel Verlassenes. Die Stadt selbst scheint sich nach der Vereinigung schnell verändert zu haben. Wir erlebten ein mehr oder weniger neues Weimar, aber es war nicht wirklich neu – es war ein eigenartiges Gefühl.

Wirkte Weimar zu museal?

Ich glaube, man kann in Weimar ganz besonders spüren, was Deutschland ist. Dieses besondere Verhältnis zur Vergangenheit. Man weiß nicht, welche Vergangenheit stärker ist: die vor dem Krieg oder die der DDR. Und dann kommt Nike Wagner nach Weimar, um dieser Stadt ein neues Image zu geben? Ich weiß nicht … *(sein Smartphone meldet sich und er telefoniert kurz)* Aber mit wem haben Sie in Polen gesprochen?

Mit recht vielen Menschen, vorhin zum Beispiel auf einem Stadtrundgang mit der Künstlerin und Soziologin Elżbieta Janicka …

NEUE SPRACHEN

Ah, Elżbieta Janicka. Sie hat dieses Buch ›*Festung Warschau*‹ geschrieben, eines der wichtigsten polnischen Bücher über Ghettos. Sie ist großartig! Elżbieta Janicka steht für eine Generation in Polen, die angefangen hat, anders zu denken. Ihr Buch war vor zwei Jahren der große Skandal. Es gibt so eine Art ›ranking‹ der skandalösesten Ereignisse im kulturellen Bereich: Dinge, die nicht passieren dürfen, die eine „Schande“ sind. Und sie war die „Schande“ von vor zwei Jahren, weil sie sehr objektiv antikirchlich agiert, indem sie zeigt, wie die Orte der Erinnerung an das Warschauer Ghetto seit 1945 von verschiedenen Regierungen zu verschiedenen Zwecken missbraucht worden sind.

Sie geht von einem hegemonialen kirchlichen und politischen Diskurs aus, in dem das jüdische Andenken immer wieder überdeckt, angeeignet wird ...

Durch Sprache werden die Dinge verdeckt oder hervorgebracht. Zum Beispiel das Massaker an den Juden in Jedwabne: Plötzlich redeten viele berühmte Historiker darüber und die Zeitungen waren voll davon. Da tauchte schlagartig ein Vergehen aus der Vergangenheit wieder auf. Was verschwiegen wurde, kehrte zurück. Da konnte man sehr gut erkennen, dass es die hegemoniale Sprache gibt. Mir fällt dies vor allem auf, wenn ich für längere Zeit nicht in Polen war und dann zurückkomme. Plötzlich sprechen alle nur – um ein anderes Beispiel zu nennen – über den Warschauer Aufstand. Und wir vergessen darüber, was sonst noch in Europa, in der Welt passiert. Nur dies eine ist noch wichtig.

Elżbieta Janicka gelang vor gut einem Jahr ja noch ein zweites Mal ein Einbruch in diesen hegemonialen Diskurs, als sie die heroische Lesart von Aleksander Kaminskis Tatsachen-Roman über den Untergrundkampf der polnischen Pfadfinder – ›*Wie Steine auf die Schanze*‹ – radikal infrage stellte. Über Jahrzehnte war dieses Buch aus dem Jahr 1943 über zwei nationale Helden des polnischen Widerstands wie eine Bibel behandelt worden. 2013 ging es dann plötzlich sechs Monate lang nur noch darum, dass Elżbieta Janicka und andere Leute diese Helden als homosexuell bezeichneten. Dieses ›heilige Buch‹ über die Rettung eines jungen Mannes aus der Haft der deutschen Besatzer – diese Generationen übergreifende Pflichtlektüre an allen polnischen Schulen – soll statt einer großen Widerstandsaktion nur eine schwule Liebesgeste schildern?! Ein Mann war in einen anderen Mann verliebt? Damit kommen viele nicht klar.

Hat Ihre Theaterarbeit die gleiche Zielrichtung wie Janickas Arbeit an der Sprache?

Ja, diese Arbeiten korrespondieren sicherlich. Aber ob sie den hegemonialen Diskurs ändern ... ich weiß es nicht. Nach wie vor gibt es Schulen in Warschau, die die Namen von Rechtsextremen und Antisemiten tragen. Mehr denn je lassen Geschichtslehrer den Warschauer Aufstand nachspielen, indem sie 16-, 17Jährige Schüler verkleidet und unter Waffen auf die Straße schicken. Dass er verloren ging und Tausende starben, spielt dabei keine Rolle. Um mich darüber lustig zu machen, habe ich mich einmal in einer Anzeige als einen homosexuellen Schauspieler ausgegeben, der den Schülern besonders gut beibringen könne, wie sie die Helden des Aufstands möglichst originalgetreu darstellen.

Wie war die Reaktion?

Man erklärte mir, ich sei krank.

Diese reenactments, also das Nachspielen von Geschichte scheint in Polen groß in Mode zu sein. Steht dies in einer besonderen Tradition des polnischen Theaters?

Nein! Das hat mit polnischem Theater nichts zu tun. Es geht dabei um die Verklärung der polnischen Geschichte, wie wir sie leider sehr oft erleben – in diesem Fall also um die Romantisierung eines verlorenen Aufstands.

THEATER-TRADITIONEN

Gibt es aus Ihrer Sicht überhaupt so etwas wie ein ›polnisches Theater‹?

Das 20. Jahrhundert wird ja als das goldene Zeitalter des Theaters in Polen angesehen. Ich denke aber, das polnische Theater wurde vor allem nach dem Zweiten Weltkrieg extrem wichtig. Mit Tadeusz Kantor und Jerzy Grotowski zum Beispiel. Viele Regisseure engagierten sich damals politisch. Es war ähnlich wie beim DDR-Theater. Man durfte über bestimmte Sachen nicht reden oder schreiben, aber im Theater konnte man auf Vieles künstlerisch anspielen – Allusion im Theater. Theatersprache wurde zum Instrument des Widerstands. So wie die Literatur, nur konnte diese leichter zensiert oder der Druck ganz gestoppt werden. Aber natürlich gab es so etwas auch im Theater: Die kommunistischen Kulturfunktionäre ließen die eine oder andere Szene zensieren oder Aufführungen absetzen – wie zum Beispiel Mickiewicz' ›*Totenfeier*‹ von Kazimierz Dejmek. Diese Inszenierung anlässlich des 50. Jahrestags der Oktober-Revolution versetzte das Publikum in eine derart romantische Unabhängigkeits-Stimmung, dass das Stück nicht mehr gespielt werden durfte. Die Proteste gegen diese Absetzung der ›*Totenfeier*‹ mündeten 1968 in den März-Unruhen, also den studentischen Demonstrationen und Streiks. Von konservativen Kreisen innerhalb der Partei wurden sie ihrerseits für Provokationen genutzt, die in antiintellektueller und antisemitischer Hetze endeten. Dejmek, der Regisseur, wurde 1968 entlassen und in die Provinz geschickt.

Erinnern Sie sich an das Theater Józef Szajnas?

In den 1980er Jahren habe ich noch Inszenierungen von ihm gesehen. Sie wissen, er war in Auschwitz ...

... und in Buchenwald.

Er steht für die 1960er, 1970er Jahre – als eine unabhängige Sprache, aber aus einer anderen Zeit. Heute ist sein Theater so archaisch wie Kantors: grundlegend, aber alt. Das Theater ist kurzlebig, es lebt nicht so lange wie die Malerei oder Musik. Für das Archiv aber, für das Theater-Gedächtnis ist Szajna sehr interessant.

Für mich ist übrigens der Regisseur Konrad Swinarski sehr wichtig, dessen Krakauer Inszenierung der ›*Totenfeier*‹ von 1973 legendär ist. Mitte der

1950er Jahre war er nach Deutschland gegangen und assistierte dort bis zu dessen Tod Bertolt Brecht. Er selbst kam 1975 – auf dem Weg zu einem Festival – bei einem Flugzeug-Unglück in der Nähe von Damaskus ums Leben.

Sehen Sie sich in der Tradition Swinarskis?

Es sind eher zwei jüngere Traditionen, in denen ich mich sehe. Um 2000 stand ich dem Teatr Rozmaitości, also dem heutigen TR Warszawa sehr nahe. Als ich mit meinem Ensemble dann das Neue Theater gründete – das Nowy Teatr – bedeutete dies aber eine Abwendung vom vordergründig politischen Theater; wir wollten nichts mehr mit schweren politischen Themen zu tun haben. Uns war wichtig zu betonen, dass wir individuell und europäisch sind und unsere eigenen Probleme haben. Fragen wie die nach unserer sexuellen Identität zum Beispiel. Also sprachen wir über Homosexualität und andere Fragen, die das Theater bis dahin nicht thematisiert hatte. Selbst ›*(A)pollonia*‹ ist in seiner perversen Art des Denkens ja nicht konkret politisch.

Inwiefern pervers?

Weil das Stück die Geschichte einer polnischen Heldin erzählt – einer Frau, die versucht, jüdische Kinder zu verstecken – dies aber völlig unheroisch. Sie verliebt sich in einen deutschen Soldaten, während ihr Mann als Widerstandskämpfer im Wald lebt. Dieser Deutsche will sie retten, doch sie wird denunziert und verhaftet. Beim Verhör wird sie gefragt: ›Wer hat die Juden versteckt?‹ Sie antwortet: ›Nur ich. Niemand sonst wusste davon.‹ Sie wusste, dass dies die Todesstrafe bedeutete. Der Verhörende schlägt ihrem Vater sogar noch einen Deal vor, um sie zu retten: ›Schau mal, wenn du mir sagst, dass du die Juden versteckt hast, wirst nur du sterben, aber deine Tochter wird überleben.‹ Doch der Vater reagiert nicht, also werden sie alle getötet.

Skandalös an ›*(A)pollonia*‹ war, dass wir unseren polnischen Opfermythos, nach dem die Eltern für ihre Kinder jederzeit ihr Leben geben müssen, ins Gegenteil verkehrt haben. Über so etwas darf man nicht öffentlich sprechen: Es erschüttert das ganze polnische Denken, den polnischen Glauben, das Vertrauen in die polnische Geschichte.

Dabei wollte ich mit meinem Stück eigentlich nur zu verstehen geben, dass unsere Vorfahren keine Helden waren. Selbst wenn sie Juden versteckt haben, waren sie keine Helden. Das ist alles. Das Perverseste, was sich in ›*(A)pollonia*‹ auf der Bühne abspielt, ist vielleicht die Zeremonie, bei der diese Frau nachträglich als ›Gerechte unter den Völkern‹ geehrt wird. Ihr Sohn soll zu diesem Anlass eine Rede halten, liest stattdessen aber ein Gedicht, in dem er seine Mutter beschimpft: ›Du hast einen anderen gewählt. Du hast deinen Sohn abgelehnt, weil du in jemanden verliebt warst.‹ Das wurde mir sehr übel genommen ...

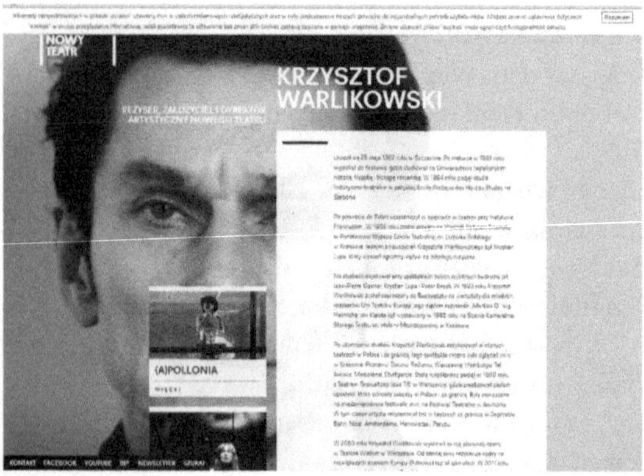

www.nowyteatr.org/pl

Das Stück lief ja in mehreren europäischen Ländern. Gab es Unterschiede in der Rezeption von ›(A)pollonia*‹ in Frankreich, in Polen, in Deutschland?*

Zuerst lief es 2009 auf den Wiener Festwochen. Schon nach dem ersten Monolog – nach Jonathan Littells ›*Die Wohlgesinnten*‹ – hatte ein Drittel des österreichischen Publikums den Raum verlassen. Bei dem anschließenden Publikumsgespräch, bei dem auch die lustige deutsche Theaterkritikerin Renate Klett anwesend war, gab es dann fast nur polnische Gäste.

In Berlin war es eher langweilig. Berlin hat ein Problem mit dem Osten, es schaut viel zu sehr nach dem Westen, nach Frankreich. Wir hatten einige Aufführungen in Berlin, aber die Stadt tut sich – im Gegensatz zu Paris – schwer als Forum für internationale Künstler. Das Publikum ist lokaler, es passt sich an sein Theater an und passt auf es auf. Die Zuschauer und die Schauspieler bleiben eher unter sich. Vielleicht ist Berlin als ›gemischte‹ Hauptstadt auch noch zu jung. Ein anderes Problem ist, dass fremdsprachiges Theater lange Zeit kaum geklappt hat. Das Publikum hat sich erst an das Lesen von Übertiteln im Theater gewöhnen müssen. Manche Theater kommen ja ohne Worte aus, aber mein Theater braucht Worte, Worte, Worte! Wir haben in Berlin und in Paris viel ausprobiert, am HAU zum Beispiel, dem Theater Hebbel am Ufer, mit Matthias Lilienthal. Eine außergewöhnliche Arbeit war ›*Un tramway*‹, eine Neufassung von Tennessee Williams' ›*Endstation Sehnsucht*‹ mit Isabelle Huppert und Renate Jett in den Hauptrollen. Generell scheint mir das deutsche Stadttheater eine riesige Maschinerie aus Nachkriegszeiten zu sein, die auf ihr altes Stammpublikum setzt und dabei zusehends ihr junges Publikum verliert. Im Osten Deutschlands mag dies etwas anders sein …

Wie steht es damit in Frankreich?

Meine Karriere begann zum großen Teil in Frankreich. Gerard Mortier, der Intendant der Pariser Oper, der gestern gestorben ist, hatte mich 2008 für eine ›*Parsifal*‹-Inszenierung eingeladen. Aber schon Jahre zuvor war ich mit einer Gruppe von Regisseuren aus Osteuropa – aus Litauen, Ungarn, Polen, Rumänien – in Frankreich gewesen. Als die Grenzen geöffnet wurden, waren Theaterleute aus dem Westen in den Osten gefahren, mit dem Auftrag, zu schauen, was das Theater dort so mache. Ich brauchte dann wieder ein paar Jahre – bis zum Festival von Avignon 1999 – um zurückzukommen: dieses Mal aber als ich selbst und nicht mehr als Teil des Ostens.

Waren Sie nicht bereits vor der Grenzöffnung in Frankreich gewesen?
Ja, aber das hatte nichts mit dem Theater zu tun. Ich war 21, hatte Polen verlassen und wollte nie wieder zurückkommen. Doch dann entschied ich mich, Regisseur zu werden und ging doch nach Polen zurück.

Der Krakauer Theaterwissenschaftler Dariusz Kosiński, der auch in Deutschland eine große Rolle spielt, schreibt über Ihr Theater: „Gekennzeichnet von Trauma und Melancholie sucht Warlikowskis Theater das paradoxe Zuhausesein in der Entwurzelung." Können Sie mit dieser Einschätzung etwas anfangen?
Wissen Sie, offenbar war für das europäische Theater eine Stimme von außen, aus ›dem Osten‹ wichtig. Ich kam und war rational; ich sprach in einer kartesianischen Redeweise ganz klar und offen über die Dinge. Im Westen brauchte man solche Leute aus dem Osten, die mit einer Sprache sprachen, die man im Westen verstand. Während des europäischen Einigungsprozesses wurden meine Shows zu einer Art von Eintrittskarte für all diese Einigungs-Festivals. Sie funktionierten sogar als Ticket in die Politik, selbst wenn man dort gegen mich war. Besonders deutlich wurde das 2004, als Polen in die EU aufgenommen wurde. Ich hatte damals gerade das jüdische Drama ›*Der Dybbuk*‹ von Salomon An-Ski mit dem TR inszeniert – auf Jiddisch und Polnisch. Viele Polen waren zur Einigungsfeier nach Paris gekommen und fragten: ›Was soll das? Was ist das für ein Stück? Wir treten Europa bei und ihr zeigt uns ein jüdisches Theaterstück?! Du hast kein Recht, ein jüdisches Theaterstück zu zeigen. Du bist polnisch, das ist nicht deine Tradition.‹ Das war 2004 in Paris!

Wie haben Sie darauf reagiert?
Ich sagte, dass kaum noch jemand in dieser Tradition spielt und ich sie mir aneigne. In Frankreich wurde ich deswegen auch prompt als antisemitischer Regisseur abgestempelt.

Sie nutzen für Ihre Inszenierungen oft historische Themen, wie die Geschichte der Apolonia Machczyńska in ihrer Bearbeitung durch Hanna Krall. Welche Rolle spielen all diese Themen für Sie?
Meist brauche ich sie, um sehr konkret über Themen sprechen zu können, die mir wichtig sind. Wie zum Beispiel sexuelle Identität. Homosexualität war ja lange Zeit etwas, das nicht existierte. Man muss mit den Menschen darüber sprechen, man muss in einer neuen Weise darüber sprechen und den Leuten so die Chance geben, selbst zu spüren, wie sie über solche Themen denken. Zwischen der Kirche auf der einen Seite und dem Kommunismus auf der anderen war individuelles Denken außerhalb der Masse doch

kaum möglich gewesen. Und plötzlich fielen Kirche und Kommunismus ...

... die Kirche auch?

Die Kirche ist in Panik. Politiker, Populisten führen gemeinsam mit der Kirche einen politischen Kampf um die Macht. Dabei geht es vordergründig nicht mehr um links oder rechts. Das Verhältnis der politisch Linken und Rechten ist in Polen weniger klar als in anderen Ländern Europas. Bei polnischen Künstlern ist das anders, da gibt es viele Linke. Als ein Komponist aus unserem Team vor zehn Jahren an Aids starb, kamen 150 Warschauer Künstler zu seiner katholischen Beerdigung in die Kirche. In Warschau geht so etwas mittlerweile – aber woanders in Polen ...

ALLUSION UND ILLUSION

Was meinen Sie, wohin sich Polen in Europa weiter entwickelt?

Heute, mitten in der Krise Europas, gibt es nicht mehr den Glauben an eine Richtung, in die man gemeinsam geht. Vor zehn Jahren war das noch anders. Im Moment gehen wir nirgendwo hin.

Für mich persönlich ist dieses Europa als Institution eine große Enttäuschung. Deshalb versuche ich dem Brüsseler Modell mit meiner Arbeit etwas entgegen zu setzen. Die EU schränkt meine Freiheit ein. Sie produziert Roboter. Puppen wie José Manuel Barroso. Ich traf diese Leute in Brüssel und nahm an deren merkwürdigem work-in-progress-Zeug teil. Das sind Leute, die nichts mehr sind und nichts mehr bedeuten. Der eine spricht Griechisch, der andere Portugiesisch, alle irgendwie Englisch, aber sie verstehen einander längst nicht mehr: ein großes Illusionstheater. Marionetten! Ich habe mich selten so missverstanden, so vergewaltigt gefühlt, wie während des einzigen dieser sogenannten Arbeitsessen, an dem ich teilgenommen habe. Wir saßen an einem Tisch vor unseren Tellern. Hinter uns in Kabinen saßen die Dolmetscher vor ihren Tellern. Wir aßen hier, sie aßen dort. Und in dieser absurden Inszenierung versuchte Barroso zu den verschiedenen Nationen der EU zu sprechen. Das Ganze war von einem merkwürdigen Alarmismus geprägt, der eigentlich nur eins meinte, nämlich ›Rettet meinen Arsch!‹ Nur darum ging es: ›Kommt her aus ganz Europa, wir ma-

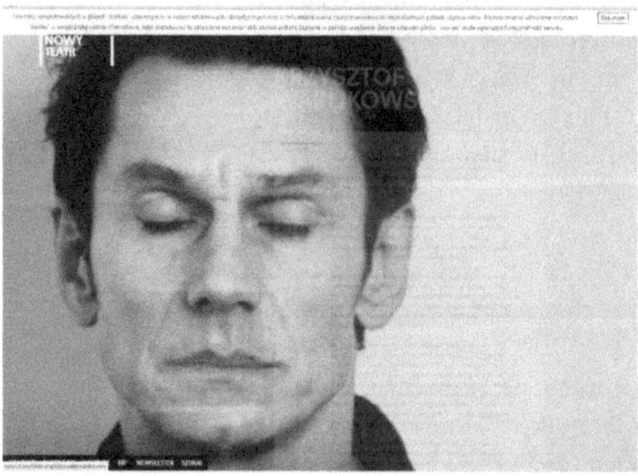

chen jetzt hier was ganz Großes und retten damit unseren eigenen Arsch.‹

Geht es bei dieser Art EU-Kulturpolitik noch um die ›Stimmen des Ostens‹, die sie vorhin in Bezug auf Ihre eigene Rolle so skeptisch beschrieben haben?

Nein, nicht mehr. So begann es. Inzwischen bin ich 52 und reflektiere mich als Künstler ganz anders. Es geht nicht mehr wie damals in Paris um dieses Gerede: ›A new star, a new star, go go go…‹ Ich habe mittlerweile zwanzig Jahre Theater-Erfahrung, obwohl ich ja recht spät damit anfing. Ich bin keine östliche Stimme mehr, ich gehöre genauso nach Paris wie nach Warschau, weil ich europäisch bin.

Polnische Plakatkunst, Warschau, 2009

Alles an mir ist europäisch. Und doch stehe ich eher am Rand des polnischen Theaters, auch wenn wir vom Ministerium gerade Geld bekommen, um das Nowy Teatr aufzubauen. Ich bin der Künstler, dem sie am meisten helfen. Ich baue eine neue Stätte, weit weg von meinen Anfängen, vom ›underground‹. Das Nowy Teatr wird ein eigenes Kulturzentrum: Das Ensemble spielt meine Inszenierungen und hat ein eigenes Repertoire. Künftig werde ich nur dort noch Stücke entwickeln – mit vielen Koproduzenten und mehr Zeit zur Reflektion für mich selbst. Ich brauche das. Ich kann nur ein Theaterstück gleichzeitig machen. Anders verhält es sich mit Opern, die ich seit einiger Zeit auch noch zwischendurch inszeniere. Zum Beispiel jetzt im Sommer in München, wo wir ›*Die Frau ohne Schatten*‹ von Richard Strauss aufführen, aber auch unser ›*Kabaret Warszawski*‹ als Gastspiel zeigen.

Und ›(A)pollonia‹ *ist vorbei?*

Nein. Sie kommt zurück. Im April hier in Warschau. Ich bräuchte mehr Zeit, um auf all Ihre Fragen antworten zu können, aber ich muss los, um Hanna Krall zu treffen – wir arbeiten gerade an einer neuen Adaption ...

DIE ›DRITTE GENERATION‹ ALS EUROPÄISCHE BEWEGUNG.

Katarzyna Wodarska-Ogidel: Erinnerungen einer Enkelin. Vom Träumen und Hellsehen in Ravensbrück, dem Bildgedächtnis ihres Sohnes und der Diskussion des historischen Wissens auf facebook.

Polens Geschichte in Stein und Neo-Art déco: Das Große Theater, Warschau, August 2013

Katarzyna Wodarska-Ogidel studierte Archäologie und Kunstgeschichte an der Universität Warschau. Seit 2006 ist sie Mitarbeiterin am Warschauer Theatermuseum.

[Vormittag des 21. August 2013. In den Büros des Theatermuseums des Teatr Wielki Warschau. Verkehr rauscht durch den Regen über den Theaterplatz. Grau ragt das klassizistische Monument eines alten Nationalstolzes ohne Nation aus dem Grau der Blumenkästen ringsum; die Quadriga über dem Säulenportal stürmt ins Nichts. Diese Architektur des Großen Theaters in Warschau erzählt die politische Geschichte Polens der vergangenen zweihundert Jahre: Erbaut in den 1830er Jahren im russischen Marionettenstaat ›Königreich Polen‹, zerstört in den ersten Kriegstagen September 1939, wieder aufgebaut als realsozialistisches Hauptstadt-Theater mit historischer Fassade in den 1950er, 1960er Jahren; in den Umbruchszeiten, 1986, brennt es erneut aus, um heute im verspiegelten Neo-Art déco unter riesigen Kronleuchtern den Versatzstücken einer Nachwende-Hauptstadt zu huldigen. Im Teatr Wielki hat das Nationaltheater seinen Sitz und die Nationaloper, hier arbeiten Polens berühmteste Darsteller. Im labyrinthischen Irgendwo seines Inneren aber erinnert sich das Große Theater träumend seiner selbst: Hier befindet sich das kleine Theatermuseum, in dessen verwinkelten Büros und Aufgängen Katarzyna Wodarska-Ogidel arbeitet. In ihrem Kabuff blinzelt uns William Shakespeare von oben herab in die Kaffeetassen, im Treppenhaus ruft unter blaubeflügelten

Putten eine rotweiße Laterne nach Marlene. Und Falstaff nimmt auf 3 mal 2 Metern Farbwollust Quicklys ›Reverenza!‹ entgegen. Requisiten, Requisiten!]

Katarzyna, bevor wir über Europa, über Buchenwald und Ihre Arbeit hier im Theatermuseum sprechen, würden wir gern etwas über Ihre Tätigkeit als Archäologin in Ägypten erfahren.

Ich habe 1997/98 bei einer spätantiken Ausgrabung in Alexandria mitgearbeitet, bin aber eigentlich Archäologin des Islams. Aber soweit liegen Antike und Islam hier nicht voneinander entfernt: Um die Schichten der Antike zu erreichen, mussten wir uns bei den Grabungen erst einmal durch die Schichten der islamischen Kulturen hindurch graben.

Wie kommt man als Archäologin des Islam in das Warschauer Theatermuseum?

Archäologin des Islam zu sein, ist nicht wirklich ein Beruf mit Zukunft. Inzwischen habe ich einen Sohn. Und da ich auch Kunstgeschichte studierte, fand ich dann hier meine Arbeit.

Haben Sie Lust, irgendwann wieder einmal zu dieser Art Archäologie zurück zu kehren?

Mit meinem Sohn besuche ich in den Ferien archäologische Orte in Europa und das ist seit einiger Zeit das Einzige, was ich im Zusammenhang mit Archäologie mache. Es ist einfach lange her, als ich bei Ausgrabungen aktiv dabei war und man muss immer in Kontakt, auf dem Laufenden bleiben, sonst ist man draußen.

EUROPAS KULTUR IM LAGER

Hier im Theatermuseum beschäftigen Sie sich nun unter anderem mit der Geschichte des Theaters in den Konzentrationslagern der Nazis.

Ich kam über Danuta Brzosko-Mędryk zu diesem Thema. Ihr Bruder hatte eine Ballettschule in der Schweiz und nach seinem Tod hat Frau Brzosko-Mędryk den Nachlass hierher ins Museum gebracht. Darüber hinaus brachte sie auch ihre eigenen Texte mit, Texte über ihre Haft in Majdanek und über das ›Radio Majdanek‹. Dadurch kamen wir auf die Idee, eine Ausstellung zu organisieren, die aber vor allem die Kriegsgefangenenlager betreffen sollte. Es ging uns darum, die Theater-Aktivitäten der polnischen Soldaten in Kriegsgefangenschaft aufzuarbeiten. 1939 waren ja alle polnischen Berufsgruppen zum Militär eingezogen worden, auch die Architekten, Künstler und Bühnenbildner. Das Theater in den Kriegsgefangenenlagern war deshalb sehr ambitioniert; als nationale Gruppe waren sie in Murnau,

Neubrandenburg, Woldenberg und all den anderen Kriegsgefangenenlagern aber eher isoliert. Erst Anfang der 1940er Jahre kam es zu einigen Kontakten mit belgischen und französischen Soldaten.

Kann man also sagen: Das Theaterspielen in den Lagern war zwar weit verbreitet, aber zumeist national organisiert?

In den Kriegsgefangenenlagern war das so. Die Soldaten waren in nationalen Einheiten untergebracht. In den Konzentrationslagern war diese Trennung nicht so stark. Wir wissen von Konzert-Reihen in Sachsenhausen oder in Buchenwald mit mehrsprachigen Programmen, die dann oft auch in mehreren Sprachen gleichzeitig aufgeführt wurden. Häufig traten Häftlinge aus verschiedenen Nationen auf und sangen in ihren Sprachen. Auf einem Programmblatt, das uns erhalten ist, sind die Stücke in mehreren Sprachen angekündigt – entsprechend den teilnehmenden Nationen. In den Kriegsgefangenenlagern gab es diese Internationalität zwar nicht, dafür aber fast Uni-ähnliche Strukturen. Die Soldaten hatten ja viel Zeit, da sie als Kriegsgefangene nicht arbeiten durften. So lernten sie beispielsweise Fremdsprachen; nach einiger Zeit wurden sogar Stücke in englischer Sprache aufgeführt. Wir wissen von Hunderten von Theater-Inszenierungen, die in den fünf Jahren der Kriegsgefangenschaft entstanden sind!

Haben Sie für diese ganz besondere Geschichte des europäischen Theaters einen eigenen Sammlungsbereich?

Nein, dies ist ja nur ein sehr kleiner Zweig unserer Aktivitäten.

Ein Kollege, Jens-Christian Wagner, hat vor kurzer Zeit eine Ausstellung mit Zeugnissen aus dem Konzentrationslager Holzen, einem Außenlager Buchenwalds, gemacht ...

... Ja, wir haben hier in unserer Sammlung auch Zeichnungen aus Holzen. Es handelt sich dabei um eine Art Lagerzeitung. Das hängt mit Fryderyk Jarosy zusammen, einem bekannten polnischen Schauspieler; eigentlich ein Ungar, der Polen zu seiner Wahlheimat gemacht und Polnisch gelernt hatte und in Polen ein bekannter Conférencier wurde. Er war auch in den literarischen Kabaretts der Vorkriegszeit tätig und wusste sehr gut Bescheid über die politische Situation damals. Die Zeitung war sehr anspruchsvoll, sowohl hinsichtlich der Zeichnungen als auch der Inhalte. Im Rahmen der Recherchen zu der Ausstellung bekamen wir Informationen über das Theaterstück ›*Die alte Garde*‹, ein 1946 von Mieczysław Lurczyński, einem ehemaligen KZ-Häftling und Kameraden von Jarosy in London verfasstes Stück. Vielleicht wird dieses Stück sogar neu aufgeführt. Bisher war es fast nur in London zu sehen, weil es dort eine rege Gemeinschaft von Überlebenden und viele Angehörige der polnischen Luftwaffe in England gab, darunter eben auch viele Schauspieler – insofern war das polnische Theater dort recht aktiv.

Häftlings-Nachrichten (Wiadomości Häftlingowskie) aus dem Buchenwalder Außenlager Holzen vom 11. November 1944: „Es gibt wahrhaftig keine Grenzen für die Lügen, Es gibt wahrhaftig keine Grenzen für die Heuchlei, Es gibt wahrhaftig keine Grenzen für die Rüpelhaftigkeit, Gemeinheit, Schummelei und Langeweile! Wir sollten aufhören, uns beim Gedanken an ein Schwert aufzubäumen, es ernst zu nehmen wäre eine Sünde. Lasst uns der Prahlerei mit Sarkasmus, Witz und Gelächter antworten!"

VOLKSWISSEN IM LAGER

Haben Sie auch persönliche Verbindungen zur Lager-Geschichte?

Meine Großmutter war drei Jahre lang in Ravensbrück und der Bruder meiner Urgroßmutter war einer der ersten Häftlinge in Auschwitz. Er starb sehr schnell dort, unter anderem, weil er als Kettenraucher sein Essen gegen Tabak eintauschte. Mit meiner Großmutter hingegen sind sehr viele Geschichten meines Lebens verknüpft.

Gehörte sie in Ravensbrück zu den politischen Gefangenen?

Ja. Sie hatte noch vor dem Krieg an einer militärischen Ausbildung teilgenommen und trat direkt bei Kriegsbeginn der Vorläuferorganisation des ›Bundes des bewaffneten Kampfes‹ ZWS bei ...

... also der Vorvorläufer-Organisation der Heimatarmee im Untergrund, der Armia Krajowa ...

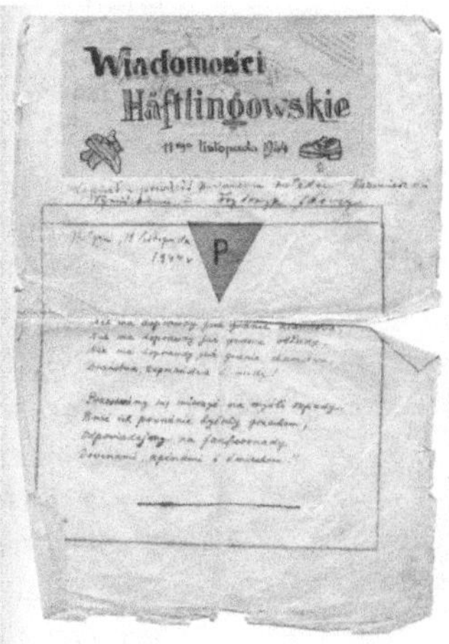

Ja. Sie hieß ›Dienst für den Sieg Polens‹, SZP, wurde schon im September 1939 gegründet und stand dem ›Bund der Soldaten‹ nahe, der an den schlesischen Aufständen nach dem Ersten Weltkrieg teilgenommen hatte. Der Bruder meiner Großmutter war einer dieser Aufständischen gewesen. Meine Großmutter wurde dann 1941 verhaftet und kam erst für sechs Monate in das Warschauer Pawiak-Gefängnis und dann nach Ravensbrück. Da war sie bereits vierzig Jahre alt und verheiratet, hatte aber keine Kinder.

Blieb sie im Hauptlager Ravensbrück oder wurde sie zur Zwangsarbeit in die Außenlager verschleppt?

Sie hat mir wenig davon erzählt. Meine Mutter wurde erst 1947 geboren; als ich klein war, war meine Großmutter also schon sehr alt. Sie gab mir eher erfahrungsgesättigte Ratschläge, zum Beispiel, dass man heiße Suppe essen müsse, weil es einem dadurch warm werde. Sie hat mir aber auch erzählt, dass sie Telefonistin war und auf der Schreibmaschine Texte für Aufseher und Kapos abtippen konnte; eine Art Extra-Aufgabe für sie, um mehr Brot zu bekommen. Außerdem arbeitete sie in einer Schneiderwerkstatt oder sammelte Kartoffeln.

Mich interessierten sehr ihre Geschichten über eine Gruppe von Frauen, die frei herum laufen durften, weil sie gar nicht vorhatten zu fliehen. Sie gehörten einer Glaubensrichtung an, die davon ausging, dass das Tor sich irgendwann von allein öffnen werde. Für viele Frauen im Lager hatten sie magische Kräfte; sie waren eine Art von Hellseherinnen. Zum Beispiel sagten sie voraus, dass einige Häftlinge bald über einen großen See in ein anderes Land – in die Freiheit – ziehen würden. Das bewahrheitete sich dann insofern, als es in Ravensbrück Frauen gab, die nach der Befreiung des Lagers nach Schweden evakuiert wurden. Auch meiner Großmutter wurde von ihnen wahrgesagt. Sie hatte vor dem Krieg keine Kinder bekommen können. Diese Hellseherinnen im Lager erklärten ihr nun, dass sie in ihrem Alter von über vierzig Jahren später noch Kinder bekommen werde. Und tatsächlich bekam sie direkt nach dem Krieg – nach zwei Fehlgeburten – eine Tochter: meine Mutter. Und das, obwohl sie sehr krank war. In Ravensbrück hatte es ja medizinische Experimente an Frauen gegeben; zum Beispiel bekamen die Frauen unterschiedliche Spritzen in die Gebärmutter, um die Fruchtbarkeit zu manipulieren.

... Sterilisationen ...

... ja. Meine Großmutter bekam damals auch diese Spritzen. Aber trotzdem brachte sie nach dem Krieg meine Mutter zur Welt: ein Triumph des Lebens über die Nazi-Medizin.

Ist das Hellsehen ein traditionelles Element in der polnischen Kultur?

Diese Geschichten von den Hellseherinnen hat meine Großmutter eher als spannende Anekdoten erzählt. Sie berichtete mir auch von einem Traum aus der Lagerzeit: dem Traum von einem Pferd, das frei auf einer Wiese umherläuft. Als sie befreit wurde, gehörte zu den ersten Dingen, die sie sah, dieses auf einer Wiese frei umherlaufende Pferd. Das waren die Geschichten, die meine Großmutter erzählte. Genau wie Danuta Brzosko-Mędryk betonte sie aber auch immer wieder, wie wichtig es in den Lagern war, über Literatur zu sprechen, sie zu zitieren und auf sie zu hören.

Ja. Das haben wir schon häufiger gehört. Von Stéphane Hessel zum Beispiel. Oder von François Le Lionnais.

Gerade fallen mir auch noch Geschichten meiner Großmutter über Russinnen ein, die auf ihrem Block Gedichte zitierten. Meine Großmutter hatte früh Russisch gelernt, aber da es die Sprache der Besatzer war, hatte sie sie gehasst. Im Lager aber öffnete sie sich aufs Neue für diese Sprache, weil sie dort als Dichtung auf sie zukam.

Erlauben Sie uns eine ganz persönliche Frage: Sie beschäftigen sich ja nun seit Jahren sowohl unter familiären Gesichtspunkten „als Enkelin" wie auch professionell als Historikerin mit dem Thema der Konzentrationslager und der Verfolgung durch die Nazis. Da kann es ja eigentlich nicht ausbleiben, dass sie träumen. Träumen Sie von den Lagern?

Nein, ich glaube nicht. Aber in der ersten Nacht im Gästehaus in Buchenwald fiel es mir schwer, einzuschlafen. Die Bilder der Lager arbeiten ganz bestimmt weiter in unserem gemeinsamen Gedächtnis. Letztes Wochenende war ich mit meinem Sohn an einer archäologischen Stätte in Biskupin, eine sehr alte Siedlung mit langen Häusern und einem Tor. Mein 12jähriger

Sohn, der bei einem Besuch der Gedenkstätte in Stutthof die Häuser nur von weitem gesehen hatte und eigentlich noch keine Erfahrung mit der Lager-Geschichte hat, sagte: ›Oh, hier sieht es aus wie in Stutthof.‹

Und in diesem Zusammenhang vielleicht auch noch ein kurzer Ausflug in das polnische Theater der Gegenwart, in dem Sie hier arbeiten: Gab es für Sie im polnischen Theater der letzten Jahre eine wichtige Inszenierung, die sich den Lager-Erfahrungen annahm?

Museum Stutthof, September 2010

In unserem Haus wurde kürzlich die Oper ›*Die Passagierin*‹ von Mieczysław Weinberg nach der Bregenzer Ur-Inszenierung von 2010 aufgeführt – Sie kennen vielleicht auch den gleichnamigen Film von Andrzej Munk von 1963 ...

... Wir werden auch noch mit Zofia Posmysz, der Autorin des Romans ›Die Passagierin‹, *der ja die Vorlage für den Film und die Oper geliefert hat, sprechen.*

Ich arbeitete bei diesem Projekt hier im Haus als Übersetzerin. Ich hatte viel mit einer Frau von der Berliner Komischen Oper zu tun, die auch oft für die Bregenzer Festspiele arbeitet. Sie hatte Die ›*Passagierin*‹ viele Male gesehen und war etwas übersättigt von diesem Stoff. Man konnte bei dieser Inszenierung den Gesang quasi wie aus den Lager-Blöcken hören. Da in den Blöcken ja auch wirklich gesungen wurde, passte die Form der Aufführung hier sehr gut zum Gehalt. Bei ›*(A)pollonia*‹ von Krzysztof Warlikowski, der hier in Warschau in den letzten Jahren für sehr viel Aufmerksamkeit gesorgt hat, bewegte mich merkwürdigerweise am meisten die Szene mit Maja Ostaszewska, als sie über den „Holocaust an den Tieren" sprach. Ich bin seit über zwanzig Jahren Vegetarierin; vielleicht berührt mich auch deshalb diese Szene enorm.

Rekonstruktion eines prähistorischen Dorfes, Freilichtmuseum Biskupin, Juli 2007

›(A)pollonia‹ *handelt ja von einer Frau, die im Krieg einen Juden rettete und dafür sterben musste – und dann der Monolog des Sohns, der später stellvertretend für sie eine Auszeichnung empfangen soll und sie in seiner Dankesrede des Verrats an ihm anklagt ...*

Bei mir spielte dabei stets die Frage des Verhältnisses der Juden zu den Palästinensern mit hinein: Dieser Widerspruch, dass die Menschen, die auf der einen Seite den Holocaust überlebten, auf der anderen Seite so gegenüber den Palästinensern handeln können, wie sie das eben in Israel tun. Vielleicht bewegt mich diese Frage der Palästinenser so sehr, weil ich zum Thema Islam gearbeitet und Freunde in diesen Ländern habe. Ich bin nicht damit einverstanden, was diesbezüglich in Israel passiert, auch wenn ich natürlich weiß, dass es dazu auch in Israel ganz unterschiedliche Meinungen gibt. Gerade für die ›Dritte Generation‹ nach dem Holocaust muss das ein Thema sein. Eine weitere Szene, die mich in ›*(A)pollonia*‹ sehr berührte, war die Erzählung von dem Kind im Keller, das quasi erwürgt wird, damit sein Weinen die anderen nicht in Gefahr bringt.

POLNISCHE FREIHEITEN

Kannten sich Danuta Brzosko-Mędryk und Ihre Großmutter aus Ravensbrück?

Nein. Danuta war eine junge Frau und sehr kurz in Ravensbrück. Meine Großmutter war damals ja eine ganze Generation älter. Danuta erinnerte sich aber an ein Ereignis in Ravensbrück, als es einmal nach dem Appell den Befehl zum Singen gab. Die Frauen sangen daraufhin das Lied ›*Unser Meer*‹, ein Lied, das vom polnischen Charakter Pommerns erzählt. Anfangs verstanden die Deutschen den Inhalt des Lieds nicht. Aber dann wurden sie darauf aufmerksam gemacht und die Singenden bekamen Probleme.

Wie hieß Ihre Großmutter?

Kamilla Dworak.

Wurden die Beziehungen, die unter den Lagerbedingungen entstanden – wie beispielsweise die Beziehung Ihrer Großmutter zu den Russinnen – nach 1945 weitergeführt?

Ich glaube nicht. Aber auf jeden Fall hat sich ihr Verhältnis zur russischen Sprache geändert. Von da an hat sie diese Sprache gemocht. Sie wuchs ja als Polin unter der sowjetischen Besatzung auf und hatte die Abneigung gegen die Besatzer von klein an mitbekommen. Mein Großvater hatte schon an der Revolution in den russisch besetzten Teilungsgebieten von 1905 teilgenommen. Anschließend wurde er von den Russen deportiert, wenn auch nicht weit weg von Warschau, weil er eine große Familie hatte.

Nach 1945 wurde die Haltung gegenüber der Sowjetunion natürlich nicht entspannter. Meine Großmutter kannte eine Menge Leute, die vor dem Zweiten Weltkrieg zur Armee gehört hatten und sie war, wie gesagt, im Krieg selbst Armee-Angehörige gewesen. Viele von ihnen bekamen direkt nach dem Krieg große Probleme mit der kommunistischen Regierung. Für meine Großmutter bedeutete die Rückkehr aus Ravensbrück nach Polen eine schreckliche Erfahrung. Sie war erschöpft, der Weg zurück nach Warschau war enorm beschwerlich, sie wurde unterwegs mehrfach bestohlen und hatte das Gefühl, dass man Menschen wie sie am liebsten an der nächsten Straßenlaterne aufgeknüpft hätte. Ständig wurde sie bedroht; auch wenn es letztlich keine Verhaftungen in meiner Familie gab; es wurde auch keiner vorher nach Katyn verschleppt oder ähnliches. Nur mein Großvater väterlicherseits wurde 1945 von den Sowjets nach Majdanek und von dort zur Zwangsarbeit verbracht; er konnte aber schon aus dem Zug fliehen.

Ihre Familie war demnach tief in der polnischen Freiheitsbewegung verwurzelt. Hatte diese Bewegung eine übernationale Komponente?

Meine Familie mütterlicherseits stammt von hier, aus Masowien. Väterlicherseits waren wir zum Teil deutsch: Die Familie kam im 19. Jahrhundert nach Łódź, um dort in den neuen Fabriken zu arbeiten. Die meisten trugen sich in die so genannte Volksliste ein, verstanden sich aber als Polen. Meine Urgroßmutter, die sehr gut Deutsch sprach, war in ein Sommerhaus nahe Warschau gezogen, nachdem ihr Haus in Łódź bei Kriegsbeginn zerstört worden war. Da kochte sie auch für die stationierten, deutschen Soldaten, die später, als die sowjetische Front heran rückte, meinen Großvater warnten, er solle sich verstecken.

Fragte man sich in Ihrer Familie eigentlich, wer in Europa während dieser 200jährigen polnischen Freiheitsbewegung wirklich zu Polen stand? Gab es zum Beispiel Hoffnung auf Frankreich? Und: Gab es nach dem Krieg wegen der Beschlüsse von Jalta 1944/45 böse Worte gegen Westeuropa?

Ich erinnere mich nur, dass meine Großmutter, als ich noch ein Kind war, Kontakte zur Sue Ryder-Stiftung der Baroness Margaret Susan Ryder in Großbritannien hatte. In den 1960er Jahren nahm sie in diesem Zusammenhang an einer Reise ehemaliger Auschwitz-Häftlinge nach England teil. Meine Mutter fuhr nach ihrem Abitur, 1968, ebenfalls nach Großbritannien und arbeitete dort für die Sue Ryder-Stiftung. Nach der Rückkehr war ihr das aber nicht mehr möglich, weil sie es ablehnte, die Sicherheitsdienste darüber zu informieren. Sie bekam dann jahrelang keinen Reisepass mehr, erst wieder Anfang der 1990er Jahre.

Alles in allem pflegte meine Großmutter keinen Hass gegenüber den Deutschen, sie wollte diesen Hass nicht in sich zulassen. Sie gab auch ihre Erlebnisse nicht an uns, ihre Familie, weiter. Sie bekam eine Entschädigung von einer Schweizer Organisation, weil sich damals unter anderem die Folgen der medizinischen Experimente in Ravensbrück zeigten: Verschiedene Infekte aktivierten sich nach dem Krieg bei ihr immer wieder, sie hatte verschiedene Geschwülste, ein Teil ihrer Brust wurde amputiert, sie hatte auch Probleme mit dem Herzen – alles Folgen der Haftzeit. Außerdem hatte sie Kontakt zur Maximilian-Kolbe-Stiftung. Über diese Stiftung führte sie lange einen Briefwechsel mit einem Ehepaar aus Deutschland. In den schwierigen Zeiten bekam sie Pakete aus Deutschland. Wir haben bis heute Fotos von diesen Leuten.

War Ihre Mutter an diesem Teil der Lebensgeschichte Ihrer Großmutter interessiert?

Eigentlich nicht. Sie ging zwar auch nach Großbritannien, aber eher, weil sich dadurch für sie die Möglichkeit ergab, Fremdsprachen zu lernen und sich der Welt zu öffnen. Vielleicht wusste meine Mutter damals mehr als ich über die Lagerzeit ihrer Mutter. Aber sie sprach nicht darüber.

EINE STIMME DER DRITTEN GENERATION

Es gibt in mehreren Gedenkstätten, auch in Buchenwald, die so genannte ›Dritte Generation‹, also Gruppen junger Menschen, die sich als Enkel zusammenfinden. Das sind jüngere Menschen in Ihrem Alter, die das Gedächtnis, dieses Wissen um Buchenwald weitertragen wollen. Gerade im Falle Buchenwalds scheinen sich diese Menschen als eine Art europäische Bewegung zu begreifen. Wie finden Sie sich in dieser Generation wieder?

Als ich jetzt, 2013, in Buchenwald an den Treffen zum Tag der Befreiung teilnahm, ging es ja vor allem um dieses Treffen der Dritten Generation. Dabei erlebte ich eine sehr lebendige Gruppe, die wie eine Einheit wirkte und in der es einen regen Austausch zwischen den nationalen Gruppen gab. Die Spanier zum Beispiel waren äußerst aktiv. Ich wusste bis dahin nicht allzu viel über die spanischen Kommunisten im Zweiten Weltkrieg und über deren Zeit in den Lagern Mauthausen oder Groß-Rosen. Alles in allem empfand ich dieses Treffen der ›Dritten Generation‹ als sehr gelungen.

Vielleicht war diese Zusammenkunft auch deshalb so angenehm, weil die Interaktionen unter den ehemaligen Häftlingen ja manchmal auch sehr merkwürdig sind. Zum Beispiel gibt es immer wieder Animositäten zwischen ehemaligen polnischen und jüdischen Häftlingen. Mir fiel auf, dass hier innerhalb der jungen Generation eigentlich keine Unterschiede mehr gemacht werden. Es waren auch Menschen aus Belarus mit dabei und zumindest das Gefühl war da, dass es unter uns keine Barrieren mehr gibt. Bei den Älteren ist das anders; da sind Unterschiede wichtig. So gab es viele Situationen, in denen einige Aussagen oder Handlungen sofort als antisemitisch interpretiert wurden. Zum Beispiel hörte ich davon, dass vor ein paar Jahren am Ort eines ehemaligen Außenlagers eine Tafel aufgestellt wurde, auf der man nur der jüdischen Häftlingsfrauen gedachte …

… Ja, das war in Meuselwitz.

Die polnischen Frauen waren empört, dass sie auf dieser Tafel nicht erwähnt werden. Die Jüdinnen stuften dies wiederum sofort als einen antisemitischen Impuls ein.

Sie beschreiben die ›Dritte Generation‹ als homogen. Aber könnte eine solche Auseinandersetzung, wie Sie sich hinsichtlich des Denkmals in dem Buchenwalder Außenlager ereignete, nicht genauso gut in Ihrer Gruppe stattfinden?

Wenn es um die Geschichte der ehemaligen Konzentrationslager geht, wird vor allem über den Holocaust, also die Juden, gesprochen. Meiner Meinung nach wird dadurch die Geschichte einer einzelnen Gruppe zu sehr in den Mittelpunkt gestellt. Innerhalb der ›Dritten Generation‹ aber hatte ich den Eindruck, dass wir dieses Problem so nicht hatten, weil wir alle etwas Gemeinsames schaffen wollen. Wir beschlossen beispielsweise, einen Newsletter mit Beiträgen aus allen Ländern heraus zu geben. Auseinandersetzungen gibt es hier eher zwischen den Generationen. Ein Beispiel: Eine junge Gedenkstätten-Mitarbeiterin, die auf facebook viele Texte über den Holocaust publiziert, hatte auf autobiographische Beiträge einer älteren Dame aus Israel reagiert, die als Kind in vielen Lagern inhaftiert war. Aufgrund ihrer Kenntnis von vielen Hundert persönlichen Berichten aus den Lagern korrigierte die junge Gedenkstätten-Mitarbeiterin einige Behauptungen. Die alte Dame griff sie daraufhin vehement an, weil sie ihre persönliche Erinnerung in Frage gestellt sah. Daraus entwickelte sich eine große Debatte auf facebook, ob es erlaubt ist, Faktenbehauptungen von ehemaligen Lager-Häftlingen in Frage zu stellen. Diese Erfahrung machen wir als ›Dritte Generation‹ immer wieder. Das Problem ist, dass wir zwar keine persönliche Lager-Geschichte vorweisen können, dass wir aber auf Grund unseres – sowohl persönlichen als auch professionellen – Interesses an dem Thema oft über mehr historisches Faktenwissen verfügen. So sind wir eine Art Synthese dieser Ereignisse und ihrer Nachgeschichte und gewinnen damit auch eine andere Perspektive auf die Vergangenheit.

Katarzyna Wodarska-Ogidel, Weimar, April 2014

Wie ging diese Debatte aus?

Diese junge Frau hat sich aus der Debatte zurückgezogen. Die ältere Frau mit ihren direkten Lager-Erfahrungen hatte einfach ihre eigene Wahrheit. Es war sinnlos, zu versuchen, sie aufzuklären.

Hatte diese junge Frau Ihrer Meinung nach das Recht, dieser persönlichen Erfahrung zu widersprechen?

Viele auf facebook meinten, dass sie kein Recht dazu habe, so etwas zu tun. Ich denke auch, man braucht so etwas nicht zu machen. Die, die Interesse an dem Thema haben, können sich ja anhand der Quellen ihre eigene Meinung bilden. Aber Menschen mit persönlichen Leidenserfahrungen umstimmen zu wollen, ist oft zwecklos. Trotzdem habe ich viel Sympathie für die junge Gedenkstätten-Mitarbeiterin, weil ich über ein ähnlich breites Wissen verfüge wie sie und mich gewissermaßen mit ihr identifiziere. Ich habe ja vor allem sehr viel über das kulturelle Leben in den Lagern gelesen. Im Sommer war ich in Stutthof, dort las ich verschiedene Zeugnisse, auch von jüdischen Häftlingen, die, als man sie ins Lager brachte, oft nur für die Vernichtung bestimmt waren – ein besonders tragisches Schicksal. Da gab es tatsächlich gar keinen Raum für Kultur mehr, obwohl man ja von Fällen weiß, wo Menschen noch in den Gaskammern religiöse Lieder sangen.

Welche Art von Wissen und welche Themen sollen durch die ›Dritte Generation‹ weitergetragen werden? Nicht zuletzt für ein künftiges Europa ...

Da kann ich eigentlich nur von den Problemen ausgehen, mit denen wir hier in Polen konfrontiert sind. Es bleibt für viele Menschen zutiefst verletzend, wenn in den amerikanischen Medien immer noch von den „polnischen Konzentrationslagern“ statt von den KZ der Deutschen in Polen die Rede ist. Diese Begrifflichkeit ist einfach daneben. Ein anderes Problem ist die Beschreibung der polnischen Untergrundarmee, also der ›Armia Krajowa‹, als eine ›antisemitische Gruppierung‹ – wie es zuletzt wieder durch die deutsche Serie *›Unsere Mütter, unsere Väter‹* geschehen ist. Diese Schilderung der Heimatarmee – in einem Land, wo den Juden viel geholfen wurde – finde ich höchst problematisch.

Aber hier gibt es in Polen vielleicht wirklich einen Generationsunterschied. Als Kind nahm ich die Juden nie als eine Sondergruppe wahr, es gab uns einfach alle zusammen als Teil der Gesellschaft. Die Unterteilung Juden/Nichtjuden kannte ich gar nicht. Frau Brzosko-Mędryk hingegen ist diese Unterscheidung immer sehr gegenwärtig. Wenn sie von einem Juden oder einer Jüdin erzählt, betont sie jedes Mal: Diese Person war jüdisch. Das hat aber keinen antisemitischen Beigeschmack bei ihr, sondern ist einfach nur ein Zeichen ihrer Wahrnehmung dieser Gesellschaft als einer zweigeteilten.

Soweit vielleicht zu meiner ›polnischen Antwort‹ auf Ihre Fragen. Wenn es hingegen um die Arbeit des Internationalen Buchenwald-Komitees geht, so würde ich mich freuen, wenn wir uns als ›Dritte Generation‹ eben jener Themen annehmen würden, welche auf die internationale Zusammenarbeit der Häftlinge in den Lagern verweist: zu zeigen, dass die Häftlinge damals gemeinsam etwas ertragen und aufgebaut haben.

Gab es Ihrer Kenntnis nach Unterschiede zwischen Männer- und Frauenlagern? Gab es unterschiedliche Formen des Überlebens, andere Strategien der Solidarität und des Widerstands?

Als ich neulich in Stutthof war und dort enorm viele, zumeist polnische Berichte las, zeigte sich in den Zeugnissen, dass die Arbeit, die die Männer und Frauen in Stutthof verrichten mussten, sehr unterschiedlich waren. Männer arbeiteten oft in der Küche, wodurch sie an zusätzliches Essen kamen; Frauen dagegen eher in der Waschküche, wo es die Möglichkeit gab, zusätzliche Kleidungsstücke zu ergattern. An geheimen Orten kam es dann zum Tausch dieser zusätzlichen Dinge.

Es ist auffällig, dass in den Außenlagern bei ähnlichen Arbeits- und Haftbedingungen weniger Frauen als Männer starben.

Meine Großmutter erzählte, dass sich die Frauen in Ravensbrück gegenseitig sehr stark unterstützten. Vor den Appellen streuten sie sich zum Beispiel, um durch die Selektionen zu kommen, gegenseitig Asche über die Haare, damit diese dunkler und die Frauen somit insgesamt jünger, gesünder aussahen.

Wie beurteilen Sie die Debatten um polnische Verbrechen an Juden im Umfeld der Shoah wie beispielsweise in Jedwabne oder Kielce – Debatten, die in Polen ja seit einiger Zeit immer wieder neu geführt werden?

Man muss sich dabei zumindest immer der Komplexität der Geschichte bewusst sein: Zum Beispiel der Tatsache, dass der Anteil der Juden beim sowjetischen Geheimdienst NKWD sehr hoch war. Auch die zionistische Bewegung vor dem Krieg spielt hier eine Rolle; ich weiß nicht, inwieweit das zutrifft, aber es heißt, dass Juden vor dem Krieg eine Art ›Judaea Polonia‹ gründen wollten.

Das Pogrom in Kielce könnte durchaus auch provoziert worden sein. Und die archäologischen Untersuchungen, die in Jedwabne vom Institut für Nationales Gedenken IPN durchgeführt wurden, waren sehr überstürzt. Insgesamt stehen wir hier vor einer sehr kontrovers diskutierten Frage. Die historische Antwort auf die Frage nach der Verantwortung für Kielce und Jedwabne liegt – diplomatisch gesagt – wahrscheinlich in der Mitte.

Nach meinem Kenntnisstand bezweifle ich dies eher. Aber noch einmal zurück zur Dritten Generation: Sehen Sie sich vielleicht auch als eine politische Lobby, die immer dann ihre gemeinsame Stimme erhebt, wenn es – wie zum Beispiel in Ungarn – zu antidemokratischen, gar faschistoiden Tendenzen kommt? Verstehen Sie sich als eine gemeinsame europäische Stimme, die hier ihr Gewicht in die Waagschale wirft?

In Buchenwald fiel mir auf, dass es dort bei den Gedenkfeiern viele Menschen gab, die sich zunehmend mit linken Bewegungen und Parteien identifizieren. Meiner Meinung nach sollten politische Fragen aber eher keine Rolle spielen. Ich bin selber nicht für die extreme Rechte, kann mich aber auch nicht mit den linken Bewegungen anfreunden. Überparteilichkeit wäre in diesen Dingen angebrachter.

AUSCHWITZ

Wann waren Sie zum letzten Mal in der Gedenkstätte Auschwitz?

Jahrelang wollte ich die Gedenkstätten gar nicht besuchen, aber einmal musste ich an einer Dienstreise nach Oświęcim teilnehmen, wo wir nach Bildern eines ehemaligen Auschwitz-Häftlings suchten. Er war Bühnenbildner gewesen und hatte wunderbare Sachen gezeichnet, die wir für eine Ausstellung brauchten. Als wir mit unseren Dienstgeschäften fertig waren, wollten alle in die Gedenkstätte und ich dachte mir: „O.K., dann bleibe ich doch nicht allein im Auto sitzen." Da war ich aber bereits über dreißig Jahre alt und besuchte eher wider Willen zum ersten Mal die Gedenkstätte Auschwitz...

Zu Schulzeiten nie?

Nein, nein.

Wie würden Sie die Botschaft der Gedenkstätte Auschwitz beschreiben?

Was mich dort erschüttert hat, waren die Fotos, zumeist die Fotos von Kindern. Über die Ausstellungskonzeption habe ich mir damals keine Gedanken gemacht. Das Stammlager Auschwitz sieht als Gedenkstätte ja recht eigenartig aus, weil das Lager seinerzeit in alten Kasernen untergebracht wurde. Die Gebäude selbst und das Grün rundherum machen keinen so schrecklichen Eindruck. Treblinka zu erleben soll viel erschütternder sein. In Auschwitz hingegen hat mich die Lektüre der Zeugnisse beeindruckt: Diese rohen, unredigierten Texte. Man wird innerlich so leer, wenn man das liest. Das kann man durch ein Buch oder Fotos nicht ersetzen. Wenn wir heute die Zeitzeugen treffen und mit ihnen sprechen, dann entsteht ja oft der Eindruck, dass wir es hier mit Menschen zu tun haben, die eine Lebenslust und Energie ausströmen, die wir bei vielen jüngeren Menschen nicht mehr antreffen. Auch die Zeitzeugen scheinen heute eine neue, lebenszugewandte Perspektive auf die eigenen Erlebnisse gewonnen zu haben – nur die frühen, schriftlichen Zeugnisse transportieren für mich immer noch ungebrochen den gleichen Schrecken.

EUROPA

Was bedeutet für Sie ganz persönlich Europa?

Für mich ist Europa vor allem ein gemeinsamer Ort – im Sinne einer historisch-kulturellen Einheit. Ich denke dabei nicht in politischen oder wirtschaftlichen Kategorien, sondern entsprechend meiner Ausbildung als Archäologin eher an die lange Geschichte der Siedlungsprozesse, die dieser Kontinent erlebt hat, aber auch an die Tradition des Mittelmeeres, die uns sehr präsent war und ist. Wir gründen in Europa doch weiterhin in der griechisch-römischen Antike – sowohl kulturell, als auch mit unseren Rechtssystemen. Das ist für mich viel mehr ›Europa‹ als die Europäische Union oder die Frage nach den politischen Grenzen. In diesem Sommer sah ich den Hadrianswall, das Ende des Römischen Reichs: Hier finden wir Europa. Für meinen Sohn verhält es sich noch mal etwas anderes, weil sein Vater in England lebt und er sehr viel reist. Auch ich komme mit ihm viel herum. Er sieht die Welt einfach anders: Für ihn ist sie von vornherein viel offener.

In zwei Jahren soll in Brüssel das Haus der Europäischen Geschichte eröffnet werden: Was muss da ausgestellt werden?

Oje, das ist schwierig ...

... Lieber ein Exponat aus der Zeit von vor 2000 Jahren oder eines aus der Zeitgeschichte?

Das ist wirklich schwer. Mein erster Gedanke war die Hanse; ja, vielleicht ein Exponat aus der Hansezeit. Europa im späten Mittelalter war so offen! Die Menschen in den Städten der Hanse waren viel beweglicher, man war sich auch kulturell, wissenschaftlich, wirtschaftlich viel näher als in der Antike. Vielleicht sollten wir daran erinnern, um die europäische Gemeinschaft zum Leben zu erwecken.

„MIR IST EIN DENKEN IN NATIONALITÄTEN TOTAL FREMD."

Agnieszka Lessmanns Hörspiele einer Zwischengeneration. Fragen über einen Weg von Polen über Israel nach Deutschland.

Agnieszka Lessmann, geboren 1964 in Łódź, aufgewachsen in Polen, Israel und Deutschland, lebt als freie Kulturjournalistin und Schriftstellerin in Bensberg bei Köln. Ihr Hörspiel ›Mörder‹ *war 2012 für den ›Hörspielpreis der Kriegsblinden‹ und den ›Prix Europa‹ nominiert.*

[Nachmittag des 30. April 2014. Im Dachgeschoss eines Hauses in Bensberg bei Köln. Blick auf ein Stück Wildnis, Elstern vor dem Fenster. Im Bücher-Regal Włodimierz Borodziejs ›*Geschichte Polens im 20. Jahrhundert*‹ neben Nechama Tecs ›*When light pierced the darkness. Christian rescue of jews in Nazi-occupied Poland*‹. Vorher, auf der Fahrt mit Bahn und Bus dorthin, unter Kopfhörern die Hörspiele ›*Mörder*‹ und ›*Grüne Grenze*‹ von Agnieszka Lessmann angehört – Hörspiele, die beide in Romanen weitergeführt wurden. Plakate mit „EU & Asyl. Wer betrügt, der fliegt!" der rechtsextremen Kleinpartei Pro NRW an fast jeder größeren Kreuzung.]

Ich habe Ihre beiden Hörspiele gerade noch einmal auf der Fahrt hierher gehört. Da gibt es den O-Ton der Figur Paula über „dieses merkwürdige Land, in dem ich geboren bin." Auch Sie selbst sind in „dem merkwürdigen Land" Polen geboren. Wann waren Sie denn zum letzten Mal dort?

1986.

Seither nicht mehr?

Ich hatte es des Öfteren vor, nach Polen zu reisen; es kam immer etwas dazwischen. Aber ich werde bald dorthin fahren.

Sie haben Familie dort?

Ich habe noch eine Tante und einen Cousin in Polen, eine Cousine lebt mittlerweile auch in Deutschland.

Wächst Ihre Neugier auf dieses Land?

Unbedingt. Ich habe natürlich auch hier in Nordrhein-Westfalen bei verschiedenen Gelegenheiten Polen kennengelernt. Durch die Gespräche mit ihnen haben sich meine Erwartungen noch gesteigert. Zum Beispiel traf ich beim deutsch-polnischen Filmfestival in Düsseldorf kürzlich viele Leute aus Polen und wurde da zunehmend neugierig.

Sie sprechen Polnisch?

Ich verstehe es gut. Wenn ich selber spreche, brauche ich ein paar Tage, bis ich wieder drin bin. Auch höre ich im Alltag oft Leute Polnisch sprechen.

IN DEUTSCHLAND

Hier in Bergisch Gladbach?

Ja, ganz oft. Als ich fünfzehn war, gab es bei einer Jugendfreizeit vier Jungs, die sich die ganze Zeit auf Polnisch unterhielten und keine Ahnung hatten, dass da noch jemand ihre Sprache verstand. Mit fünfzehn war das natürlich hochinteressant, was die Jungs so über die Mädchen sagen – ich habe das dann den Betroffenen auch immer schön weitererzählt.

Inwiefern spielt die polnische Einwanderer-Geschichte Nordrhein-Westfalens seit mehr als hundert Jahren auch für Sie persönlich noch eine Rolle? Wie polnisch ist Nordrhein-Westfalen?

Es gab als Kind die Mitschüler mit den polnischen Nachnamen, die aber selbst kein Polnisch mehr konnten. Heute höre ich in der Bahn oder im Supermarkt häufig Leute Polnisch sprechen. Dann gibt es natürlich das Polnische Kulturinstitut in Düsseldorf. Und leider gibt es auch immer noch die Vorurteile gegen Polen. Da reicht auch der Einsatz von Lukas Podolski und Miroslav Klose nicht, im Gegenteil: Es hat mich sehr getroffen, als ich bei der Geburtstagsparty eines sehr nahen Freundes einen seiner – stark angetrunkenen – Gäste hörte, wie er darüber schimpfte, dass es „Polacken" in der deutschen Nationalmannschaft gibt.

Spielt es für Ihre Kinder eine Rolle, dass Sie aus Polen stammen?

Für die Kinder hat es eine größere Bedeutung, dass wir Familie in Israel haben. Wir waren mittlerweile fünf Mal mit der ganzen Familie dort und alle fühlten sich sehr wohl, vor allem in Tel Aviv. Das ist fast schon ein bisschen wie eine zweite Heimat. Eine Cousine, die ich sehr mag, lebt dort. Unsere Kinder beschäftigen sich sehr mit der Holocaust-Geschichte unserer Familie. Mein Sohn, der jetzt siebzehn ist, war gerade drei Tage mit seiner Klasse in Krakau; vor allem, um Auschwitz zu besuchen. Das war enorm beeindruckend für ihn. Die Gruppe hat sich vorher wochenlang zwei-, dreimal die Woche getroffen. Und noch immer gibt es Nachbesprechungen. Von den etwa einhundert Schülerinnen und Schülern der 10. Klassen sind 45 mitgefahren. In der Abschluss-Klasse so etwas zu realisieren, bedeutet schon ein ordentliches Engagement. Die Schüler haben ein Video gemacht, um denen, die nicht mitgefahren sind, zu zeigen, was sie erlebt haben. Unser Sohn hat es uns vorgeführt. Ich fand das sehr rührend. Man sieht ihn und seine zwei Kumpels, die sich vor der Führung zu Wort melden: ›So, das hier ist das Stammlager und das werden wir uns jetzt ansehen. Danach reden wir über unsere Gefühle.‹ Anschließend sind sie erneut zu sehen: ›Nun sitzen wir hier und keiner macht mehr Scheiß; alle sind brav und ernst.‹ Da muss bei den 16-, 17Jährigen richtig was passiert sein, wenn keiner mehr spottet und herumalbert. Für ein Feature über unsere Familiengeschichte habe ich vor einiger Zeit meine Großtante interviewt, die in Tel Aviv lebte; sie ist in diesem Jahr gestorben. Sie war unter anderem ein paar Tage im Konzentrationslager Auschwitz, danach vor allem in Stutthof. Mein Sohn hat dieses Interview mit zu den Vorbereitungen seiner Klassenfahrt genommen. Aber auch bei meinen Töchtern ist das Interesse sehr groß, eine von beiden wollte noch vor zwei Jahren in die israelische Armee eintreten; zum Glück ist sie mittlerweile wieder von dieser Idee abgekommen.

In meinem Hörspiel ›*Grüne Grenze*‹ gibt es diese Konstellation ja auch: Die Mutter erzählt der jugendlichen Tochter ihre persönliche Holocaust-Historie. Ich merke immer wieder, dass es einen sehr großen Antrieb in mir gibt, diese Geschichten für die neuen, kommenden Generationen zu übersetzen: sie auf eine besondere Weise zu erzählen. Wir haben die Menschen, die davon betroffen waren, ja noch unmittelbar erlebt und sind zum Teil mit ihren Erzählungen aufgewachsen. Ich sehe uns deshalb als Zwischengeneration, mit der eigentümlichen Aufgabe, uns zu fragen: Wie vermitteln wir diese Geschichte weiter? Welchen Umgang haben wir mit ihr? Was erzählen wir? Und wie?

EINE JÜDISCHE FAMILIENGESCHICHTE AUS POLEN

Sie sind Angehörige der zweiten Generation ...

Ja, mein Vater war 1939 fünfzehn Jahre alt und lebte in Łódź. Der Plan, ein Ghetto in Łódź einzurichten, war damals ja erstmal geheim. Sein Vater aber, der Kontakte in der Stadtregierung hatte, wurde früh gewarnt und zog sich mit der Familie aufs Land zurück. Sie versteckten sich und flohen etwas später weiter nach Piotrków, wo sie verraten wurden und ins dortige Ghetto kamen. Mein Vater hat mir immer nur Bruchstücke davon erzählt. Zum Beispiel, dass er und sein Bruder auf versteckten Fahrrädern Fleisch von einem befreundeten Bauern ins Ghetto Piotrków schmuggelten. Erst später fand ich durch Anfragen – unter anderem in Buchenwald und beim Internationalen Roten Kreuz – mehr über meine Familiengeschichte heraus. Aus Dokumenten weiß ich, dass meine Großmutter 1943 beim Transport nach Auschwitz umgekommen ist.

Finden wir sie in Ihrem Hörspiel ›Mörder‹ *als Agas Großmutter, die „in einem Zug gestorben" ist, wieder?*

Genau. Leider weiß ich sehr wenig über die Verfolgungsgeschichte meiner Familie, nur dass sie kurz vor der Einrichtung des Ghettos aus Łódź fliehen konnten und sich bei einem Bauern versteckt hielten, bis jemand sie verraten hat. Sie waren dann im Ghetto in Piotrków. Von dort wurde meine Großmutter im Jahr 1943 deportiert. Bei den Sachen meines Vaters fand ich nach seinem Tod auch ein Dokument, in dem stand, mein Großvater sei in Auschwitz gestorben. Ich erfuhr später aber durch das Internationale Rote Kreuz, dass mein Großvater Ende Januar 1945, bevor die Rote Armee in Auschwitz einmarschierte, nach Buchenwald und später noch nach Colditz gebracht wurde – dort verliert sich seine Spur. Mein Vater wiederum war im November oder Dezember 1944 verhaftet und nach Płaszów deportiert worden, und von dort nach Buchenwald.

Er und sein Bruder?

Ja, er kam mit seinem Bruder von Płaszów nach Buchenwald und von dort nach Schlieben ins Außenlager. Vor kurzem sah ich den Film einer jungen Israelin, ›*Schnee von gestern*‹ von Yael Reuveny. Ihr Großonkel war ebenfalls in Schlieben gewesen, er blieb nach dem Krieg dort und heiratete. Hier *(sie zeigt eine Transport-Liste)* sind mein Vater Ber und mein Onkel Moszek.

Lesman? Sie schreiben sich anders ...

Ja, mein Vater hat den Namen eindeutschen lassen. Seinen Vornamen hat er nach dem Krieg geändert.

Diese Liste ist vom 3. Dezember 1944, Ihr Vater wird hier als „Schüler" geführt, Ihr jüngerer Onkel als „Holzarbeiter".

Die beiden Brüder kamen von Schlieben nach Theresienstadt, wo sie befreit wurden. Sie waren beide sehr krank, hatten Tuberkulose. Es gelang ihnen nach Hause, nach Łódź zurückzukehren, wo ihre Wohnung mittlerweile von einer Frau bewohnt wurde. Sie nahm sich ihrer an. Mein Vater wurde gesund, verkaufte das Haus, brachte seinen Bruder in einem Sanatorium unter, aber er war zu schwach. Er starb 1946 im Alter von neunzehn Jahren. Die Schwester meines Großvaters war im Warschauer Ghetto, auch sie ist umgebracht worden. Ihr Sohn war bei den Partisanen und überlebte. Er war für meinen Vater der einzige Verwandte ...

... im Hörspiel heißt er „Benno"?

... genau, Onkel Benno war der einzige Verwandte, der überlebte. Er war zehn Jahre älter als mein Vater und für ihn eine riesige Stütze. Er war im polnischen Untergrund gewesen und nach dem Tod seiner Mutter so verzweifelt, dass er sich freiwillig zu einem tödlichen Einsatz meldete. Erst im letzten Moment konnten Freunde ihn überreden, davon abzusehen, aber weil er unbedingt kämpfen wollte, gab ihm sein Kommandeur einen Geleitbrief, mit dem er sich bei der Roten Armee melden konnte. Bennos Frau, die mir das erzählte, ist die Großtante, die ich in Israel interviewt habe – so hängt alles zusammen.

Ihr Vater sprach zu Lebzeiten nicht über Buchenwald?

Eine Geschichte hat er mehrmals erzählt: In Buchenwald wurden er und sein Bruder in zwei Kolonnen eingeteilt. Als die beiden getrennt wurden, rannte mein Vater hinüber zu seinem jüngeren Bruder. Mein Vater hat sich immer für ihn verantwortlich gefühlt und die beiden wollten zusammen bleiben. Ein Wachmann, der ihn auch hätte erschießen können, haute ihm ›nur‹ mit dem Knüppel auf den Kopf. Diese Episode hat mein Vater mir auf eine Weise erzählt, dass ich mich immer fragte: ›Nur auf den Kopf gehauen...‹ – War das jetzt also etwas Gutes, was dieser Wachmann gemacht hat?

Als ich in der 11. Klasse das neue Fach Philosophie hatte, fragte mich mein Vater, was denn da unterrichtet werde. Als ich erwiderte: ›Wir reden über Glück‹, sagte mein Vater: ›Weißt Du, Glück ist sehr relativ. Als ich in Theresienstadt war, dachte ich, ich wäre unglücklich. Aber da lebte mein Bruder noch.‹ Das ist das Einzige, was er mir gegenüber jemals von der Zeit in den Lagern erzählte. Mein Vater starb, als ich siebzehn war. Wahrscheinlich hielt er mich für zu jung, um über solche Dinge mit mir sprechen zu können.

Hat Ihr Vater noch das Polen Anfang der 1980er Jahre, also ›Solidarność‹ wahrgenommen?

Total! Er war ja Wirtschaftsjournalist, hat hier für den Deutschlandfunk gearbeitet, beim polnischen Sender, dessen Aufgabe es war, Informationen nach Polen auszustrahlen, die man dort nicht bekommen konnte. Mein Vater machte einmal in der Woche einen Weltwirtschaftsüberblick und als das mit ›Solidarność‹ losging, wurde er von mehreren Medien befragt. Bis zu seinem Tod 1981 hat er immer wieder zu diesen Themen gearbeitet.

Und Ihre Mutter?

Meine Mutter lebt noch. Sie war viel jünger als mein Vater, jetzt ist sie 71 Jahre alt. Sie hat noch Kontakt zu ihrer Schwester und einigen Freundinnen in Polen. Meine Mutter nahm das, was 1968 in Polen geschah, sehr mit: Sie selbst hat keinen jüdischen Hintergrund und als damals diese antisemitische Kampagne losgetreten wurde, schämte sie sich für ihre Landsleute. Sie verließ dann zusammen mit meinem Vater Polen. Ich war zwar schon da, aber erst vier Jahre alt. Mein Vater war Ressortleiter Wirtschaft bei der Łódźer Tageszeitung ›*Express*‹ und in der Stadt sehr beliebt. Die Leser mochten seine Reportagen wohl, weil er recht lebensnah schrieb. Er ging zu den Leuten hin, um über ihr Leben zu schreiben und übernahm nicht einfach die kommunistischen Parolen. Unter anderem schrieb er eine Reportage über das Łódźer Stadtviertel Bałuty, das frühere Judenviertel, das zu diesem Zeitpunkt ein sozialer Brennpunkt war; Jugendliche hatten dort eine Art Freizeitaktivität aufgezogen. Mein Vater berichtete darüber in der Wochenzeitung ›*Kultura*‹. In diesem Stadtviertel gab es einen kommunistischen Parteifunktionär, der für die Jugendarbeit zuständig war und in dieser Reportage so gut wie nicht vorkam, weil er auch nichts gemacht hatte. Der drohte damals

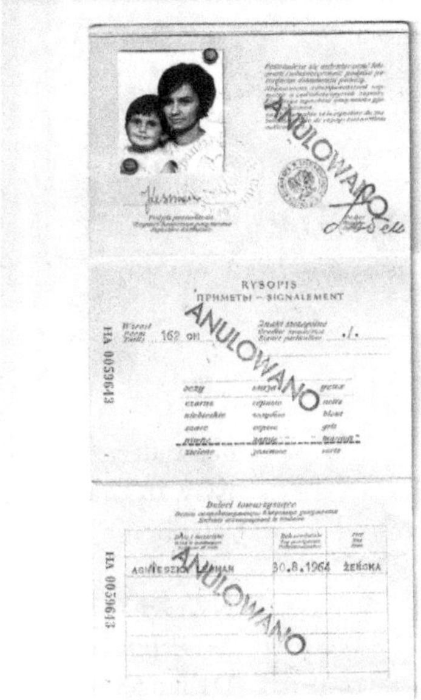

In Polen eher unerwünscht

meinem Vater: ›Warte nur, ich krieg dich!‹ Bald darauf begann diese antisemitische Kampagne, mit der die Kommunistische Partei Polens die Proteste der Studenten zu bekämpfen versuchte. Das war einerseits ein Einschüchterungsversuch in Richtung der Protestierenden, andererseits ein Zeichen Richtung Moskau, dass man anders als die Tschechen auch ohne sowjetische Panzer zurechtkommen werde. Hinzu kamen Machtkämpfe innerhalb der Partei. Die Kampagne, die 1967 schon begonnen hatte, kam 1968 richtig in Fahrt. Anfangs war mein Vater davon noch nicht betroffen, auch weil er offenbar bei den Lesern so beliebt war. Seine Kollegin aber wurde einfach entlassen. Sie war zum Geheimdienst einbestellt worden und bekam gesagt, dass sie nun Straßenbahnschaffnerin werden könne. Sie meinte: ›Na toll, das kann ich im Westen auch.‹ Sie wanderte aus und ging nach Paris.

In dieser Zeit kam nun auch wieder der Parteifunktionär ins Spiel. In einem Artikel behauptete er, dass der Vater meines Vaters, der vor dem Krieg in Łódź eine Limonadenfabrik hatte, seine Arbeiter schlecht behandelt und die Kosaken auf sie gehetzt hätte. Mein Vater war empört und befragte die Arbeiter, mit denen der Funktionär für seinen Schmähartikel gesprochen hatte. Mit ihren ganz anderslautenden Aussagen wollte er eine Gegendarstellung veröffentlichen, es wurde ihm aber nicht erlaubt. Bei einer Parteiversammlung in Łódź, wo er eigentlich kein Rederecht hatte, weil er nicht in der Partei war, wo aber einmal mehr gegen Juden gehetzt wurde – wahrscheinlich auch gegen den Vater meines Vaters –, ergriff er dann das Wort. Er erzählte später immer, dass er dort zwar auch nichts anderes als Gomułka selbst gesagt und sich sogar ganz bewusst an dessen Wortwahl gehalten habe. Aber wie dem auch sei: Am nächsten Tag stand in den Łódźer Zeitungen, er, Lesman, sei ein Staatsverräter, und auch im Lokalfernsehen wurde er so hingestellt.

War Ihr Vater eine bekannte Persönlichkeit in Łódź?

Ja. Als meine Mutter am nächsten Morgen ins Büro kam, wo sie als Buchhalterin arbeitete, waren bereits alle über die Zeitung gebeugt und lasen, dass ihr Mann ein Staatsverräter sei. Ihr Chef bestellte sie ein und erklärte, sie habe natürlich nichts mit der Sache zu tun und könne auch weiterarbeiten, er schien allerdings zu erwarten, dass sie sich von ihrem Mann trenne. Meine Mutter entschied sich daraufhin, mit ihm zusammen wegzugehen. Meine

Eltern mussten den polnischen Pass abgeben und bekamen ein Reisedokument, in dem stand: ›Der Inhaber dieses Dokuments ist kein polnischer Staatsbürger.‹ Damit waren wir staatenlos. Wir fuhren dann vom berühmten Danziger Bahnhof in Warschau nach Wien. Dort ging mein Vater zum israelischen Konsulat, das uns den Flug nach Tel Aviv bezahlte, denn wir durften bei der Ausreise aus Polen pro Kopf nur sieben Dollar mitnehmen und mit 21 Dollar kommt man als Familie nicht sehr weit. Mein Vater wollte zu seiner Verwandtschaft; der Bruder meines Großvaters war bereits 1933 nach Palästina ausgewandert. Wir blieben drei Tage in Wien, dann ging es weiter nach Tel Aviv. In Israel blieben wir fünf Monate.

NACH ISRAEL

Erinnern Sie sich noch an diese Zeit in Israel?

Da fangen meine Erinnerungen eigentlich erst an! Wir wohnten in Arad, wo es einen Ulpan, also den berühmten kostenlosen Hebräisch-Unterricht für Neu-Einwanderer mit einer Einführung in die israelische Kultur und Landeskunde gab, in den meine Eltern den ganzen Tag gingen. Ich war währenddessen in einem Kindergarten. Ich erinnere mich, dass der Gehsteig plötzlich endete, dahinter fing die Wüste an. Die Erzieherinnen im Kindergarten schärften uns immer ein, dass wir diese Schwelle nicht übertreten dürften. Das war für Kinder richtig gefährlich, aber natürlich gleichzeitig auch spannend. Nach ein paar Schritten in diese Steinwüste hinein, konnte man sich verlaufen – zumal als Kind. In diesem Kindergarten gab es damals viele polnische Kinder.

Der Danziger Bahnhof in Warschau, 1960 und 2014

Wegen der polnischen Ausschreitungen gegen Juden 1968?

Ja. Eine weitere Erinnerung: Ich hocke im Foyer des Kindergartens, verstecke mich, und mein damaliger Freund winkt mir zu – ›jetzt können wir los!‹ Und wir laufen aus dem Kindergarten weg. Wir sind zu unseren Eltern gelaufen, die ein paar Eingänge weiter in ihrem Hebräisch-Kurs saßen.

Ist dieser Freund dann später der „Pawel" aus dem Hörspiel?

Genau, der hieß nicht Pawel, sondern Jacek, glaube ich, aber das ist ja egal. Von Israel fuhren wir fünf Monate später mit einem Schiff nach Genua und von dort aus mit einem Zug nach Deutschland.

Warum gehen Sie aus dem Gelobten Land nach Deutschland? Welche Beziehungen hatten Sie gerade zu diesem Land?

Meinem Vater war sein Beruf sehr wichtig. In Israel hatte er als polnischsprachiger Journalist kaum eine Chance, Hebräisch musste er erst lernen, was im Alter von vierzig Jahren auch für einen sprachbegabten Menschen nicht mehr so einfach ist. Ich weiß bis heute nicht so genau, was meinen Vater bewog, ausgerechnet nach Deutschland zu gehen. Es gab ein paar rationale Gründe: Er konnte die Sprache, wie übrigens viele Menschen aus dem Vorkriegs-Łódź. Er bekam sofort die deutsche Staatsbürgerschaft, weil sein Großvater Deutscher gewesen war. Er war aus dem damaligen Breslau nach Łódź eingewandert. Zudem vermittelte ihm eine Bekannte, die beim Sender ›Freies Europa‹ in München arbeitete, eine Stelle dort. Ich glaube aber, dass daneben sehr viel tiefer liegende Gründe eine Rolle spielten. Ich habe einmal einem evangelischen Pfarrer, mit dem mein Vater lange diskutiert hatte, in seinem Auftrag einen Zeitungsartikel gebracht. Darin ging es um den polnischen Philosophen Leszek Kołakowski, der den Friedenspreis des Deutschen Buchhandels bekommen hatte und seine Rede so überschrieb: ›Erziehung zum Hass, Erziehung zur Würde.‹ Anders als viele Überlebende, die zeitlebens keinen Fuß mehr auf deutschen Boden setzen wollten, ging mein Vater erst recht dorthin. Es war, so denke ich, der Ausdruck seines Glaubens an den Menschen.

Zuerst waren wir im Auffanglager Friedland in Niedersachsen, wo alle Einwanderer aus dem Ostblock landeten. Dort blieben wir etwa eine Woche, bis wir eine Wohnung zugeteilt bekamen. Nach einiger Zeit nahm mein Vater Kontakt zur Jüdischen Gemeinde in Hannover auf, in deren Gemeindewohnhaus eine Wohnung frei wurde.

... das Vorbild für das Wohnhaus in Ihrem Hörspiel ›Mörder‹*?*

Ja. Was ich in ›*Mörder*‹ erzähle, ist tatsächlich passiert. Dieser Mord hat stattgefunden. Es gab auch den Nachbarn, der die Waffensammlung hatte.

ZURÜCK IN EUROPA

Und Ihr Vater „ging zu Goethe", wie es im Hörspiel heißt, also ins Goethe-Institut, um Deutsch zu lernen?

Ja. Er arbeitete auch bewusst als Taxifahrer, um noch schneller Deutsch zu sprechen und zu verstehen. Später bewarb er sich bei der ›*Hannoverschen Allgemeinen*‹ als Korrekturleser. Er hatte die Stelle bekommen, durfte sie aber nicht antreten: Der Betriebsrat intervenierte, weil diese Stellen tarifvertraglich Druckern vorbehalten waren, die aus gesundheitlichen Gründen nicht mehr als solche arbeiten konnten. Und mein Vater war ja Redakteur. Er arbeitete dann bei einer Behörde, wo er, wie er im Nachhinein meinte, vor Langeweile beinahe gestorben wäre. In dieser Zeit knüpfte er wieder an alte

Kontakte an, besuchte Tagungen und versuchte, in den Journalismus hinein zu finden. Er lernte schließlich Peter Nasarski kennen; Nasarski hatte mit seiner Familie in einem Haus gewohnt, das meinem Großvater gehörte, er war also Mieter meines Großvaters in Łódź gewesen. Mein Vater hatte seinerzeit in Polen einen historischen Roman über die Wirtschaftsgeschichte von Łódź geschrieben, den Nasarski kannte. Und so kam es, dass mein Vater bei der Polen-Redaktion des Deutschlandfunks anfangen konnte. Anfangs mit kurzen Reportagen von der Hannover-Messe oder Ähnlichem, dann bekam er eine wöchentliche Sendung und wir zogen nach Köln.

Besuchten Ihre Eltern damals bereits wieder Polen?

Zuerst nicht. Meinem Vater war ja noch in Israel eine Stelle beim Sender ›Freies Europa‹ in München angeboten worden. Er entschied sich aber gegen diesen Sender, als er erfuhr, dass meine Mutter ihre Familie nicht mehr hätte wiedersehen und nicht mehr nach Polen reisen können. Auch die Schwester meiner Mutter, die damals noch in der Schule war, hätte in Polen kein Abitur ablegen können, wenn er beim Sender ›Freies Europa‹ gearbeitet hätte. Deswegen machte mein Vater erst diese anderen Jobs, bis er schließlich beim Deutschlandfunk landete. Der Polen-Sender beim Deutschlandfunk galt offenbar nicht als so antikommunistisch. Dort konnte er arbeiten, ohne dass meine Familie in Polen Nachteile davon hatte.

Als wir dann zum ersten Mal wieder in Polen waren – das muss um 1972 gewesen sein – hat der polnische Geheimdienst meinen Vater einbestellt. Er hat damals meiner Mutter gesagt, wenn er bis zu einer bestimmten Uhrzeit nicht zurück sei, solle sie zur deutschen Botschaft gehen. Sie haben ihn mehrere Stunden festgehalten, dann aber gehen lassen. Meine Mutter erfuhr erst nach der Öffnung der Mauer, dass mehrere vermeintliche Freunde meiner Eltern, die uns teilweise auch in Deutschland besucht hatten, für den Geheimdienst gearbeitet und Berichte darüber abgefasst hatten, was sie mit meinem Vater besprochen hatten. Ich bin froh, dass mein Vater das nicht mehr erfahren musste.

Haben Sie selbst noch Erinnerungen an Ihre ersten Polen-Besuche zu Zeiten der Volksrepublik?

Die Leute dort waren arm, zumal aus dem Blick eines Kindes, das hier im Westen aufwuchs. Ein Bad mit fließendem Wasser zum Beispiel war selten, hier hingegen schon Standard. Und ich erinnere mich, dass wir meinem kleinen Cousin immer Toblerone und Nutella mitbrachten, weil es das dort nicht gab. In Polen gab es immer nur Schokolade, die ich nicht mochte – die Kuhbonbons, die ›krówka‹, hingegen schmeckten mir gut.

Gab es in Ihrer Familie eigentlich auch Bezüge zu Frankreich? Spielt Frankreich als ›Westeuropa‹ wie in so vielen polnischen Familiengedächtnissen auch bei Ihnen eine Rolle?

Es gab ja ganz konkrete Beziehungen. Die Familie meiner Großmutter stammte aus Metz und ich hatte sogar Cousins in Paris. Außerdem hatte mein Vater Kontakte zu den Leuten, die in Paris ›*Kultura*‹, die Zeitschrift der polnischen Emigration, herausgaben. Er hat für sie auch geschrieben. An eine Reise nach Paris kann ich mich noch erinnern. Wir besuchten ein befreundetes Paar meiner Eltern: sie eine ältere Frau, er, ihr Mann, etwa zwanzig Jahre jünger und Künstler. Jeden Tag schenkte er ihr eine rote Rose! Ich war damals sieben oder acht und fand das toll.

Spielte bei der Arbeit Ihres Vaters Europa als Idee eine wichtige Rolle?

Mein Vater glaubte nicht nur an Europa, sondern er hatte die Idee, dass es zwangsläufig so etwas wie eine demokratische Weltregierung geben müsse, damit Frieden auf der Welt herrsche. Also auf jeden Fall weg von den Nationalstaaten, hin zu größeren Einheiten und unbedingt demokratisch – das war seine Utopie: Europa war für ihn ein Schritt auf dem Weg zu einer Weltregierung.

Welches geopolitische Europa hatte Ihr Vater vor Augen und wo stand er politisch?

Wie Aga in meinem Hörspiel und in meinem Roman ›*Mörder*‹ feststellt, war ihr Vater ein Freund von Willy Brandt. Das ist autobiographisch. Wo sein Europa begann und endete, weiß ich nicht so genau. Ich denke aber, dass es auf jeden Fall erweiterbar war, immer in Richtung Menschenrechte und Demokratie.

In Buchenwald war Ihr Vater nach 1945 nie wieder gewesen?

Nein. Als ich sechzehn war, hatte er den ersten Herzinfarkt und wollte danach unbedingt noch mal mit mir nach Israel. Auf dieser Fahrt besuchten wir auch Yad Vashem. Im Eingangsbereich des Museums gab es große Stellwände mit überlebensgroßen Fotos von den Pritschen in den Baracken, und ich erinnere mich noch gut daran, wie er total aufgeregt, rastlos zwischen diesen Fotos umherlief.

Hatte er Kontakt zu anderen ehemaligen Buchenwald-Häftlingen?

Er hat dieses Thema, glaube ich, immer sehr gemieden. Ganz anders als die Frau seines Cousins Benno, die ich mit meiner Familie bei unserer Israel-Fahrt besuchte und interviewte. Tante Rena traf sich wöchentlich mit Leuten, die in den Lagern gewesen waren. Mit sechzehn Jahren bekam ich einmal solch ein Gespräch mit, zum Beispiel ihre Frage: ›Kanntest du auch diesen netten Kommunisten aus Baracke xy?‹ Mich hat derlei sehr irritiert. Sie sprachen über das Vernichtungslager, als habe es sich um einen Ferienaufenthalt gehandelt. Erst später verstand ich, welche Sprachlosigkeit sich hinter dieser merkwürdigen Ironie verbarg. Den Todesmarsch, den sie 1945 mitmachen musste, bezeichnete meine Tante zum Beispiel als ›Spaziergang‹.

Es gab kein angemessenes Wort für diese Erfahrung, also benutzte sie Worte, die gar nicht erst den Anschein erweckten, als würden sie ausreichen, das Erlebte zu bezeichnen.

In Israel war die Lager-Geschichte alltägliches Thema, in Polen hingegen war die Judenverfolgung Jahrzehnte lang tabu. Selbst die polnischen Retterinnen und Retter von Juden während der Nazizeit hielten lieber ihren Mund. In Ihrem Hörspiel ›Grüne Grenze‹ *widmen Sie sich diesem Thema. Wie erklären Sie sich dieses Schweigen derer, die eigentlich das moralische Recht voll und ganz auf ihrer Seite hatten?*

Das ist schwer in wenigen Worten zu beschreiben. Immerhin brauche ich in meinem Roman ›*Grüne Grenze*‹ mehrere hundert Seiten, um mich einer Antwort anzunähern. Es stimmt: Meine Großmutter hat ihren Chef über die grüne Grenze gebracht, aber später nie davon erzählt. Als meine Mutter mit mir schwanger war, stand dieser Mann aus Amerika eines Tages plötzlich vor der Tür. Erst da erfuhr meine Mutter, was ihre Mutter damals getan hatte. Meine Oma selbst hatte immer nur erzählt, sie habe Lebensmittel ins Łódźer Ghetto geschmuggelt, aber nicht, dass sie jemanden gerettet hat. Es war eine spezifische Form von Scham. Sie hat generell recht wenig aus dieser Zeit erzählt.

Warum erzählt man so etwas nicht in der Familie?

Meine Mutter hat ihre Mutter sehr wohl gefragt, warum sie das getan habe und ob sie nicht Angst hatte. Sie hat nur ganz einfach geantwortet: ›Ich war jung und man musste den Menschen doch helfen.‹ Aber das waren keine Geschichten, die man bei einem gemütlichen Beisammensein erzählte. Es war eine Zeit und eine Erfahrung, die man am liebsten so schnell wie möglich vergessen hätte und an die man lieber nicht rührte. Das war übrigens nicht nur in Deutschland und Polen so, sondern lange Zeit auch in Israel.

Agnieszka Lessmanns Hörspiele

„Man muss nur die polnischen oder hebräischen Wörter von den Dingen abmachen und die deutschen dranmachen", meint die kleine Aga, als sie in Deutschland, im „Land der Mörder", ankommt. Sie zieht mit ihren Eltern über Israel in ein Haus der Jüdischen Gemeinde, ein Haus voller „Geschichten, in denen etwas fehlt".

Während der antisemitischen Welle im kommunistischen Polen mussten 1968 etwa 20.000 Juden das Land verlassen, so auch Überlebende der Shoah wie Agas Vater. Das autobiographisch grundierte Hörspiel ›Mörder‹ *(Deutschlandfunk/ Südwestrundfunk 2011) handelt vom Schweigen und*

von der Phantasie eines 6jährigen Kindes, das die Bundesrepublik der Willy-Brandt-Ära aus ganz eigener Perspektive erlebt.
„Ich darf keinen Platz einnehmen," glaubt die 16jährige Zoey, die mit einer Sonde im Magen auf einer Intensivstation liegt. Ihre Mutter Paula erzählt Zoey – gegen deren Magersucht – von ihrer polnischen Großmutter Lilia, die 1941 ihren damaligen Arbeitgeber, einen Juden, über die ›Grüne Grenze‹ *brachte und später nie darüber sprach. Wie gerade dieses Schweigen Zoeys Interesse weckt und wie sie aus ihrer Apathie auftaucht, während Paula die Geschichte Lilias recherchiert, davon handelt das Hörspiel* ›Grüne Grenze‹ *(Südwestrundfunk/ Deutschlandfunk 2013).*

HÖRSPIELE

Zurück zu Ihnen persönlich: Nach der Schulzeit in Hannover und Köln studierten Sie in Köln?

Ja, und zwar im Hauptfach Germanistik, im Nebenfach Theater-, Film- und Fernsehwissenschaft und Italianistik. Ich fing schon während des Studiums an, für mehrere Zeitungen zu schreiben, später arbeitete ich freiberuflich. Ich schrieb für den ›*Kölner Stadt-Anzeiger*‹, für das ›*FAZ-Magazin*‹, für die ›*Süddeutsche Zeitung*‹, meist zu Kulturthemen, viel zum Thema Hörspiel. Ich habe auch mehrere Features für den Deutschlandfunk und den WDR gemacht; mittlerweile schreibe ich Hörspiele und Romane.

Was war das erste prägende Hörspiel-Erlebnis für Sie?

In Berlin gab es 1990 die Woche des Hörspiels, die erste nach dem Mauerfall. Da bin ich als Studentin hingefahren. Ich erlebte dort spannende Diskussionen, gerade weil zum ersten Mal auch Hörspiel-Leute aus dem Osten dabei waren und die unterschiedlichen ästhetischen Vorstellungen aufeinander knallten. Noch während meines Aufenthalts dort schrieb ich mein erstes Kurzhörspiel: ›*Variationen um einen Haustürschlüssel*‹, ein absurdes Sprachspiel, das thematisiert, wie man eigentlich Geschichten erzählt.

Wie erzählt man denn eigentlich Geschichten? Und wie Geschichte im historischen Singular?

Ich mag Geschichten, die aus einer erkennbaren, möglichst originellen Perspektive erzählt werden. Und ich finde es reizvoll, wenn mir nicht alles fertig präsentiert und auserklärt wird, sondern wenn ich Raum habe, mir meine eigenen Gedanken zu machen und beim Lesen, Hören oder Zusehen meine eigenen Gefühle zu erleben. Nicht nur in der Fiktion, auch was die Geschichte im Singular angeht, halte ich allzu festgemauerte Erklärungen für wenig vertrauenswürdig. Es gibt nie nur eine Perspektive. Ich denke, man kommt der Wirklichkeit am nächsten, wenn man nach Überschneidungen sucht.

In ›*Mörder*‹ erzähle ich aus der Perspektive einer Frau, die sich daran erinnert, wie sie die Welt als Kind wahrgenommen hat. In ›*Grüne Grenze*‹ kommen innerhalb der Erzählung Paulas, der Hauptfigur, die Stimmen ihrer weiblichen Vorfahren und die ihrer Tochter zu Wort. Und in dem Romanprojekt, das ich gerade begonnen habe, ›*Łódźer Erben*‹, werde ich die Gegenwart Europas aus der Perspektive mehrerer Nachkommen polnischer und deutscher, christlicher und jüdischer Łódźer beschreiben.

Was meint für Sie – mit Ihrer eigenen Familien-Geschichte im Kopf – Europa?

Europa ist für mich vor allem eine sehr lange kulturelle Tradition des Austauschs. Nationalstaaten und Nationalgedanken sind ja eine relativ junge Erscheinung. Mir ist nationalstaatliches Denken und ein Denken in Nationalitäten total fremd. Ich kann damit nichts anfangen. Ich glaube an Regionen, Städte, Gemeinschaften, wo Menschen durch gemeinsam erlebte Geschichte geprägt sind, aber nicht an solch künstliche Gebilde wie Nationalstaaten. Der falsche Ausweg aber wäre, alles zu nivellieren, so dass man überall nur noch den gleichen Burger oder die gleiche Pizza bekommt. Es braucht Einheiten, damit wir uns verwalten können. Das funktioniert aber nicht nach dem Motto ›Wir gegen euch‹. Ein künftiges Europa könnte hier der erste Schritt sein.

... etwas Föderatives als Methode, als Etappe ...

Ja – damit es vielleicht irgendwann eine Föderation der Weltländer gibt.

Könnte man aus den Geschichten, die Sie umtreiben, auf dem Weg dorthin etwas lernen?

Der größte Stachel in all diesen Geschichten besteht für mich in der Leichtgläubigkeit der Menschen gegenüber Vorurteilen. Und in dem, was daraus entsteht. Diesen Klischees und Stereotypen müssen wir widerstehen – in allen Bereichen, in denen man das kann – in der Kultur, in der Bildung, in den persönlichen Kontakten.

Welche Rolle spielt dabei Ihre Herkunft?

Die Menschen sind wichtiger als die Orte. Dadurch, dass ich meine Großeltern väterlicherseits nie kennen gelernt habe, gab es immer eine Leerstelle für mich: Da war mein Vater und nichts drum herum. Desto mehr hat es mich beschäftigt, etwas über diese Leere zu erfahren. Es trägt zur Ausbildung einer Identität bei, wenn man erzählt bekommt, was der Onkel und die Großmutter gemacht haben. Natürlich ist es letztendlich wichtiger, wo man steht und wo man hin will. Aber um sich darüber vergewissern zu können, muss man wissen, wo man herkommt.

Und hier in der Gegend: Was wäre hier der europäischste Ort für Sie?

Der Eigelstein in Köln. Wo man draußen sitzen kann: in schönen Szene-Cafés, türkischen, italienischen und kölschen Restaurants, das alles an einem schönen alten Stadttor. Da bin ich in Europa.

Übrigens ist mir auch Polen im Moment wieder sehr nah: Das polnische Radio hat mein Stück ›*Mörder*‹ übersetzt; es lief vor drei Wochen auf ›*Polskie Radio 1*‹. Damit ist die Geschichte von ›*Aga*‹ endlich dort angekommen, wo sie angefangen hat. Offenbar besteht in Polen Interesse für solche Geschichten. Man setzt sich damit auseinander. Ich muss da bald hin.

Mit diesem Satz von Ihnen hat unser Gespräch auch begonnen.

Vielen Dank.

Da bin ich in Europa

„JAHRMARKT EUROPA."

Europa ist ein Akt der Abgrenzung und sein Medium ist die ›New York Times‹: *Die polnische Journalistin und Soziologin Ludwika Włodek, unterwegs in Eurasien, sieht sich ihren Kontinent vor allem von außen an.*

Ludwika Włodek, geboren 1976, studierte Journalismus und Sozialwissenschaften. Sie schreibt für verschiedene polnische Print- und Online-Medien und lehrt als Soziologin an der Universität Warschau. 2012 veröffentlichte sie die Familiengeschichte ›Pra. Die Familie Iwaszkiewicz‹.

[Früher Abend des 7. März 2014. Eine Wohnung in Praga auf Bürgersteigniveau. Hinter exotischer Pflanzenpracht taumeln Schemen durch das Abendlicht. An der Wohnzimmerwand ein großformatiges Gemälde, das Hochzeitsgeschenk eines Schulfreundes. Inspiriert von den Gebäuden Wolas, dem ehemaligen Arbeiterbezirk Warschaus, zeigt es Industrie-Architektur des 20. Jahrhunderts. Wandteppiche aus Kasachstan; Lenin, seriell, in Briefmarkenformat; die innenarchitektonische Vorliebe für dicht gehängte Wandinstallationen ist hier genauso zu Hause wie in den Wohnzimmern von Paula Sawicka oder Zofia Posmysz. Generationsübergreifend schreiben diese Bildwelten in ihrer je individuellen Ausgestaltung eine subtile Textur fort und scheinen von einer Verschränkung kultureller und privater Räume zu künden, die den Deutschen fremd geworden ist. ›Baikal‹, der große, alte Hund, liegt auf dem Boden. Zeichentrick-Polnisch aus dem Nebenzimmer, Uhrenticken, ein Anruf des Vaters ihres Sohnes. Alltagskram. Ludwika Włodek wetzt zwischen Wohn- und Kinderzimmer hin und her. Zwischenzeitlich kommt sie im Schneidersitz auf ihrem hohen Stuhl vor den Gästen zur Ruhe und malt mit dem Zeigefinger Landschaften in die Luft.]

In Berlin erzählen sich die Polen-Kenner gern, Praga sei der angesagte Stadtteil Warschaus, ›sein Kreuzberg/Friedrichshain‹ sozusagen. Wir haben, zugegebenermaßen, noch nicht ganz verstanden, warum eigentlich?

Praga war auch für mich lange eine fremde Welt. Als Kind wohnte ich woanders. Als mich in Studienzeiten ein Kommilitone zu einer Fête nach Praga einlud, kam es mir wie ein anderes Wesen innerhalb Warschaus vor. Prompt stieg ich falsch aus und hatte keine Ahnung, wo ich gelandet war. Heute besucht mein Sohn in eben jenem Haus den Kindergarten, in dem damals diese Party stattfand. Als ich dann vor einigen Jahren zu meinem damaligen Freund und späteren Mann hierher zog, habe ich mich aber schnell an diesen Ort gewöhnt. Nach unserer Scheidung bin ich geblieben und fühle mich hier längst wie zuhause.

Weil?

Zum einen ist Praga nahe der Innenstadt, man braucht nicht lange, um ins Zentrum von Warschau zu kommen; zum anderen spürt man hier wirklich eine besondere Atmosphäre, die ich sehr schätze. In meiner Kindheit war Praga noch ein ziemlich markanter Arbeiter-Stadtteil. Nach dem Zweiten Weltkrieg waren hierher Menschen aus den umliegenden Dörfern umgesiedelt; man hatte sie nach Warschau eingeladen, um die Stadt wieder aufzubauen. Diese Menschen prägten den Stadtteil sehr. Außerdem war Praga während des Kriegs kaum zerstört worden, weil der Warschauer Aufstand nicht bis hierher kam und dieser Teil Warschaus anschließend auch nicht bombardiert wurde. Es gibt hier noch viele Gebäude und Straßenzüge, wie sie schon vor dem Zweiten Weltkrieg hier bestanden. Aber die Menschen waren vergleichsweise arm, die Stadt kümmerte sich später kaum noch um sie und viele fühlten sich entwurzelt. So hat sich der Stadtteil kaum entwickelt. Oft verkamen die eh schon verkommenen Altbauten weiter.

Vor dem Krieg wohnten hier viele Juden, die von den Nazis verschleppt und umgebracht wurden. Die Intelligenz hingegen hielt sich eher jenseits des Flusses auf. So war Praga lange Zeit ein eher verrufener Stadtteil. Aber seit Ende der 1990er Jahre hat sich das weitgehend geändert: Die tiefe Spaltung der Stadt durch die Weichsel wurde überwunden, auch weil nordöstlich von Praga andere Stadtteile dazu gebaut wurden, mit großen Siedlungen und Plattenbauten. Das hängt damit zusammen, dass die Mieten in den 1990er Jahren hier günstig waren, viele Künstler konnten gut an Räumlichkeiten kommen. Maler-Werkstätten, Theater zogen hierher. Ich habe mir diese Wohnung gekauft, weil sie um ein Drittel günstiger war als eine vergleichbare Wohnung jenseits des Flusses. Auch das veränderte diesen Stadtteil. Cafés, Restaurants kamen hinzu und wenn man genau hinschaut, sieht man zwischen den Altbauten auch immer wieder Neubauten für die neue Mittelschicht, die hier entsteht. Und nochmal zu den Kindergärten: Vor sechs Jahren, als mein älterer Sohn hier in den Kindergarten ging, nahm ich dort noch ganz andere Eltern wahr als heute: eher Menschen aus einer anderen, sozial unterprivilegierten Schicht. Das war schon an der Kleidung zu erkennen. Heute, sechs Jahre später, ist das, was ich im Kindergarten meines jüngeren Sohnes beobachte, total anders.

Der Mythos erzählt, dass hier in Praga die Rote Armee stand und tatenlos zuschaute, wie auf der anderen Seite der Weichsel die Deutschen den Warschauer Aufstand niederschlugen und die Innenstadt dem Erdboden gleich machten. Was bedeutet diese Erzählung für die Mentalitätsgeschichte dieser Stadt?

Dieser Mythos um den Warschauer Aufstand ist in ganz Polen sehr stark verbreitet, nicht nur in Warschau. Er gehört zu den wichtigsten historischen

Narrativen, die wir in Polen haben. Immer noch werden Diskussionen darüber geführt, ob es sich gelohnt hat oder ob man davon hätte absehen sollen, diesen Aufstand überhaupt zu initiieren – eine offene Frage. Aber diese Symbolik: Hier auf dem rechten Weichsel-Ufer stehen die Sowjets und jenseits der Weichsel blutet die Stadt aus – diese Symbolik ist, glaube ich, für alle unumstritten. Diesem Bild würde wahrscheinlich jeder Pole zustimmen, egal ob er Praga-Warschauer oder Nicht-Praga-Warschauer ist; da gibt es keine Spaltung. Aber wie gesagt, die richtigen Pragaer gibt es hier inzwischen kaum noch und die kleinbürgerlichen Bewohner des Stadtteils bilden nur noch eine sehr dünne Schicht.

… VON OSTEN HER

Gibt es so etwas wie das Wiederentdecken des Jüdischen, vergleichbar mit Kazimierz in Krakau?

Ein bisschen schon; aber das ist es nicht, was heute die touristische Attraktivität Pragas ausmacht. Touristen kommen eher wegen der hier ansässigen Kunstszene. Bis vor wenigen Jahren kamen sie natürlich auch wegen des enormen Basars am ehemaligen Nationalstadion …

… *dem* ›Jarmark Europa‹ …

… ja, ein exotisches Einkaufszentrum, wo auch sehr viele illegale Einwanderer und Flüchtlinge ihre Waren verkauften. Es gab jede Menge afrikanischer Stände mit nachgemachten Markenprodukten; es gab vietnamesische Bars und Supermärkte, es gab rein russischsprachige Bereiche des Marktes mit viel Alkohol oder armenische Bereiche mit Gummistiefeln und Turnschuhen – alles war irgendwie nach Nationalitäten gegliedert: Eine touristische Attraktion für Bildungseuropäer, die nach etwas Exotischem suchten.

Warum hieß der Jahrmarkt ›Europa‹*?*

Für viele von denen, die es geschafft hatten, nach Polen zu kommen und die hier ihre Waren verkauften, war Warschau ›*Europa*‹: die erste europäische Großstadt, in der sie ankamen und sich vorübergehend niederließen. Von Osten her gesehen war Warschau die erste Großstadt Europas. Damit hatte der Begriff ›*Jarmark Europa*‹ also einen sehr positiven Klang; ganz anders, als wenn man ihn ›Asia-Markt‹ genannt hätte.

Wie lange existierte der Markt?

Bis 2010. Innerhalb der Warschauer Gesellschaft wurde er einfach sehr unterschiedlich aufgenommen. Schriftsteller, Künstler, Schauspieler und Menschen, die sich mit einer eher alternativen Kultur identifizierten, kamen hierher. In den vietnamesischen Bars und Restaurants konnte man lauter Berühmtheiten treffen: Die Schauspieler vom ›*Nowy Teatr*‹ Warlikowskis‹

saßen hier sonntags zusammen und aßen. Der sogenannten Mitte der Gesellschaft aber – Politikern oder dem konservativen Teil der Bevölkerung – war der riesige Basar mit all den fremden Individuen eher suspekt. Hier gesehen zu werden galt als peinlich. Also einerseits die Künstler-Szene, die diesen Ort zu etwas Postmodernem ummünzte – auch mit all der Faszination und snobistischen Begeisterung für das Kitschige, das plötzlich als cool und trendy galt –; zum anderen die, die meinten, man müsse ›das da‹ schnellstmöglich aus der Stadtlandschaft entfernen.

Wozu es dann mit der Stadion-Baustelle auch kam ...

Ja, das neue Stadion hat den Basar verdrängt. Heute gibt es noch zwei Standorte, an denen man Überreste davon antreffen kann. Aber das ist nicht mehr dasselbe.

Warschau als Archipel der großen Wanderbewegung Asiens gen Europa, als „Jahrmarkt Europas": *Ist in Praga etwas von dieser Vorstellung von Europa übrig geblieben?*

Praga ist in mentaler Hinsicht bis heute etwas bunter geblieben. Und die bourgeoise Mittelschicht kommt zu Besuch, um sich daran zu ergötzen. Es entspricht Pragas Ruf, dass man hier in den Kneipen auch mal einem Engländer begegnet, der begeistert belorussischen Liedern lauscht und in der Tat kann man hier mehr Russen, Belorussen oder Vietnamesen antreffen als anderswo. Zudem ist Praga noch immer ein etwas günstigerer Stadtteil.

Sie selbst sind als Journalistin oft in Zentralasien unterwegs. Erleben Sie es auch auf Ihren Reisen, dass Warschau beziehungsweise Polen insgesamt als Ankunftsort Europas verstanden wird?

Auf jeden Fall. Polen gilt heute als das erste Land im Westen. Wenn ich nach Tadschikistan reise und in Duschanbe versuche, ein Zimmer zu finden, dann höre ich oft: ›Du bist aus Polen; also bekommst du von mir ein günstiges Zimmer. An Menschen aus Afghanistan oder Pakistan würde ich kein Zimmer vermieten. Die würden mir doch mitten im Zimmer ein Lagerfeuer anzünden.‹ Polen gilt als Tor zum Paradies. Deutschland, Frankreich, England sind weiter weg und kaum mehr vorstellbar, aber Polen scheint, auch weil es mal zum Ostblock, ›zu unserem Ostblock‹, gehörte, zugänglicher – gleichzeitig aber ist es schon Teil des Westens.

Gilt dies auch für Flüchtlinge, die aus wirtschaftlichen Gründen kommen?

Es gibt kaum Arbeitsmigration aus Zentralasien nach Polen. Russland ist diesen Ländern in vieler Hinsicht näher: Man hat die Sprache gelernt, man kennt die Netzwerke. Aber Russland gilt nicht als sehr europäisch. Polen hingegen schon.

Als Dozentin habe ich mit vielen Studierenden aus Belarus oder aus der Ukraine zu tun, auch mit Dissidenten aus Kasachstan, die hier als Asylanten leben. Und ich finde von ihnen auf facebook spannende Kommentare zur Lebensqualität in Warschau. Sätze wie: ›Es gibt sogar Busse, die niederknien, wenn man mit einem Rollstuhl ein- und aussteigen will‹; Dinge, die mir als Warschauerin überhaupt nicht mehr auffallen. Es ist offensichtlich prestigeträchtig, als Student aus dem Osten in Warschau zu studieren. Mir war vorher nicht bewusst, wie modern die Stadt für jemanden aus Charkiw oder Bischkek wirkt. Wobei die Motivationen unterschiedlich sind: An der Uni habe ich oft mit Menschen zu tun, die nach Werten suchen, nach einer guten Ausbildung, aber auch nach materiellem Gewinn. Politische Dissidenten wissen es zu schätzen, dass sie es hier mit einer Demokratie zu tun haben. Aber natürlich gibt es auch viele Menschen, die aus rein wirtschaftlichen Gründen kommen und die kulturellen Unterschiede dafür eher nur in Kauf nehmen.

Wie nehmen Ihre jungen polnischen Studenten ihr eigenes Land unter dieser Perspektive von Osten her wahr? Als Schwellenland zum Paradies?

Ich glaube, es gibt nur wenige, die wie ich diesen Blick von außen auf Polen haben. Das schärft meinen Blick für die positiven Entwicklungen hier. Immer, wenn ich aus dem Osten zurück nach Polen komme, habe ich den Eindruck: Ja, was für eine saubere, geordnete Stadt! Warschau ist eine Stadt, die für Menschen gebaut wurde. Wir haben hier Bürgersteige und die Autofahrer fahren sogar langsamer, wenn sie Menschen an einer Ampel stehen sehen. Andererseits, wenn ich aus Paris oder Berlin wiederkomme, erscheint mir Warschau wie eine große Baustelle.

UNTERWEGS IN EURASIEN

Wie oft sind Sie ›im Osten‹ unterwegs?

Mehrmals im Jahr.

Und nach Ihrer Rückkehr berichten Sie Ihren Studierenden dann als Soziologin, was draußen in der Welt passiert?

Es macht nicht allzu viel Sinn, über eine Weltregion zu sprechen, wenn man da nicht regelmäßig hinfährt.

Wie schaut das Handwerk einer Soziologin aus, die als Journalistin in ›den Osten‹ reist und darüber lehrt?

Ich arbeite inzwischen bei den so genannten Regionalen Studien. Das Angebot hat eher einen interdisziplinären Charakter, wobei ich versuche, es in meinem Bereich weitgehend zu soziologisieren. Außerdem spielt Kulturanthropologie eine große Rolle in meiner Arbeit: Das Thema der nationalen Identitäten in Zentralasien zum Beispiel. Ich lese mit den Studierenden Texte von Arjun Appadurai, der sehr viel zur Globalisierung gearbeitet hat, zur „tödlichen Unsicherheit" in Zeiten omnipräsenter Wahlmöglichkeiten beispielsweise. Seine These: Die postmoderne Beliebigkeit bedeute eine derartige Überforderung für die Menschen, dass sie statt zu mehr Offenheit oft zu einer Suche nach dem vermeintlich ›Ursprünglichen‹ führe und damit zu einer Zunahme nationalistischer Bewegungen und Konflikte bis hin zu den so genannten ethnischen Säuberungen.

Ludwika Włodek mit Sohn im Pamir-Gebirge, Juli 2013

Wie könnte in Polen eine Verbindung von nationaler und europäischer Identität aussehen? Auch ganz persönlich verstanden?

Persönlich leite ich aus der Tatsache, dass ich Polin bin, automatisch die Tatsache ab, dass ich Europäerin bin. Aber natürlich entsteht das, was wir Identität nennen, normalerweise eher situativ: Ich bin, was ich bin, indem ich mich von anderen abgrenze, mich von ihnen unterscheide, mich zumindest mit ihnen vergleiche. Insofern bin ich desto stärker Europäerin, wenn ich mich mit Nicht-Europäerinnen in Beziehung setze.

Identität als Abgrenzung, Ausgrenzung, Eingrenzung ... Ist die Hinwendung zu Europa also oft einfach eine Abkehr von Russland?

Mit dem Beitritt zur Europäischen Union wurden wir in Polen sicherlich darin bekräftigt, uns noch europäischer und das heißt, uns ›auf der guten Seite‹ der politischen Kräfte wahrzunehmen. Dies beförderte unsere Abkehr von Eurasien, also vom Osten im Sinne eines sowjetisch Östlichen, vor dem wir ja schon immer fliehen wollten. Aber gleichzeitig verstehen wir einen großen Teil der russischen Kultur – Tolstoi, Dostojewski – weiterhin als die europäische Kultur schlechthin. Für mich war diese östliche Ecke der Welt immer schon enorm faszinierend und dabei zähle ich die Russen, Weißrussen und Ukrainer auch zu den Europäern. Unmittelbar einleuchtend ist das, wenn wir die europäisch-asiatische Grenze passieren, also vom europäischen in den asiatischen Teil Russlands reisen. Vor einigen Jahren war ich mehrere Monate im postsowjetischen Raum unterwegs und betrieb währenddessen einen Blog. Als ich Russland verließ und in Richtung Zentralasien aufbrach, schrieb ich ›Ich bin froh, keine Russin zu sein‹ – ein letzter Eintrag, von dem ich annahm, er würde trotz seiner Eindeutigkeit nicht besonders negativ aufgefasst werden. Ich war einfach froh, den russischen Raum zu verlassen, wo alles eher unfertig, schmutzig und ziemlich unästhetisch war und man um alles ringen musste. Gleichzeitig stellte ich mir vor, nun, auf dem Weg nach Zentralasien, in jedem Russen schon bald einen Bruder und in jeder Russin eine Schwester zu erkennen, mit denen man gemeinsame Themen hat und bei denen man sich sicher sein kann, dass sie Verabredungen auch einhalten und nicht drei Stunden später kommen.

Anders als erwartet aber wurde mein Blog – insbesondere dieser Eintrag – kontrovers diskutiert, ins Russische übersetzt und dann auf russisch extrem negativ kommentiert: „Wenn es dir hier nicht gefällt, dann hau ab zu deinen scheiß Polen!"

Das war eine interessante Erfahrung – insbesondere, weil mein unbedachter Satz eigentlich viel mit meiner eigenen Familiengeschichte zu tun hat. Mein Urgroßvater lebte in der heutigen Zentralukraine, also dem damals von Russland besetzten Teil Polens; beim Ausbruch der Revolution 1917 floh er mit seiner Familie nach Westen, während sein Bruder dort blieb. Dessen Nachkommen leben zum Teil in der Ukraine, zum Teil in Russland. Ein Teil meiner Familie lebt heute also in Kiew und Sankt Petersburg, ohne sich seiner polnischen Wurzeln bewusst zu sein; sie sprechen kein Polnisch, nur Russisch. Das hätte mir auch passieren können.

Im November 2012 nahmen Sie an der deutsch-polnischen Recherche-Reise ›Inside Russia‹ teil. Wie erlebten Sie die deutsche und die polnische Gruppe?

Das war recht amüsant, weil wir als Journalisten sehr gemischte Erfahrungen mitbrachten: Zum Beispiel äußerte eine junge deutsche Kollegin – eigentlich eine recht fitte Frau – bei der Auswertung ihre Überraschung darüber, dass Russland ›so europäisch‹ sei: Die Werbung sei die gleiche und die Jugendlichen liefen nicht mit Pelzmützen auf den Straßen herum. Dies zeigte eine Unbedarftheit, die es so in Polen nicht gibt.

Sie schrieben infolge dieser Reise den Text ›Russland oder die Demokratie im Walde‹. *Was meint diese* ›Demokratie im Walde‹*?*

Ein Wortspiel. Zum einen sagt man das auf Polnisch so, wenn man meint, dass etwas noch nicht ausgereift ist. Zum anderen ging es wirklich um eine Wald-Geschichte, um einen Ort bei Moskau, wo die Bevölkerung um den lokalen Wald gekämpft hatte. Sie wollten vermeiden, dass der Wald abgeholzt wird. Eine lokale, selbst finanzierte Zeitung hat das Ganze publik gemacht. Und sie haben gewonnen. Das Ganze ist ein gutes Beispiel dafür, wie wichtig unabhängige Medien sind. Insofern stand ›im Walde‹ auch für eine Graswurzel-Bewegung, lokale Geschichte, Formen der Zivilgesellschaft.

DAS FAMILIEN-ARCHIV: EIN EUROPÄISCHES BEKENNTNIS

Sie sind in Polen nicht zuletzt mit Ihrem Text ›Pra‹ bekannt geworden, der unter anderem die Geschichte Ihrer Urgroßmutter erzählt. Wie würden Sie ihn in Deutschland bewerben?

Ich schildere in ›*Pra*‹ das Ringen der polnischen Intelligenz mit der großen Geschichte – menschennah und am Beispiel des Alltags dreier Familien. Zum einen geht es um die Familie meiner Urgroßmutter, die Familie Lilpopów, ursprünglich aus Graz stammend, die Ende des 18. Jahrhunderts nach Polen kam und in Warschau polonisiert wurde: Später war sie eine sehr wichtige Familie in Warschau, die sich unter den Nazis weigerte, die ›Deutsche Volksliste‹ zu unterschreiben. Zum zweiten geht es um die Geschichte des polnischen Adels in den ehemaligen östlichen Gebieten Polens, der Kresy, am Beispiel der Geschichte meines Urgroßvaters und seiner Familie in der Ukraine. Zum dritten berichte ich vom Leben meines Großvaters aus Podlasien.

Konnten Sie auf so etwas wie ein Familien-Archiv zurückgreifen?

›Pra‹ – das Ringen der polnischen Intelligenz mit der großen Geschichte

Glücklicherweise ja. Zum einen verdanke ich dies meinem Urgroßvater, der Schriftsteller war und auch Tagebücher veröffentlichte. Alle seine Briefe sind in seinem Museum aufbewahrt, zum Beispiel auch alle Briefe, die er in der Zwischenkriegszeit in der Ukraine bekam. Die Briefe der Mutter meiner Urgroßmutter konnte ich wiederum auf Mikrofilmen in der Nationalbibliothek einsehen. Genauso das Reisetagebuch, das mein Ururgroßvater für seine Tochter anlässlich einer Safari schrieb.

Auf unserem Weg durch Warschau sahen wir heute Vormittag unweit des geschlossenen Hotels Europejski eine Tafel, die an die Gründung der Dichter-Gruppe ›Skamander‹ 1918 erinnert. Offenbar hatte Ihr Urgroßvater Jarosław Iwaszkiewicz mit dieser Dichter-Gruppe vor dem Krieg so etwas wie eine europäische Einigung versucht. Gab es konkrete Ideen, wie die europäische Idee durch Kunst, durch Literatur vorangetrieben werden könnte? Und gibt es heute ein Pendant dazu: Ein Netzwerk junger polnischer Intellektueller, die Ähnliches versuchen?

Jarosław Iwaszkiewicz fühlte sich auf jeden Fall als Europäer. Er schätzte dieses Erbe, in dem er aufgewachsen war. In seinem Gedicht mit dem Titel ›*Asiaten*‹ steckt, wie ich finde, viel Richtiges zu diesem Thema: Im ersten Teil betont er, wie wichtig ihm das europäische Erbe war. Gleichzeitig fragt er, wer wir eigentlich sind: ›Sind wir denn Europäer? Oder sind wir Asiaten?‹

Da gibt es Anspielungen auf die „asiatischen Horden", die nomadischen Völker, die Steppen; auf Phänomene und Landschaften, die man in der Ukraine finden konnte. Er sah sich als Europäer, aber als einen ›anderen Europäer‹: mehr zu Mitteleuropa, zu Osteuropa gehörig.

Als er zum ersten Mal nach Westeuropa, nach Frankreich, Italien und Deutschland aufbrach, war das für ihn ein sehr überwältigendes Gefühl: ›Ich entdecke jetzt meine zivilisatorischen Wurzeln.‹ Auf der anderen Seite beobachtete er, dass die Menschen sich hier sehr wohl von denen im Westen unterschieden. Nach dem Zweiten Weltkrieg kam dann die politische Spaltung des Kontinents hinzu. Er vertrat damals die Meinung, dass die östlichen Intellektuellen allein aus politischen Gründen für nicht so wichtig gehalten wurden wie die westlichen: dass nicht Fragen der Kompetenz für die Verdrängung des östlichen Intellektuellen aus dem Weltdiskurs, sondern die politischen Spaltungen dafür verantwortlich seien. Er beteiligte sich am Friedenskongress, der die stalinistische Ära legitimierte und stalinistische Verbrechen verschwieg. Ich habe bis heute keine Ahnung, ob er wirklich dachte, auf diese Weise Polen aus der politischen Spaltung Europas führen zu können. Oder war es schlicht konformes Verhalten, um sich hier ein bequemes Leben als Schriftsteller zu ermöglichen?

Persönlich habe ich nicht das Gefühl, um etwas kämpfen zu müssen. Ich fühle mich als Teil Europas. Ich bin da, in Europa. Wir leben in anderen Zeiten, gehören zu einer gemeinsamen Welt, zu der auch der Osten gehört. Ich kenne genauso viele Menschen hier wie dort. Ich denke, die Menschen sind eher von den extremen Klassen-Unterschieden als von nationalen Unterschieden geprägt. Ich teile mehr mit Leuten aus New York, aus Berlin oder aus Kiew, wenn wir gemeinsame Werte oder einen ähnlichen Lebensstil haben, als mit einem Arbeiter aus Bytom. Aber vielleicht ist das auch nur alles eine große Illusion ...

Ich glaube nicht, dass wir Polen etwas beweisen müssen, ich spüre dazu auch gar kein Bedürfnis. Wir sind ein Teil von Europa, wobei Europa in meiner Wahrnehmung nicht nur die EU ist; die östliche Dimension spielt bei mir immer eine Rolle. Andererseits bin ich gerade auch von Europa als Konstrukt, also von der EU mit ihren verschiedenen Verfahren und Mechanismen, dem Vergabe-Recht und so weiter, ein großer Fan. Ich glaube schon, dass dies alles dem Allgemeinwohl dient, auch wenn ich einen viel weiteren Begriff von Europa habe.

KRITIK, ANALYSE & SOLIDARITÄT

Ich erinnere mich bei Ihren Worten gerade an Pierre Bourdieu, den Soziologen, der noch kurz vor seinem Tod vor einigen Jahren in Europa unterwegs war und forderte: Hey, Intellektuelle, macht Euch stark für Euer Europa! Lasst die Nationalitäten, die Märkte, die simplen EU-Richtlinien sein. Lasst uns lieber darüber nachdenken, was Intellektuelle für ein Europa leisten können! Tut der linksintellektuelle polnische Zirkel um die Zeitschrift ›Krytyka Polityczna‹ *so etwas vielleicht? Zumindest scheint er viel Theorie aus Westeuropa nach Polen zu holen – auch um aus Polen wieder etwas nach draußen zu senden?*

Wenn es einen Export von polnischem Gedankengut bei ›*Krytyka Polityczna*‹ gibt, dann eher in Richtung Osten. Die Zeitschrift wird ja auch auf Ukrainisch herausgegeben und es gibt gute Kontakte zu ukrainischen Intellektuellen. Ebenso zu russischen Intellektuellen, auch da bestehen Netzwerke. Was in Polen selbst passiert, ist hingegen eher Import: Interessanterweise ist die Institution ›*Krytyka Polityczna*‹ im Westen recht bekannt. Da haben die Akteure offenbar förderliche Kontakte. Immer wenn ich hier von Gästen aus dem Westen zur polnischen Intelligenz befragt werde, fragen sie nach dem Film ›*Mary Koszmary, Träume, Albträume*‹ der jüdischen Regisseurin Yael Bartana und nach Sławomir Sierakowski, dem Chef von ›*Krytyka*‹, der in diesem Film drei Millionen Juden aufruft, nach Polen zurückzukehren. Dabei hat dieser Film in Polen eine verhältnismäßig kleine Rolle gespielt. ›*Krytyka Polityczna*‹ ist in Polen eher für etwas anderes bekannt: Es war die erste Bewegung von jungen Intellektuellen, die wieder offen über die Arbeiter und die Arbeiter-Rechte sprachen. Sie betonten, dass die Menschen in den polnischen Supermärkten zu enorm schlechten Bedingungen arbeiten; dass Menschen, die aus Kommunalwohnungen verdrängt werden, doch bitte andere Räume bekommen sollten; dass es nicht sein kann, dass die Wohnungspolitik so drastisch gegen die Schwächsten der Gesellschaft vollzogen wird. Durch den Einfluss von ›*Krytyka*‹ sprachen junge, coole Menschen beim Kaffee plötzlich wieder über diese Themen. Es war nicht mehr peinlich, über Arbeiter zu sprechen. Diesen – nun ja – Durchbruch hat ›*Krytyka*‹ geschafft.

Sah sich ›Krytyka‹ *dabei in der Tradition von* ›Solidarność‹*?*

Tendenziell ja. Denn nach 1989 war es in Polen ja zu einem weiteren Umbruch gekommen. Ursprünglich war die polnische Intelligenz in einer linken Arbeiterbewegung verwurzelt, polnische Intellektuelle vertraten eher linke Ideale und setzten sich für die Arbeiter ein. Nach der Wende orientierten sich große Teile der ›Solidarność‹ dann am zusehends entfesselten Neoliberalismus. Die Verteidigung der Schwachen der Gesellschaft wurde eine tendenziell peinliche Geschichte, man wollte sich mit solchen Themen nicht mehr identifizieren. Die jungen Leute von ›*Krytyka Polityczna*‹ hingegen konfrontierten uns, die polnischen Intellektuellen, die wir die schöne polnische Sprache sprachen und nicht nur die einfachen Parolen der alten Gewerkschaftler nachplapperten, wieder mit den Problemen der Arbeiter. Wir lernten mit Chantal Mouffe und Slavoj Žižek die linken Themen wiederaufzugreifen. Mehr als mit Lech Wałęsa ...

Verlag und Redaktion der neuen polnischen Linken in der ulica Foksal, Warschau, März 2014

Was halten Sie vom Europäischen Zentrum der ›Solidarność‹, das gerade in Gdańsk entsteht, von seinem Masternarrativ ›Von ›Solidarność‹ zu Europa‹*?*

Das Phänomen ›Solidarność‹ ist insgesamt sehr eigenartig. Auf der einen Seite versuchen wir, dieses Erbe nach außen hin zu vermarkten und seinen Mythos auch politisch zu verkaufen; auf der anderen müssen wir uns eingestehen, dass wir dieses Erbe verloren haben. Wir leben es nicht mehr. Wir fahren nach Tunesien, um den Tunesiern nach dem Umbruch dort beizubringen, was ›Solidarność‹ in Polen war, gleichzeitig haben wir selbst ein Riesenproblem mit der Arbeiterschicht. Als der neoliberale Diskurs hier omnipräsent war, hieß es: ›Die sind nicht mitgekommen, die haben sich noch nicht an die schöne, neue Welt angepasst.‹

Ein Museum ist also bestimmt richtig. ›Solidarność‹ war damals eine tolle Erfahrung. Aber wir sollten uns gleichzeitig eingestehen, dass diese Geschichte aus den 1980er Jahren inzwischen ein totes Narrativ ist.

Verstehen Sie sich als Akteurin eines Netzwerkes von Intellektuellen?

Nein, absolut nicht. Aber irgendwie kennen wir uns trotzdem alle – hier in Warschau. Die Elite kennt sich und die Szene ist eher überschaubar. Wir haben dieselben Bekannten, besuchen dieselben Kneipen. Ich stimme nicht mit allem von ›*Krytyka*‹ überein und bin auch selbst nicht so links wie die meisten dort – aber ich schätze ihren großen Verdienst.

Dockt diese Hinwendung zu den Arbeitern noch an andere Narrative an, die vielleicht weniger tot sind? Gibt es eine historische Linie, in der Sie sich eher verorten?

Durchaus. Es gibt eine Art Mythos der polnischen Intelligenzija, dem auch ich anhänge: Getragen von einem starken Freiheitsgedanken ist er dem Ideal der Verteidigung der Schwächeren verpflichtet, also dem Einsatz nicht nur für sich selbst, sondern auch für andere. Wir sind immer wieder begeistert, wenn von politischen Freiheitsbewegungen in der Ukraine oder in Belarus die Rede ist. Aber vielleicht überschätzen wir dabei unsere Rolle. Ich weiß, dass es in Prag viel mehr Demonstranten auf den Straßen gab, viel mehr Unterstützer der Majdan-Bewegung als in Warschau. Aber in meinem Freundeskreis war das Engagement groß und auch ich bin auf die Straße gegangen und hatte meine Ukraine-Flagge im Fenster. Mir liegt die Ukraine sehr am Herzen – auch einfach deshalb, weil meine Verwandten dort leben und ich mich natürlich für ihre Zukunft interessiere.

Haben Sie als Intellektuelle, Journalistin, Soziologin einen Traum von einer europäischen Öffentlichkeit, die es nicht gibt, aber vielleicht mal geben könnte?

Es gibt sie ja: In den neuen Medien, in denen die Welt zwar auseinander fällt, aus denen sich aber jeder seine Teilmenge heraussuchen kann. Wenn man sich früher über Sport informieren wollte, musste man die Nachrichten komplett durchhören. Heute suchst du dir deinen Sportkanal und guckst, was du willst.

Eine europäische Zeitung macht also wenig Sinn?

Nein, Printmedien ermöglichen hier kaum noch etwas. Die Gründung einer gemeinsamen Plattform wird immer schwieriger werden. Ich glaube eh, dass die europäischste Zeitung, die wir haben, die ›*New York Times*‹ ist.

„TÚ FELIX ÁUSTRIA NŪBE!“

Ein Resümee der polnischen Geschichtspolitik im Spiegel ihrer neuen Museen. ›Inside out‹ und von Warschaus „asiatischem“ Weichsel-Ufer aus. Mit dem mitteleuropäischen Zeithistoriker Włodzimierz Borodziej.

Włodzimierz Borodziej, 1956 in Warschau geboren, studierte Geschichte und Germanistik an der Universität Warschau. Von 1979 bis 1984 war Borodziej wissenschaftlicher Mitarbeiter und von 1985 bis 1991 Assistenzprofessor am Historischen Institut der Universität Warschau, wo er 1984 promovierte und sich 1991 habilitierte. Von 1992 bis 1994 war er Generaldirektor in der Sejm-Kanzlei der Republik Polen. Seit 1996 ist Borodziej Professor am Historischen Institut der Universität Warschau, seit 2010 Kodirektor des Imre Kertész Kollegs ›Europas Osten im 20. Jahrhundert. Historische Erfahrungen im Vergleich‹ an der Friedrich-Schiller-Universität Jena. Włodzimierz Borodziej ist Vorsitzender des Wissenschaftlichen Beirats des entstehenden Hauses der Europäischen Geschichte in Brüssel.

[Nachmittag des 8. März 2014. Warschau, rechte Weichsel-Seite, Praga-Süd; der Blick geht durchs Panoramafenster über den Kamion-See Richtung Skaryszew-Park. Schön. Aber richtig urban ist das alles nicht. Eher eine eingemeindete Industriebrache, auf halbem Weg stehengeblieben. Hier war Warschaus Elektro-Industrie, elektromechanische Industrie sowie die Textil-Industrie im 20. Jahrhundert zu Hause. Nach der Trockenlegung und Anbindung des Gebiets um 1910 bauten die Siemens-Arbeiter an dieser Stelle später Kommunikationstechnik zusammen. In den 1980er Jahren wurde dann alles abgerissen, um den Wohnburgen der Volksrepublik-Avantgarde Platz zu machen – mit vierspurigen Ausfallstraßen vor der Haustür und der Tram auf dem Grünstreifen in der Mitte. Drumherum aber wuchert das Brachland mit einer tapfer verharrenden Jungfrau Maria.

Praga-Süd, noch auf dem Weg zu sich selbst, Warschau, März 2014

Das hat sich bis heute kaum geändert. Wer hier nach der Wende Wohneigentum kaufte, hat seine Wette auf einen künftigen exklusiven Standort am Rande der boomenden Downtown erstmal verloren. Das hippe Praga der

Kneipen und Warschauer Alternativen beginnt erst weiter stromaufwärts, im Norden. „Nein", bemerkt Włodzimierz Borodziej in seiner wunderbar trockenen Art: „Es gibt keinen merklichen Einfluss der überdurchschnittlich kaufkräftigen Kunden auf die Gestaltung der Gegend." Aber das kann ja noch werden. Was sich aus dem Industrie-Standort machen lässt, zeigt schon mal drei Fußminuten von hier, im Landesinneren, eine postmoderne Konsuminsel, die sich als Freiluftmuseum für historische Neonschrift-Kunst geriert und in ihren Hallen ein offensichtlich florierendes Quartier für Kultur- und Gastrogewerbe beherbergt. Zugeschnitten auf die Ansprüche der jungen, wohlhabenden Generation Warschaus mit leichtem Sinn fürs Abgefahrene speist man im Sushi-Baustil Kotelett an Apfel-Pilz-Sauce sowie Palatschinken und begutachtet gegenseitig Spitzenerzeugnisse der jüngsten Kleiderordnung.

Hier in Praga begann unsere Reise durch Polen im August 2013. In einem kleinen Hotel hinter dem Nationalstadion. Und hier im Abschluss-Gespräch mit dem Autor des Standardwerks über die ›*Geschichte Polens im 20. Jahrhundert*‹ soll sie nun enden. Also zurück zu Włodzimierz Borodziej. In Deutschland, in Europa, aber natürlich auch in Polen gehört Borodziej zu den einflussreichen Zeithistorikern: Ein Sprachgenie, der die postmodernen Medien verachtet und gleichzeitig zu den bestvernetzten Intellektuellen des 21. Jahrhunderts gehört. Kaum ein historisches Großprojekt, an dem er nicht mitbastelt – genauso wie an diesem Interview, das in seiner Schriftform nicht nur einmal zwischen Warschau und Weimar hin und her wanderte.]

Herr Borodziej, zehn Jahre nach der Ost-Erweiterung der Europäischen Union, 25 Jahre nach dem europäischen Mauerfall: Wo steht Polen, politisch, gesellschaftlich, mental?

Schon zum Zeitpunkt der Ost-Erweiterung war Polen ein Europa- beziehungsweise EU-freundliches Land. Im Ergebnis stimmten etwa 77 Prozent der Teilnehmer des Beitritts-Referendums dafür – bei einer für hiesige Verhältnisse beachtlichen Beteiligung von 59 Prozent. In allen Umfragen, die ich kenne, schenken die Polen seither Brüssel mehr Vertrauen als Warschau. Man sieht den Beitritt als eine riesige Disziplinierungsmaßnahme, nicht zuletzt für die Verwaltung. Die Polen trauen ›dem Staat‹ prinzipiell nie – selbst dann nicht, wenn es der eigene Nationalstaat ist. Also gibt es immer die doppelte Sicht auf die Europäische Union: Einerseits bedeutet Brüssel natürlich wie überall ›viel zu viel Regulierungen‹. Die unsinnigsten Maßnahmen werden immer wieder mit ›Brüssel‹ begründet. Wenn Sie bei einem Ortsgespräch im Festnetz die Vorwahl nutzen müssen, ist dies angeblich eine europäische Vorschrift … Andererseits gibt es das Misstrauen gegenüber dem Staat und ein Vertrauen darauf, dass die Bürokraten in Brüssel letztlich besser als polnische Politiker und Beamte wissen, was sie tun. (*Ein tigergleicher Kater streift souverän über das Aufnahmegerät und lässt sich auf dem Wohnzimmer-Tisch zwischen uns nieder.*) Neben diesem Grundvertrauen zu Brüssel gibt es den offensichtlichen zivilisatorischen Fortschritt in Polen, der das Seine bewirkt. Vor zehn Jahren betrug das Bruttosozialprodukt pro Kopf vierzig Prozent des EU-Durchschnitts, heute sind es mehr als sechzig Prozent. Und man braucht nicht in den Statistiken nachzuschlagen, um zu sehen, wie viel Tausende Kilometer neue Straßen, darunter die längst überfälligen Autobahnen und Schnellstraßen, gebaut worden sind. Nach zehn Jahren sind sie überall zu sehen.

Warschau Ost auf dem Vormarsch, März 2014

Unsere Erfahrung ist: Gen Südosten sehr wohl. Im Norden und Westen hingegen hat sich noch nicht viel getan.

Einverstanden: Der Nordwesten und die Gebiete entlang der deutschen Grenze sind ein ähnliches Problem wie fast der gesamte Grenzstreifen zu unseren östlichen Nachbarn. Diese Gebiete scheinen nicht besonders entwicklungsfähig zu sein. Die großen Veränderungen verlaufen entlang der boomenden Korridore, den Highways des neuen Zeitalters, zu deren Ausstattung nun auch die Autobahnen gehören, hauptsächlich auf der Ostwest-Achse, aber auch auf der Achse von Danzig nach Schlesien. Entlang der meisten Grenzen gibt es erhebliche Strukturprobleme: Auswanderung und Alterung, das Schrumpfen der Infrastruktur mit relativ wenigen Investitionen sowie gen Belarus und in die Ukraine nur eine Handvoll Grenzübergänge. Auch hier profitiert man von der Entwicklung; aber deutlich weniger als auf den Hauptkorridoren.

Der Ost-West-Korridor in Pommern, zwischen Mecklenburg und den baltischen Staaten, wird noch entstehen?

Ich höre davon seit Anfang der 1990er Jahre und glaube inzwischen nicht mehr, dass ich ihn noch erleben werde: Die Via Baltica, die wir alle in diesem Teil Europas wirklich gut brauchen könnten, hat anscheinend zu wenig Lobby. Was man stattdessen sehen kann, ist, dass man heute schnell und gut von Warschau nach Berlin kommt; östlich von Warschau wird es dann etwas schlechter. Aber auch im Süden kann man fast von der ukrainischen Grenze bis nach Görlitz auf einer Autobahn fahren. Und man kommt auf der

Autobahn von Danzig nach Tschechien – mit einer Lücke in Zentralpolen.

Aber warum müssen wir überhaupt so viel über das Straßennetz sprechen? Weil Polen, trotz all seiner Kreativität und der jüngsten Erfolge, ohne seinen Grundkomplex, hier sei alles schlechter als ›im Westen‹, einfach nicht zu verstehen ist. Die Autobahnen waren eines der konkreten Beispiele für diese teils verifizierbare, teils imaginierte Rückständigkeit. Ein anderes wäre die allgemeine Überzeugung, die politische Klasse sei korrupter und unfähiger als anderswo. Nicht auszurotten, diese Grundstimmung! Das dritte Beispiel ist der Fussball: Die polnische Nationalmannschaft liegt seit Jahren in der Weltrangliste hinter Burkina Faso und Mali ... die Frustration ist in diesem Fall ebenso nachvollziehbar, wie sie es bis vor kurzem im Fall der Autobahnen war.

Aber im Ernst: Ein Strukturproblem, das übrigens keineswegs spezifisch polnisch ist, ist die wachsende Disparität zwischen den Zentren, die in den Korridoren liegen und dem übrigen Land. In diesem ›übrigen Land‹ profitieren vor allen Dingen die Bauern vom EU-Beitritt. Es geht ihnen so gut wie noch nie.

Sie sprachen von weiteren Punkten – neben der politischen Einstellung und dem zivilisatorischen Fortschritt ...

Ja, der dritte Punkt ist natürlich der der äußeren Sicherheit. Die Polen fühlen sich durch die NATO-Mitgliedschaft sicherer als je zuvor. Aber andererseits – das zeigt die Ukraine-Krise in aller Deutlichkeit – gibt es in diesem Frühjahr ein neues, wohl recht verbreitetes Gefühl: ›Erst macht sich Russland an die Ukraine, dann an die baltischen Staaten und zuletzt an Polen.‹ Daher das Interesse an den Diskussionen über die und innerhalb der NATO – aber auch in den USA und der EU –: Ist man hier bereit, sich der russischen Expansion entgegenzustellen? Oder droht ein neues München?

... in Erinnerung an die Zustimmung des Westens zu Hitlers Annexion des Sudetenlandes 1938.

Also: Zieht der Westen wieder wie damals den Schwanz ein: zuerst auf Kosten der Ukraine und dann, Schritt für Schritt, auch auf Kosten der anderen, der östlichen Mitglieder von NATO und EU?

›München‹ ist Thema?

Ja. Weniger in Tschechien, wo man sich bestens daran erinnert, aber diesmal offenbar nicht bedroht fühlt, als in der Ukraine, in Polen und den baltischen Ländern, in Rumänien und in der Moldova. Das ›Appeasement‹ als Leitidee für die Gestaltung der internationalen Beziehungen in einem Augenblick, wo die bisherigen Regeln unter Druck von außen geraten – und potentiell ein Westen, der ›dafür‹ nicht sterben will: Das wird wieder diskutiert.

Soweit vielleicht die Einstiegsskizze zu Polen im zehnten Jahr seiner Mitgliedschaft in der EU und fünfzehn Jahre nach seinem NATO-Beitritt. Wir möchten Ihnen nun gern einen kleinen Überblick über unsere bisherige Recherche-Reise durch Polen geben: Sie begann in Berlin bei Ihrem Kollegen Robert Traba, ging dann über Warschau, Łódź, Radom ...

... das liegt definitiv nicht im EU-entwickelten Korridor ...

... nein, das zog sich ... Dann ging es weiter in den Südosten nach Lublin und Zamość, wo wir die Schnellstraßen wiederfanden und zuletzt Richtung Norden, nach Gdańsk. Anschließend gab es immer wieder Berlin-Warschau-Fahrten. Und heute sind wir also hier: in Praga, auf der „asiatischen Seite" Warschaus, wie Sie die Hauptstädter zitierten.

Unsere erste Gesprächspartnerin war übrigens Paula Sawicka, die Wegbegleiterin Marek Edelmans, des Widerstandskämpfers in den beiden Warschauer Aufständen, von der wir eine erste überraschende Botschaft mit auf den Weg bekamen. Sie lautete in etwa so: „Wenn ihr Europa in der Geschichte des 20. Jahrhunderts in Polen sucht, dann fragt nach dem Bund. Fragt nach der sozialistisch-jüdischen Bewegung derer, die nicht nach Israel, sondern ›dableiben‹ wollten, weil sie sich als polnische Juden verstanden..."

... für einen Polen ist es nicht selbstverständlich, bei Europa zuerst an den Bund zu denken; nur sehr geschichtsbewusste Menschen werden mit diesem Satz etwas anzufangen wissen. Als Bezugspunkt wesentlich populärer ist die Erinnerung an die polnische-litauische Adelsrepublik der Neuzeit, die ja im Englischen nicht ohne Grund mit ›commonwealth‹ übersetzt wird: Ein multiethnisches und multikonfessionelles Reich, das in Europa den Gegenweg zum Absolutismus symbolisiert.

Es sind nicht immer die großen Stränge, die Highways der europäischen Geschichtsschreibung, denen wir in Polen gefolgt sind. Aber vielleicht gleich nachgefragt: Was sagen Sie zum Vorschlag von Paula Sawicka?

Aus linker Sicht eine wunderbare Idee: der Bund als Modell für ein sozialistisches Europa, für Freiheit, Gleichheit und Gerechtigkeit, Aufhebung der nationalen Gegensätze. Einiges davon hat sich in der letzten Dekade des 20. Jahrhunderts in jenem Teil Europas, in dem der Bund wirkte, nun durchgesetzt: In Polen und Litauen gibt es heute unendlich mehr Freiheit, Gleichheit und Gerechtigkeit als vor einhundert Jahren; nur gibt es den Bund nicht mehr und, wie gesagt, ganz wenige Menschen, die von diesem Erbe überhaupt wissen.

Die letzten Überlebenden des Bundes verlassen dieses Land nach 1945, oder?

Fast alle. Die Bundisten waren – wie alle sozialdemokratischen Strömungen – die meistgehassten Feinde der Kommunisten. Da konnte man nur individuell überleben, indem man sich angepasst hat. Als Formation, als Gruppe hatten die wenigen, die überhaupt noch übrig waren, im Staatssozialismus sowieso keine Chance.

Wobei dieses „individuelle" Überleben für einen bekennenden Bundisten anscheinend wirklich möglich war, wenn man Marek Edelman nochmals als Beispiel zitiert. Er spielte ja keine geringe Rolle in der Volksrepublik – bis hin zur Mitgestaltung von neuen Bewegungen wie ›Solidarność‹.

Individuell war es, wie gesagt, möglich, wenngleich alles andere als selbstverständlich. In der Dauerausstellung des neuen Museums der Geschichte der polnischen Juden, die diesen Herbst 2014 in Warschau eröffnet wird, versucht man, auch diesen ausgetrockneten Pfad der Geschichte zu dokumentieren.

Hat das Gedankengut der Bundisten irgendwo seine Nische oder gar seine Netzwerke gefunden, sodass es heute wieder Relevanz haben könnte?

Nicht, dass ich wüsste. Außer eben bei Marek Edelman, der einfach eine große Einzelpersönlichkeit war.

Ein Gedankensprung vielleicht: Was halten Sie – wenn wir heute über eine moderne radikale Linke in Polen sprechen wollen – von dem Netzwerk ›Krytyka Polityczna‹ und ihren Vertretern wie Sławomir Sierakowski oder Elżbieta Janicka, die wir gesprochen haben?

In Wählerstimmen gerechnet spielen sie keine Rolle. Sie werden politisch nicht wirklich vermarktet, wollen sich wohl von den politischen Machern auch nicht vermarkten lassen. Meinen deutschen Bekannten aber habe ich vor Jahren, als das Land von den Kaczyńskis regiert wurde, gesagt: ›Geht in die ›*Krytyka Polityczna*‹. Da tut sich was.‹ Einige haben es getan und profitieren davon bis heute. Im intellektuellen Milieu sind sie sehr einflussreich: als minoritäre Gruppe, die man hört. Ob sich das je politisch umsetzen lässt, bleibt – wie gesagt – völlig ungewiss. Der einzige, der es versucht hat, war Janusz Palikot mit seiner Partei Twój Ruch, der ja auch im Sejm vertreten ist. Im Augenblick steht er aber ausschließlich für einen unberechenbaren linken Populismus, der viel Unsinn verzapft und letztlich eine politische Sackgasse symbolisiert. Anders gesagt: Wir stehen offensichtlich vor der Unmöglichkeit, eine neue polnische Linke zu erfinden.

›Krytyka‹ *hingegen scheint mit seinen Büros in halb Europa die Netzwerke erfolgreich zu knüpfen. Wenn wir das richtig sehen, denken sie ein weitgehend westeuropäisches Gedankengut fort, das – in Polen, beziehungsweise Osteuropa transformiert – sich nun neu streut.*

Ja, man könnte das Konzept in etwa so zusammenfassen: Mit Slavoj Žižek und Co. linke Positionen weiterdenken, sie auf Polen übertragen und sie auf deren Aussagekraft im hiesigen Kontext überdenken. Ihre Stimme wird in Polen dann laut und am ehesten gehört, wenn sie vom Prekariat sprechen – und vom Leben in der Postmoderne, die wir ja erst seit zwanzig Jahren als eine neue Epoche identifiziert haben. Auch zur Bankenkrise 2008 hatten sie – so mein Eindruck – wichtiges zu sagen. Wirklich neu ist das alles aus der Perspektive der Teilnehmer solcher Diskussionen vermutlich nicht, aber in einem Land, in dem die Rechte dominiert, mehr als nur eine Bereicherung.

Eine nennenswerte, an der Arbeiterbewegung orientierte Linke gibt es in Polen mit dem Abdriften der ›Solidarność‹ sonst nicht mehr, oder? ›Solidarność‹ zumindest ist Geschichte?

Ja, eine alte Geschichte mit ein paar hunderttausend Mitgliedern heute, an die Rechte angebunden und extrem politisiert: Für alle, die sich für ›Solidarność‹ einmal engagiert und erwärmt haben, ein einziges Ärgernis.

Für Sie auch?

Ich bin seit 1983 kein ›Solidarność‹-Mitglied mehr. Es gibt viele Zeitgenossen, für die dieser Wandel viel schmerzlicher war.

Und was ist mit dem neuen Europäischen Zentrum der ›Solidarność‹ in Gdańsk?

Das ist Gedenken an die ›Solidarność‹ der 1980er Jahre.

Ein Totengedenken?

Nein, das Zentrum wird gewiss eine attraktive Erinnerungsstätte werden, aber nicht mit Blick auf die heutige ›Solidarność‹, sondern im Gedenken an eine Zeit, in der sich Solidarität bewährt hat: eine Solidarität, die dann nach 1989 in der postmodernen Gesellschaft keine Fortsetzung gefunden hat. Bis 1989 konnte die ›Solidarność‹ behaupten, sie stehe für die polnische Gesellschaft. Seitdem nicht mehr.

POLNISCHE POSTMODERNE

›Postmoderne‹ heißt für Sie was?

Eine Welt ohne feste Stellen und die damit verbundenen Sozialsicherungen, die Risikogesellschaft, eine Welt der Beliebigkeit, dominiert durch die Allpräsenz der Medien, begleitet durch die demographische Krise sowie die wachsende Befürchtung, dass es für die heute 35Jährigen statt einer ordentlichen Rente nur noch Almosen geben wird. Alles ist heute anders als in den 1980er Jahren. Die Krise der Hochmoderne, die der Westen seit den 1970er Jahren erlebte, hat Polen in den 1990er Jahren absolviert – unter anderen Vorzeichen. Herausgekommen ist eine Gesellschaft ohne Arbeiterklasse mit viel Dienstleistungen, Medien, mit denen wir überhaupt nicht mehr zurecht kommen, mit einem riesigen Prekariat, mit ständiger hoher Arbeitslosigkeit, mit einem beachtlichen grauen Markt.

Und wie lebt Polen damit im Vergleich zu Deutschland?

Insgesamt würde ich sagen: Etwas gelassener. Aber wie viel Zündstoff sich in diesen unsicheren Verhältnissen verbirgt und was dabei für die Zukunft herauskommen wird, weiß natürlich niemand. Vor drei Jahren hatten wir in Polen ja eine Mobilisierung der Gesellschaft, die Europa ein Muster geliefert hat: Die Bewegung gegen ACTA ...

... die von Polen ausging!

Eben. Die einzige große europäische Bewegung nach der Wende, die sich spontan von Polen aus formierte. Im Widerstand gegen ACTA trat die junge polnische Gesellschaft zum ersten Mal als Masse auf. Ein an der Aushandlung des Vertrags beteiligter Botschafter meinte angesichts der Großdemonstrationen in Warschau – natürlich privat –: ›Ja, stimmt. Wir wollten mit den USA einfach einige Standards gegen Urheberrechtsverletzungen und Produkt-Piraterie verhandeln – und jetzt wird mir erst klar, was wir da eigentlich verhandelt haben.‹ Der polnischen Regierung ging es nicht anders. Auch sie hatte versucht, etwas zu regulieren und musste erkennen, dass es hier eine politisch bislang undefinierte, im Grunde undefinierbare Gruppe gibt, die dagegen auf die Straße geht. Und was ist passiert? Die Regierungen sind zurückgewichen. Die Demonstranten haben protestiert, ihr Ziel erreicht und ... sind wieder nach Hause an ihre Rechner gegangen. Mal sehen, ob und wann sie sich erneut formieren.

In den liberalen deutschen Medien wurde dieses Thema mit genau dem Unbehagen diskutiert, das auch aus Ihren Worten spricht: In einer starken Ambivalenz zwischen einer gewissen Begeisterung dafür, dass da Leute im jungen Polen für ihre Interessen auf die Straße gehen und im Erschrecken andererseits, dass es der pure Neoliberalismus ist, für den sie demonstrieren.

Wir können das schwer in unsere politischen Schemata einordnen. Es ist weder links noch rechts; auch nicht wirklich populistisch – die Anti-ACTA-Bewegung hat nichts, geschweige denn etwas Unhaltbares versprochen. Und den „puren Neoliberalismus" könnte man ja auch auf die Freiheit des Individuums zurückdeklinieren.

POLNISCHE OPFER

Apropos „auf die Straße gehen". Ähnlich war es ja jetzt in der Krim-Krise, als gerade aus Polen viele junge Leute sofort bereit waren, die Ukraine mit der Waffe in der Hand gegen Russland zu verteidigen.

Bei der Orangen Revolution in der Ukraine vor zehn Jahren war das noch viel stärker. Warschauer Studenten und Doktoranden sind hingefahren, um sich zu engagieren. Inzwischen haben wir beobachten müssen, wie sich die damaligen Reformer, also Wiktor Juschtschenko und Julija Tymoschenko, selbst zerfleischten. Die polnische Sensibilität für die Ukraine ist zwar unvermindert, nur dass wir niemanden mehr sehen, auf den man setzen könnte. Wer – bitte – kann uns sagen, wodurch sich Petro Poroschenko von anderen örtlichen Oligarchen unterscheidet?

Aber insgesamt gehört diese polnische Sensibilität für die Ukraine, mit der wir ja extrem schwierige historische Beziehungen hatten, zu den beeindruckenden Beispielen dafür, dass Stereotype und Vorurteile keineswegs unsterblich sein müssen. Einerseits gibt es noch die durchaus lebendige Erinnerung an die Pogrome an der polnischen Bevölkerung im Zweiten Weltkrieg; zugleich aber – und viel stärker – ein authentisches Interesse, ein Verständnis für den Freiheitskampf und viel Sympathie für die Ukrainer, die manchmal sogar ein wenig nach einer lokalen Variante von Panslawismus klingt, denn ohne die gemeinsamen slawischen Wurzeln, ohne die sprachliche Nähe zur Westukraine kann ich mir diese Haltung nicht so gut vorstellen. Wichtiger bleibt freilich folgende durchaus belastbare Denkfigur: Je stärker die Ukraine, desto weniger imperial ist Russland und desto sicherer sind wir.

Ist – etwas zynisch gesagt – das, was da in der Ukraine passiert, in Bezug auf die Entwicklung eines europäischen Selbstverständnisses in Polen das Beste, was passieren konnte?

Wir können uns gar nicht noch mehr gen Europa orientieren, als es bereits der Fall ist. Wir sind in Europa und fühlen uns, wie gesagt, dadurch auch deutlich sicherer. Als eine unerfreuliche Marginalie resultiert daraus unter Umständen eine gewisse Überheblichkeit gegenüber den Ukrainern, die wir als unsere bedrohten, weitestgehend erfolglosen Verwandten ansehen, die auf unsere Hilfe angewiesen sind.

Dann vielleicht lieber ein kleiner Blick von der anderen Seite der Welt auf Polen. Überrascht hat uns im Gespräch mit der Soziologin Ludwika Włodek ein östlicher Außenblick auf Europa, den sie aus den ehemaligen Sowjetrepubliken wie Kasachstan oder Kirgisien mitbringt: Polen von jenseits der Schengen-Grenze als Sehnsuchtsort – gerade, weil dieses Land von außen gesehen noch ein wenig ›Osten im Westen‹ verspricht.

Es sind wohl eher ihre intellektuellen Gesprächspartner, die Frau Włodek hier im Sinn hat. Zahlenmäßig bleibt Polen für den ganz großen Teil der Migranten Durchgangsland – auf dem Weg in den ›eigentlichen europäischen Westen‹. Es gibt nur zwei Gruppen, die das anders sehen. Die erste sind die Russen aus Kaliningrad, die seit rund zwei Jahren ohne Schengen-Visum im kleinen Grenzverkehr nach Polen reisen dürfen. Bis Danzig. Der ganze nordöstliche Teil Polens lebt davon. Dieser nicht mehr ganz kleine Grenzverkehr gehört wohl zu den wichtigsten Veränderungen der letzten Jahre, denn plötzlich stellte sich heraus, dass die polnisch-russischen Beziehungen völlig problemlos sein können. Aber hier geht es natürlich nur um ein paar hunderttausend Menschen. Die größere Gruppe sind die Ukrainer mit vielen hunderttausend Gastarbeitern in Polen. Jeder mir bekannte polnische Haushalt hat eine ukrainische Putzfrau. Und für die Ukrainer ist Polen wirklich das, was Sie vorhin angesprochen haben: Das Vorbild, das man anstrebt. Kein Paradies, sondern einfach ein positiver Bezugspunkt.

Wir kommen gerade von Marek Cichocki vom Europäischen Zentrum Natolin – dem ›Europa-think-tank‹ der polnischen Regierungen, der – auch von den Polen – mehr Opferbereitschaft, mehr Solidarität in den demokratischen Ländern einfordert.

Richtig. Das kommt auf den Prüfstand, sobald die Sanktionen gegen Russland von allen, auch von den Polen, Opfer verlangen werden. Solidarität lässt sich leicht einfordern, sie zu praktizieren ist bekanntlich etwas schwieriger. Dennoch bin ich überzeugt, dass Polen diese Prüfung bestehen wird.

Zurück zu Marek Cichocki, einem interessanten, weil konservativen Kopf der Rechten. In der Ukraine-Frage sind wir uns vermutlich einig. Was Liberale und Rechte trennt, ist grundsätzlicher Natur, es geht um das Verhältnis zu der neuen Epoche, in der wir leben. Ich komme mit der Postmoderne schlecht zurecht. Die Konservativen wollen aber einen Gegenentwurf durchsetzen, in dem Menschen wie ich sich noch sehr viel unwohler fühlen würden.

Sie selbst gehören doch – wie wir – eher zu den Menschen, die von der Postmoderne profitieren. Wo fühlen Sie sich persönlich von ihr in Frage gestellt?

Das Hauptproblem scheint ja die Entgrenzung der Profitgier zu sein, die uns alle betrifft und eines Tages noch viel härter treffen kann als in den letzten Jahren. Als Konsumenten und Kreditnehmer sind wir ihr ziemlich hilflos ausgeliefert, zumal sie jetzt über bislang unvorstellbare mediale Möglichkeiten verfügt. Und sie hat die Medien schon jetzt bis zur Unkenntlichkeit verändert. Am besten präsentiert sich in Polen noch der Hörfunk, mit einigen wenigen Sendern, die Qualität behalten. Beim Fernsehen – Dutzende von Programmen und Sendern – könnte ich keinen einzigen nennen. Die Bedenken hinsichtlich des Internets und seinen Folgen werden ja überall diskutiert. In Polen kommt das ›Hating‹ hinzu, das in der polnischen Kommunikation eine deutlich größere Rolle als in Deutschland spielt. Purer Hass, in der Regel völlig grundlos. Dominiert ist dieses Internet in Polen nach meiner Erfahrung durch die Rechte, die dessen Profil in einer Abkehrbewegung von den damaligen Mainstream-Medien entwickelt hat.

Welche Medien halten Sie in Polen hoch?

Einige wenige Printmedien.

MUSEEN I: DAS HAUS DER EUROPÄISCHEN GESCHICHTE

Was könnte für Sie eine europäische Öffentlichkeit sein? Nur eine Schimäre in der Welt des Internets? Oder hätte eine parallel funktionierende bürgerlich-europäische Öffentlichkeit noch Chancen? Ein Beispiel, das wir gern zum Schluss unserer Reise nochmals mit Ihnen durchdeklinieren würden, ist die sich entwickelnde polnische Museumslandschaft, die wir auf unseren Reisen von Warschau über Lublin bis nach Gdańsk staunend beobachten. Wir fragen uns, ob hier nicht gerade sehr einflussreiche Narrative entstehen, die vielleicht doch noch so etwas wie eine Form der Öffentlichkeit herstellen? Also: Welche Rolle spielt das Museum des Warschauer Aufstands? Welche Rolle wird das Museum der Geschichte der polnischen Juden spielen? Welche Rolle spielt das künftige Museum des Zweiten Weltkriegs in Gdańsk und das Europäische Zentrum der ›Solidarność‹? Hinzu kommt das Brüsseler Projekt für ein Haus der Europäischen Geschichte, das einen polnischen Vorsitzenden hat. Und Krzysztof Pomians Brüsseler Konkurrenz-Museumsprojekt gibt es ja auch noch irgendwie, oder?

Das Brüsseler Team, das Sie zuletzt genannt haben, macht meines Wissens nach spektakuläre Wanderausstellungen; die letzte in Brüssel ging über den Ersten Weltkrieg. Das Team von ›Tempora‹, das diese Ausstellungen produziert, ist übrigens auch für das Design des Danziger Museums des Zweiten Weltkriegs verantwortlich.

Wie also beurteilen Sie dieses Gemisch an konkurrierenden Narrativen und welche Rolle spielt dabei eine wie immer geartete europäische Öffentlichkeit?

Fangen wir vielleicht mit dem künftigen Haus der Europäischen Geschichte an. Von Brüssel aus stellt sich der Anspruch an dieses Haus etwa folgendermaßen dar: Wenn Europa so etwas wie eine politische Gemeinschaft sein will, dann braucht es eine gemeinsame Identität. Keine, die die nationale ersetzt – das wäre Größenwahn –, aber eine zusätzliche Option neben unseren bereits funktionierenden Identitäten. Diese europäische Identität gibt es ohne eine gemeinsame Tradition nicht. Daher soll das Haus der Europäischen Geschichte ein Narrativ anbieten, in dem man sich als Europäer wiedererkennt. Ein zugleich nobler, ehrgeiziger und unterstützenswerter Anspruch. Das Projekt hat inzwischen zum Glück eine Eigendynamik entwickelt, die dafür sorgt, dass selbst ein von Europa-Skeptikern dominiertes Parlament es nicht mehr aufhalten kann.

Die Eröffnung sollte eigentlich schon 2014 vor der Wahl des neuen Europa-Parlaments sein. Sein wichtigster politischer Initiator im Europa-Parlament Hans-Gert Pöttering wollte sich damit doch noch ein Denkmal setzen.

Auch wenn es dazu nicht kommt – es wird in der Tat ein Denkmal nicht zuletzt für überzeugte Europäer, die dieses Projekt auf den Weg gebracht haben. Es ist schon merkwürdig, dass wir kaum daran denken, wem wir unsere heutige, alltägliche Europa-Erfahrung verdanken. Schengen oder niedrige roaming-Gebühren wären vielleicht das beste Beispiel für Massenwirkung, eine Welt, die für uns Selbstverständlichkeit geworden ist – das alles ist in einem anonymen, gesichtslosen ›Brüssel‹ produziert worden. Die Europäische Union ist das am schlechtesten vermarktete Produkt in der Weltgeschichte.

Modell des Hauses der Europäischen Geschichte, Brüssel, 2011

Zurück zum Haus: Der von Ihnen vorhin erwähnte Krzysztof Pomian, ein großer Kenner von Sammlungen und Museen, hat es nachgerechnet: Die großen Museen in Europa entstehen heutzutage im Durchschnitt von etwa acht Jahren. Für das Haus der Europäischen Geschichte in Brüssel hieße das, dass es etwa 2015 eröffnet. Ähnlich sehen die Perspektiven des Museums des Zweiten Weltkriegs in Danzig aus: Es soll ebenfalls 2015 oder 2016 eröffnen, hat also einen ähnlichen Vorlauf. So lange braucht heute einfach ein museales Großunternehmen. Nur das Museum des Warschauer Aufstands wurde sehr viel schneller fertig; einer muss ja den Durchschnitt nach unten drücken. Grundsätzlich bin ich aber ganz Ihrer Meinung, dass man in Polen einen – durchgehend staatlich geförderten – Museumsboom beobachten kann.

Im Gegensatz zu Tschechien oder Ungarn, wo das Thema ›Historische Erinnerung‹ Privatunternehmen überlassen wird – mit desaströsen Resultaten, wie Adam Krzemiński betont.

Dieser Museumsboom in Polen, den ich ausdrücklich gutheiße, ist im Gegensatz dazu das Ergebnis eines politischen Willens und einer oft bewundernswerten Konsequenz und Umsicht.

Nur eines fehlt in den Vorgeschichten: eine europäische Öffentlichkeit, die dies unterstützt. Ich kenne, um ein Beispiel zu nennen, keinen einzigen positiven Artikel über das Haus der Europäischen Geschichte: Von Großbritannien über Österreich, Polen bis nach Litauen gibt es durchgehend negative Stimmen, in den seltensten Fällen vielleicht einmal eine neutrale Berichterstattung, die sich vernünftigerweise mit dem Urteil bis zur Eröffnung zurückhalten will. Die Kritik kommt größtenteils von rechts, teilweise aber auch von liberaler Seite. Dieses Museum wird auf die Kritik im Vorfeld mit einer anregenden, originellen Ausstellung antworten; ich kann mir aber nur schwer vorstellen, dass den Nationalisten damit das Wasser abgegraben wird. Als vor ein paar Jahren die Thesen zum Ausstellungskonzept bekannt wurden, lief die Rechte in Polen Sturm: Unsere Nationalgeschichte werde sträflich vernachlässigt, die Schlacht bei Tannenberg 1410 komme ja gar nicht vor!

Und warum dann nicht gleich mehr Mut für eine gemeinsame Europa-Vision?

Für das Visionäre gibt es erst recht keinen Spielraum. Das Einzige, womit sich das Haus der Europäischen Geschichte am Ende behaupten kann, ist die Qualität und die Attraktivität der Ausstellung.

Seit vier Jahren fragen wir inzwischen jeden unserer Gesprächspartner für dieses Buch und für seinen Vorgängerband ›Von Buchenwald(,) nach Europa‹*: Welches Exponat braucht Ihrer Meinung nach das künftige Haus der Europäischen Geschichte?*

Und was sind die Antworten?!

Die meisten sind hoffnungslos mit dieser Frage überfordert.

Ich auch ... Auf den ersten Blick. Auf den zweiten würde ich antworten: Den Ausspruch: ›Tú felix Áustria nûbe!‹ – ›Kriege führen mögen andere. Du glückliches Österreich, heirate. Denn was Mars den anderen verschafft, gibt dir die göttliche Venus.‹ Selbst wenn die Habsburgermonarchie, wie alle anderen Imperien, letztlich auseinandergefallen ist. Aber dieses militärisch oft ineffiziente Großreich, das noch vor einhundert Jahren, das heißt in seiner Endphase, mehr als ein Dutzend Nationalitäten in sich vereinigte und bis zum Beginn des Ersten Weltkrieges leidlich funktionierte, wäre deutlich mehr als nur ein regional wichtiger Bezugspunkt für Europa.

MUSEEN II: DAS MUSEUM DES WARSCHAUER AUFSTANDS

Als ob das keine Vision wäre! Doch damit zurück zur polnischen Museumslandschaft.

Das einzige Museum, das unter den von Ihnen genannten schon seit Jahren funktioniert, ist das des Warschauer Aufstands. Gebaut wurde es innerhalb von zwei Jahren! Als Mitglied des Gründungsbeirats habe ich mich für dieses Projekt eingesetzt, denn es war doch klar: Warschau braucht – sechzig Jahre nach der Katastrophe – endlich ein solches Haus. Herausgekommen ist etwas tatsächlich Neues, das die polnische Museumslandschaft neu definiert.

Heute stehe ich diesem Projekt mit gemischten Gefühlen gegenüber, schwankend zwischen Bewunderung für den Erfolg und Distanz gegenüber der Kernidee, konservative Werte mit modernen Mitteln zu präsentieren. Das Gründungsteam hatte sich im Vorfeld mehrere erfolgreiche Großunternehmen aus den letzten Jahrzehnten angeschaut und so ist das Museum des Warschauer Aufstands diesen hinsichtlich der Vermittlungstechnik ziemlich ähnlich geworden: Der Besucher wird überwältigt, die Dramatik des Stoffes durch die Art der Präsentation noch einmal potenziert. Im Mittelpunkt steht die Gleichsetzung von Helden- und Opfertum, die man in der nicht nur geschichtspädagogischen Pointe zusammenfassen könnte: Die Gemeinschaft soll von dir fordern können, dass du Opfer bringst – du bist dazu verpflichtet. Diese ›Message‹ klingt heute nicht unbedingt überzeugend und für Nicht-Polen wohl verwirrend. Ein Bekannter von mir war mit einem jungen Portugiesen in der Ausstellung. Der 28Jährige, bar jedes Wissens über polnische Geschichte, fragte nach dem Besuch etwas ratlos: „Wer hat eigentlich gewonnen?!" Er konnte mit der Vorstellung, Helden seien keineswegs immer Sieger, einfach nichts anfangen. Für ihn kam es überraschend, dass hier an Helden erinnert wird, die verloren haben.

Um seine Frage zu beantworten: Gewonnen hat die Rote Armee, die damals ungefähr hier bei Ihnen im Haus stand.

Ja; sie saß quasi hier auf dem Sofa ...

... und eben hier auf der „asiatischen" Uferseite hat sie gewartet, bis das Gemetzel vorbei war.

Die Ausstellung zumindest ist ein Riesenerfolg. Sie hat ein polnisches Millionen-Publikum und einen Andrang, der auch heute, nach zehn Jahren, nicht abreißt. Für die Rechte gilt sie als der Beweis, dass sie ihre Narrative in der postmodernen Welt mit dem klassischen Medium ›Museum‹ etablieren und durchsetzen kann. Eine aus ihrer Sicht ermutigende Erkenntnis. Sie wissen auch genau, wer ihre Adressaten sind: Diese Ausstellung, so betonten die Verfechter dieses Museums von Anbeginn, ist überhaupt nicht für meine, also die mittlere Generation gedacht. Die zwei Hauptgruppen – die sich auch wirklich dafür begeistern – sind einerseits die Erlebnisgeneration, und andererseits die Jüngeren, Jugendliche und Kinder. Die 40- bis 60Jährigen scheiden aus. Insofern ist das ganze Unternehmen als Investition in die Jugend gelungen. Wer heute als junger Mensch nach Warschau kommt, geht im Rahmen des Kulturprogramms ins Wissenschaftszentrum Kopernikus und in das Museum des Warschauer Aufstands.

Das Museum des Warschauer Aufstands, Warschau, März 2014

Ein Erfolg wäre das Museum für seine Verfechter aber nur, wenn die Opfer-Botschaft sich auch in den Köpfen festsetzt.

Ich denke, das tut sie. Neben der Dauerausstellung hat das Museum des Warschauer Aufstands ein riesiges Begleitprogramm, das vor allem auf Events setzt – nicht nur am Feiertag des 1. August mit seinem aufwändigen historischen Reenactment ›Die Warschauer kämpfen gegen die Deutschen‹. Mittlerweile gibt es eine ganze Musik, Rap- und Rockszene, die den Warschauer Aufstand thematisiert.

Aber widerspricht es nicht Ihrer These von der unaufhaltsamen Postmodernisierung Polens, wenn es den polnischen Nationalkonservativen hier glänzend gelingt, den Opfer-Gedanken in die Köpfe der jungen Menschen einzupflanzen?

Die These, Polen bleibe trotz Postmodernisierung ein Paradies der Konservativen, ist schon vor Jahren formuliert worden. Dabei geht es nicht um reine Parallelgesellschaften, denn hier und da überlappt sich das eine mit dem anderen. Dies zeigt zum Beispiel das Ergebnis der erst gestern im Zusammenhang mit der Ukraine-Krise veröffentlichten repräsentativen Umfrage: ›Wer ist bereit, für sein Vaterland zu sterben?‹ 49 Prozent sind nicht bereit, 42 Prozent sind bereit. Der Innenminister – dieselbe Generation wie ich – dazu befragt, antwortete, er traue dieser Umfrage nicht. Wenn es darauf ankäme, seien die Polen immer zu einhundert Prozent bereit, für ihr Vaterland zu sterben.

Um auf die knapp fünfzig Prozent Opferwillige zurückzukommen: Für Adam Krzemiński ist dies das Hauptproblem Polens: Die Aufteilung des Landes in zwei gleich große Lager – Konservative und Liberale.

Ja, das ist vergleichbar mit Spanien über viele Jahrzehnte des 20. Jahrhunderts: Ich glaube mittlerweile auch, dass es zwei Polen gibt.

Ein postkommunistisches und ein Post-›Solidarność‹-Polen?

Nein, ein national-konservativ-sozialistisches und ein konservativ-liberales. Mit dem Aufstieg der Rechten zu Beginn der 2000er Jahre haben sich die Gewichte und damit die ganze Struktur verschoben. Heute geht es um zwei

Ex-›Solidarność‹-Gruppierungen: im Kern pro-europäisch versus national. Das war nicht immer so. Nehmen wir das Institut für Nationales Gedenken, das die Aufgabe hat, die Zeit der Volksrepublik aufzuarbeiten, als Beispiel. Eigentlich müsste es ja ›Institut der nationalen Schande‹ heißen, ging es doch vor allem um die Aufarbeitung von Verbrechen aus der Zeit des Staatssozialismus, in der 99 und mehr Prozent der Verbrechen von Polen begangen wurden. Der Zufall wollte es, dass gerade in der Gründungszeit die Aufarbeitung des Massakers an den Juden in Jedwabne im Vordergrund stand. Damit hatte niemand gerechnet und das Institut hat sich bewährt, indem es tat, was man von ihm erwarten sollte: Die kritische Aufarbeitung der eigenen nationalen Geschichte. Unter einem neuen Vorsitzenden ist es hingegen um 2004 völlig in das rechte Lager abgedriftet und wurde zu einer Bastion der nationalkonservativen Geschichtspolitik. Heute ist es wieder halbwegs ausgewogen.

MUSEEN III: DAS MUSEUM DER GESCHICHTE DER POLNISCHEN JUDEN

Kommen wir zum Museum der Geschichte der polnischen Juden.

Die Idee leuchtete ein: Warschau und Polen wollen sich und andere an die fast eintausend Jahre jüdischer Anwesenheit an der Weichsel erinnern. Die Stadt gibt das Grundstück, Privatinvestoren finanzieren die Ausstellung und der Staat trägt die Kosten des Baus sowie – nach Fertigstellung der Ausstellung – die laufenden Kosten des Museums. Inzwischen hat das Projekt eine Vorlaufzeit von weit über zehn Jahren. Das Gebäude steht, die Ausstellung ist fast fertig und auch hier ist ganz klar, dass sie es niemandem Recht machen wird. Wieder verkürzt: Nicht nur Kritiker meinen, es gehe um die ›Indigenisierung‹ der polnischen Juden – sprich: Das Museum soll die Geschichte der Juden erzählen, deren Heimat Polen war. In den jüdischen ›Communities‹ ist dieser Ansatz natürlich umstritten, wie es auch jeder andere wäre. Viele meinen, man müsse die Geschichte der jüdischen Diaspora in Polen erzählen und nicht die der Juden, die hier über Jahrhunderte ihre Heimat gehabt haben. Die andere Grundfrage lautet: Handelt es sich bei der Geschichte im 19. und 20. Jahrhundert eher um die Geschichte der Polen jüdischer Abstammung oder um die Geschichte der Juden in Polen? Viele meinen, es müsse vor allem um die erste Perspektive gehen, weil ohne Juden oder Polen jüdischer Abstammung polnische Kunst und Literatur, Politik und Wirtschaft nicht denkbar sind und dass diese Tatsache gerade in diesem Warschauer Museum den prominentesten Platz einnehmen muss. Vor dem

Hintergrund dieser offenen Fragen wird die Darstellung des Holocaust – meiner Vermutung nach – kaum Konflikte hervorrufen: Das Schlusskapitel der Geschichte der polnischen Juden wird ausgewogen, multiperspektivisch und wohl überzeugend dargestellt, ohne etwas auszublenden und zu verharmlosen. Hinzu aber kommen Konflikte um das Museumsprojekt herum: Beispielsweise die Debatte, die seit 2013 läuft, ob man nicht vor dem Museum ein Denkmal für die ›Gerechten unter den Völkern‹, das heißt für Polen, die Juden zu retten versuchten, errichten sollte; eine lebhafte Diskussion, die auch meinen Bekanntenkreis in zwei Lager gespalten hat.

Geht es dabei um Władysław Bartoszewski und das Hilfskomitee zur Rettung der Juden während des Zweiten Weltkriegs?

Unter anderem. Aber im Grunde genommen geht es um eine symbolische Würdigung aller ›Gerechten unter den Völkern‹, die ihr Leben individuell, ohne Unterstützung des Widerstands riskierten. Sie wissen, dass die Polen hier die größte Gruppe darstellen. Ein solches Denkmal soll es nun geben – die Frage ist nur, ob es vor dem Museum stehen wird oder woanders.

Wo ist der Konflikt?

Kritiker meinen: Mit solch einem Denkmal direkt vor dem Museum der Geschichte der polnischen Juden und direkt im ehemaligen jüdischen Ghetto stellen sich die Polen einen Persilschein aus. Wenn sie das Denkmal vor die Tür dieses Museums setzen, dann streiten sie quasi schweigend die Zeugenschaft – oder die Tatsache, dass viele Nachbarn von der Vernichtung der Juden materiell profitiert haben – ab; die Tausenden von ›Gerechten‹ wären gewissermaßen das Alibi für die Millionen von ›Bystanders‹. Potentiell ein Riesenkonflikt. Wir hatten darüber eine hochinteressante Diskussion mit unseren Studenten; die einen waren dafür, die anderen dagegen. Am Ende fragten sie mich, was ich davon halte. Meine Antwort lautete: Es gibt keine gute Lösung. Aber sollte es in dieser Frage wirklich zu einem Streit zwischen ›Polen‹ und ›Juden‹ kommen, dann: Lasst es sein! Im Zusammenhang mit diesem Museum können wir eine neue polnisch-jüdische Kontroverse überhaupt nicht gebrauchen. Andererseits sagen viele jüdische Organisationen: Solch ein Denkmal, an diesem Platz, geht in Ordnung. Ein Beispiel mehr dafür, dass

Das Museum der Geschichte der polnischen Juden, Warschau, 2013

die Kontroverse bislang keine polnisch-jüdische ist, sondern quer durch die Milieus geht.

Das Konfliktthema, das dahinter steht – polnische Pogrome an Juden in Jedwabne 1941, in Kielce 1946 und an anderen Orten: Ist das in der breiten Bevölkerung angekommen?

In der ›breiten Bevölkerung‹ kommt überhaupt nichts an. Aber, ja: Unter denen, die ab und zu noch eine vernünftige Zeitung lesen, ist es angekommen.

Wir haben auch mit Barbara Kirshenblatt-Gimblett, der Programm-Direktorin der Dauerausstellung gesprochen, die betonte: Wir zeigen hier alles; Jedwabne, Kielce, alles!

Das wäre anders schlicht unmöglich, ist deswegen auch kein Problem. Das Problem für die Ausstellung bleiben Biographien von Polen jüdischer Herkunft, die sich stets nie anders als Polen empfunden haben und oft prominent genug waren, um in jede Enzyklopädie aufgenommen zu werden. Aus jüdischer Sicht sind in der Regel schon ihre Vorfahren aus der Gemeinschaft ausgeschieden. Sie selbst sahen oder sehen es nicht anders. Im Internet werden sie hingegen mit übelsten Worten als ›Juden‹ – in der Regel heißt das: Feinde Polens – diffamiert. Man schaue nur im polnischen ›google‹ unter dem Stichwort ›Bronisław Geremek‹ nach. Gehören nun diese Biographien in das Museum der polnischen Juden? Meines Erachtens nicht, Identität wird nicht vererbt. Ein anderer prominenter Zeitgenosse, der Historiker, langjährige politische Häftling, ›Solidarność‹-Berater und Vordenker der Linken Karol Modzelewski, brachte es unlängst auf die prägnante Formel, Identität sei eine Frage des Kopfes, nicht der Abstammung. Der soeben zum Direktor des Museums ernannte Dariusz Stola, ein prominenter Historiker und erfahrener Vermittler im polnisch-jüdischen Dialog, wird dieses Problem hoffentlich lösen können.

Wir hatten auch die Geschichte des Historikers Feliks Tych und seiner Frau immer wieder im Auge: Also die Verfolgungsgeschichte der Juden 1967/68 und die späte Aufarbeitung dieser Geschichte durch Tych in seinem Jüdischen Historischen Institut: Wie weit kommt seine Mahnung, die Shoah als eine europäische zu erzählen und die polnischen Kollaborationen mit aufzunehmen, als Narrativ in dem Museum an? Anscheinend hat man hier ja kaum Kontakt zum Jüdischen Historischen Institut. Und: Welche Rolle spielte eigentlich Barbara Engelking vom Zentrum zur Erforschung des Holocaust in dieser Geschichte?

Barbara Engelking ist eine der Verantwortlichen für den Holocaust-Teil der Ausstellung. Gleichzeitig ist sie die wohl prominenteste Vertreterin der These, ein Denkmal für die ›Gerechten unter den Völkern‹ gehöre sich gerade vor dem Museumsgebäude nicht. Man sollte an dieser Stelle vermutlich noch einmal betonen: Dies ist kein Museum des Holocaust, sondern es erzählt die Geschichte der Juden in Polen. Der europäischen Dimension genügt das Haus vermutlich am besten, indem es vermittelt, dass es Juden in Polen und Litauen über Jahrhunderte besser ging als anderswo in Europa, bevor sich die Lage in Russisch-Polen im 19. Jahrhundert – in einem langen Zeitraum also, als es keinen polnischen Staat gab – in das Gegenteil verkehrte. Wahrscheinlich würde Barbara Kirshenblatt-Gimblett Ihnen eine ähnliche Antwort geben.

Welche Rolle wird dieses Museum nun im Rahmen der konkurrierenden Museums-Narrative spielen? Wird es eine Art von Korrektiv zum Museum des Warschauer Aufstands sein?

Ich glaube, dass sich die beiden Museen gar nicht im Weg stehen. Bestimmt wird es viele Schulklassen geben, die in Warschau einfach in beide gehen. Sie erzählen komplementäre Narrative. Grundsätzlich gibt es von außerhalb vermutlich mehr Interesse an der Geschichte der polnischen Juden als am Warschauer Aufstand. Es ist ja inzwischen fast üblich, dass neue Museen in den postkommunistischen Staaten mehr ausländische als einheimische Besucher verzeichnen. In diesem Fall aber werden die Polen wohl trotzdem eine deutliche Mehrheit der Besucher stellen.

MUSEEN IV: DAS MUSEUM DES ZWEITEN WELTKRIEGS

Modell des Museums des Zweiten Weltkriegs, Gdańsk, 2010

Als letztes steht auf unserer Liste das Museum des Zweiten Weltkriegs.

Während das Museum des Warschauer Aufstands ein sehr erfolgreiches nationalkonservatives Projekt war und das Museum der Geschichte der polnischen Juden ein überparteiliches Unternehmen ist, gilt das Museum des Zweiten Weltkriegs in Danzig als ein liberales Projekt. Von Anbeginn richtet es den Blick auf Europa und die Welt. Die Vorstellung, den Zweiten Weltkrieg in Polen in einem internationalen Kontext zu zeigen und eben nicht als eine vor allem polnische Angelegenheit, ist für die hiesige Rechte eine Beleidigung, die sie bis heute nicht verkraftet hat, ebenso wie das Grundnarrativ, dass nämlich ein Krieg unvergleichlich mehr Opfer kostet als er Helden hervorbringt – gewissermaßen der perfekte Gegensatz zum Museum des Warschauer Aufstands. Dass die Ausstellung von renommierten Historikern – Paweł Machcewicz, Piotr Majewski und anderen –

vorbereitet wird, spielt in der rechten Öffentlichkeit keine Rolle.

Und was hat es nun unter dieser Perspektive wiederum mit dem Europäischen Zentrum der ›Solidarność‹, dem ESC in Gdańsk auf sich?

Es wird wohl eher ein Haus der Begegnung, das in Basil Kerski einen exzellenten Direktor hat und das ebenfalls eher liberal ausgerichtet ist. Sein Anspruch ist, Europa daran zu erinnern, dass die Mauer in Gdańsk 1980 und nicht erst in Berlin 1989 zu fallen begann und dass danach eine andere Epoche einsetzte.

Eigentlich nicht schlecht, dass wir daran hin und wieder erinnert werden, oder?

Ja. Mit dieser Erzählung kann Europa leben. Optimal wäre natürlich die Konzentration auf die Geschichte der ›Solidarność‹ in den Jahren 1980 bis 1989. Ich bin aber zuversichtlich, dass der unappetitliche Kampf um die Deutungshoheit über das, was ›Solidarność‹ war oder ist, der nach 1989 ausgefochten wurde, im ESC lediglich im Rahmen eines Ausblicks – etwa in Gestalt von offenen Fragen an den Besucher – berücksichtigt wird.

Wird man im Brüsseler Haus der Europäischen Geschichte auch von ›Solidarność‹ erzählen?

Johannes Paul II. und Lech Wałęsa werden prominent vorkommen, neben Michail Gorbatschow, Helmut Kohl und anderen Akteuren.

EUROPÄISCHE TRANSFORMATIONEN

Eine der wichtigsten Botschaften Basil Kerskis an uns war übrigens, dass die angestrebte Transformation Osteuropas gen Westeuropa in den 1990er Jahren nicht mehr stattfand. Westeuropa befand sich in den 1990er Jahren – auf Grund der Maueröffnung, aber vor allem auch auf Grund der medialen Revolution – in einem derartigen Prozess der Globalisierung, dass es gar keinen Sinn mehr hatte, das postkommunistische Europa noch dem veralteten Westeuropa anzugleichen.

Darin stimme ich völlig mit ihm überein. Natürlich dachte man 1989 in Osteuropa noch, man werde sich nun in Richtung modernes Westeuropa transformieren. Dieses gab es aber zu diesem Zeitpunkt nicht mehr, auch wenn es die wenigsten zu diesem Zeitpunkt schon wussten. Doch die Postmoderne war bereits über die Schwelle getreten. Vielleicht ist für die nachträgliche Analyse der damaligen Situation der Begriff des ›moving target‹ hilfreich: Man versuchte etwas zu imitieren, was es nicht mehr gab, weil sich die Zielscheibe gerade weiter bewegt hatte. Also sitzen wir heute eher alle in einem Boot. Spanien hat ähnliche (wenngleich im Augenblick offenbar mehr) Probleme wie Polen. Hoffentlich sind wir fähig, daraus zu lernen …

Also sollte Polen jetzt aus Gründen der Solidarität ruckzuck in den Euro eintreten.

Warum? Heute gibt es kein vernünftiges Argument dafür. Stellen Sie sich vor, sie schwimmen mit einem relativ kleinen Schiff über den Atlantik. Es ist nicht sehr komfortabel und auch ziemlich langsam, hat diese Strecke aber schon mehrmals überquert. Sie sehen einen schwer beschädigten Luxusliner auf Jungfernfahrt, der sie einlädt, einzusteigen; Ankunftszeit ungewiss, es könnte sein, dass er liegen bleibt und sein Ziel überhaupt nicht erreicht. Würden Sie das Schiff wechseln?

Aus EU-Perspektive sieht das natürlich anders aus. Unser gegenwärtiger Außenminister Radosław Sikorski, der ja eine ziemlich bewegte Vergangenheit zwischen Rechts und Liberal, zwischen Polen, Großbritannien, Afghanistan und den USA hat, formulierte es einmal sinngemäß so: ›Ich habe 1981 ein Polen zurückgelassen, das zu Osteuropa gehörte. Ich bin 1992 in ein Land zurückgekommen, das in Mitteleuropa lag. Heute bin ich Außenminister eines Landes, das in Nordeuropa liegt.‹

Und „Nordeuropa" braucht Polen.

Ja, erstaunlicherweise, vor dem historischen Hintergrund als einen Teil ›Osteuropas‹. In den letzten Jahren gehört Polen zu den politisch und ökonomisch stabilsten Ländern der EU. Wer sonst hat bereits 1997 die Verfassungsvorschrift eingeführt, die Verschuldung dürfe 55 Prozent nicht überschreiten? Natürlich sollte man dies weder übertreiben noch für einen Dauerzustand halten. Was haben wir schon alles an EU-Musterschülern und an vermeintlich ›blühenden Landschaften‹ erlebt? Spanien und Irland, Zypern und Slowenien, Portugal und die ostdeutschen Bundesländer. Die Halbwertszeiten sind nicht gerade extrem lang ... Also lassen wir uns nicht von der Gegenwart einschläfern, der Weg in Richtung achtzig Prozent des Durchschnittseinkommens der EU wird noch dauern. Und der Euro wird kommen, sobald er eine nachweislich – ökonomisch, nicht politisch – sichere Währung ist.

Das Europäische Zentrum der ›Solidarność‹, Gdańsk, 2014

Wo wir schon mitten in Nordeuropa gelandet sind: Hat das katholische Polen eigentlich gar nichts von der lateinischen Mentalität Südeuropas abgekriegt?

Makroökonomisch scheinen wir im Augenblick eher zu ›Nordeuropa‹ zu gehören – womit eher Deutschland, Österreich und die Niederlande als Skandinavien gemeint sind. Vom Lebensstil her aber gehören wir doch eher zum Süden. Ein Beispiel: Die Hypermärkte sind in Polen – obwohl sie hier sogar in der Stadtmitte bauen dürfen! – offenbar an ihre Grenzen gestoßen.

Anfangs hatten sie einen Marktanteil von rund fünfzehn Prozent und das indirekte Ziel, den gesamten Einzelhandel auszulöschen. Mittlerweile sind sie bei zehn Prozent. Das scheint schwer erklärbar; die mentale Nähe zum Süden Europas dürfte jedoch für das Kaufverhalten der Konsumenten entscheidend gewesen sein.

IM WEIMARER DREIECK

Europa – so zeigt gerade jetzt wieder die Ukraine-Krise – hat zwar trotz Außenministerin immer noch keine gemeinsame Außenpolitik. Überraschenderweise aber wurde diese im Fall der Majdan-Demonstrationen und der Verhandlungen mit Wiktor Janukowytsch durch das Weimarer Dreieck, also durch eine enge Zusammenarbeit des polnischen mit dem deutschen und dem französischen Außenminister ersetzt. Ein Zukunftsmodell?

Hoffentlich. In der Vergangenheit habe ich von Brüsseler Bekannten mehr als einmal gehört: ›Wenn du dich lächerlich machen willst, dann sprich vom Weimarer Dreieck.‹ Nach gut zwanzig Jahren aber hat das Weimarer Dreieck nun zum ersten Mal funktioniert.

Auf eine ambivalente Art und Weise. Die internationale Krise ist einen Tag nach der Intervention der drei Außenminister ausgebrochen.

Ich war stolz darauf! Es war Polens Außenminister Sikorski – im Verbund mit Frank-Walter Steinmeier und Laurent Fabius –, der mit seinem Eingreifen auf dem Majdan-Platz ein weiteres Blutvergießen dort im letzten Moment verhinderte. Das Weimarer Dreieck hat europäische Präsenz gezeigt und den Konflikt in Kiew gelöscht. Dass sich Wiktor Janukowytsch einen Tag später davon machte, ist eine andere Geschichte. Der Mann ist ja ein kleiner, gemeiner Ganove. Dass dieser Ganove, der bis Dezember 2014 neun Monate geschenkt bekommt – mit dem Stempel der Europäischen Union! – sich in der gleichen Nacht davon macht, war unvorhersehbar.

Ist dieses Eingreifen des Weimarer Dreiecks ein Exempel für künftige Konfliktfälle?

Mal sehen. Bei allem Positiven, das die Politik und Gesellschaft Polens derzeit prägt, müssen wir aufpassen, dass das Land sich nicht übernimmt: Wir sind geographisch und auch von der Bevölkerungszahl recht groß, aber keine wirtschaftliche Großmacht. Das aber ist die Grundlage für jeden außenpolitischen Großauftritt.

Gleichzeitig war das autonome Agieren des Weimarer Dreiecks in Kiew das beste Beispiel dafür, dass die Europäische Union außenpolitisch nicht existiert. Fehlt Europa im Ausnahmezustand weiterhin der Souverän?

Es gibt kein europäisches Volk, also gibt es auch keinen Souverän.

Keinen Souverän im Sinne einer europäischen Identität?

Eine europäische Identität empfindet man dann, wenn man weit genug von Europa entfernt ist. Europäer statt Pole bin ich in Asien.

Braucht es irgendwann mal diesen Souverän?

Wenn wir eine politische Gemeinschaft bilden wollen – ja. Im Moment ist nicht absehbar, wann beziehungsweise ob es passiert. Auch auf lange Sicht wird es wohl zunächst reichen, Pole, Vater, Mann, Warschauer, Historiker und Europäer ›zugleich‹ zu sein.

Worin bestehen die Elemente Ihrer eigenen kleinen europäischen Identität?

Darin, dass ich mich überall, wo mal Habsburg war, zu Hause fühle. Egal ob das jetzt Zagreb ist, Lemberg oder Bratislava.

Oh, eine historische europäische Identität. Das geht mir als Nachkomme waschechter ostelbischer Landjunker wahrhaftig nicht so.

Sie sind ›Reichsgermane‹, wie mein väterlicher Freund Hans Lemberg zu sagen pflegte.

Würden Sie uns zum Abschluss noch ein bisschen von Ihrer europäischen Familiengeschichte verraten? Die doppelte Erwähnung eines „Habsburger“ Zugehörigkeitsgefühls kann doch kein Zufall sein.

Immerhin war ich fünf Jahre lang als Jugendlicher in Wien und habe da 1975 meine Matura gemacht. Das prägt. Meine heutigen Besuche in der alten k.u.k.-Hauptstadt – mindestens einmal pro Jahr – empfinde ich noch immer als eine notwendige Hygienemaßnahme. Außerdem glaube ich, dass ich mich in der Welt vor 1914 wohler gefühlt hätte als in der jetzigen – trotz all ihrer unbestreitbaren Vorteile.

Włodzimierz
Borodziej (rechts),
Warschau,
März 2014

GASTBEITRÄGE

AUF DER BURG ZU KRAKAU, DIE GESPENSTER IM KOPF.

Tine Rahel Völcker

Tine Rahel Völcker, geboren 1979 in Berlin, ist Dramatikerin. Sie studierte Szenisches Schreiben an der Universität der Künste Berlin.

„Es ist wohl möglich, die fremden Familien ihrer Verbrechen und Defekte zu zeihen, aber die eigene, mit ihren schwärenden Eiterbeulen, nie, die werde ich nie verraten. Und doch ist mir mehr erlaubt, an unserer Familie zu sehen als an jeder anderen."
(Ingeborg Bachmann, Der Tod wird kommen)

I KITSCH UND SCHICKSAL

Niklas Frank hat getan, was Ingeborg Bachmann sich in einer unvollendeten Erzählung für immer versagt hat, allerdings auch nur zur Hälfte versagt. Denn im Ansatz und mit spürbarer Lust vollführt sie genau das in eben jener Erzählung: Sie gibt die mörderische Macht ihrer Familie, die sagenhafte Stumpfheit und Ängstlichkeit, die Schäfchen-zusammenhalten-Mentalität der Lächerlichkeit preis. Und Niklas Frank betrachtet es als seine Pflicht, umso mehr als Sohn des Nazi und ehemaligen Generalgouverneurs von Polen, seine Eltern zu verraten. Basierend auf den Büchern von Niklas Frank, der Abrechnung mit seiner Familie, habe ich eine deutsche ›Orestie‹ geschrieben, die ebenso auf dem Wawel in Krakau spielt wie in Mykene, . Klytaimestra kommt aus einer piefigen Kleinstadt, Agamemnon ist Träger der Blutfahne und Orest der Prinz von Polen. Und die Familie bleibt in diesem Stück immerwährender Teil der Katastrophe.

Nachdem das Stück in Düsseldorf zur Uraufführung gekommen ist, habe ich die Reise nach Krakau unternommen, die längst überfällig war. Überfällig? Ein Versäumnis. Die Spuren des deutschen Überfalls auf Polen zu ›*sichten*‹? Bin ich denn ein Inspektor? Was kann ich ermessen? Ich fuhr hin um zu erfahren, ob und was von den verübten Verbrechen an den verschiedenen Orten in Krakau noch sichtbar ist. Ob auf der alten polnischen Königsburg, dem Wawel, am Ende noch der Ungeist von Hans Frank und seiner Frau herumspukt. Ob diese grenzenlose Schamlosigkeit Spuren in Krakau hinterließ.

Vor meiner Abreise entspann sich eine Diskussion mit Ronald Hirte, einem der Herausgeber dieses Bandes. Ich hatte den unbestimmten Verdacht geäußert, ob nicht der durch Verbrechen gebrandmarkte Ort unweigerlich die Überlebenden und ihre Nachkommen beherrschen müsse. Ob es nicht eine in die Orte eingeschriebene Botschaft der Vernichtung, des Imperativs zu sterben, gebe. Ob nicht in jedem Fall dem etwas Schweres, Trauriges, Schicksalhaftes anhafte, in so unmittelbarer Nähe der Verbrechen wohnen zu bleiben oder zurückzukehren. Ronald widersprach. Gespensterhaft womöglich, schicksalhaft – um Himmels Willen.

Zu allem Überfluss stieß ich während meiner Ingeborg Bachmann-Lektüre auf eine Notiz, die meinem momentanen Hang zum Imaginieren schicksalhafter Zusammenhänge weiter Nahrung gab: 1973 reiste Ingeborg Bachmann erstmals nach Polen und besuchte während dieses Aufenthaltes auch die ehemaligen Konzentrationslager von Auschwitz und Birkenau. Wenige Monate später starb sie an den Folgen eines Brandunfalls, den sie in ihrer Wohnung in Rom erlitt. Die seltsame Nachricht dahinter lässt mir im Folgenden keine Ruhe mehr und ich suche, was immer ich darüber finden kann: Ingeborg Bachmann unternimmt im Mai 1973 eine Lesereise nach Polen, besucht auf dem Weg von Breslau nach Krakau ›*aus Versehen*‹ die ehemaligen Konzentrationslager von Auschwitz und Birkenau, teilt mit, dass sie darüber nichts mitteilen kann, schwärmt von den polnischen Frauen und erkennt sich selbst als Slawin und dass sie dort hingehöre, wo „die höchste Vernünftigkeit und die höchste Emotion oder die Fähigkeit zu fühlen" zusammengehen würden, entwirft vor dem Hintergrund ihrer Polen-Reise eine Utopie der Liebe. Drei Monate später, in der Nacht vom 25. auf den 26. September 1973 ruft sie ihre Haushälterin an. Sie habe sich verbrannt, ob sie mit einer Salbe vorbeikommen könne. Die Haushälterin findet im Badezimmer ein vollkommen verkohltes Nachthemd. Mit einer Salbe vorbeikommen! Sie ruft die Ambulanz, I.B. kann nicht gerettet werden, zwei Wochen später stirbt sie an den Folgen dieser Selbstverbrennung.

Jeder Tod ist eine Tragödie, diesen kleinen großen Satz las ich bei dem polnischen Journalisten und Schriftsteller Ryszard Kapuściński, und auch an diesem Tod will ich mich nicht ergötzen, was geht mich das bedrückende Sterben einer Schriftstellerin an, in deren Sprache/Fassungslosigkeit ich manchmal aufatmen konnte. Jeder Tod ist schrecklich. Die Verbrennungen durch Zigaretten, die sie sich selbst beifügte, sprechen aber auf unheimliche Weise, motivisch, POETOLOGISCH, von genau jener Heimsuchung, welche sie im ›*Fall Franza*‹ erschreckend geschildert hat; eine Verbrennung noch dazu an einem nahezu taub gewordenen Körper, der bei noch so viel Tabletten offenbar immer noch zu viel Schmerz empfand; ein Körper, dem nicht beizukommen war, fuhr nach Polen, sprach von der glücklichsten Reise, verbrannte – ?

Ich fahre mit dem Zug über Warschau nach Krakau und versuche ›*nicht mehr*‹ an Ingeborg Bachmann zu denken, weil ich es eines morgens, um genau zu sein an genau diesem Morgen, nicht mehr aushalte, es mit einem Mal als dumme Obsession empfinde, die Dinge zielgerichtet auf ein tragisches Ende hin zu denken, nein! Es gibt kein Schicksal, keinen mythologischen Urgrund à la C.G. Jung, keine Bestimmung zum Tod, das ist alles Pathos und um mir zu helfen lese ich Saul Friedländer, ›*Kitsch und Tod*‹, und staune umso mehr: Was ist geschehen, dass ich mich plötzlich von Schicksal sprechen höre, wo ich dieses Wort und seinen anhängenden Determinismus nie ausstehen konnte? Wie kommt es, dass sich dieses Wort plötzlich wieder in mein Denken verirrt hat? Oder sollt ich sagen: in meinem Kopf herumspukt?

Die bittere Ironie, die jeden Gedanken an Spuk seither begleitet, schmeckt ein wenig besser. Wo in Deutschland von Gespenstern die Rede ist, da ist auch Exorzismus nicht fern: die lustvolle Geisteraustreibung, welche die ›*verfluchte*‹ Faszination an Hitler und dem Nationalsozialismus fast unweigerlich nährt. Wie kann es sein, dass eine Deutsche in der dritten Generation nach Auschwitz und ohne jüdische Herkunft, ohne eine Verfolgungsgeschichte in der Familie, von *›vergifteten‹* Orten in Polen spricht, die Großeltern, kleine Nazis die einen, Weggucker die andern, anklagend. Aber in dem Wort *›Vergiftung‹* schwingt noch etwas anderes mit: Es gibt tierische Gifte, pflanzliche und biochemische Giftstoffe. Täterschaft als ein *›Naturereignis‹*!? Da ist sie wieder, jene Ideologie, aus dem sich der Nazismus von Anfang an speiste und der vielleicht gemeint ist, wenn die israelisch-amerikanische Germanistin Avital Ronell schreibt: „Lyotard hat beobachtet, dass man den Nationalsozialismus, als er ›vorbei‹ war, zwar wie einen tollwütigen Hund von sich ›ferngehalten‹, als solchen aber niemals widerlegt hat."

So handelt es sich bei diesem Gespenster- und Schicksalsblick womöglich um einen durch den Begriff der *›Natur‹* determinierten Blick, der sich die stärksten metaphysischen Bilder greift, um das scheinbar Unvermeidliche und Schicksalhafte zu untermauern. Dazu gehört auch der tiefsitzende Glaube an ein konsistentes Ich, das Festkrallen an die eine *›echte Identität‹*, wo doch ein Körper erfahrungsgemäß so unendlich viele verschiedene Ich beherbergt, die situationsbedingt hervor- und dann wieder zurücktreten, jahrelang oft verschollen bleiben, dann wieder auftauchen, immer in Bewegung. Das ist kein Schicksal. Das sind die Wandlungen eines Körpers oder Ortes, der mit Geschichte beladen ist. Körper wie Orte können nicht *›verflucht‹* sein; so lange sie existieren, sind sie die Gegenwart all dessen, was sich im Augenblick an ihnen ereignet und als lebendige Geschichte darin eingezeichnet *›wird‹*. Kein Körper, kein Ort ist markiert von innen, Markierungen werden immer von außen vorgenommen, geschuldet einem bereits voreingenommenen Blick, der gewisse Attribute hervorhebt unter gänzlicher Vernachlässigung anderer. Problematisch und gar tragisch kann es für einen Körper (und für einen Ort?) werden, wenn seine Bezeichnung aus einem vergangenen Ereignis heraus den gegenwärtigen und auch den künftigen Blick bestimmt, ihn auf dieses eine Ereignis reduziert: ein Grund dafür, weshalb Opfer des Nationalsozialismus die Bezeichnung als Opfer oft zurückweisen.

Die Tragik eines Ortes liegt womöglich in der Vorherrschaft all jener schmerzhaften Zeichen, die meinen Blick auf ihn prägen. Ich bin kurz vor Warschau und plötzlich muss ich daran denken, was Ingeborg Bachmann im Anschluss an ihre Fahrt nach Auschwitz darüber sagte. Nämlich, dass sie nicht in der Lage sei, darüber zu sprechen, *›nachdem‹* sie es gesehen habe. In einem Interview kurz vor ihrem Tod erklärt sie, dass es ihr vorher möglich gewesen wäre, darüber zu sprechen, aber seit sie es gesehen habe, könne sie es nicht mehr. Interessant ist der Konjunktiv. *›Vorher‹* wäre es ihr möglich gewesen, darüber zu sprechen, wenn – ja wenn was? Wenn sie gefragt worden wäre? Welchen Anlass, der sich nicht ergab, hätte es gebraucht? In der Erklärung schwingt eine seltsame Hilflosigkeit mit. Unglücklich wird ein Bedürfnis artikuliert, dem nachzugehen sie sich außerstande sieht. Der vorgeschützte Grund verweist auf einen anderen Ab-Grund. Ein ganzer Rechenschaftsbericht steckt in diesem einen Satz, Schlussklausel und Urteil inbegriffen: das Leiden, der Ekel, am eigenen Stottern und Schnaufen – das immer ungenügende, immer desaströse Rollenarsenal der Nazi-Mitläufer-Kinder-Enkel-Ich, dessen sich zu bedienen unmöglich erscheint. Ist es das? Das Problem mit den Rollen. Als Deutsche. Als Stotterer. Als eine Person, die nicht sprechen kann, aber zu sprechen sich auferlegt hat – warum so schwer?

Ich weiß nicht genau, wer die Person ist, die gerade in Warschau umsteigt, die vergessen hat, welch lange Reise sie vor sich hat, die losging, ohne eine Flasche Wasser, bei dreißig Grad, ohne polnische Złoty, kein Geldautomat in Sicht, folglich hechelnd bei ohnehin schon kurzem Atem. Ich weiß nicht, wer die Person ist, die jetzt in den Zug nach Krakau springt, ihren Platz einnimmt in einem Abteil gegenüber einer unentwegt sexuelle Reize verströmenden Mittvierzigerin, die mit ihren zwei Mitreisenden tuschelt und kichert und sich putzt wie eine Heranwachsende; ich weiß nicht wer irgendwer ist in diesem Abteil (das ist schön). Ingeborg Bachmann ist nicht mit von der Partie (das muss ich mir sagen). Die Scham ist meine treue Gefährtin. (Was zwingt mich denn immer in die Höhle meiner selbstquälerischen Stimmen zurück?)

Ich sitze und ich nehme die Rolle der Reisenden, der Bedürftigen, der Begehrenden an. Da ich selbst nichts hab, bleibt mir nur-schauen, nur-aufnehmen, nur-fragen, nur-hören. Da ich auf der Flucht bin und nichts bei mir hab als diesen schwarzen leeren Sack. Ich sehe, ich höre, ich schmecke, ich nehme auf. Be-rauscht, be-glückt, be-stürzt. – In dem Augenblick, wo mir eine Geschichte mit-geteilt wird, wird sie mit mir geteilt, wird sie mir überantwortet, für die Dauer des Gesprächs wird sie zu meiner Geschichte. Das ist die Gefahr, die jeder, der einem anderen seine Geschichte erzählt, eingeht. Dass der andere sie fortträgt. Manchmal ist aber auch genau das das große Glück. Fräulein Scham steht derweil höflich vor der Tür und wartet, bis ich fertig bin. (Manchmal gibt es einen Hinterausgang, ich zögere nicht –). So komme ich in Krakau an.

An der Herkunft ist nicht zu rütteln. Es gibt keine gute Rolle ›*als*‹ Deutsche. Alle deutschen Rollen absolviere ich in Begleitung meiner Gefährtin. Will ich dem dunklen Versteck entkommen, muss ich das REISEKLEID überziehen.

TEXTAUSZUG 1 AUS „EINE ORESTIE“. ERSTER TEIL PROLOG.

BOTE / HERMES: Ich bin dein Bote
ich geleite dich hinab
als dein Traumbegleiter, Geschichtengeleiter.
Ich erfinde uns eine (heroische) Geschichte
denn ich reise viel und wer viel reist, hat viel zu erzählen.
Ich war in Sparta Zeuge eines martialischen Initiationsritus,
habe Wettkämpfe und Wagenrennen gesehen,
der Sieger ist der, welcher den Kampf überlebt!
Ich sah am Abend Klytaimestra, die das Trankopfer bereitet
aus Dank für den Sieg.
Morgen reise ich weiter zu den olympischen Spielen nach Berlin und erleb vielleicht noch einen großen Aufmarsch.
Heute mache ich kurz Rast, wechsle mein Gepäck.
Ich bin wie alle Reisenden leichtlebig
ich führe Worte wie Menschen und Menschen wie Worte von einer Welt in die andere, ohne Rücksicht.
Was ich von meinen Reisen mitbringe, fällt wirr in diesem Kindskopf zu sammen!
Ich bin Hermes, und das Schlimmste sag ich am besten gleich
ich habe Freude am Krieg
von nichts red ich lieber.
Ich bitte um Verzeihung, dass ich nicht immer die Wahrheit sag, aber ich kann nicht anders, es wird mir ohne Witz in der Welt so schnell langweilig. Das ging schon gleich nach der Geburt los. Meine Mutter brachte mich zur Welt, aber die war so öd, da griff ich mir das Nächstbeste, eine Schildkröte, und lockte sie: Tänzerin, lustiges Tier, wo hast du dieses Spielzeug her, deinen glänzenden Schild am Rücken, und wozu brauchst du ihn? Wenn du stirbst wirst du schön singen! Es ist schlimm, Wort und Tat überholen bei mir jeden Gedanken. Kaum gedacht, war das Tier schon aufgeschnitten. Ich spannte auf den Schild sieben Saiten aus Schafsdarm und spielte auf der Laute und sang dazu von dem Liebesspiel meiner Eltern und pries ihr wunderbares Erzeugnis, meine Geburt. Siehst du nun meinen schwierigen Charakter? Der schwierig ist, weil er so einfach ist!?

Aber sei ohne Furcht, ich geleite dich sicher durch unsere bluttriefenden Welten, das (Trauer)Spiel deiner Ahnen und das alles in meinem Kopf. Klopf klopf – Wer ist draußen? Ruft die Großmutter. Ich bin's, das Blutköpfchen! Ich lauf mit meinem schamroten Kopf durch den Wald zur Großmutter. Ich bringe ihr Kuchen und Wein und sie erzählt mir vom Krieg – diesmal schaudert es mir wie ich nur an ihr Haus komm, ich rufe ihren Namen aber sie antwortet nicht. Ich trete zu ihr ans Bett und zieh den Vorhang zurück. Und da liegt er – der Wolf. Großmutter warum hast du so ein entsetzlich großes Maul? Und tut schon einen Satz aus dem Bett und mit einem Sieg Heil in der Kehle verschlingt sie mich. Nachher kann sie sich an nichts erinnern. Oh wie ist so dunkel in dem Großmutterwolf ihrem Leib!

Verzeihung. Glaub ja keiner, ich fühlte mich sicher, bin ich auch Hermes, ich weiß gut, dass auf der Welt niemand weniger Spaß versteht als unsere Ahnen. Und was wir Schlimmes immer ahnen, wo kommt es denn sonst auch her?
Komm nach Argos
da steht Klytaimestra auf dem Dach ihrer Burg und der Krieg ist weit weg
steht da auf dem Dach und hält Ausschau nach dem Feuer, das ihr gemeldet wurde
dem sicheren Zeichen, das den Sieg über Troja meldet.
Kaum hat sie die Nachricht erhalten, gebietet sie schon ein Festmahl auszurichten in ihrem Übermut.
Zu Klytaimestra Dafür bist du bekannt.
KLYTAIMESTRA: Wer bist du, wie erlaubst du dir mit mir zu reden?
BOTE: Ich bring Nachricht vom Krieg.
KLYTAIMESTRA: Und? Ist er gewonnen?
BOTE: Ja. Oder vielmehr nein.
KLYTAIMESTRA: Was nun?
BOTE: Noch nicht ganz!
Aber euch ist ein kleines, hübsches Reich zugefallen noch voll mit allerhand Krempel, aber macht nichts. In seltenen Ausnahmefällen kann Aufräumen sogar Spaß machen, nicht wahr?
KLYTAIMESTRA: Du sprichst in blöden Rätseln, Bote, worauf spielst du an? Und wo bleibt Agamemnon?
BOTE: Er ringt noch den einen oder anderen Aufständischen nieder oder knüpft ihn an einen Baum.
KLYTAIMESTRA: Kommt er pünktlich zum Fest?
BOTE: Sicher.
KLYTAIMESTRA: Warum teilst du mir mit, was er gerad Abscheuliches tut? Hab ich danach gefragt?
BOTE: Das nicht.
KLYTAIMESTRA: Das ist etwas für Männer, töten, oder nicht? Warum behelligst du mich damit? Ich weiß, wie die Waffen aussehen, ihren Gebrauch muss ich mir nicht vorstellen. Der Schlachtenlärm, der Gestank der verwundeten Körper und Leichen reicht nicht bis hier. Oder?
(*sie atmet tief ein*). Atme tief ein und sag mir. Die Luft ist phantastisch.
Der Bote lächelt.

II ANKUNFT IM MÄRCHENBEZIRK. DIE ANATOMIE EINES ORTES

Ich weiß nicht, warum ausgerechnet einen Dichter, aber am dritten Tag lerne ich einen Dichter kennen. Tags zuvor habe ich ihn bei einer Slapsticknummer mit dem nicht funktionierenden Fahrkartenautomaten in der Straßenbahn beobachtet, heute treffe ich ihn im Park wieder. Ich sage, dass ich hier bin, um die Geister zu suchen, oder vielleicht vielmehr: mich von ihrer Nicht-Existenz zu überzeugen. Er lacht und zeigt auf sich. Heißt mich willkommen als ein Gast und da vom Theater kommend, ruft er gleich seinen Freund an, einen Theatermacher und Anarchisten, der derzeit gegen die Olympiabewerbung der Stadt Krakau mobilisiert. Und schon sind wir für den Abend mit ihm im Theater verabredet. Jetzt laufen wir zum Wawel und sprechen über Polen. Wir nehmen einen Abstecher über die barocke Klosterkirche am Felsen und ihre „Krypta der Verdienten", wo diejenigen großen Männer liegen, welche ihren Platz in der Königsgruft als erste Adresse für Verstorbene knapp verfehlt haben.

Die Weichsel ist trüb, bräunlich, der Himmel weiß, das blendende Sonnenlicht in hauchdünne Schleier verhüllt. Wir wundern uns schon, ob die Burg über Nacht versunken sei, da taucht ihr erster Turm hinter einer Biegung auf, der ganze gigantische Westflügel folgt nach, er steht noch da, mit integraler Kathedrale, steht natürlich nicht einfach, sondern prangt – der Wawel. ›*Wundervoll. Wunderwaffe.*‹ Sagt mein polnischer Begleiter. Zwei deutsche Wörter im Gleichklang. Darek Bojda ist Jahrgang 1967, zeigt seinen Ausweis vor, als führe ich eine amtliche Befragung durch. Die Vornamen seiner Eltern sind eingetragen. Hildegarda, seine Mutter. Laut Papier sei er polnisch, fühle sich aber nicht polnisch (ob ich denn meine, dass ich ›deutsch‹ wäre und was das sei!?). Er sei durch und durch mixed: sein Vater ein highlander, zu Hause in den polnischen Bergen an der Grenze zu Tschechien, seine Mutter eine Jüdin, die ohne ihre Eltern aufwuchs; er sei bislang nur drei Mal in seinem Leben verreist – nach Litauen, Tschechien und Rumänien – habe also sein ganzes Leben fast ununterbrochen in Polen verbracht, fühle sich deshalb aber nicht weniger fremd hier, sehr fremd.

Er erzählt von polizeilichen Überfällen, von Haft und wie er sich von einem Tag auf den andern abstrusen Anklagen wegen terroristischer Sprengstoffattentate ausgesetzt sah. Und ohnmächtig, da ohne Geld. Hinter all den beunruhigenden und schwer durchschaubaren Vorgängen wittert er den Vater, einen Politiker der alten kommunistischen Partei, der bruchlos den Sprung ins neue System geschafft habe und sich für verschiedene Dinge an seinem Ex-Schwiegersohn offenbar meinte rächen zu müssen. Tatsächlich macht D. einen etwas gejagten, vor allem erschöpften Eindruck. Er erzählt von den psychologischen Gutachten, die im Rahmen der Verhandlung von ihm gemacht wurden, auf deren positive Ergebnisse er stolz ist. Auch spöttisch. „So probably I am strong“ sagt er und es klingt mehr wie eine Frage.

Ich erkundige mich nach der Geschichte seiner Mutter. Er sagt: „She was born in Germany.“ In dem Augenblick fällt sein Laptop auf das Pflaster, sein Rucksack war offen, er lacht: Das passiert, wenn man nicht aufpasst und von seiner Mutter redet. Wir sind eben an der Drachenhöhle der Königsburg vorbei und betreten von der Weichsel kommend den Innenhof der Burg. „Ich dachte nie, dass ich mal diesen blöden Ort aufsuchen würde“, sagt er. „Man feiert es als polnisches Nationalheiligtum, so ein Quatsch! Krakau war schon immer durchmischt. Diese Burg sagt mir nichts, diese Burg ist pure Behauptung.“

Der Laptop ist wieder sicher verstaut, ich frage noch mal nach: Aus welcher deutschen Stadt kam deine Mutter? „The name of the place is Bergen-Belsen.” „She was born ›*there*‹!?“ „Yes, but don‘t worry. It is not so horrible story. It is actually a love story!“ Er lacht noch einmal und dann folgt diese unfassbare Geschichte: Seine Großmutter kam aus Warschau und wurde 1943 nach Auschwitz deportiert, von wo aus sie nach Auflösung des Lagers mit einem der Todesmärsche bis nach Dachau lief und später, da es von den Alliierten zum Camp für Displaced Persons umgewandelt worden war, Bergen-Belsen erreichte. „And there she met somebody. We don‘t know who he was, but when my mother talked to her about that story about 20 years later, my grandmother said: It was a big love.“

Im April 1946 kam seine Mutter in Bergen-Belsen zur Welt. Die Mutter übergab das Baby auf ihrem Heimweg nach Warschau – heim zu ihrem Mann und ihrer Familie – dem polnischen Roten Kreuz. Aufgrund eines Schreibfehlers beim Eintrag der Geburtsdaten und des eingedeutschten polnischen Namens, sei es ihr erst mit Mitte zwanzig gelungen, ihre Mutter in Warschau ausfindig zu machen. Ich frage, ob er den Film ›*Ida*‹ kennt, in dem eine polnische Klosterschülerin kurz vor ihrem Gelübde von ihrer ermordeten jüdischen Mutter erfährt. Er kennt ihn nicht. Ich weiß nicht, ob das bloßer Zufall ist, oder diese Geschichten in Polen gar nicht so ungewöhnlich sind. – Wie sie für deutsche Ohren erst mal klingen, weil in Deutschland andere Geschichten erzählt werden: Soldatengeschichten, Trümmerfrauengeschichten. In denen die Deutschen wenn nicht gleich als Opfer dargestellt werden, so doch ihrem beliebtesten Objekt verfallen: nämlich ihrer eigenen deutschen Seele. Die natürlich verletzt ist ohne Ende. Es haben schon viele die Beobachtung gemacht, dass wenn die Deutschen vom Holocaust sprechen, es sehr häufig immer nur um sie geht.

Darek will wissen, ob meiner Meinung nach die Deutschen sich heute noch schuldig fühlen sollten. Er lässt offen, wie er selbst darüber denkt, sieht den Schatten hinter mir und fragt nach meiner Scham. Ich stelle sie ihm vor, die in Panik gleich davonjagen will. Aber sie hat Glück, er will sie offenbar gar nicht vertreiben, er betrachtet sie, sagt ›nice to meet you‹, schüttelt ihr die Hand, und – beachtet sie danach nicht mehr. Ganz alltäglich scheinen sie auch hier nicht zu sein, die Geschichten von Ida in Paweł Pawlikowskis Film und die von Dareks Mutter. Er muss nicht noch einmal betonen, wie fremd er sich in Polen oft fühlt. Sein Traum ist es, mit einem Schiff von Hamburg aus nach Argentinien zu fahren. ›*One way*‹. Zweitausend Złoty koste die Überfahrt auf einem Frachtschiff. Nach Südamerika, Europa verlassen. Natürlich – Argentinien! – voll in der Tradition vergangener Auswanderungen. Er lacht, er sehnt sich nach seinem unbekannten Exil.

Zwei Tage zuvor, erste Orientierung: Orientierungslosigkeit. Ich lief am ersten Abend nach Kazimierz, dem alten jüdischen Viertel von Krakau. Als am 6. September 1939 die deutschen Truppen in Krakau einmarschierten, lebten in der Stadt über 60.000 Juden. Im März 1941 erzwang Hans Frank kraft der SS-Gewalt ihre Umsiedlung in ein kleines, inzwischen ummauertes Wohngebiet im Stadtteil Podgórze südlich der Weichsel, das Krakauer Ghetto, das euphemistisch als „jüdischer Wohnbezirk" bezeichnet wurde, faktisch von Anbeginn als Sammellager der Selektion und Vernichtung diente. Über einen Zeitraum von zwei Jahren wurden hier über 15.000 Menschen zusammengepfercht. Die als arbeitsfähig eingestuft wurden, kamen in das nur wenige Kilometer entfernte Zwangsarbeiterlager und spätere Konzentrationslager Plaszow. Im März 1943 wurde das Ghetto in Podgórze vollständig geräumt, die verbliebenen Bewohner wurden zur Zwangsarbeit oder Ermordung in die KZ Plaszow oder Auschwitz deportiert.

In den 1960er und 1970er Jahren galt der Bezirk dann als „sozial kritisch" und verrufen. Es gab kein Geld für die Instandhaltung der Häuser, nicht für Häuser dieses Bezirks. Das Viertel, so heißt es, befand sich im Verfall. Aber davon hör ich erst später. Als ich zum ersten Mal durch die Straßen von Kazimierz gehe, bin ich überwältigt von der Schönheit und der Friedlichkeit. Dazu die Vielzahl jüdischer Restaurants und Geschäfte, so ungewohnt für eine Deutsche, Mitteleuropäerin, Freitagabend: aus einer Synagoge dringt kräftiger Männergesang. Irgendetwas erscheint mir fast irreal. Ich laufe durch einen Märchenbezirk.

Tags darauf nehme ich die touristische Seite wahr: kitschige Bilder und Puppen von orthodoxen Juden. Manche Unternehmen und Restaurants haben offenbar bewusst den Nostalgie-Modus eingeschaltet: eine scheinbar heile Welt. Der Holocaust – das ist Hollywood. Im Wikipedia-Eintrag zu

Kazimierz heißt es „Erst durch den Film ›*Schindlers Liste*‹, dessen Handlung teilweise in Kazimierz gedreht wurde, erwachte der Stadtteil zu neuem Leben.“ Aber dennoch, hier findet wieder jüdisches Leben statt, ganz gleich ob zweihundert oder zweitausend Juden in Krakau leben, denn – und das ist die andere Seite von Hollywood und der dadurch erreichten Popularität sowie der mitunter seltsamen Blüten, die ein solcher Tourismus treibt: Kazimierz ist ein Anziehungspunkt für Juden auf der ganzen Welt. Oder wie es ein Mitglied der kleinen jüdischen Gemeinde Krakaus formuliert: Wir haben eine hervorragende Infrastruktur. Es ist alles bestens vorbereitet. Die Juden müssen nur noch kommen.

Ich mache mich in der Hitze auf den Weg nach Podgórze, nehme absichtlich große Umwege, ohne mir klar darüber zu werden, weshalb. Vielleicht, um es zu verfehlen. Als ich den Marktplatz endlich erreiche, an dessen Ostseite das Haupttor zum Krakauer Ghetto stand, beginnt es zu regnen. Ich verzögere meinen weiteren Weg erneut, beschließe, die Josefskirche am Platz zu besichtigen, bis der Regen nachgelassen hat. Im Saal werden gerade die mit weißem, glänzendem Stoff überzogenen Stühle für die Erstkommunionsfeier zurechtgerückt. An die zehn Madonnen beobachten das Treiben von den seitlichen Erkern und Einbuchtungen. Eine von ihnen – geschnitzt aus Holz und mit stark hervortretenden Augenlidern – hat einen verschmitzten Zug um die Lippen, als würde sie das alles in Wirklichkeit nichts angehen, die profane Welt ohnehin nicht, aber ebenso wenig die religiöse Bedeutung, die man ihr auferlegt hat, sie leiht diesem unverständlichen Kult ihr Antlitz und lächelt ironisch. Dennoch halte ich's in der Kirche nicht lange aus. Ich laufe über den Platz zur Ostseite zurück, will nun durch die Straßen des ehemaligen Ghettos gehen, da bricht ein Gewitter los und ein Sturzregen fällt vom Himmel. Die Regentropfen knallen wie funkelnde Sterne auf das heiße Pflaster, wenig später: wie Kugeln und Geschosse peitschen sie die glatte Wasserfläche auf, die sich längs der Straße innerhalb von Minuten gleich einem flachen See gebildet hat.

Alle fliehen eilig den Platz und die umliegenden Straßen und suchen Unterschlupf, nur ein Junge, nicht ganz erwachsen, verlangsamt seinen Schritt, sieht erstaunt auf sein nach Sekunden durchnässtes T-Shirt, sieht verwundert in den Himmel – ich stehe unter dem Vordach des Magistratsgebäudes, vor dem ehemaligen Haupttor zum Ghetto, also im ehemaligen draußen: ›*Freiheit*‹. Minute um Minute verstreicht hier. Wenn das Unwetter Stunden dauert, werde ich Stunden hier stehen. Der Junge dreht Runde für Runde über den Marktplatz, der im Gewitter allein ihm gehört.

Im Stadtteil Podgórze befinden sich ebenfalls und in direkter Nachbarschaft zueinander das Museum für zeitgenössische Kunst und die ehemalige

Fabrik Oskar Schindlers. Auf dem Weg dorthin, nach dem Regen, die leere Straße hinunter, die einst als Hauptverkehrsader durch das Ghetto führte, muss ich plötzlich an eine Straße im entlegenen Düsseldorfer Stadtteil Gerresheim denken. Absurderweise kommen mir bei den niedrigen Wohnhäusern aus rotem Backstein diesseits der Straße und der Eckkneipe vor einer auf die ausfransende Stadt weisende Brachenlandschaft, jene Straße in Düsseldorf in den Sinn, die neben diesen äußerlich ähnlichen Merkmalen sich ausgerechnet dadurch auszeichnet, dass das niedrige Backsteinhaus zur letzten Europameisterschaft durch Verhängung der gesamten Vorderfront des Hauses über zwei Stockwerke hinweg mit einer gigantischen Deutschlandflagge ein erschütterndes Bekenntnis nach außen lieferte bei gleichzeitiger Verdunkelung nach innen: über Wochen verfinsterte Wohnräume. Die einzigen Gespenster weit und breit – ich bemerke es ein Mal mehr auf dieser Reise – sind offenbar die, welche ich bei mir trag.

Ich komme an den Plac Bohaterów Getta, das heißt Platz der Ghettohelden, dort steht ein Denkmal: lauter große leere Stühle. Das Wort bohaterów, wird es im Polnischen ähnlich gebraucht wie im Deutschen das Wort Helden? Ich denke über das komische menschliche Bedürfnis nach, andere Menschen zu Helden zu erklären und herauszuheben aus der übrigen Bevölkerung. Ich ertrage weder den Pathos des Helden noch den des Anti-Helden. Beides meldet den Anspruch auf eine wie auch immer geartete Größe an. Der antike Held, immer in der Nähe des Todes, sein Leben opfernd für ›*etwas*‹, stets geheiligt, fast immer gewalttätig. Kriegshelden. So ein furchtbar normales deutsches Wort taucht hier auf in einer neuen Auslegung und Anwendung auf die jüdischen Bürger Krakaus, die der Gewalt der deutschen Besatzer ausgeliefert waren und in einem ersten verheerenden Schritt räumlich abgesondert wurden. Der Sonderstatus des Helden ist ein anderer, er hebt ihn aufgrund herausragender Taten oder Eigenschaften aus der Masse der gewöhnlichen Menschen hervor und fordert sie auf, ihn zu preisen. Auf die Entwürdigung und Absonderung von einst folgt heute das Einsetzen höchster Würden durch einen strapazierten Begriff: Held. Eine Tragik, die allein in diesem Wort steckt, hier an diesem Platz und wodurch dieses problematische Wort hier zur Anwendung kam.

An zwei Plattenbauten vorbei, im Hauseingang vorm Kiosk steht eine Gruppe polnischer Skins in Lonsdale-Shirts. Diese passierend, unter einer Eisenbahnbrücke durch, und schon sehe ich in einiger Entfernung die Menschentraube sowie heranfahrendes Fuhrwerk, Touristenwägelchen, die Schindlers Fabrik ansteuern. Ich biege vorher ab, um im MOCAK den Film der polnisch-israelischen Künstlerin Yael Bartana anzusehen, er wird nicht mehr gezeigt. Ob der Aufruf des Films „Juden! Kommt zurück nach Polen!

In unser und euer Land!" nun im Jüdischen Museum in Warschau oder anderswo erklingt, kann ich nicht erfahren. Eine gänzlich andere Botschaft spricht aus der Skulptur des polnischen Künstlers Grzegorz Klaman, die im Untergeschoss des Museums zu sehen ist: In einer gusseisern gegossenen Rundschrift wie über einer Toreinfahrt prangt in der bekannten Schriftart der Satz KUNST MACHT FREI. Kleine lustige Lämpchen, blau und weiß, funkeln wie Sterne zwischen den Buchstaben. „Just as work did not make anyone free 'there', so art will not make anyone free 'here' (…) This is a bitter joke about the situation of the artist." Die Kunst, die *›individuell‹* so oft Hoffnung *›darstellt‹*, mit Auschwitz zu verbinden und aus dieser nahezu unverdaulichen Botschaft einen Witz zu kreieren, noch dazu einen gelungenen! – fast will ich mich hinreißen lassen in einem Reflex der Verzweiflung zu denken, diese Arbeit könne ihrerseits nur weitere Auslöschung zeitigen, Auslöschung seiner selbst. Aber will mich retten, denke so was nur, weil ich die existentielle Krise dieser Aussage zerebral nicht fassen kann!

Nachts an der Weichsel, den Wawel wie einen schlafenden Saurier im Rücken: und vom anderen Ufer schallend, laut, die Synthesizer. Auf der immensen Dachterrasse eines gläsernen Hotelklotzes steigt eine Technoparty. Dies ist einer der wenigen Momente in Krakau, an denen ich einmal ›wirklich‹ an den sich in seiner Beethovenverehrung einkitschenden Hans Frank denken und lachen muss. Die Musik zieht an, die Bässe setzen ein und die tanzende Menge am andern Ufer jubelt.

TEXTAUSZUG 2 AUS „EINE ORESTIE". ERSTER TEIL. DINER

BOTE / MALAPARTE: Ich bin dein Bote, ich bin dein Künstler, der Dieb an deiner Wirklichkeit, gestatten: Malaparte. Mein Land schloss einen Bund mit den Mördern, also bin ich im Bund mit den Mördern. Ich komme zu zeugen von ihren Taten. Sie empfangen mich in ihren Palästen und führen mich freundlich an die Orte des Schreckens.

Wenn der Krieg aus ist, werden alle heucheln und da ich ebenfalls heucheln werde, schreib ich jetzt alles auf. Zur Nacht kriecht die Scham in mir hoch, weil ich der Grausamkeit nichts entgegenzusetzen habe, ihr gestatte in meinen Gedanken zu nisten und ihr am Ende ein Denkmal setze. Ich wollt, ich stünde im Auftrag Gottes, aber es ist nur die Kunst.

Wo ich die Gefangenen besuche, sehen sie mich an, voller Angst, und ich verbeuge mich vor ihnen, mein Name ist Malaparte, ich bin ein Bote! Berichterstatter, ich berichte von eurem Leid, die Welt wird alles erfahren! Ihr werdet sehen, wenn mein Buch erscheint, ich spare nichts aus – Ja, ich weiß, ich laufe

gepflegt und wohlriechend an den Leichen eurer Kinder vorbei – Wisst ihr der Geist verhilft dem Hirn, dem Auge, nach dem schlimmsten Anblick zu fliegen! Ihr müsst fliegen! Nehmt nur euern Schildpatt, spannt darauf die Darmseide und lasst die Laute schlimm erklingen, ja! – Nein. Hilfe. Ich bin kein Täter. Ich bin kein Opfer, ich bin die Kunst! Verflucht. Durch meinen Blick geht die Menschlichkeit, ein – und aus.
Er geht ins Innere der Burg und betritt einen festlichen Saal.
Agamemnon sitzt am Klavier, spielt Chopin, mit Hingabe.
KLYTAIMESTRA: Ein Genie.
Sie küsst ihn auf die Stirn.
AGAMEMNON: Malaparte, willkommen in Polen! Mögen Sie Chopin?
MALAPARTE: Ich hatte bei meinem letzten Besuch in Polen das Glück, ein Präludium zu hören, gespielt vom polnischen Präsidenten Paderewski.
AGAMEMNON: Dann wird Ihnen der befreite Chopin umso mehr Freude machen! Hatten Sie eine angenehme Reise?
MALAPARTE: So angenehm wie Kriegsreisen sind.
AGAMEMNON *lacht*: Aber lieber Malaparte Sie sind im Krieg doch zu Hause. Sie sind doch ein Faschist. Unsereins wird doch nicht klagen über die Last eines gerechten Kampfes. – Vor Ihnen steht der König von Polen.
MALAPARTE: Bedauerlich nur, dass Sie kein Pole sind.
AGAMEMNON: Sehr bedauerlich, wirklich!
KLYTAIMESTRA *an die Damen gewandt*: Herr Malaparte berichtet im Auftrag Mussolinis über unsere Erfolge. Er ist ein berühmter Schriftsteller, der kein Blatt vor den Mund nimmt, weshalb ihn alle Welt ehrt.
MALAPARTE: Oder, wie Mussolini es zuletzt tat, in den Kerker steckt.
FRAU KRÜGER: Weshalb wenn ich fragen darf?
KLYTAIMESTRA: Weil er als echter Schriftsteller die Wahrheit verkünden muss und die Wahrheit immer ein bisschen unanständig ist, nicht wahr?
MALAPARTE: Mag sein.
KLYTAIMESTRA: Ganz sicher ist sie das.
Erzählen Sie etwas, Signor. Erzählen Sie uns eine Geschichte, aber sie muss unbedingt wahr sein.
MALAPARTE: Gut, ich erzähle euch, wie sich Aphrodite und der Kriegsgott Ares zum ersten Mal in Liebe vereinigt haben.
Klytaimestra und Frau Wächter applaudieren wie zwei Mädchen.
MALAPARTE: Das geschah im ehelichen Palast der Aphrodite und des Hephaistos. Der Kriegsgott Ares, dieser hoffnungslose Nihilist hat wochenlang nichts unversucht gelassen, um in die Ehe und das Bett des Hephaistos einzudringen. Komm, sagt er zu Aphrodite, legen wir uns hier auf dieses Lager und freuen uns unserer Liebe. Und Aphrodite wie immer schön in ihrer großen Be-

dürftigkeit will auf der Stelle und ohne Regel lieben und so legen sie sich hin und geraten in große Lust. Weißt du wie schön es ist, spricht Ares, die Waffen einmal abzulegen nach einem langen, leichenüberhäuften Tag. Manchmal vergisst man sogar, gegen wen man kämpft. Denn zum Kampf gehört schließlich, dass man auch einmal angegriffen wird und nicht selbst immer nur am Erschießen ist.
AGAMEMNON: Was erzählen Sie denn da für Zeug?
MALAPARTE: Hören Sie, wie es ausgeht!
Hephaistos, der betrogene Ehemann, lauert den beiden auf und fesselt sie ans Lager, mitten im größten Rausch schlingt er sie mit Leinen ans Bett und sie können ihr Lager nicht mehr verlassen. Und sind gefangen. Und ruhen in Liebe im Lager.
AGAMEMNON: Das ist eine äußerst seltsame Geschichte.
Ich frag mich, weshalb die Italiener immer so morbide sind.
Es wird aufgetragen – ein Dambock am Spieß. Agamemnon nimmt das Messer, überreicht es Malaparte.
AGAMEMNON: Möchten Sie es aufschneiden?
MALAPARTE: Wem wurde geopfert?
AGAMEMNON: Der Göttin der Jagd.
Er reicht seiner Frau das Messer. Die schneidet mit der Klinge tief in den Rücken des Bocks, schneidet dann seitlich ein Stück heraus, spießt es auf einen Teller, macht eine leichte Verbeugung.
KLYTAIMESTRA: Als Erstes meinem König.
Sie schneidet das nächste Stück heraus und reicht es Malaparte.
KLYTAIMESTRA: Als Zweites unserem stolzen Gast aus Italien.
Malaparte will den Teller entgegennehmen, sie zieht zurück.
KLYTAIMESTRA: Sie sind also traurig, dass wir keine Polen sind? Sie wünschen sich einen polnischen König? Mir einen polnischen Mann? Das ist nicht nett.
Sie wendet sich ab, bedient nun wortlos reihum. Malaparte sieht Klytaimestra an, die fängt sicher seinen Blick auf.
KLYTAIMESTRA: Nein nein, Sie haben mich nicht gekränkt, aber ich möchte keine Polin sein. Man sagt, die polnischen Frauen besäßen eine besondere Sinnlichkeit, aber das stimmt nicht. Ich finde, die Polinnen laufen äußerst schlampig herum.
FRAU WÄCHTER: Meine Liebe, Sie sind ungerecht. Sie können nicht von den Polinnen im Ghetto auf die übrigen schließen.
MALAPARTE: Sie gehen ins Ghetto?
KLYTAIMESTRA: Ja. Zum Einkaufen.
Was sehen Sie mich so an? Warum sollte ich woanders hin, wo ich das Doppelte zahle. Sehen Sie diesen kleinen Silberfuchs, ist der nicht reizend? Und

wenn Sie wüssten, zu welchem Preis – aber dazu gehört auch Händlergeschick, das ist mir in die Wiege gelegt.

FRAU WÄCHTER: Wie den Juden! Die Frau Generalgouverneur ist mit den jüdischen Pelzhändlern im Ghetto bestens befreundet.

HERR KRÜGER: Tatsächlich?

Er wirft einen verärgerten Blick zu Klytaimestra.

FRAU KRÜGER: Ich würde dort nie einkaufen gehen, ich finde das stillos.

MALAPARTE: Unter allen Völkern sind die polnischen Frauen die sinnlichsten und die edelsten.

FRAU WÄCHTER: Na, sicher nicht.

MALAPARTE: Ich verehre die Polinnen sehr.

KLYTAIMESTRA: Sie haben einen komischen Geschmack. Ich frag mich, was Sie dann von den deutschen Frauen halten?

HERR WÄCHTER: Da schweigt er!

MALAPARTE: Ich gebe zu, ich habe eine Schwäche für deutsche Schauspielerinnen, vor allem wenn sie im Ausland spielen, und meine alte deutsche Großmutter ist mir auch sehr lieb.

FRAU WÄCHTER: Oh vous êtes un enfant gâté!

KLYTAIMESTRA: So leicht kommen Sie mir nicht davon.

HERR WÄCHTER: Was planen Sie für Ihren Aufenthalt in Krakau, haben Sie sich das Ghetto schon angeschaut?

MALAPARTE: Ich war dort, ja.

HERR WÄCHTER: Was sagen Sie dazu? Es ist ein gigantisches Vorhaben, und ich bin mit der ganzen Organisation betraut, darum wär ich zu neugierig zu erfahren, wie's einem Ausländer darin gefallen hat.

Alle sehen zu Malaparte.

FRAU WÄCHTER: Habens keine Scheu, sagens ruhig! Ich finds auch grauslich.

Wächter schnalzt mit der Zunge.

FRAU WÄCHTER: Ja entschuldigt bitte, aber was ihr Männer immer gerne ins Ghetto geht! Da steht der Dreck, es stinkt bestialisch und die Kinder – um Gottes Willen.

KLYTAIMESTRA: Ich finds gar nicht so schlimm.

FRAU WÄCHTER: Das war ja klar.

AGAMEMNON: Malaparte soll antworten. Sagen Sie, wie hat Ihnen das Ghetto gefallen?

MALAPARTE: Wie soll ich sagen – Es war interessant! Ich habe noch nie zwei halbwüchsige Mädchen sich um eine rohe Kartoffel blutig schlagen sehen.

FRAU WÄCHTER: Pfui hören Sie auf.

MALAPARTE: Das Mädchen, das als Verliererin aus dem Kampf hervorging, sah mich an, und nachdem sie ihre Kleiderfetzen vor mir gerichtet hatte, lächelte sie mich an. Ich sah verlegen zu Boden, weil ich nichts hatte, das ich ihr geben konnte.
FRAU KRÜGER: Aber warum wollten Sie ihr denn etwas geben? Warum um alles in der Welt wollten Sie ihr etwas geben?
Malaparte sieht kurz zu Frau Krüger, fährt dann fort.
MALAPARTE: Ich griff in meine Jackentasche und fand darin nur eine Havanna-Zigarre, die mir Aegisth am Abend zuvor geschenkt hatte, die gab ich ihr in einem Reflex, das Mädchen hielt die Zigarre in den Fingern wie ein zerbrechliches aber auch widerliches Insekt. Und als mir klar wurde, was ich da tat, wurde ich rot vor Scham und das Mädchen sah mich mit einem solchen Mitleid an, das war schier unerträglich.
Pause. Dann lacht Agamemnon.
AGAMEMNON: Großartig Malaparte, das ist ja köstlich! Sie haben ihr eine Havanna-Zigarre von Aegisth geschenkt! Sehen Sie, in meinen Ghettos werden die Juden sogar mit Zigarren versorgt! Erzählen Sie uns mehr solcher Geschichten.
FRAU WÄCHTER: Naa, ohne mich! Mir wird wirklich übel, wenn ich dran denke, dass die dort leben, wie die Tiere. Und wir schauen das tatenlos mit an.
HERR WÄCHTER: Was sollen wir denn deiner Meinung nach bitte tun?
FRAU WÄCHTER: Ihr könntet wenigstens darauf achten, dass sie sich regelmäßig waschen.
AGAMEMNON: Gnädige Frau, das Problem ist, dass heute fünfmal so viele auf dem gleichen Raum leben wie vor dem Krieg. Es werden ja jetzt sämtliche Juden aus Westeuropa zu uns geschafft.
FRAU WÄCHTER: Oh Himmel, dann verstehe ich aber nicht, weshalb Sie die Juden für das Wasser auch noch bezahlen lassen. Das kann man sich doch denken, dass die sich dann noch weniger waschen.
HERR KRÜGER: Madame, Sie würden für das Wasser schließlich auch bezahlen.
FRAU KRÜGER: Oh wir bezahlen für alles.
Frau Krüger lacht komisch.
AGAMEMNON: Sehen Sie meine Damen, wir können doch niemanden zwingen so zu leben wie wir.
MALAPARTE: Das wäre auch gegen das Völkerrecht.
Agamemnon lacht.
MALAPARTE: Ich meine das vollkommen ernst.
HERR WÄCHTER: Es ist ein großes Problem, dass sie in solcher Anzahl sterben.

MALAPARTE: Ja, können Sie sie denn nicht daran hindern?
HERR WÄCHTER: Ich versuche es ja! Es gibt einen neuen Erlass, jede jüdische Familie muss die Begräbniskosten der Verstorbenen ab sofort aus eigener Tasche bezahlen.
MALAPARTE: Ich bin sicher, die Juden hören sofort mit dem Sterben auf.
Chrysothemis, Orest und Elektra kommen herein.
HERR WÄCHTER: Ja tatsächlich! Die Zahl ist gesunken!
Herr Wächter schaut mit einem leicht irren, zumindest aber verwirrten Blick in die Runde.
CHRYSOTHEMIS: Vati!
AGAMEMNON: Nicht jetzt, Liebes. Also die Toten bereiten mir am wenigsten Sorge. Sorge bereiten mir die Kinder.
FRAU WÄCHTER: Oh ja endlich!
ELEKTRA: Welche Kinder? Welche Kinder, Vati?
AGAMEMNON: Habt ihr nichts zum Spielen? Lauft! Wir wollen uns unterhalten.
Orest und Chrysothemis spielen vielleicht Fangen oder ärgern die Dienerschaft. Elektra ist unter den Tisch gehuscht und sitzt dort kerzengerade.
AGAMEMNON: Das einzige, was mich beunruhigt sind die Kinder, die nicht lachen. Ich werde das aber noch ändern, ich bin fest entschlossen, den Kindern im Ghetto das Lachen beizubringen.
MALAPARTE: Mit der Peitsche?
AGAMEMNON: Wofür halten Sie mich? Späße!
MALAPARTE: Diese Kinder können nicht mal laufen und sie wollen, dass sie lachen?
FRAU WÄCHTER: Sie können nicht laufen, wirklich?
AGAMEMNON: Unsinn, natürlich können sie laufen.
MALAPARTE: Wissen Sie nicht, dass die jüdischen Kinder im Ghetto Flügel haben?
AGAMEMNON (*lacht*): – Was?
HERR WÄCHTER: Flügel! So vielleicht: tschip tschip tschip tschip?
Er breitet die Arme aus. Alle lachen. Orest und Chrysothemis kommen angerannt, lachen mit.Auftritt Aegisth.
AGAMEMNON: Ah, der fleißige Sekretär. Ich dachte schon, Sie wollten sich drücken.
AEGISTH: Zu viel zu tun, Herr Generalgouverneur. Die Arbeit geht vor.
AGAMEMNON: Zum Glück sind Sie Junggeselle.
AEGISTH: Ja, Herr Generalgouverneur. Umso mehr genieße ich es, an Ihrer Familie teilhaben zu dürfen. Ich selber bin für diese Art von Verantwortung nicht gemacht.

AGAMEMNON: Na hören Sie mal, Sie haben sich heute sehr bewährt, hab ich gehört.
Kurze Pause.
KLYTAIMESTRA: Die Kinder haben erzählt, Sie waren mit ihnen im Zirkus.
AEGISTH: Gewissermaßen im Zirkus.
CHRYSOTHEMIS: Er hatte einen echten Esel, Papa!
ELEKTRA: Und Clowns! Die sahen so komisch aus, Papa, die waren ganz dünn und hatten alle noch ihre Schlafanzüge an und sind dann immer so (*macht es vor*) vom Esel runtergeplumpst!
AEGISTH: Es war mir ein Vergnügen zu beobachten, wie die Kleinen alles anders sehen, diese Unbefangenheit in der kindlichen Wahrnehmung, traumhaft. Grotesk beinah. (*Zu Agamemnon*) Ich bitte Sie, mich heute zu entschuldigen, da sind Berge von Arbeit.
AGAMEMNON: Kommt nicht in Frage, Sie dürfen uns doch nicht verlassen, bevor der Abend überhaupt angefangen hat!
Chrysothemis reicht Agamemnon ein Blatt Papier.
AGAMEMNON: Was ist das?
CHRYSOTHEMIS: Das wird morgen benotet. Wir sollten uns überlegen, welchen Abfallstoff man gut wiederverwerten kann. Ich habe oben einen Juden gemalt und unten einen Pelz, weil die Mutti doch immer aus den Juden die Pelze macht und auf die Art etwas Nutzloses in etwas wirklich Schönes verwandelt. Sag, hab ich das nicht schön gemalt?
AGAMEMNON: Nein Liebes, nein! Du hast da etwas vollkommen falsch verstanden. Das kannst du sofort wegschmeißen. Du fängst nochmal von vorn an und lässt verflucht nochmal die Pelze weg!
CHRYSOTHEMIS: Aber ich dachte –
AGAMEMNON: Geh, du verdirbst uns die Stimmung.
Chrysothemis geht ab. Malaparte geht ein Stück weg und holt tief Luft.
KLYTAIMESTRA: Was machen Sie da?
MALAPARTE: Ich schnuppere. Irgendetwas riecht komisch, finden Sie nicht?
KLYTAIMESTRA: Wir müssen vielleicht einmal lüften! Mögen Sie den Duft von Lilien nicht?
MALAPARTE: Doch. Sehr stilvoll.
KLYTAIMESTRA *lacht*: Sie meinen wohl, bei unserer Unterhaltung müsste es anfangen zu stinken?
MALAPARTE *sieht sie an*: Ja.
KLYTAIMESTRA: Sie können sagen was Sie wollen. Die Luft ist rein.
MALAPARTE: Sie hören gern Geschichten? Dann erzähl ich Ihnen jetzt ein Märchen.

KLYTAIMESTRA: Oh das ist besser. Um ehrlich zu sein, mag ich gar keine wahren Geschichten.
MALAPARTE: Es kam einst zu einer Hochzeit in Italien, als auf der ganzen Welt Krieg war. Der Bräutigam war ein blühender Faschist, er fuhr mit seiner Braut auf eine Hochzeitsreise in den Osten, denn er war ein Enthusiast. So begannen sie ihre Flitterwochen im Kugelhagel der Russen. Und ihrer Lust tat das keinen Abbruch, bis zum Tag des Massakers. Sie erlebten die Erschießung tausender wehrloser Menschen. Das ging nun dem Bräutigam zu weit. Er war ein anständiger Faschist. Die Gefechte in der Stadt nahmen zu, seine Braut wollte nicht mehr mit ihm schlafen, sie mussten die Nächte in einem Bunker verbringen, der auf einem alten Friedhof ausgegraben wurde.

Da hockten sie tief in der Erde neben den alten Toten und konnten die neuen schon riechen. Lass uns hier bleiben, sagte der Faschist zu seiner Braut, wozu nochmal an die Luft gehen? Er wollte tausendmal lieber in dieser Unterwelt bleiben, auch auf die Gefahr irrezuwerden an der eigenen Dunkelheit, alles war ihm lieber als oben an der Luft von heut an immer auf der Flucht.
KLYTAIMESTRA: Fast möchte man Sie in den Arm nehmen, wie ein Kind.
Er sieht sie an.
MALAPARTE: Draußen im Wagen sitzt Kassandra. Sie riecht den Mord.
KLYTAIMESTRA: Welchen Mord?
Pause
KLYTAIMESTRA: Welchen Mord?
Malaparte sagt nichts. Agamemnon kommt dazu.
AGAMEMNON: Worüber sprecht ihr?
KLYTAIMESTRA: Ich weiß nicht, Monsieur hat ein wenig zu viel getrunken.
AGAMEMNON: Erzählt Ihnen meine Frau Schauergeschichten? Mir macht sie auch Angst! Ihre Witze sind so böse, überhaupt hat sie seit einiger Zeit so eine Freude am Bös sein, nicht wahr?
Klytaimestra geht zu Agamemnon, streicht ihm über den Hals (er zuckt zusammen).
AGAMEMNON: Malaparte, warum wollen Sie uns eigentlich nicht verraten, was Sie von unserem Generalgouvernement halten?
HERR WÄCHTER: Was soll er da sagen, er ist ein Freund der Polen.
MALAPARTE: Na ja ich bin Katholik.
AGAMEMNON: Wir auch. Wir alle.
MALAPARTE: Nein, Hitler ist es soviel ich weiß nicht.
HERR KRÜGER: Sie täuschen sich, Fremder. Hitler ist ein Freund der Polen. Und ich bin es auch. Je les aime beaucoup.

MALAPARTE: Könnte ich noch ein Gläschen Cognac haben?
Er trinkt.
AGAMEMNON: Sie müssen zugeben, man kann weit und breit nichts Unrechtes sehen! Haben Sie je in einer deutschen Stadt ein Massaker gesehen? Nein, denn so etwas gibt es nicht. Das ist nicht deutsch. Und doch wird es in Kürze dort keinen einzigen Juden mehr geben. Weil wir in Polen und in den Ghettos nun einen weitaus besseren Ort für sie haben. In den Ghettos der polnischen Städte können die Juden dann leben wie in einer freien Republik.
Malaparte erhebt sein Glas.
MALAPARTE: Hoch auf die republikanische Freiheit der Ghettos!
ALLE *stimmen ein, mit vergnügtem Lachen*: Hoch! Hoch!
Malaparte säuft.

III EUROPA (K)EIN FLUSS

Am letzten Abend der dreitägigen Reise bin ich also doch wieder im Theater gelandet. Darek stellt mich seinem Freund Jakub vor, der scherzt: Was machst du heute hier? Du müsstest doch wählen. Es ist der Tag der Europawahl. Als ich ihm sage, dass ich per Briefwahl gewählt habe, lacht er laut: Ihr Deutschen erstaunt mich immer wieder! Er dreht sich zum Nachbartisch: Die Deutschen schreiben einen Brief zur Wahl! Wir diskutieren über die linken Parteien in unsern Ländern, Jakub Palacz, der das kleine, sympathische ›ELOE Teatr of Noise‹ in Kazimierz mitgegründet hat, erzählt von ihrer Arbeit und natürlich – von den Finanznöten. Im unverputzten Kellerraum des Theaters spielt eine russische Band polnische Lieder.

TEXTAUSZUG 3 AUS „EINE ORESTIE". ZWEITER TEIL. KINDER DER NACHT

Elektra allein am Wasser, zieht ihre Schuhe aus und steigt barfuß in ein Bächlein.
BÄCHLEIN: Wer kommt, wer stört mich zu dieser frühen Jahreszeit? Zwei Füße, woher kommt ihr, zwei Hände, was ist das, ein Frauenkörper, hallo, welch angenehme Überraschung, aber verzeih was tust du, badest du, es ist noch zu kalt, du holst dir den Tod! Ich bin das Bächlein, aber verwünscht, Mädchen! wie kannst du nur in mir baden! Ich kann nur allen raten, zum Baden fort zu gehen, in ein fernes fernes Land, oder ins Schwimmbad.
OREST: Elektra, was machst du da?
ELEKTRA: Mich hat der Fluss gelockt.
OREST: Blödsinn. Komm da raus.

ELEKTRA: Trink aus dem Fluss, ich schwör's dir, dann fängt er an zu sprechen.
Sie spritzt Orest nass.
Sie kommt aus dem Wasser.
Lacht.
ELEKTRA: Der Spuk ist vorbei, ich fahre nach hause, ich hab viel zu tun.

Wenige Tage nach meiner Polen-Reise fahre ich nach Düsseldorf zu einem Publikumsgespräch. Ich hätte es wissen müssen. Ich komme unweigerlich in die Bredouille. Zu erklären, was sich einer klaren Deutung entzieht, da die Metaphern eine Eigendynamik entwickeln, ist mir kaum möglich, oder wie Derrida sagt: In jedem Text steckt ein Parasit. Den zu beschreiben ist womöglich viel interessanter als nach den Intentionen in dem Fall der Autorin zu fragen. Wenngleich beunruhigend. Die Kontrolle auf diese Art zu verlieren oder genauer gesagt, einzusehen, dass man die Kontrolle über den Text längst verloren ›*hat*‹, ist beunruhigend. Die Vielzahl an Missverständnissen, die dadurch vermehrt auftreten – aber sind es Missverständnisse? Kann ich aufgrund einer Floskel, zu der jemand, zum Beispiel ich, aus Verlegenheit oder Ermangelung anderer symbolischer Kodizes greift, bereits auf ein Missverständnis schließen?

Der Fluss trägt im Stück die Asche der hingerichteten Nazis fort. Elektra trinkt daraus. Ist sie danach vergiftet? So einfach kann es nicht sein. Elektra ist selbst auch ein Fluss, durch sie ›*fließt*‹ auch ein Fluss. Die meisten Flüsse in der griechischen Mythologie sind männlich: Okeanos, Acheloos, sie stehen für einen Zeugungs-Strom, – das Baden im Fluss der Frauen an ihrem Hochzeitstag symbolisierte eine kollektive ›*Empfängnis*‹, eine Einweihung in eine vorgesellschaftliche Ordnung. Die Göttin Styx hingegen ist ein kalter Sturzbach und eine Tochter des Okeanos, furchteinflößend für die Menschen, da in ihrem Namen das Wort „stygein", „hassen", liegt, und sie die Unterwelt umfließt. Brigitte Frank, zur Klytaimestra vergrößert, fordert ebenfalls den Tod heraus: springt in den (männlichen) Fluss und bekämpft ihn wie wild, wird Teil von ihm, ist im Fluss des „Hassens". Die Erinnyen, die weiblichen Rachegeister, die bei Aischylos den Mord an der ermordeten Klytaimestra rächen wollen, sind der Mythologie nach aus Blutstropfen jener Kastration entstanden, die vom ersten blutigen Kampf zwischen Frau und Mann zeugt, nämlich Gaias brutalem Aufbegehren gegen den sie sexuell tyrannisierenden Uranos. Der Fluss als Metapher ufert aus. Eine Dialektik des Märchenhaften: Schrecken und Schönheit der erfundenen Erzählung: etwas aus dem Schweigen holen, was eigentlich nicht erzählbar ist, in symbolischen Märchenbildern zu erzählen.

Das Leben taucht in Ingeborg Bachmanns Texten immer wieder als Strafe auf. Nach ihrer Polenreise aber formuliert sie eine für sie ungewöhnlich optimistische Vision, ja man könnte sagen Utopie, die für sie in Polen ihren Anfang nimmt: Sie spricht von der Lehre, die ihr Polen gegeben hat, zuallererst in Bezug auf die Frauen, die kein Mitleid bräuchten, die nur die Chance erhalten müssten, „etwas zu tun". „Aber man wird sie ihnen geben müssen. Und dieser Tag wird kommen (...) Und es wird der Tag kommen, wo alle Menschen, die Männer und die Frauen: die Poesie ihres Geschlechts wieder entdecken. Dieser Tag wird kommen, an dem wir frei sein werden von allem, von diesem Schmutz, von diesem Elend. Und alles wird fallen, was uns heute kaputt macht. Wir werden miteinander frei sein, die Männer und die Frauen. Und wir werden die Güte wieder entdecken und die Liebe wieder entdecken und das wird unsere Freiheit sein." Das Ziel und seine weite Entfernung da hin, die Größe der Begriffe – irgendetwas an dieser freudigen Prophetie klingt auch traurig.

Das Konzert der russischen Band ist vorbei. Wie der verheerende Neoliberalismus in Polen und im übrigen Europa aufgehalten werden könnte, vermag am Tisch niemand zu sagen. Wie auch. Aber das Problem zeigt sich allen Anwesenden als übergroß. Die Flyer gegen Olympia in Krakau liegen da. Jakub erzählt zum Schluss einen Witz, den die jüngste neoliberale Geschichte Polens schrieb: Opel hat kurz vor seiner Expansion nach Polen einen Wettbewerb ausgelobt. Gefunden werden sollte der beste Werbeslogan für Opel in Polen. Es wurde ein Beitrag eingereicht, der in Polen für viel Heiterkeit sorgte und durchaus ernst gemeint war: „GERMAN PRECISION IN POLISH HANDS!" Dass es vielleicht ein letztes Friedensangebot war mittels Ironie, verstand der Opel-Konzern natürlich nicht.

Natürlich?

TEXTAUSZUG 4 AUS „EINE ORESTIE". DRITTER TEIL. SCHLUSSCHOR

CHOR: Jetzt ist es vorbei, jetzt dürft ihr eure Stimmsteine legen.
Hier, wo ein Areopag stehen sollte, aber nur noch Sumpf ist, wo wieder die Amazonen zelten und ein Nachfahr Agamemnons mit einer Ceska den griechischen Imbiss an der Ecke verlässt. Knupper knupper Knäuschen wer knuppert an mein Häuschen?
Der Wind das Kind.
Aber richtet die Mörder, nicht uns!
Wir sind nämlich keine! Und wir werden auch zu keinen!
Wir zerreißen unsre Eltern nicht in der Luft, wir zerkratzen keine Fotoalben

oder schmieren Zoten darüber, wir zerreißen allerhöchstens solche Menschen, die niemals in unsern privaten Alben auftauchen würden.
Nein, wir zerreißen überhaupt niemanden, höchstens das Foto im Anflug von Leidenschaft, die auch schnell wieder davonfliegt, nein, wir sind keine Tiere, und kennen keine Mörder, höchstens, dass wir mit dem einen oder andern in geschäftliche Beziehung treten, mit Geschäftspartnern ist es aber wie mit der Familie, man kann sie sich nicht aussuchen!
Kurzum, wir sind die letzten Mörder, nein, wir sind die letzten, die zu Mördern werden, nein würden! Ja. Wir haben höchstens eine gute Beziehung zu einem Mörder, das kann passieren, aber fragen Sie Ihren Geschäftspartner mal nach seinem Bauchnabel! Mutti.
In diesem Saal ist kein einziger Mörder.
Warum erzählen wir eine Mördergeschichte, wenn es weit und breit keine Mörder gibt?
Wir spielen das Drama noch einmal von vorn und dies Mal wollen wir gnadenlos sein und urteilen, dies Mal soll unsre alte kaputte Seele absterben dabei und gereinigt verlassen wir am Ende den Saal!
Die Geschichte ist tot juhuu
Io io und bald ist wieder Krieg
weh wo ist meine Geborgenheit, die Familie
Weh tat ich ihr jemals Böses an? Nicht, dass ich mich erinnern kann!
Ich bin ein anständiges Tier
Das letzte Wort habt ihr, die Gespenster zusammenfegen (und den ganzen Dreck), das übernehmen wir
Bei der Wahl eures letzten Wortes gilt nur
es muss mindestens ebenso wahr sein wie das:
Die Zeit, wenn sie alt wird, heilt alle Wunden, und alles ist gesagt.
Dunkel

INNE MIASTO. ANDERE STADT.

Elżbieta Janicka & Wojciech Wilczyk

Elżbieta Janicka, geboren 1970 in Warschau, ist Literaturwissenschaftlerin und Fotografin. Sie studierte an der Universität Paris-Diderot, an der Staatlichen Hochschule für Film, Fernsehen und Theater ›Leon Schiller‹ in Łódź und promovierte 2004 an der Universität Warschau.

Wojciech Wilczyk, geboren 1961 in Kraków, ist Fotograf, Dichter, Kunstkritiker, Ausstellungskurator sowie Dozent an der Akademie für Fotografie in Kraków.

Großes Ghetto, Grenzstreifen, Kleines Ghetto. Blick von der ulica Chłodna 15 in Richtung Nordosten – 9. April 2011

In der Mitte der ulica Chłodna befinden sich der Vater-Jerzy-Platz und die katholische St. Karl Borromäus-Kirche (Gemeinde des Heiligen Apostels Andreas), mit einer Statue der Heiligen Jungfrau Maria der Gnädigen vor der Kirche. Rechts ist ein Plattenbau (ulica Chłodna 11) zu sehen. Links befindet sich auf dessen Höhe die heutige ulica Biała, welche nach 1945 nach Westen verlegt wurde; der östliche Teil der ulica Chłodna ab der ulica Biała wurde im Zuge der Verlegung in ulica Elektoralna umbenannt.

Am Horizont zu sehen (von rechts nach links): eine weiß-rote Flagge über der Stadtverwaltung; der dreieckige Giebel der Johannes-Kathedrale (Domkirche des Bistums Warschau) in der Altstadt; das Blaue Hochhaus, an dessen Stelle früher die Große Synagoge an der ulica Tłomackie stand; das Bürogebäude im Krasiński-Garten, einem öffentlichen Park; der vielfach durchbrochene Turm der evangelischen Reformkirche in der Aleja Solidarności (ehemals ulica Leszno); die Kuppel der St. Kasimir-Kirche in der Neustadt.

Großes Ghetto. Blick von der ulica Nalewki 2 in Richtung Nordwesten – 15. März 2012

Schräg durch das Bild verläuft die ulica Ludwika Zamenhofa in ihrer modernen Form. Hinter dem Zaun ist die Rückseite des Denkmals der Helden des Ghettos zu sehen (1948 enthüllt, entworfen von dem Bildhauer Nathan Rappaport und dem Architekt Leon Suzin), außerdem ein Teil des Museums der Geschichte der polnischen Juden (Eröffnung 2013, Architekten Ilmari Lahdelma & Rainer Mahlamäki). Die ulica Zamenhofa kreuzt hier die ulica Józefa Lewartowskiego. Im Freiraum zwischen dem weiß-grünen Wohnturm und dem niedrigen Wohnblock an der ulica Lewartowskiego befindet sich hinter den Bäumen der sogenannte ›Anielewicz-Hügel‹. Am Horizont ist der Babka-Turm, ein Hochhaus nahe des Nord-Endes des ehemaligen Ghettos, und die Kuppel der St. Karl Borromäus-Kirche am Powązki-Friedhof am Westrand des Ghettos zu sehen.

Großes Ghetto. Blick von der ulica Nowolipie 9–11 in Richtung Nordosten – 9. April 2011

Muranów-Wohnsiedlung (1949 bis 1951 nach dem Entwurf von Bohdan Lachert gebaut). Zwischen dem weißen Gebäude mit Säulengang und dem gelben Wohnblock zur rechten Seite ist ein Teil des Mostowski-Palasts sichtbar. Im Hintergrund auf der linken Seite befinden sich das grüne Intraco-Hochhaus in der ulica Stawki und ein dunkelgrauer Wohnturm, an dessen Stelle sich früher der Plac Muranowski befand.

Großes Ghetto. Blick von der ulica Zamenhofa 13 in Richtung Nordwesten – 22. März 2012

Im Vordergrund befindet sich die ulica Miła. Hinter den Bäumen führt eine Treppe den ›Anielewicz-Hügel‹ hinauf, welcher mit den Überresten der ulica Miła 18 über den Leichen mehrerer Hunderter Menschen, unter ihnen Anielewicz und Mitglieder der Jüdischen Kampforganisation, errichtet wurde. Nachdem sie eine Woche vergeblich auf Hilfe von der polnischen Heimatarmee (Pläne des Kanalnetzes, sichere Häuser auf der „arischen Seite") gewartet hatten, beging Mordechai Anielewicz' Gruppe am 8. Mai 1943 dort, von der SS eingeschlossen, Selbstmord.

Im Hintergrund befindet sich am rechten Rand des Bildes ein Backstein-Bauvorhaben am Ort des ehemaligen Gleisanschlusses am Umschlagplatz. Zwischen dem sich im Bau befindlichen Gebäude und dem Wohnblock mit gelben Seitenwänden und hellgrünen Balkonen ist ein Teil des Gebäudes an der ulica Stawki 5–7 zu sehen, in welchem das SS-Kommando stationiert war, unter dessen Leitung die Warschauer Juden in ihren Tod geschickt wurden.

Zwischen den beiden Gebäuden mit den gelben Seitenwänden sind die geraden Hausnummern des Umschlagplatzes (ulica Stawki 4–10) zu sehen. Im Sommer 1942 wurden die kombinierten Jüdischen Kinder- und Erwachsenenkliniken hierher verlegt. Am Horizont zu sehen sind der Babka-Turm, ein Hochhaus nahe des Nord-Endes des ehemaligen Ghettos, und die Kuppel der St. Karl Borromäus-Kirche am Powązki-Friedhof am Westrand des Ghettos.

Großes Ghetto. Blick von der ulica Inflancka 15 in Richtung Südosten – 15. März 2012

Der ehemalige Umschlagplatz. Am Gleisanschluss, von welchem die Deutschen circa 300.000 Warschauer Juden in die Gaskammern von Treblinka und Majdanek schickten, entsteht ein Neubau. Hinter den unverputzten Häusern befindet sich die ulica Stawki und, von ihr abzweigend, die heutige ulica Zamenhofa. Auf der linken Seite befindet sich die Inflancka-Wohnsiedlung, welche ursprünglich Sun Gates genannt werden sollte. Im Hintergrund rechts das Blaue Hochhaus, an dessen Stelle früher die Große Synagoge an der ulica Tłomackie stand; zur linken Seite das grüne Intraco-Hochhaus in der ulica Stawki und ein dunkelgrauer Wohnturm, an dessen Stelle sich früher der Plac Muranowski befand.

Großes Ghetto. Blick von der ulica Nowolipie 31 in Richtung Nordosten – 18. April 2012

Muranów-Wohnsiedlung. Die ulica Smocza verläuft mit originalem Kopfsteinpflaster in den Horizont. Im Hintergrund ist der Turm der St. Augustinus-Kirche in der ulica Nowolipki zu sehen. Nach der Zerstörung des Großen Ghettos war die Kirche der einzige Orientierungspunkt inmitten eines Ruinenfeldes.

Großes Ghetto. Blick von der Aleja Solidarności 64 in Richtung Südwesten – 15. April 2011

Aleja Solidarności (ehemals ulica General Karola Świerczewskiego, davor ulica Leszno, vor 1945 existierte dieser Abschnitt nicht). Im Vordergrund befindet sich das Dach des Radziwiłł-Palasts, welcher das Unabhängigkeitsmuseum (früher ein Lenin-Museum) beherbergt. Darüber ist am linken Rand des Fotos neben der Motorhaube des silbernen Autos, welches nahe der ulica Bielańska parkt, eine Betonmarkierung zu sehen, welche an eines der 21 Tore des Ghettos erinnert. Der Verlauf der Ghetto-Grenze ist auf dem Gehweg markiert (eine Installation von Eleonora Bergman und Tomasz Lec (2008)). Rechts befindet sich entlang der Aleja Solidarności der Überrest eines Ghetto-Wohnblocks (beige Fassade, rote Ziegeldächer). Zuletzt ist in der Straßenfront das weiße Gebäude des Emanuel Ringelblum Jüdischen Historischen Instituts (ehemals Institut für Judäische Studien und die Judaistische Hauptbibliothek; 1928 bis 1936 erbaut, Entwurf von Edward Eber) in der ulica Tłomackie 5–7 zu sehen.

Darauf folgt das Blaue Hochhaus, an dessen Stelle früher die Große Synagoge an der ulica Tłomackie stand. Die Synagoge wurde 1876 bis 1878 nach einem Entwurf von Leandro Marconi gebaut und am 16. Mai 1943 auf Befehl des SS-Generals Jürgen Stroop gesprengt, um ein Signal zur Niederschlagung des Aufstands im Warschauer Ghetto zu setzen.

In der Mitte der Straße befindet sich am Ende des Grünstreifens der Gemeindebrunnen ›Fette Käthe‹ (1786, Architekt Szymon Bogumił Zug) in der ulica Tłomackie. Im zweite Gebäude hinter der Kreuzung Aleja Solidarności/ Plac Bankowy wurde die Jüdische Klinik für Erwachsene beherbergt, nachdem sie von ihrem ursprünglichen Standort im Vorort Czyste in das Ghetto verlegt wurde (Aleja Solidarności 81, ehemals ulica Leszno 1). Die Straße hoch befindet sich neben dem weinroten Gebäude das Gebäude Aleja Solidarności 93 (ehemals ulica Leszno 13), in welchem sich zu Zeiten des Ghettos das Büro gegen Wucherei und Spekulation (bekannt als ›Die Dreizehn‹) befand. Im Hintergrund sind links der Kultur- und Wissenschaftspalast, welcher das süd-östliche Ende des ehemaligen Ghettos markiert; und rechts das AXA-Hochhaus, nahe der westlichen Grenze des Ghettos.

Großes Ghetto. Blick von der Aleja Solidarności 117 in Richtung Nordosten– 12. April 2012

Aleja Solidarności (ehemals ulica Leszno). Im Vordergrund ist rechts das Dach von Aleja Solidarności 115 (ehemals ulica Leszno 35) zu sehen. Hier befand sich zu Ghetto-Zeiten das Femina-Theater (heute ist dort das Femina-Kino). Die ungeraden Hausnummern der Straße verlaufen wie vor 1945; die gerade Seite wurde, zusammen mit der Kirche der Geburt der Jungfrau Maria (rotes Dach), nach Norden verlegt. Hinter der Kirche ist die Muranów-Wohnsiedlung zu sehen. Am Ende der Straße befinden sich der Gemeindebrunnen „Fette Käthe" an der ulica Tłomackie und der Radziwiłł-Palast.

Am Horizont von rechts nach links: das Blaue Hochhaus, an dessen Stelle früher die Große Synagoge an der ulica Tłomackie stand; der grüne Turm des Königsschlosses; der dreieckige Giebel der Johannes-Kathedrale in der Altstadt; der vielfach durchbrochene Turm der evangelischen Reformkirche in der Aleja Solidarności (ehemals ulica Leszno); das Bürogebäude im Krasiński-Garten, einem öffentlichen Park; und ein dunkelgrauer Wohnturm, an dessen Stelle sich früher der Plac Muranowski befand.

Kleines Ghetto. Blick von der ulica Grzybowska 5 in Richtung Südwesten – 8. April 2011

Im Vordergrund ist rechts ein Teil der Fassade von ulica Twarda 6, welches sich im Besitz der Jüdischen Gemeinde befindet. Darüber verläuft zwischen den Wohnblocks die Aleja Jana Pawła II (ehemals ulica Juliana Marchlewskiego, vor 1945 nicht existent) und der ONZ-Kreisel (vor 1945 ein Abschnitt der ulica Twarda). Im Vordergrund ist links ein Teil des Staatlichen Jüdischen Theaters Ester Rachel Kamińska und Ida Kamińska zu sehen; dann die ulica Twarda und Säulenreihen und ein Teil des Transepts der Allerheiligen-Kirche am Plac Grzybowski. In der Mitte die Baugrube für das Cosmopolitan-Hochhaus. Im Hintergrund zweigt die ulica Emilii Plater von der ulica Twarda ab. Der Kultur- und Wissenschaftspalast markiert das südöstliche Ende des ehemaligen Ghettos.

Kleines Ghetto. Blick von der ulica Grzybowska 9 in Richtung Südosten – 7. April 2011

Zur linken Seite ist die Nożyk-Synagoge zu sehen, in neoromantischem Stil mit byzantinischen und mauretanischen Elementen gehalten, welche von Ryfka und Zalman Nożyk gegründet und 1902 nach den Entwürfen eines unbekannten Architekten gebaut wurde. Daneben befindet sich ein Gebäudekomplex, welcher im Besitz der Jüdischen Gemeinde ist. Beide stehen in der ulica Twarda 6 (das Grundstück gehörte ursprünglich Zalman Nożyk). Darauf folgt das Staatliche Jüdische Theater Ester Rachel Kamińska und Ida Kamińska am Plac Grzybowski; die Baugrube für das Cosmopolitan-Hochhaus; die ulica Twarda und die Allerheiligen-Kirche. Vom Plac Grzybowski zweigt im Hintergrund die ulica Próżna ab. An der rechten Straßenecke steht das Gebäude ulica Próżna 9, ehemals im Besitz von Naftali Perlman und Zalman Nożyk. Danach folgt das Batawia-Gebäude (ulica Próżna 7). Am Ende der Straße befindet sich der horizontale Wohnblock im Stil des Sozialistischen Realismus auf der geradzahligen Seite der ulica Marszałkowska. Ganz im Hintergrund ist die Heiligkreuz-Kirche in der ulica Krakowskie Przedmieście. Auf der rechten Straßenseite sieht man außerdem die Rückseite des Gebäudes der ulica Zielna 39. Die Ostgrenze des Ghettos verlief entlang der Rückseite der damaligen Gebäude durch die Hinterhöfe/Gärten der ungeraden Hausnummern der ulica Zielna.

Kleines Ghetto. Blick von der ulica Pereca 13–19 in Richtung Nordwesten – 15. März 2012

Im Vordergrund befindet sich die ulica Icchaka Lejba Pereca (ehemals ulica Ceglana) mit der Mündung der ulica Waliców und Überresten der Ghetto-Wohnhäuser (ulica Pereca 10, ulica Waliców 10). Neben dem Gebäude mit dem blauen Dach verläuft die ulica Żelazna parallel zur ulica Waliców. Im Hintergrund sind rechts die roten Blechdächer der Gebäude an der Ecke ulica Żelazna und ulica Grzybowska zu sehen. Die Ghetto-Mauer verlief (von links nach rechts) entlang der ulica Żelazna, ulica Ceglana, ulica Waliców und ulica Grzybowska, danach westlich durch die Grundstücke zwischen der ulica Grzybowska und der parallel verlaufenden ulica Krochmalna. Am unteren Rand des Fotos ist ein Teil der Staatlichen Münzprägeanstalt sichtbar, an deren Stelle sich früher das Gebäude der Handelsschule der Käufmännischen Verbindung befand. Im Hintergrund sichtbar ist das AXA-Hochhaus nahe der westlichen Grenze des Ghettos.

Kleines Ghetto. Blick von der ulica Zielna 39 in Richtung Nordwesten – 13. April 2012

In der unteren rechten Ecke des Bildes ist die ulica Próżna in Richtung Plac Grzybowski zu sehen. Das erste Gebäude rechts ist ulica Próżna 10 (1880 bis 1882 nach dem Entwurf von Franciszek Brauman gebaut). In der Mitte, hinter dem Plac Grzybowski, steht das Staatliche Jüdische Theater Ester Rachel Kamińska und Ida Kamińska (1970 gebaut, Architekt Władysław Jotkiewicz, Konzeption von Bohdan Pniewski). Dahinter folgen links ein der Jüdischen Gemeinde gehörender weißer Gebäudekomplex und rechts die Nożyk-Synagoge mit einem Anbau, welcher die Verwaltung der Jüdischen Gemeinde beherbergt (1967 gebaut, unter Leitung des Architekten Władysław Jotkiewicz, Konzeption Bohdan Pniewski). Neben dem Jüdischen Theater steht das sich im Bau befindliche Cosmopolitan-Hochhaus. In den Hintergrund verläuft die ulica Twarda. Zur linken Seite des Bildes ein Teil der Allerheiligen-Kirche am Plac Grzybowski. In der Mitte des Horizonts markiert das AXA-Hochhaus in der ulica Chłodna die Westgrenze des Ghettos.

ALSTOM

Kleines Ghetto. Blick von der ulica Śliska 60 in Richtung Südosten – 15. April 2011

Im Vordergrund ist die ehemalige Bauman-Bersohn-Kinderklinik zu sehen (1876 bis 1878 nach dem Entwurf von Artur Goebel gebaut; 1924 bis 1930 unter der Planung von Henryk Stifelman erweitert), in welcher sich heute das Kinder-Warschaus-Provinzkrankenhaus befindet. Die Einrichtung wurde neu belebt und von 1930 bis zu ihrem Ende von der Ärztin Anna Braude-Heller geleitet. Hinter dem Gebäude verläuft parallel zur ulica Śliska die ulica Sienna (Nr. 55, 57, 59), mit einem Fragment der Ghetto-Mauer im Garten von Nr. 55. Die Südgrenze des Ghettos verlief zwischen dem Haus mit dem grün-gelb-blauen Wandgemälde (ulica Sienna 45) und dem weißen Holiday Inn Hotel (ulica Złota 48–54), welches hinter dem Kliniksvorbau sichtbar ist. Rechts ist auf mittlerer Höhe ein Teil des Hauses in der ulica Złota 62 sichtbar. Der Kultur- und Wissenschaftspalast markiert das süd-östliche Ende des ehemaligen Ghettos.

Kleines Ghetto. Blick von der ulica Złota 62 in Richtung Osten – 19. März 2011

Die Rückwand des Backsteingebäudes markiert die Grenze des Ghettos. Im rechten Winkel dazu verlief eine Wand, die die Gärten des Ghettos im Norden (ulica Sienna 55) von der südlichen, „arischen“ Seite (ulica Złota 62) trennte. Das heutige Arrangement der Oberfläche korrespondiert mit der historischen räumlichen Anordnung: Kopfsteinpflaster im Ghetto, eine Ziegelstein-Linie (der Fuß der Mauer) und Pflaster auf der „arischen“ Seite. Im Hintergrund ist die Aleja Jana Pawła II sichtbar (ehemals die ulica Juliana Marchlewskiego, vor 1945 nicht existent). Der Kultur- und Wissenschaftspalast korrespondiert mit dem süd-östlichen Ende des ehemaligen Ghettos und markiert den letzten Standort des jüdischen Waisenhauses von Janusz Korczak und Stefania Wilczyńska (ehemals ulica Sienna 16).

Kleines Ghetto. Blick von der ulica Pańska 65 in Richtung Nordwesten – 8. April 2011

Im Vordergrund sind die ulica Prosta und die Staatliche Münzprägeanstalt, an deren Stelle sich früher die Handelsschule der Käufmännischen Verbindung befand, sichtbar (1906 auf Initiative von Stanisław Rotwand nach einem Entwurf von Edward Goldberg errichtet). Im Bild verläuft von rechts die ulica Żelazna, welche hier die Westgrenze des Ghettos markierte. Die Mauer verlief in der Mitte der ulica Żelazna, bevor sie in die ulica Ceglana (heute die ulica Icchoka Lejba Pereca entlang der Rückseite der Münzprageanstalt) abbog. Der Teil der Kreuzung, an welcher sich der Świat Rajstop-Stand befindet (untere linke Seite des Fotos), war auf der „arischen Seite", wie auch die Anlage der ehemaligen Norblin-Gießerei (des heutigen Scena Prezentacje-Theaters) auf der anderen Seite. Weiter im Hintergrund markieren rechts die roten Blechdächer das Gelände des ehemaligen Kleinen Ghettos an der Kreuzung von ulica Żelazna und ulica Grzybowska. Zur linken Seite der Mittelachse markiert das AXA-Hochhaus in der ulica Chłodna die Westgrenze des Ghettos.

Kleines Ghetto. Blick von der ulica Marszałkowska 142 in Südwesten – 15. März 2012

Das Foto zeigt die Wohnblocks der ungeraden Hausnummer-Seite der ulica Zielna. Die östliche Grenze des Ghettos verlief durch die Gärten, auch durch das Gebäude in der ulica Zielna 39 (heute mit dem Anker-Symbol der Widerstandsbewegung ›Kämpfendes Polen‹ gekrönt). Im Hintergrund zweigt die ulica Próżna von der ulica Zielna ab. Auf der rechten Seite des Bildes ist die Allerheiligen-Kirche am Plac Grzybowski zu sehen. Der Kultur- und Wissenschaftspalast markiert das Süd-östliche Ende des ehemaligen Ghettos.

AUSGEWÄHLTE LITERATUR

Agamben, Giorgio: *Un ‚Empire latin' contre l'hyperpuissance allemande*, in: *Libération*, Paris 26.3.2013.

Aly, Götz/ Heim, Susanne: *Vordenker der Vernichtung. Auschwitz und die deutschen Pläne für eine neue europäische Ordnung*, Hamburg 1991.

Andruchowytsch, Jury/ Stasiuk, Andrzej: *Mein Europa*, Frankfurt am Main 2004.

Bator, Joanna: *Im ehemals deutschen Schrank*. In: Stetsevych, Kateryna u.a. (Hg.): *Lost words/ lost worlds. Eine europäische Sprachreise*, Berlin 2013.

Bator, Joanna: *Sandberg*, Berlin 2011.

Bolaffi, Angelo: *Der große Wandel. Vom Beginn einer gänzlich anderen Geschichte Europas und der Welt*, in: *Lettre international*, Frühjahr 2013.

Borodziej, Włodzimierz: *Geschichte Polens im 20. Jahrhundert*, München 2010.

Bömelburg, Hans-Jürgen u.a. (Hg): *Der Warschauer Aufstand 1944. Ereignis und Wahrnehmung in Polen und Deutschland*, Paderborn 2011.

Borowski, Tadeusz: *Bei uns in Auschwitz*, Frankfurt am Main 2006.

Chwin, Stefan: *Tod in Danzig*, Berlin 1997.

Derrida, Jacques: *Das andere Kap. Die vertagte Demokratie. Zwei Essays zu Europa*, Frankfurt am Main 1992.

Dąbrowski, Tomasz/ Peter, Stefanie: *Zeitgenössische Künstler aus Polen*, Göttingen 2011.

Duchhardt, Heinz; Morawiec, Malgorzata; Romsics, Ignac; Borodziej, Włodzimierz: *Option Europa. Deutsche, polnische und ungarische Europapläne* des *19. und 20. Jahrhunderts*, Göttingen 2005.

Edelman, Marek/ Sawicka, Paula: *Die Liebe im Ghetto*, Frankfurt am Main 2013.

Engelking, Barbara/ Hirsch, Helga: *Unbequeme Wahrheiten. Polen und sein Verhältnis zu den Juden*, Frankfurt am Main 2008.

Filipkowski, Piotr: *Das Zentrum KARTA – Konzept und Formen historischer Bildung*, in: Volkhard Knigge u.a. (Hg.): *Der Kommunismus im Museum. Formen der Auseinandersetzung in Deutschland und Ostmitteleuropa, Köln/ Weimar/Wien 2005.*

Flacke, Monika: *Mythen der Nationen 1945 – Arena der Erinnerungen*, Mainz 2004.

Frevert, Ute: *Eurovisionen. Ansichten guter Europäer im 19. und 20. Jahrhundert*, Frankfurt am Main 2003.

Geimer, Peter: *Derrida ist nicht zu Hause*, Hamburg 2013.

Gusowski, Adam/ Mordel, Piotr: *Der Club der polnischen Versager*, Hamburg 2012.

Habermas, Jürgen: *Zur Verfassung Europas*, Berlin 2011.
Hofmann, Gunter: *Polen und Deutsche. Der Weg zur europäischen Revolution 1989/ 1990*, Berlin 2011.
Holzer, Jerzy: *Polen und Europa. Land, Geschichte, Identität*, Bonn 2007.
Huelle, Paweł: *Mercedes-Benz*, München 2003.
Janicka, Elżbieta: *Festung Warschau*, Warszawa 2011.
Judt, Tony: *Geschichte Europas von 1945 bis zur Gegenwart*, München 2006.
Kauffmann, Bernd/ Kerski, Basil (Hg.): *Antisemitismus und Erinnerungskulturen im postkommunistischen Europa*, Osnabrück 2006.
Kijowska, Marta: *Polen, das heißt nirgendwo. Ein Streifzug durch Polens literarische Landschaften*, München 2007.
Kosiński, Dariusz: *Polnisches Theater. Eine Geschichte in Szenen*, Berlin 2011.
Kosiński, Jerzy: *Der bemalte Vogel*, Zürich/ Hamburg 2011.
Krzemiński, Adam: *Testfall für Europa. Deutsch-Polnische Nachbarschaft muss gelingen*, Hamburg 2008.
Janion, Maria: Die Polen und ihre Vampire.Studien zur Kritik kultureller Phantasmen, Berlin 2014.
Jasińska, Izabela/ Sutowski, Michał (Hg): *Kritika Poityczna*, Warsaw 2013.
Liesenberg, Carsten/ Stein, Harry (Hg.): *Deportation und Vernichtung der Thüringer Juden 1942*, Erfurt 2012.
Mende, Rainer: *Ode an die Freude? Polnische Migration und die Illusion an die Freude, in: osteuropa, 63. Jg., Heft 11-12*, 2013.
Miłosz, Czesław: *West und Östliches Gelände*, München 1986.
Nancy, Jean-Luc: *Identität. Fragmente, Freimütigkeiten*, Wien 2010.
Piątek, Grzegorz/ Trybuś, Jarosław: *Warschau. Der thematische Führer durch Polens Hauptstadt*, Warszawa 2009.
Ransmayr, Christoph/ Pollack, Martin: *Der Wolfsjäger*, Frankfurt am Main 2011.
Peter, Stefanie (Hg.): *Alphabet der polnischen Wunder. Ein Wörterbuch*, Frankfurt am Main 2007.
Sabor, Agnieszka: *Schtetl. Auf den Spuren der jüdischen Städtchen*, Kraków-Budapest 2008.
Sabrow, Martin/ Frei, Norbert (Hg.): *Die Geburt des Zeitzeugen nach 1945*, Göttingen 2012.
Schlögel, Karl: *Grenzland Europa. Unterwegs auf einem neuen Kontinent*. München 2013.
Schulz, Bruno: *Die Zimtläden und alle anderen Erzählungen*, München 1966.
Scheurmann, Ingrid/ Knigge, Volkhard (Hg.): *Józef Szajna. Kunst und Theater*, Göttingen 2002.
Shore, Marci: *Der Geschmack von Asche. Das Nachleben des Totalitarismus in*

Osteuropa, München 2014.
Snyder, Timothy: *Bloodlands. Europa zwischen Hitler und Stalin*, München 2011.
Stasiuk, Andrzej: *Dojczland*, Frankfurt am Main 2008.
Stasiuk, Andrzej: *Fado. Reiseskizzen*. Frankfurt am Main 2008.
Szatkowska, Anna: *La Maison brulée. Une volontaire de seize ans dans Varsovie insurgée*, Lausanne 2005.
Szewc, Piotr: *Das Buch eines Tages. Zamość, Juli 1934*, Berlin, 2011.
Torańska, Teresa: *Die da oben. Polnische Stalinisten zum Sprechen gebracht*, Köln 1987.
Twardecki, Alojzy: *Die Schule der Janitscharen*, Frankfurt am Main 2013.
Twardoch, Szczepan: *Morphin*, Berlin 2014.
Wat, Ola: *Der zweite Schatten*, Frankfurt am Main 1990.
Weber, Matthias u.a. (Hg.): *Erinnerungsorte in Ostmitteleuropa. Erfahrungen der Vergangenheit und Perspektiven*, München 2011.
Wirth, Andrzej: *Flucht nach vorn. Gesprochene Autobiografie und Materialien*, Leipzig 2013.
Wolff-Powęska/ Forecki, Piotr (Hg.): *Der Holocaust in der polnischen Erinnerungskultur*, Frankfurt am Main 2012.
Zielonka, Jan: *Europe as Empire. The Nature of the Enlarged European Union*, Oxford 2006.

TEXTNACHWEIS

Tine Rahel Völcker, ›*Auf der Burg zu Krakau, die Gespenster im Kopf*‹
Mit Auszügen aus: Tine Rahel Völcker, ›*Eine Orestie*‹

BILDNACHWEIS

Inne Miasto. Andere Stadt

Kazimierz Albin, Warszawa: S. 58
Apple Film Production, Warszawa: S. 110
Magda Braniewska, Warszawa: S. 237
Danuta Brzosko-Mędryk, Warszawa: S. 41, 48, 74, 86
Chaix & Morel et Associés, Paris; JSWD, Köln; E. Young: S. 331
Europejskie Centrum Solidarności, Gdańsk: S. 340
Karol Garbula, Zamość: S. 163
http://www.go-use.eu/en/artists/tanja-muravskaja.html: S. 143
http://www.nowyteatr.org/pl: S. 276, 278, 279
Pia Janssen, Köln: S. 300
Stefan Kielsznia, Grodzka Gate NN Theatre Centre Archive: S. 155, 156
Wojciech Kryński, Warszawa: S. 336
Kwadrat architectural team, Gliwice: S. 338
Agnieszka Lessmann, Bensberg: S. 229
Muzeum Historii Żydów Polskich, Warszawa: S. 87
Muzeum Teatralne, Warszawa: S. 283
Muzeum Zamojskie, Zamość: S. 162, 170
Państwowe Muzeum Auschwitz-Birkenau, Oświęcim: S. 66
Zofia Posmysz, Warszawa: S. 64,65
Michał Sobelman, Warszawa: S. 103, 109
Solopan Polska, Warszawa: S. 192
Stiftung Gedenkstätten Buchenwald und Mittelbau Dora, Weimar: S. 28, 289
Strandfilm Productions GmbH, Frankfurt am Main: S. 268, 269 270
Świat Książki, Warszawa: S. 100
Martyna Świątek, Warszawa: S. 96
Piotr Sztajdel, Lublin: S. 151, 157

Teatr im. Wandy Siemaszkowej, Rzeszów: S. 28
Teatr Wybrzeże, Gdańsk: S. 174
Paweł Ukielski, Warszawa: S. 213
Mara Vishniac Kohn, New York: S. 154
Susanne Winnacker, Rostock: S. 262,266
Andrzej Wirth, Berlin: S. 261, 270
Ludwika Włodek, Warszawa: S. 313, 315

Alle anderen die Autoren, Genf, Weimar

A

Adenauer, Konrad (1876-1967), *Politiker 122*
Agamben, Giorgio (*1942), *Philosoph 205f*
Albin, Kazimierz (*1922), *Ingenieur, Handelsvertreter 27, 53-59, 406*
Aly, Götz (*1947), *Historiker 162*
Anders, Władysław (1892-1970), *Militär und Politiker 54, 92, 269*
Anielewicz, Mordechaj (1919-1943), *Widerstandskämpfer 53, 373, 375*
Antonina, auch Tante Antonina, *Bäckerin 71, 73*
Apitz, Bruno (1900-1979), *Künstler und Schriftsteller 80, 134*
Appadurai, Arjun (*1949), *Ethnologe 313*
Appelfeld, Aharon (*1932), *Schriftsteller 108*
Arens, Mosche (*1925), *Politiker 105*
Assmann, Jan (*1938), *Ägyptologe, Kulturwissenschaftler 139*

B

Bachmann, Ingeborg (1926-1973), *Schriftstellerin 345-349, 367*
Ball, Peter, *Übersetzer 61*
Bartana, Yael (*1970), *Multimediakünstlerin 317, 357*
Bartoszewski, Władysław (*1922), *Journalist und Politiker 193, 336*
Bator, Joanna (*1968), *Schriftstellerin und Philosophin 22, 109, 184*
Bauman, Zygmunt (*1925), *Soziologe und Philosoph 17-19, 144, 182, 235, 385*
Beck, Józef (1894-1944), *Politiker und Berufsoffizier 120*
Beck, Ulrich (*1944), *Soziologe 125*
Belka, Marek (*1952), *Wirtschaftswissenschaftler und Politiker 238, 240*
Benjamin, Walter (1892-1940), *Philosoph und Schriftsteller 146*
Bergman, Eleonora (*1947), *Architektin 379*
Berman, Adolf (1906-1978), *Politiker 247*
Berman, Jakub (1901-1984), *Politiker 246f, 260*
Białousz, Katarzyna, *Redakteurin 136, 406*
Bielicka, Malina (1909-1989), *Sängerin und Schauspielerin 76*
Biermann, Wolf (*1936), *Lyriker und Liedermacher 118*
Bierut, Bolesław (1892-1956), *Politiker 246f*
Blake, James (*1988), *Musiker 136*
Błoński, Jan (1931-2009), *Literaturkritiker 192*
Blum, Léon (1872-1950), *Politiker 120*
Bodmann, Franz von (1908-1945), *Arzt 80*
Bojda, Dariusz (*1967), *Dichter und Satiriker 352*
Bolesław I. (965/67-1025), *König von Polen 109*

K

L

M

R

S

T

U

V

W

Z

DANKSAGUNG

Unser Dank geht im Besonderen an unsere Gesprächspartnerinnen und Gesprächspartner, die eigentlichen Autoren dieses Buches: Haben Sie herzlichen Dank dafür, dass Sie sich mit Offenheit und Vertrauen auf unsere Fragen und Auslegungen eingelassen haben: Kazimierz Albin, Włodzimierz Borodziej, Danuta Brzosko-Mędryk, Stefan Chwin, Marek Cichocki, Piotr Filipkowski, Basil Kerski, Barbara Kirshenblatt-Gimblett, Adam Krzemiński, Agnieszka Lessmann, Katarzyna Madoń-Mitzner, Andrzej Piotrowski, Zofia Posmysz, Adam Rotfeld, Paula Sawicka, Michał Sobelman, Robert Traba, Aloizy Twardecki, Jerzy Tyburski, Lucyna Tych, Paweł Ukielski, Andrzej Urbański, Krzysztof Warlikowski, Andrzej Wirth, Ludwika Włodek, Katarzyna Wodarska-Ogidel, Michał Wolny, Zofia Wóycicka, Joanna Zętar, Arek Ziętek! Sie alle dachten nicht nur mit uns über „Europa von Polen her" nach, Sie gaben unseren Reiseplänen damit auch zugleich die Richtung.

Ein besonderer Dank geht natürlich auch an die Autorinnen und Autoren, die uns ihre Texte und Fotos für diesen zweiten Band unserer Fragen nach Europa überlassen haben: Herzlichen Dank, sehr verehrte Elżbieta Janicka, für die Fotos von Warschau und deren akribische Beschreibung, die Sie und Wojciech Wilczyk uns hier zur Verfügung stellen, aber auch für die vielen geschenkten Stunden, in denen Sie uns mit Worten und auf Rundgängen Ihre „andere Stadt" nahe brachten. Herzlichen Dank, Tine Rahel Völcker, für Ihre „Orestie" und Ihre außergewöhnliche Reise nach Krakau, die Sie für dieses Buch unternahmen. Für ihre umfassende Unterstützung bei den Gesprächen mit Barbara Kirshenblatt-Gimblett und mit Andrzej Wirth danken wir Susanne Winnacker und Nenad Šmigoc.

Zu unseren Gesprächspartnerinnen im engeren Sinne aber gehörten natürlich auch unsere Dolmetscherinnen und Übersetzerinnen, die vielen der Interviews ihre Stimme und ihren Geist gaben: Iwona Domachowska, Katarzyna Białousz, Małgorzata Kielan-Antończak und Magdalena Sacha. Von allen vier bekamen wir weit über ihre professionelle Arbeit hinaus zahlreiche wichtige Hinweise und Tipps für unsere weiteren Recherchen. Für solche Hinweise und ›Türöffner‹ aber danken wir auch sehr herzlich Angela Götz vom Museum des Warschauer Aufstands und Daniel Logemann vom künftigen Museum des Zweiten Weltkriegs in Gdańsk.

Wir danken der Friedrich-Ebert-Stiftung Warschau für ihre unkomplizierte finanzielle Unterstützung bei den Übersetzungen und dem Polnischen Institut Berlin, Filiale Leipzig beim Abdruck der Farbbilder von ›Inne Miasto. Andere Stadt‹ – dieser ›Anschub‹ war nötig. Unseren Dank für die Überlassung langer Passagen aus Tine Rahel Völckers Stück ›*Eine Orestie*‹

schulden wir dem Kiepenheuer Bühnenverlag, namentlich Bernd Schmidt.

Einmal mehr haben Mitarbeiterinnen und Mitarbeiter der Stiftung Gedenkstätten Buchenwald und Mittelbau-Dora an diesem Buch mitgewirkt. Wir danken Julia Reus für ihre akribische Gegenlektüre und ihre Zusammenstellung des Namensregisters, Rachel Bryant und Dominika Sygulka für ihre Übersetzungen und Transkriptionen, Sabine Stein, Torsten Jugl und Birgit Lauer für ihre Archiv-Recherchen sowie Jan Malecha, Harry Stein und Jens-Christian Wagner für ihre vielen kenntnisreichen Hinweise. René Bienert vom International Tracing Service in Bad Arolsen gilt Dank für seine Archiv-Recherchen. Und einmal mehr danken wir Katharina und Olga Hohmann für ihre kritische und neugierige Unterstützung des Projekts: fragend, lesend, nachfragend. Last but not least möchten wir dem Verlag und seinen Mitarbeitern dafür danken, dass sie auch bei diesem zweiten Band der Edition Europa das verlegerische Risiko tragen und das Buch gemeinsam und geduldig mit uns produzierten. Namentlich waren und sind dies: Michael Maaß und Lothar Wekel von der Weimarer Verlagsgesellschaft und dem Verlagshaus Römerweg, Silke Wehrmann-Fischer und Marianne Eppelt im Lektorat sowie Karina Bertagnolli, die Gestalterin des vorliegenden Buches.

Der geschäftigste ›Maluch‹, den wir je sahen. Warschau, März 2014

VON BUCHENWALD (,) NACH EUROPA

Gespräche über Europa mit ehemaligen Buchenwald-Häftlingen in Frankreich

Hardcover mit Schutzumschlag
ISBN: **978 - 3- 941830-14-1**
Bestellnummer: 626-60098
€ [D] 28,00

Es mag auf den ersten Blick paradox erscheinen, aber in gewisser Weise entstand in den Lagern der Nazis zum ersten Mal so etwas wie ein europäischer Geist. Jorge Semprún

Zehn Menschen versammeln sich, um im Spiegel ihrer eigenen Lebenswege die Entwicklung Europas seit dem Zweiten Weltkrieg zu reflektieren. Was sie eint, ist die Erfahrung des Konzentrationslagers Buchenwald. Dort, wo existenzielle Verlusterfahrung, Solidarität und Überlebenswille Menschen aus verschiedenen, europäischen Nationen zu einer Gemeinschaft zusammenschweißte, zeigten sich, so die These von Jorge Semprún und Stéphane Hessel, die ersten Europäer.
In offenen Formen zwischen Interview, Portrait und Monolog, erkunden die Autoren europäische Lebenswege von Polen über Buchenwald nach Frankreich. Zu ihren Gesprächspartnern zählen so namhafte Persönlichkeiten wie Floréal Barrier, Bertrand Herz, Walter Spitzer, Stéphane Hessel, Pierre Sudreau.
Europäische Lebenswelten Nachgeborener können sich neu justieren. Mit Emilie Buzyn und Yann Iurovics stellen zwei Kinder ehemaliger Buchenwald-Häftlinge ihr Europa vor. Der Historiker Lutz Niethammer hinterfragt europäische Erinnerungskultur und der Leiter der Stiftung Gedenkstätten Buchenwald und Mittelbau-Dora Volkhard Knigge erkundet Europa als heterogenen Erinnerungsraum.
„Von Buchenwald nach Europa" macht die Möglichkeiten und Widersprüche Europas erkennbar. Trotz seiner Komplexität möchte man loslegen und zum Prozess der Verwirklichung beitragen.

Mit einem Nachruf auf Jorge Semprún von Franziska Augstein.